ALAN RIDING: VECINOS DISTANTES

horas de latinoamérica

MÉXICO, 1985

ALAN RIDING

Vecinos distantes

UN RETRATO DE LOS MEXICANOS

JOAQUÍN MORTIZ · PLANETA

VECINOS DISTANTES

Primera edición en español, mayo de 1985
Primera reimpresión, mayo de 1985
Segunda reimpresión, junio de 1985
Tercera reimpresión, julio de 1985
Cuarta reimpresión, agosto de 1985
Quinta reimpresión, agosto de 1985
Sexta reimpresión, septiembre de 1985
Séptima reimpresión, noviembre de 1985
Octava reimpresión, diciembre de 1985
Decima reimpresión de la
primera edición, mayo de 1986
D.R.© 1985, Editorial Joaquín Mortiz, S.A.
Grupo Editorial Planeta
Tabasco 106, México 7, D.F. 06700

Título original: *Distant Neighbors, a Portrait of the Mexicans*
Publicado por: Alfred A. Knopf, Inc.,
© 1984, Alan Riding
Traducción © de Pilar Mascaró,
Revisión de José Pacheco
Portada de Jorge Rosales
Fotografía de Christa Cowrie
ISBN 0-294-50005-9 para la edición en inglés
ISBN 968-27-0491-X

A mis padres y a Marlise

AGRADECIMIENTOS

La gestación de este libro llevó tanto tiempo que, eventualmente, involucré a todos mis amigos mexicanos en la tarea de ayudarme a .descifrar a una nación compleja y fascinante. El hecho de que el libro quedara terminado, es un tributo a su paciencia, franqueza y generosidad. Durante los más de doce años que fui corresponsal en México, gente de todas las regiones, clases e ideologías también respondió abierta y calurosamente a mi inquisitivo interés por su país. Y cuando llegó el momento de escribir este libro, aumentó mi dependencia de otras personas. Agradezco a *The New York Times* por haberme concedido un permiso para ausentarme del periodismo cotidiano al término de mi asignación en México. La Fundación Ford me proporcionó ayuda financiera durante este lapso, lo cual agradezco mucho. El presidente de El Colegio de México, Víctor Urquidi, y el entonces director de su Centro de Estudios Internacionales, Rafael Segovia, me acogieron en la institución y me encontraron espacio para que trabajara. Mis colegas de El Colegio siempre estuvieron dispuestos a contestar mis preguntas, aunque, en especial, agradezco que Lorenzo Meyer, Soledad Loaeza, Francisco Gil Villegas, René Herrera, Manuel García y Griego, Mario Ojeda, Rodolfo Stavenhagen, Vicente Sánchez, Elena Urrutia y Miguel Wionczek hayan visto algunos errores y ampliado los conceptos de varios capítulos. Muchos otros amigos gentilmente leyeron partes del libro, entre ellos Francesco Pellizi, Gobi Stromberg, David Winder, Luis Ortiz Monasterio, Kenneth Shwedel, William Chislett, Rogelio Ramírez, Alejandro Gertz Manero, Anne Reid, Ralph Murphy, Andrés Rozental y Fausto Zapata. Tengo una deuda especial con Jorge G. Castañeda, quien paciente y meticulosamente me acompañó a lo largo de varios borradores e interminables discusiones. Mi ayudante de investigación, Rosario Molinero, me ofreció ayuda incalculable. También doy las gracias a Marlise Simons, quien como esposa me alentó a seguir adelante y como editora estricta mejoró el resultado final. Por último, doy las gracias a Ashbel Green de Knopf y a Helen Brann, mi agente, por su paciencia y estímulo. Empero, este libro cubre tantas áreas, que ninguno de mis amigos podría estar de acuerdo con todo su contenido. Cualesquier errores de hecho u opinión son mi responsabilidad exclusivamente.

ALAN RIDING

9

PREÁMBULO

Probablemente en ningún lugar del mundo vivan, lado a lado, dos países tan diferentes como México y Estados Unidos. Al cruzar la frontera, digamos, de El Paso a Ciudad Juárez, el contraste es impactante: de riqueza a pobreza, de organización a improvisación, de sabores artificiales a especias picantes. Pero las diferencias físicas son menos importantes. Probablemente en ningún lugar del mundo dos vecinos se entiendan tan poco. Más que por niveles de desarrollo, los dos países están separados por lenguaje, religión, raza, filosofía e historia. Estados Unidos es una nación que apenas cuenta doscientos años y está ya sobre el siglo XXI. México tiene varios miles de años y sigue sujeto a su pasado.

En los últimos 150 años, México ha podido conocer y sentir el poderío estadunidense: en el siglo XIX, perdió la mitad de su territorio a manos de su vecino del norte; en el siglo XX, se ha vuelto dependiente, en términos económicos, de Estados Unidos. En contraste, hasta hace poco, Estados Unidos apenas si miraba hacia el sur. La estabilidad de México se daba por sentada, su floreciente economía acogía la inversión, los créditos y los productos estadunidenses; su política exterior era poco más que una ligera molestia, su pobreza rural proporcionaba mano de obra barata a los agricultores estadunidenses. Incluso después de que los enormes hallazgos de petróleo dieran a México impulso económico y nueva estatura política, a finales de los años setenta, parecía no haber grandes motivos para "entender" a México y a los mexicanos.

Hoy día, las cosas han cambiado. El fracaso del modelo económico de posguerra en México ha lanzado al país a su crisis más seria desde la Revolución de 1910. No sólo millones de mexicanos pobres encuentran que la lucha diaria por la supervivencia es cada vez más difícil, sino que los obreros industriales, burócratas y clases medias en general han contemplado el retroceso abrupto de los nuevos sueños de prosperidad. El sistema político del país también parece haber perdido parte de su legendaria flexibilidad y sensibilidad. En este lapso, la confianza de la gente en sus líderes se ha erosionado gravemente. Los mexicanos han tolerado hasta la exageración sistemas de gobierno malos y abusivos, pero su paciencia se está poniendo a prueba más que en cualquier otro momento que se recuerde.

Las implicaciones para Estados Unidos son manifiestas.

Washington ya teme que la violenta lucha entre izquierda y derecha en América Central pueda extenderse a México. Y, aunque la "teoría del dominó" sea menos inquietante que los ingredientes de intranquilidad patentes dentro de las propias fronteras de México, las repercusiones en Estados Unidos no cambiarían mucho. Sería imposible contener la entrada a Estados Unidos de una marejada de mexicanos de todos los estratos sociales. Los enormes intereses industriales, financieros y comerciales de Estados Unidos en México estarían ineludiblemente amenazados. El flujo de petróleo de México, hoy día el proveedor extranjero aislado más importante de Estados Unidos, podría verse afectado. La frontera entre México y Estados Unidos, epítome de la creciente interdependencia entre los dos países, podría ser militarizada repentinamente, provocando serias tensiones entre la población hispánica y la anglosajona, dentro de Estados Unidos. Y, como respuesta al caos de los vecinos, Washington podría sentir la tentación de intervenir, lo cual agravaría y prolongaría la inestabilidad.

Para Estados Unidos, "entender" a México —su "vecino distante"— se ha convertido en una cuestión de interés propio e incluso de seguridad nacional. Con objeto de evitar políticas que podrían resultar contraproducentes, Estados Unidos debe aprender a ver más allá de la crisis superficial, hacia las sutilezas internas de una nación antigua, compleja y caprichosa. Para tener una mejor visión del futuro de México, debe buscar pistas escudriñando todo el pasado y el presente del país. La tarea no es fácil. México no entrega sus secretos voluntariamente, porque son los secretos de su supervivencia. Es feroz al juzgarse a sí mismo, pero toma los cuestionamientos de los extranjeros como si fueran ataques contra sus defensas. Sin embargo, México tiene tanta importancia para Estados Unidos que no se puede permitir que quede permanentemente velado por el misterio.

El propósito de este libro es hacer que México sea más accesible para quienes no son mexicanos. No está inspirado por un deseo de exponer los puntos vulnerables del país, sino por la creencia de que a México también le servirá que su vecino del norte lo entienda mejor. En cierto sentido, el libro representa la búsqueda de un "hoyo negro" invisible que abarca a todo México en un solo concepto: para conocer su contenido se requiere un viaje por la historia del país, por la mente de su gente y por los diversos sectores de la sociedad. Cada uno de los elementos se puede analizar de manera aislada, pero sólo se puede entender cuando se relaciona con todos los demás para formar una idea a la vez vaga y exacta del México de hoy.

1. LOS MEXICANOS

I

Entre el ruido y el humo de la ciudad de México hay una tranquila plaza donde el moderno edificio de la secretaría de Relaciones Exteriores y una iglesia colonial del siglo XVI contemplan los restos de las pirámides prehispánicas de Tlatelolco. El gobierno la ha llamado la Plaza de las Tres Culturas, como símbolo del patrimonio de sangre mixta o mestiza de México. En el frente de la iglesia hay una placa con las sencillas y conmovedoras palabras: "El 13 de agosto de 1521, heroicamente defendido por Cuauhtémoc, cayó Tlatelolco en poder de Hernán Cortés. No fue triunfo ni derrota. Fue el doloroso nacimiento del pueblo mestizo que es el México de hoy."

Sin embargo, los dolores de parto de la nueva raza mestiza no han terminado. A más de 460 años de la Conquista, no se ha asimilado el triunfo de Cortés ni la derrota de Cuauhtémoc, y aún se sienten repercusiones de aquel sangriento atardecer en Tlatelolco. Hoy día, 90 por ciento de los mexicanos son mestizos, en términos estrictamente étnicos, aunque como individuos sigan atrapados en las contradicciones de su ascendencia. Son tanto hijos de Cortés como de Cuauhtémoc, no son españoles ni indígenas, son mestizos, aunque no admitan su mestizaje. También como país, México busca interminablemente una identidad y oscila, en forma ambivalente, entre lo antiguo y lo moderno, lo tradicional y lo de moda, lo indígena y lo español, lo oriental y lo occidental. La complejidad de México radica tanto en el enfrentamiento como en la fusión de estas raíces.

Los mexicanos no tienen problema alguno para entenderse entre ellos. Lo logran por medio de las claves secretas —costumbres, idioma y gestos— que, inconscientemente, aprenden desde la infancia, y aceptan la consistencia de sus inconsistencias como parte de un patrón establecido que tan sólo repiten. Empero, sufren cuando tratan de explicarse a sí mismos. Se dan cuenta de que son diferentes —no sólo de los estadunidenses y europeos, sino también de otros latinoamericanos—, pero parecen desconocer el motivo. Se ha pedido a poetas, novelistas, filósofos, sociólogos, antropólogos y psicólogos que definan la "mexicanidad", pero incluso ellos se confunden cuando tratan de distinguir las "máscaras" de los rostros "reales" de la personalidad mexicana. Hay un aire mágico, inasible, casi surreal en los mexicanos. Y, lo que es más frustrante aún, cuando llega a ser captado por una descripción, se disfraza de caricatura.

La clave radica en el pasado, en un profundo pasado subconsciente que está vivo en los mexicanos de hoy. Se trata de un pasado continuo, pero no consistente. En él, los mexicanos deben conciliar el hecho de ser conquistados y conquistadores, de conservar muchas características raciales y rasgos de la personalidad indígena, e incluso glorificar sus antecedentes prehispánicos, al tiempo que hablan español, practican el catolicismo y piensan de España como la madre patria. El legado del pasado también es abrumador para la sociedad. Sobre las ruinas de una larga sucesión de imperios teocráticos y militaristas, Cortés impuso los valores de una España profundamente católica e intelectualmente reprimida. Así, pues, la Conquista reafirmó una fuerte tradición de autoritarismo político y omnipotencia divina que, aún ahora, resiste las incursiones del liberalismo occidental.

Hubo otros países de América Latina conquistados y colonizados por la Península Ibérica, pero los resultados fueron diferentes. Las colonias del Caribe y las costas del Atlántico, muy poco pobladas, se formaron con emigrantes de Europa y, posteriormente, con esclavos de África. En los países de América Central y los Andes, donde subsisten poblaciones indígenas numerosas, los europeos de sangre pura siguen siendo las clases dominantes. Sólo México es verdaderamente mestizo; es la única nación del hemisferio donde se dio el mestizaje religioso y político, además del racial; tiene el único sistema político que se debe entender dentro de un contexto prehispánico; y sus habitantes son todavía más orientales que occidentales. Son pocos los países del mundo donde el carácter de la gente se refleja tanto en su historia, política y estructura social, a la vez que es reflejo de ellas.

Algunas veces, parece como si los españoles ocuparan el cuerpo de los mestizos y los indígenas conservasen el control de su mente y sentimientos. A fin de cuentas, el espíritu superó a la materia. La mayor parte de los mexicanos meditan y filosofan, son discretos, evasivos y desconfiados; son orgullosos y vigilantes de las cuestiones de honor; se ven obligados a trabajar mucho, pero sueñan con una vida de holganza; son cálidos, ocurrentes y sentimentales y, en ocasiones, son violentos y crueles; son inmensamente creativos e imaginativos y, sin embargo, resulta imposible organizarlos porque en lo interno tienen ideas definidas y en lo externo son anárquicos. Sus relaciones entre sí —y con la sociedad considerada en general— se guían por las tradiciones más que por los principios, por el pragmatismo más que por la ideología y por el poder más que por la ley.

El contraste más extraño de todos pudiera estar en el ritual y el desorden que parecen coexistir dentro del mexicano, aunque ello ilustra también el predominio de lo espiritual sobre lo material. La preocupación por el aspecto emocional y el espiritual de la vida es visible en una poderosa religiosidad, en el apego a las tradiciones, en la conducta ceremoniosa y la formalidad del lenguaje. La eficiencia mecánica, la puntualidad y la organización de una sociedad anglosajona parecen no tener sentido en este contexto. El mexicano toma en cuenta más lo que uno es que lo que hace, el hombre y no el puesto que ocupa: trabaja para vivir y no a la inversa. Puede enfrentar el caos externo siempre y cuando sus preocupaciones espirituales sean atendidas, pero no puede permitir que su identidad sea opacada por fuerzas humanas. Más bien, interpreta el mundo de acuerdo con sus emociones. En un entorno de desorden aparente, puede improvisar, crear y, finalmente, imponer su personalidad a las circunstancias. En el fondo, en aras de expresar su individualidad, contribuye al desorden.

Esta actitud básica es evidente en todos los aspectos de la vida. El mexicano no es jugador de equipo: en los deportes sobresale en el boxeo, pero no en el futbol; en el tenis, pero no en el basquetbol. Le resulta difícil aceptar una ideología que exija congruencia estricta entre sus ideas y sus actos. Incluso los derechos legales, con frecuencia, se deben filtrar por las facultades discrecionales de los individuos convirtiéndose en favores personales. Y, aunque la influencia del mexicano puede derivar de su posición política, la ejerce como proyección de su personalidad. Quizá porque reconoce que la autodisciplina y el respeto de la ley necesitan algún sustituto para que la sociedad funcione, también acepta los dictados impuestos por un genio colectivo autoritario. Así, desde la familia hasta la nación, las reglas que operan son virtualmente tribales. Si quiere ser parte y sacar provecho, ha de respetar las reglas.

Como portador de las creencias, costumbres y pasiones acumuladas a lo largo de muchos siglos, el mexicano es dueño de una enorme fuerza interior. Y, así como ésta se manifiesta en un sentido metafísico de la soledad, también hace erupción en una creatividad casi sin control. Los templos, las esculturas, las alhajas y la cerámica legados por las civilizaciones prehispánicas pertenecen a una tradición intacta de la expresión artística. Hoy día, no sólo los indígenas, sino también los mestizos, siguen siendo extraordinarios

artesanos, en una tradición que todavía considera que un meticulo-
so sentido del detalle y el diseño son más importantes que la producción en masa. Todos sus tejidos, cerámica, orfebrería y tallas en
madera tienen un sello personal distintivo. Su desafiante empleo de
los colores —rosas, morados, verdes y naranjas— no es menos original y refleja al mismo tiempo las flores naturales y las de papel
que adornan sus vidas. La interminable variedad de los platillos
mexicanos y su cuidadosa presentación ofrecen un campo donde se
combina el ritual y la improvisación. Además, los mexicanos se
echan a cantar a la menor provocación.

Los mexicanos incluso han hecho frente al sentido occidental del
tiempo. Las culturas que miran el nacimiento como un principio y
la muerte como un final no pueden tener sentido de un pasado vivo.
Los mexicanos no consideran que el nacimiento o la muerte in-
terrumpan la continuidad de la vida y tampoco les conceden demasiada importancia. Se hace burla de la muerte en canciones,
cuadros y arte popular. Cada noviembre, en el día de Muertos, los
mexicanos se arremolinan en los cementerios de todo el país, llevando flores e incluso alimentos y bebidas a las tumbas de sus antepasados, en forma muy parecida a la usanza azteca. La creencia en
la comunión con los muertos está muy difundida, pero no en un
sentido psíquico o espiritual, ni en función de una fe cristiana creyente en el más allá, sino simplemente como una derivación del conocimiento de que el pasado no está muerto.

Por el contrario, el futuro se contempla con fatalismo y, por ende, el concepto de planificación resulta anormal. Pensando que el
curso de los acontecimientos está predeterminado, los mexicanos
no encuentran gran justificación para disciplinarse en una rutina.
Los empresarios pretenden obtener utilidades rápidas y abundan-
tes, en lugar de intentar la expansión del mercado a largo plazo; los
individuos prefieren gastar a ahorrar —quizá ahorren para una
fiesta, pero no para un banco—, e incluso la corrupción refleja el
concepto de aprovechar la oportunidad en el momento y enfrentar
las consecuencias después. Los departamentos de planificación han
existido desde hace mucho tiempo en el gobierno, pero sus planes
pertenecen al reino de la fantasía, y hacen las veces de manifestaciones idealistas de buenas intenciones, en lugar de series de objetivos por alcanzar. La ambición, en un sentido estadunidense merito-
crático, prácticamente no existe fuera de las clases medias urbanas. El mexicano quizá trabaje tanto como sus antecesores
indígenas, pero sueña con emular a sus antepasados españoles, a
aquellos que llegaron a conquistar y no a trabajar; la imagen del
éxito es más importante que cualquier logro concreto.

El tiempo mismo entraña reglas que deben desafiarse. Cotidiana-mente, la puntualidad parece poco valiosa, ya que no vale la pena truncar nada importante o grato en aras de un compromiso futuro: el llegar tarde a una cena, una hora o más, no merece una disculpa; por·el contrario, lo grosero es llegar a tiempo. Se conciertan citas, tanto con un ejecutivo como con un fontanero de barrio, con pocas esperanzas de que sean cumplidas, y nadie se molesta mucho cuan-do no se respetan. La costumbre del ausentismo después del fin de semana ha llegado a institucionalizarse en el "San Lunes", que en sí se considera explicación suficiente. En muchas ocasiones, la lógi-ca no funciona: una sirvienta puede abandonar su empleo el día an-tes de recibir su paga, meramente porque sintió *ganas* de irse. Por consiguiente, el síndrome del *mañana* no es síntoma de ineficiencia o pereza crónicas, sino más bien evidencia de una filosofía del tiem-po totalmente diferente. Si el pasado está seguro, el presente se puede improvisar y el futuro vendrá por sí mismo.

Así, los desastres que le acontecen a los mexicanos no son desen-gaños importantes, puesto que están considerados como inevitables. El *ni modo*, con su connotación de mala suerte, o de que no había forma de prevenir el revés, es la respuesta normal ante un error o accidente. Las derrotas físicas incluso sirven para realzar el valor de los triunfos espirituales y subrayar la supremacía del espíritu sobre el cuerpo. El fatalismo es compañero de lo indígena. Las civiliza-ciones prehispánicas buscaban "señas" del futuro en el comporta-miento de la naturaleza —o de sus dioses—, pero en modo alguno se sentían capaces de influir en los acontecimientos. En la época post-colonial, la Virgen de Guadalupe desempeñó el mismo papel, ofre-ciendo la esperanza de milagros, pero sin engendrar amargura cuando las peticiones quedaban sin respuesta. "Hasta ahora, los mexicanos han aprendido solamente a morir —escribió Samuel Ra-mos sombríamente, en los años treinta, en *El perfil de México y su cultura*, su obra clásica—, pero ya es hora de que adquieran el co-nocimiento de la vida."

En realidad, la crónica histórica de derrotas y traiciones del país ha preparado a los mexicanos para que esperen —y acepten— lo peor. Los héroes oficiales, desde Cuauhtémoc hasta Emiliano Za-pata, invariablemente·han muerto asesinados, mientras que los ideales sacralizados en leyes y constituciones han sido sistemáti-camente traicionados. "La tumba del héroe es la cuna del pueblo —escribió el poeta Octavio Paz en *El laberinto de la soledad*, su controvertido análisis de la personalidad del mexicano, y añadió—: Somos nihilistas —sólo que nuestro nihilismo no es intelectual, sino una reacción instintiva: por lo tanto, es irrefutable."

La primera "derrota" de la Conquista fue la que permitió a los colonizadores españoles inculcar en los indígenas un sentido de inferioridad étnica. Heredado por los mestizos, condujo a una forma de racismo que se manifiesta aun hoy en un menosprecio por los indígenas puros y un respeto especial por los *güeros* o blancos: muchos hombres piensan que ir acompañados en público por una *güera* es un distintivo de su posición social. Es más, este sentido también condujo a la autodenigración y a la inseguridad, las que, a su vez, fueron ocultadas, aunque no borradas, por las máscaras del machismo y la conducta bravucona. La imitación —primero de los españoles, después de los franceses y, más recientemente, de los estadunidenses— ofreció mayor protección, e incluso el pesimismo innato sirvió como defensa contra la decepción. Así, el mexicano huye de una realidad que no puede manejar y entra en un mundo de fantasía donde el orgullo, el idealismo y el romance pueden florecer con seguridad y donde la pasión domina a la razón.

Detrás de la cauta ceremoniosidad del mexicano se esconde un gran calor y sentido humano. La familia extensa es el principal reducto seguro donde se pueden mostrar las emociones sin riesgo alguno, donde la lealtad incondicional está garantizada, donde se conservan las costumbres. El compadre y la comadre son figuras fundamentales dentro de la familia. El mexicano también siente fuertes vínculos con su barrio o pueblo de origen, donde las reglas son conocidas y las amenazas mínimas. Incluso cuando se encuentra entre amistades ocasionales, parece tener ganas de bajar sus defensas, de compartir cierto grado de confianza. Una vez establecido un vínculo emocional, una vez que existe una relación de *cuate* —literalmente, un gemelo—, es abierto y generoso, está deseoso de confiar y es hospitalario en grado extremo. Todo lo que pide es que su sinceridad sea correspondida. El hecho de invitar a un extraño a su casa se convierte en un acto de gran simbolismo: está mostrando la cara real de su forma de vida al compartir la intimidad de su familia.

La inseguridad del hombre mexicano se ilustra mejor con su constante temor a que las mujeres lo traicionen. Una explicación antropológica contemporánea sigue siendo atractivamente clara: el mestizaje de México se inició con la unión de hombres españoles y mujeres indígenas, inyectando de inmediato, a la relación entre hombre y mujer, los conceptos de la traición por parte de la mujer y la conquista, el dominio, la fuerza e incluso la violación por parte de los hombres. Así como el conquistador nunca pudo llegar a confiar plenamente en los conquistados, el macho de hoy debe, por consiguiente, protegerse contra la traición. Al combinarse la obsesión de los españoles por el honor con la humillación de los indígenas al ver a sus mujeres tomadas por la fuerza surge la forma de machismo mexicano particularmente perversa: la defensa del honor del español se convierte en la defensa de la frágil masculinidad del mexicano.

En la práctica, esto toma la forma de la adoración por el ideal femenino, ejemplificado en la imagen de la doliente, abnegada y "pura" Virgen de Guadalupe y personificado en la madre de cada mexicano, considerada fuente de vida y, por ende, incapaz de traicionar. Por el contrario, la esposa, quien como objeto sexual está considerada una aberración de la perfección femenina, ha de ser humillada, toda vez que la fidelidad o el afecto excesivos del esposo implicarían vulnerabilidad o debilidad. Las amantes ofrecen al hombre la ocasión de conquistar y traicionar antes de ser traicionados. El resentimiento de la mujer contra su marido se traduce así en un abrumador cariño por su hijo quien, a su vez, la eleva al nivel del ideal femenino, pero quien como esposo sigue el ejemplo del padre.

Sea o no totalmente válido este análisis neofreudiano, en México la relación entre hombre y mujer, con frecuencia, se caracteriza por tensiones y desconfianza. Como los hombres, las mujeres pasan también la mayor parte del tiempo con seres de su mismo sexo y mucho más con sus comadres. El contacto con los hombres es demasiado complicado para ser casual, e incluso en las reuniones sociales la mujer o se pega a su esposo, o se reúne con un grupo de mujeres. Así, a las mujeres también se les asigna un ritual al que deben adherirse, actuando como madres y creadoras del hogar y aguantando una terrible presión social y familiar cuando deciden seguir una carrera. Pero en ambos casos son el eje de la familia, el punto de referencia más confiable en una sociedad donde el fenómeno de los hijos ilegítimos, los hogares rotos y los padres ausentes está muy extendido.

Mientras busca puntos de seguridad, el mexicano vive introspectivamente gran parte del tiempo. La fiesta le proporciona una catarsis vital para esta soledad y moderación. El pretexto puede ser una celebración religiosa o patriótica, un cumpleaños o santo, o quizá un sinnúmero de fechas especiales: el día de la madre, el padre, el niño, el compadre, el maestro, el albañil, el cartero, el taxista, el basurero, la secretaria, el soldado y muchos más que tienen un día especial para recibir regalos y abrazos, así como para perseguir la felicidad en forma organizada. Cohetes, trompetas, canciones y gritos rompen el silencio interior de los mexicanos. Después, desatados por el alcohol, brotan el sentimentalismo, la autocompasión y la frustración que, por regla general, se encauzan inocuamente en canciones populares* que articulan la amargura de un amor mal correspondido y el honor de una muerte violenta y que, en ocasiones, se manifiesta en inesperadas explosiones de agresión.

La Plaza Garibaldi, en la ciudad de México, con sus muchas cantinas y sus mariachis, es un monumento a este psicoanálisis instintivo al cual acuden los mexicanos a descargar sus corazones y a llorar por lo que ven. "Entre nosotros, la fiesta es una explosión, un estallido —escribió Octavio Paz—. Muerte y vida, júbilo y lamento, canto y aullido se alían en nuestros festejos, no para recrearse o reconocerse, sino para entredevorarse. No hay nada más alegre que una fiesta mexicana, pero también no hay nada más triste. La noche de fiesta es también noche de duelo." Emborracharse es un ritual en sí, una oportunidad para manifestar amor y odio. Los mexicanos, sólo medio en broma, incluso hablan de las cuatro etapas de una borrachera o parranda entre amigos: brindis por la amistad; recuerdo de ofensas pasadas; críticas a la iglesia y al gobierno; cantos y bailes folklóricos. Si no tuviera el escape de la fiesta, la sociedad mexicana sería más inestable y caprichosa.

II

Las elevadas tapias que circundan la mayoría de las casas mexicanas, con frecuencia inclusive las de los pobres, sirven a la vez de fronteras reales y simbólicas de la seguridad y la autoridad. Cuando el mexicano sale de ellas, actúa como si se enfrentara a una sociedad hostil con la cual siente una solidaridad mínima. El concepto de mancomunidad apenas existe y son raros los planteamientos colectivos para problemas compartidos. En el campo, la decisión de cultivar pequeñas parcelas propias condena a los campesinos a una pobreza eterna. Los esfuerzos por organizar el trabajo de voluntarios para construir una escuela o una clínica fracasan invariablemente. En las zonas urbanas, la basura derramada, el tránsito indisciplinado y la grave contaminación ambiental están en función de este mismo egoísmo social. La idea de sostener obras de caridad es extraña incluso entre los ricos, dando por resultado que, en México, muchos orfelinatos dependan totalmente de las contribuciones de la comunidad extranjera.

* El léxico de estas canciones es rico, pero hay una que ilustra su ánimo: "No vale nada la vida/ la vida no vale nada/ empieza siempre llorando/ y así llorando se acaba/ por eso es que en este mundo/ la vida no vale nada."

En conjunto, la sociedad funciona por medio de relaciones de poder, mientras que los derechos individuales están determinados por los niveles de influencia. Estando toda la intimidad escudada por máscaras de formalidad, los mexicanos parecen actores, adaptando constantemente sus papeles a las circunstancias, sin arriesgarse a una exposición o a un compromiso espiritual. También actúan ante un trasfondo invisible de violencia latente que desalienta las explosiones de irritación o frustración: como las consecuencias de un enfrentamiento de voluntades pueden ser sangrientas, se evita la confrontación y la conciliación se vuelve instinto. El poeta Andrés Henestrosa en cierta ocasión contrastó la actitud de los españoles y la de los mexicanos: "El español habla axiomáticamente, y ordenando, en tanto que nosotros siempre buscamos la concordia cuando discutimos: la mitad de la razón para usted y la otra mitad para mí." Incluso en la locura de tránsito de la ciudad de México es raro que se toque el claxon y sólo ocasionalmente se intercambian insultos, porque muchos conductores siguen llevando armas en sus guanteras. En la política, esta actitud es aún más clara: el temor a otra revolución mantiene vivo el espíritu de la negociación.

Renuentes a exponerse al contacto emocional, los hombres mexicanos se tocan unos a otros físicamente, con familiaridad latina, estrechándose las manos de manera automática o, más íntimamente, caminando del brazo. Las mujeres también se besan al ser presentadas y siempre que se encuentran. La ceremonia principal es el abrazo y como el propósito es afirmación de confianza mutua, en lugar de promesa de amistad, sigue un patrón estricto. Primero viene el apretón de manos, seguido por el abrazo y dos enérgicas palmadas en la espalda, coordinadas, y, por último, un segundo apretón de manos con una palmada en el hombro. Incluso este ritual entraña peligros sociales. Intentar abrazar a un superior que se opone al gesto está considerado una humillación; el abrazo dado voluntariamente por un jefe, de preferencia en público, es motivo de celebración. La calidad de los abrazos es escudriñada, sobre todo en el mundo de la política, en busca de evidencia de aprecio: cada año, en numerosas ocasiones, los políticos —hombres y mujeres— se forman en línea durante muchas horas con la esperanza de recibir un abrazo del presidente.

La posición social y las apariencias son cruciales en toda la sociedad. Los pobres gastan ostentosamente para ocultar la "vergüenza" de su pobreza, endeudándose para pagar las fiestas del pueblo, pródigas bodas, fiestas de cumpleaños y funerales. Símbolos similares proliferan entre los más ricos. Un regalo caro refleja tanto la riqueza del donador como la importancia del receptor. Los hombres luchan por el privilegio de pagar la cuenta en un restaurante, mientras que la costumbre estadunidense de "ir a medias" está considerada ofensiva. En la vida pública, la evidencia de posición social más apreciada pudiera ser un séquito de ayudantes y guardaespaldas subempleados. Quizá desempeñen tareas como susurrar mensajes telefónicos o abrir el paso a la limosina oscura del jefe entre los cuellos de botella del tránsito; pero su función principal simplemente es formar una comitiva. Tanto en círculos gubernamentales como en las familias, el machismo casi se puede medir de acuerdo con el número de dependientes.

El uso de títulos refuerza el sentido jerárquico que invade a la sociedad. Los títulos nobiliarios fueron proscritos por la Revolución de 1910, pero aparecieron otros nuevos. Rara vez se encuentran en México títulos como *don* y *doctor*, comúnmente usados en otros países de América Latina. Pero en los estratos bajos de la burocracia y las empresas, ser *licenciado* o tener un título universitario implica en sí una esfera de influencia y requiere que se use traje y corbata como evidencia de poder. El logro académico es menos importante que el estilo social y no son pocos los políticos con confianza en sí mismos que usurpan el título de *licenciado* sin poseer un grado académico. Con más sutileza, al jefe de una oficina no se le llama el licenciado fulano de tal, sino *El Licenciado*, como si no hubiera otro. En estratos de poder más altos, al Presidente o a un ministro, se les conoce simplemente por *El Señor*, título que normalmente significa "Sr.", aunque precedido por el artículo definido se convierte en "El Ser Supremo", en un sentido señorial o religioso y es la forma de alusión más deferente. El título de *maestro* tiene varias funciones. Un fontanero, pintor o carpintero esperan que sus habilidades sean reconocidas con él, pero muchos altos funcionarios piensan que es importante impartir clases en la universidad, aunque sólo sea para que tanto sus alumnos como sus ex alumnos les llamen *Maestro*.

El lenguaje formal y oscuro probablemente sea el arma principal de autodefensa del mexicano. Usando palabras y frases que, aparentemente, carecen de sentido, puede proteger sus emociones, evitar el riesgo de comprometerse e incluso prodigar alabanzas sin sentirse servil. El concepto es sencillo: el lenguaje tiene vida propia, casi como si las palabras, y no las personas, se comunicaran entre sí. Incluso las pinturas prehispánicas ilustraban la conversación por medio de globos que revoloteaban en suspenso frente a los oradores. Las promesas huecas y las mentiras francas salen fácilmente, puesto que las palabras no tienen valor intrínseco propio. La franqueza o la sinceridad excesivas se consideran groseras e incluso las

22

discusiones importantes deben ir precedidas de charlas sobre la familia o chismes políticos. El lenguaje sirve de campo neutral donde las personas pueden relacionarse sin peligro de confrontación.

En la vida pública, la independencia de las palabras es crucial, toda vez que los altos funcionarios esperan verse adulados. Los talentos atribuidos a cada Presidente —mientras está en el poder— rayan en lo ridículo. Sin embargo, no se espera que la manada de acólitos que rodea a cada jefe justifique su servilismo después de que el funcionario deje el poder; simplemente transfiere su adulación al siguiente jefe. La retórica usada por los funcionarios para discutir las cuestiones públicas es causa de más estupefacción. Cualquier político aspirante puede lanzarse a la oratoria al instante, con la intención de llenar el aire de palabras y frases bellas, en lugar de explicativas. Como el uso de un lenguaje directo implicaría un compromiso, gran parte de los discursos oficiales son conceptuales, y defienden principios y valores que la mayoría de los gobiernos ignoran en la práctica. Las plataformas electorales se construyen en torno a frases grandilocuentes sostenidas por ilusiones. Innumerables mensajes —desde pontificaciones nacionalistas de figuras históricas hasta admoniciones morales directas— se pintan en los muros, como si tuvieran la facultad de influir en el pensamiento del mexicano común y corriente.

Cuando se debe transmitir un mensaje político real, generalmente está disfrazado con una clave secreta que incluso quienes hablan español fluidamente, pero no son de México, deben luchar por descifrar. Los Presidentes pueden referirse a "emisarios del pasado" o "espejos externos". El dirigente del partido gobernante, en cierta ocasión, atacó virulentamente a "quienes desde camarillas oscuras establecen alianzas vergonzantes que el pueblo rechaza", referencia que sólo un puñado de políticos pudo entender. (Se refería a una reunión entre políticos conservadores de la oposición y diplomáticos de Estados Unidos.) A veces, las palabras elegidas incluso pueden contradecir el significado pretendido, haciendo que los no iniciados lleguen a la conclusión equivocada. En otras ocasiones, una fuerte negación —"No hay crisis"— sirve para confirmar el reconocimiento oficial del problema. Los periódicos del país, por regla general, contribuyen poco al esclarecimiento: usualmente evitan los peligros del análisis y los reportajes a fondo, publicando interminables entrevistas, mientras que, con frecuencia, hay que descifrar las columnas políticas más pertinentes para poderlos entender.

La cautela es la norma. Cuando se invita a funcionarios mexicanos a hablar en el extranjero, por más incisivas que sean las pregun-

tas que se les hagan, jamás conducirán a la aceptación de fracasos
del sistema. Incluso los historiadores, los politólogos y los mismos sociólogos mexicanos son renuentes a ser francos en público, y algunos evitan presentarse en un podio con políticos de la oposición interesados en poner en vergüenza al régimen. Debido a los riesgos
que entraña el definirse, los tratados académicos más importantes
sobre México los han escrito extranjeros. Empero, todo este ritual
sirve para un propósito político importante: proporciona una cortina de humo tras la cual se puede ejercer el poder real, al tiempo que
se conserva la ilusión de un debate político. Y, aunque cada Presidente puede determinar el tinte ideológico de su gobierno, la inmutable retórica le presta continuidad al sistema, aunque sólo sea porque perpetúa sus mitos.

El lenguaje de la vida pública refleja, en esencia, el lenguaje que
emplean los mexicanos en sus relaciones cotidianas. Es un lenguaje
formal que puede ocultar infinidad de sutilezas. Algunas frases or-
nadas son usadas de manera inconsciente. Al niño se le enseña a
presentarse dando su nombre, al cual se añade *para servirle*. Un
mexicano se referirá a sí mismo empleando la tercera persona, *su
servidor*. Describirá la casa propia como *su casa*, "la de usted", ante lo cual espera que se masculen las gracias. Pero, entre amigos
íntimos, el lenguaje es enormemente flexible. Hay palabras para toda ocasión y lo que cuenta es hablar ingeniosa y cínicamente. (*El
mitotero* —alguien que literalmente crea mitos o cuentos para abul-
tar su propia importancia— se convierte en hazmerreír cuando se le
puede dejar al descubierto.) Los significados se ocultan entre
líneas, en pausas, énfasis o entonación, incluso en sonidos o gestos
extraños. Generalmente, los chistes hacen burla de uno o me-
nosprecian a México en general, mientras que los amigos íntimos
están constantemente combatiendo con palabras entre sí. Muchas
palabras del náhuatl —lengua de los aztecas— han quedado asimi-
ladas al español y tienen significación especial, al tiempo que la
conversación está salpicada de *jeux de mots*, sarcasmos mordaces y
palabras con doble sentido sexual, además de algunas palabras muy
fuertes que se usan con una docena de sentidos diferentes.

Una palabra en particular, *chingar*, domina las imprecaciones
vernáculas y casi funciona como eje de la conversación de los habitantes urbanos de clase baja. Su significado literal es "violar", y el
origen de su intenso significado se ha ubicado en el momento en
que el conquistador español tomó a la india que se convirtió en la
chingada original. Por consiguiente, el tradicional improperio español, *hijo de puta*, en México se convirtió en *hijo de la chingada*,
o "hijo de una mujer violada". Desde entonces han surgido infini-

dad de variaciones del concepto. El insulto máximo, *chinga a tu madre* o "viola a tu madre", invariablemente es preludio de violencia, mientras que *vete a la chingada* es la variante nacional de "vete al diablo". Un *chingadazo* es un golpe físico duro y una *chingadera* es una mala pasada. Un mexicano puede advertir, en broma o amenaza, *no chingues*, que quiere decir "no me molestes", y si pierde de alguna manera admitirá: *me chingaron*. Es muy halagüeño describir a alguien como un *chingón* —o sea que es lo suficientemente listo como para *chingar* a otros—, pero una persona irritante es un *chingaquedito*.

En el caso de muchas palabras, se hacen juegos malabares con un espectro similar de significados, aunque con pocas más que con *madre*, término rico en connotaciones psicosexuales y religiosas. *Nuestra madre* se refiere a la Virgen María, aunque, incomprensiblemente, la palabra, por lo general, se usa con sentido negativo. El insulto *chinga a tu madre* puede quedar reducido a *tu madre*, perdiendo poca intensidad, mientras que *una madre* puede significar que algo es poco importante y un *desmadre* hace que una situación sea un caos. Un *madrazo* es un golpe duro, un *madreador* es un valentón o matón contratado y *partir la madre* significa hacer añicos algo o a alguien. Una persona con *poca madre* no tiene vergüenza, *a toda madre* equivale a un superlativo y *me vale madre* significa "me importa un bledo". Un hijo emplea el diminutivo *madrecita* para dirigirse a su madre, pero *mamacita* es un piropo callejero vulgar que se le dice a una muchacha que pasa o un término de cariño para una amante. En contraste, la figura del padre desempeña un papel lingüístico inferior. Un *padrote* es un chulo, mientras que algo excelente es *muy padre*. Extrañamente, una madre llama *papacito* a su hijo pequeño y *mi hijo* a su esposo. En estas contorsiones lingüísticas sin fin, la fascinación del mexicano por el detalle y su obsesión por los matices son satisfechos constantemente.

III

El pasado permanece vivo en el espíritu mexicano. No todos los mexicanos de todas las regiones y de todas las clases se parecen: en las provincias, resienten la imposición de lo que ellos consideran la cultura mestiza con raíces aztecas, y la minoría de clase media lucha por liberarse del pasado, sacrificando el presente por un futuro de valores y recompensas americanizados. La historia, revisada y ajustada para que se ciña a las necesidades contemporáneas, se moviliza para mantener la cohesión de la sociedad moderna. Cuando chocan antiguo y moderno, las emociones, invariablemente, favorecen al pasado. A finales de 1983, el regente (alcalde) de la ciudad de México se vio obligado a cancelar los planes para construir una línea del tren subterráneo bajo la plaza mayor de la capital, después de que otros departamentos del gobierno protestaron iracundamente porque la construcción destruiría restos ocultos del imperio azteca: la única sorpresa fue que el regente no hubiera tenido la sensibilidad para evitar la controversia. En comparación con el pasado, la planificación urbana no tiene importancia.

La historia se fomenta también de manera activa. Hay estatuas a granel, en todo el país las calles llevan nombres de héroes del pasado —inclusive prehispánicos— y de fechas históricas, y todo el calendario está salpicado de ocasiones a celebrar. El 18 de marzo, aniversario de la nacionalización de la industria petrolera mexicana en 1938, México recuerda su valor patriótico al resistir la presión de Estados Unidos. El 5 de mayo, aniversario de la batalla de Puebla, cuando fuerzas de ocupación francesas fueron temporalmente derrotadas en 1862, se usa para reafirmar la determinación del país para defender su territorio. Todo el mes de septiembre está dedicado a ceremonias que conmemoran la independencia de México de España.

Incluso el pasado oficial sigue siendo asunto de interés. Entrevistas y artículos de la prensa, con frecuencia, hablan de "noticias" que tienen medio siglo. En 1983, el gobierno financió un suplemento semanal, distribuido gratuitamente con todos los periódicos, donde se reimprimía una selección de artículos del período comprendido entre 1910 y 1970. Carteles con el rostro de un ex presidente muerto hace mucho quizá aparezcan repentinamente en los metros, sobre alguna frase política conceptual. Algunos símbolos son tomados de la época prehispánica: en 1978 un monumento nuevo dedicado a los policías y bomberos muertos en el cumplimiento del deber consistía en una estatua de Coatlicue, la diosa de la muerte, con un guerrero azteca caído a sus pies. Las figuras clave de la historia mexicana se han dividido en buenas y malas y, a manera claramente oriental, se usan para personificar conceptos como el heroísmo, el nacionalismo y los ideales revolucionarios, o, disyuntivamente, la cobardía, la traición, la codicia y la represión.

Los políticos contemporáneos comúnmente "adoptan" un mentor espiritual del pasado. A principios de los años setenta, el Presidente Luis Echeverría Álvarez tuvo por modelo político al finado general Lázaro Cárdenas, quien en la década de 1930 había llevado a cabo una importante reforma agraria y expropiado las compañías petroleras extranjeras. Por medio de frecuentes tributos a Cárdenas, Echeverría buscaba ser asociado con la imagen del ex Presidente que fue gran nacionalista y amigo leal de los campesinos. Al iniciar su mandato en 1976, el Presidente José López Portillo expresó su identificación con Quetzalcóatl, el mítico "dios blanco" prehispánico conocido como la serpiente emplumada. Años antes, había escrito un libro sobre Quetzalcóatl, mismo que, de inmediato, se reimprimió y tradujo, e incluso le puso el nombre del dios legendario al avión y al autobús oficiales. A su vez, el Presidente Miguel de la Madrid hizo saber que José María Morelos, uno de los líderes de la lucha de independencia de México a principios del siglo XIX, era su figura histórica preferida. Como autor del primer proyecto de constitución de México, Morelos es un símbolo del respeto por la ley, calidad que De la Madrid quería enfatizar.

Muchos de aquellos que ahora están del mismo lado en la historia, en vida pelearon ferozmente entre sí. En la Revolución de 1910-1917, Emiliano Zapata se rebeló contra Francisco I. Madero y Venustiano Carranza persiguió a Francisco "Pancho" Villa, pero ahora los cuatro nombres están inscritos juntos, con letras de oro, en la Cámara de Diputados. Empero, no siempre se perdona el pasado. Cuando en 1925 el Presidente Plutarco Elías Calles cambió los restos de los héroes de la Independencia de México a un monumento nuevo, excluyó los huesos de Agustín de Iturbide, que en última instancia ganó la guerra contra España en 1821, porque éste seguía representando el catolicismo conservador. En 1977, el veterano líder comunista Valentín Campa inició una campaña para que el muralista Diego Rivera fuera expulsado del Partido Comunista local —veinte años después de su muerte—. La supuesta ofensa de Rivera era haber coqueteado con el trotskismo, pero el verdadero propósito de Campa era usar el juicio como ocasión para denunciar la creciente penetración de ideas eurocomunistas en el partido. Al reconocer sus motivos "estalinistas", los comunistas menos ortodoxos pasaron a bloquear la medida de Campa.

Una explicación de este constante volver a vivir el pasado es que el honor y la gloria deben ser extraídos de alguna manera de un despliegue sofocante de derrotas y humillaciones sufridas por los mexicanos desde la Conquista. Con cierta frecuencia, quienes lucharon al lado del "bien" fueron vencidos, pero sus principios pueden reivindicarse décadas o siglos después. Típicamente, se recuerda a los Niños Héroes de Chapultepec por haber resistido a las tropas de Estados Unidos en 1847, aunque murieran y, posteriormente, Estados Unidos se apropiara de la mitad del territorio de México. Por el contrario, los aspectos incómodos de la historia mexicana se pueden enterrar y olvidar tranquilamente. Los mexicanos prefieren ignorar la evidencia de que sus antepasados aztecas practicaban la antropofagia. Los libros de texto dan apariencia falaz a todo el período colonial así como a las pérdidas de territorio a manos de Estados Unidos, la intervención francesa y la dictadura de Porfirio Díaz en el siglo XIX, optando por concentrarse en las "gloriosas" civilizaciones prehispánicas, la lucha por la Independencia, el período de mediados del siglo XIX conocido como la Reforma, y los logros alcanzados desde la Revolución.

Las controversias históricas pueden desatar grandes pasiones. En 1983, la Universidad Nacional planeó llevar a escena una obra llamada *El martirio de Morelos*, de Vicente Leñero. En vista de la fascinación de Miguel de la Madrid por Morelos, se supuso que la presentación era mero oportunismo cultural. Pero la obra descubría que, al ser torturado antes de su ejecución a manos de un pelotón de fusilamiento español en 1815, Morelos había revelado los nombres, las estrategias y las fuerzas militares de otros jefes insurgentes clave. La noche previa al estreno de la obra, las autoridades universitarias intervinieron para suspender los ensayos, preocupados no sólo por ofender al Presidente, sino también por denigrar a un héroe inmaculado. Diferentes asociaciones cívicas se movilizaron después para defender "el honor y la gloria" de Morelos, un político de primera línea dedicó todo un discurso a alabar al "fundador de la patria" y a imprecar a sus críticos, un discutido actor que desempeñaba el papel de Morelos fue reemplazado y los productores tomaron precauciones contra protestas violentas cuando la obra, al fin, se estrenó.

Más dramáticamente aún, la última batalla entre Cortés y Cuauhtémoc sigue peleándose, preponderantemente como parte de la constante lucha de México por aceptar las condiciones de su mestizaje, pero ocasionalmente como símbolo de la confrontación entre el Tercer Mundo y el "imperialismo". Hoy día, el vencido se ha convertido en vencedor: desde la Revolución, la historia mexicana ha sido reinterpretada por los nacionalistas y Cuauhtémoc ha sido presentado como el héroe y Cortés como el villano; y en los murales postrevolucionarios de Diego Rivera, Cuauhtémoc aparece como un joven idealizado, mientras que Cortés es representado como un jorobado sifilítico. En un tema con tanta carga emocional, el pasado no yace pacíficamente: en fecha más reciente, la disputa pasó al ruedo de los huesos y las estatuas.

Al morir Cortés en España en 1547, sus restos fueron enviados a México y colocados en el muro del Hospital de Jesús, que él había fundado. Los huesos fueron olvidados hasta su redescubrimiento en la década de 1940. Casi inmediatamente, los huesos de Cuauhtémoc fueron también "descubiertos" en la pequeña población de Ixcateopan, en el estado de Guerrero, y aunque dos comisiones científicas no pudieron verificar su autenticidad, fueron guardados como reliquia en una caja de vidrio en la iglesia local. En 1975, el Presidente Echeverría nombró otra comisión para que estudiara los restos, en esta ocasión impulsado por motivos aún más elevados. "En la valiente lucha del Tercer Mundo para poner fin al proceso de colonialismo impuesto por las potencias mundiales —explicó—, Cuauhtémoc es el antecedente germinal que inició la resistencia organizada contra la dependencia y la explotación coloniales." Parecía que autentificar los huesos de Cuauhtémoc era legitimar la "lucha" del Tercer Mundo. No fue sino hasta que Echeverría terminó su mandato cuando la comisión se atrevió a anunciar que aún no se podía confirmar la identidad de los restos de Ixcateopan. Cada año, el día del aniversario de la muerte de Cuauhtémoc, los funcionarios siguen haciendo guardia ante los restos y pronuncian discursos nacionalistas.

El Presidente López Portillo estaba enormemente orgulloso de su ascendencia española, y en 1981 volvió a abrir la controversia de Cuauhtémoc contra Cortés al develar, personalmente, un busto del Conquistador en el Hospital de Jesús. Hasta ese momento, en México sólo había una estatua conocida de Cortés, en el Casino de la Selva en Cuernavaca. Al año siguiente, otro monumento a Cortés fue colocado en la plaza mayor del barrio de Coyoacán en la ciudad de México. Dedicado al mestizaje de México, mostraba a Cortés y a su amante indígena, la Malinche, sentados detrás de Martín, su joven hijo mestizo. Pero apenas López Portillo terminó su mandato, el monumento fue retirado para deleite de los nacionalistas del país. Las justificaciones que se presentaron ante esta medida de censura mantuvieron el asunto con vida. "Cortés representa la conquista militar y el genocidio —comentó un politólogo, Gastón García Cantú—. En mi opinión, ningún conquistador merece una estatua. Y la idea de reconocer a Cortés como el fundador de la nación es un profundo y reaccionario error." Otro destacado escritor, Gutierre Tibón, sostuvo que Cortés merecía una estatua, aunque concedió que "el clima espiritual de México todavía no lo admite porque los mexicanos todavía tenemos que encontrar el equilibrio entre Cuauhtémoc y Cortés".

Esta ambivalencia ha seguido afectando las relaciones de México y España. La guerra civil española, considerada en México como la lucha entre el bien progresista y el mal fascista, permitió a México dar particular salida a su resentimiento contra España por su pasado colonialista. No sólo el Presidente Cárdenas apoyó la causa republicana y, posteriormente, dio asilo a miles de refugiados, sino que los sucesivos gobiernos mexicanos se negaron a reconocer el régimen de Franco. Al parecer, el general Francisco Franco pasó a personificar a Cortés, quien así podía ser castigado simbólicamente. Pero cuando las relaciones diplomáticas se restauraron a la muerte de Franco, la celebración principal tuvo lugar en México y, poco después, el Presidente López Portillo viajó al pueblo de Caparroso, en Navarra, donde vivieron sus antepasados.

La relación de México con España siempre será apasionada. Persisten las discusiones encarnizadas sobre si la Conquista destruyó la civilización o la barbarie, si los sacrificios humanos aztecas eran peores que la inquisición española, si la corrupción endémica del país tiene raíces precolombinas o hispánicas, si la burocracia fue importada de España o es un producto natural del ritual indígena. Hoy día, los mexicanos resienten la arrogancia de muchos inmigrantes españoles, con su bien ganada reputación de "explotar" a los trabajadores nacionales, pero se sienten atraídos por todo lo español, desde cantantes y toreros hasta alimentos y vinos. A nivel nacional, incluso aunque México sea más rico en la actualidad, esté más poblado y tenga más influencia que España, continúa buscando, quizá subconscientemente, la aprobación de la madre patria. Durante una visita del primer ministro de España, Felipe González, en junio de 1983, De la Madrid no resistió señalar la significación de que la cena oficial tuviera lugar en la plaza de Tlatelolco, "un lugar que recuerda las luces y las sombras de nuestra conciencia" y "sintetiza las dos columnas, indígena y española, que explican y determinan nuestro ser".

Las inseguridades individuales del mexicano se convierten con frecuencia en trémulas imágenes reflejadas por el país en general. En ningún aspecto es esto más evidente que en el sentido de nacionalismo casi agresivo que hay en México. Las amenazas, ataques, invasiones y ocupaciones que han procedido del extranjero, desde la época de la Independencia, son más que suficientes para justificar la muda xenofobia de México. Sin embargo, el nacionalismo también refleja el constante sentimiento de vulnerabilidad del país y, como el machismo, sirve de máscara tanto para ocultar las dudas internas cuanto para exhibir autoconfianza externa. Por consiguiente, el nacionalismo de México no es ideológico, sino más bien parte de su instinto de supervivencia. Y todo gobierno, desde la Revolución, ha reforzado los dos pilares del nacionalismo —fortaleciendo un sentido de identidad nacional en el país y subrayando la independencia de éste en el extranjero— para consolidar su propio poder.

Hoy día, el espejo del nacionalismo mexicano ya no es España, ni siquiera Francia, sino exclusivamente Estados Unidos. Incluso ahí, los rostros que México muestra a su vecino no son consistentes. Hay resentimiento transmitido por la pérdida de tanto territorio en el siglo XIX y por las intervenciones militares de Estados Unidos, hasta fecha tan reciente como 1916. Hay oposición al peso opresivo de la constante influencia política y económica de Estados Unidos en México. Hay desdén intelectualizado por la cultura materialista exportada por Estados Unidos. Y existe la creencia tranquilizadora de que los "astutos" mexicanos siempre pueden ser más listos que los "ingenuos" estadunidenses. Pero entre los mexicanos también hay admiración por Estados Unidos y, sobre todo, por su organización, honradez y prosperidad. Y gustosamente miran programas de televisión hechos en Estados Unidos, adoptan los gustos del consumidor estadunidense y prefieren bienes importados o de contrabando introducidos por la frontera norte a los productos hechos en el país.

Aunque gran parte de la política exterior de México está dedicada a exhibir que el país es independiente de Estados Unidos, los gobiernos también tocan el recurso unificador del patriotismo para mantener vivo un sentido de la mexicanidad. Heredero de una grave crisis económica en diciembre de 1982, el Presidente De la Madrid ordenó que todas las estaciones de radio tocaran el himno nacional a la media noche y las de televisión al término de la programación diaria: un canal de televisión, durante varias semanas, antes del himno nacional incluía la declamación de un poema llamado "México: creo en ti". Todas las secretarías o departamentos del gobierno recibieron instrucciones de realizar ceremonias, regularmente, para honrar la bandera de México. Por medio de un decreto que pretendía "reafirmar y fortalecer la devoción por los símbolos patrios", el gobierno organizó también un concurso de poesía y prosa dedicado a la bandera y al himno nacional.

En el campo cultural, ha sido más difícil evitar la erosión de la "mexicanidad" formal, aunque en 1982 un intento interesante comprendía una comisión para la defensa del idioma español, para combatir las incursiones de los anglicismos. Sobre todo en la ciudad de México, los restaurantes y las tiendas habían descubierto que los nombres extranjeros eran buenos para los negocios, dando por resultado nombres como Shirley's, Paco's y Arthur's. La comisión le declaró la guerra al apóstrofo —que no existe en la ortografía española— como símbolo principal de infiltración cultural. Anuncios de radio y televisión hacían burla de quienes decían "bye" en lugar de adiós o se llamaban a sí mismos Charlie en lugar de Carlos. Versos de poemas que rendían homenaje al idioma español se sumaron a la propaganda existente, decorando muros de toda la capital. Pero las contradicciones nacionalistas seguían saliendo a la superficie: una noche, una referencia a la "inmortalidad" del español fue alterada con pintura en aerosol y la palabra "español" fue reemplazada por "náhuatl". Poco después, se formó un consejo para la defensa de las lenguas indígenas.

Así como el alcohol derrite la máscara del machismo, durante los momentos de crisis es cuando las dudas endémicas que tiene el país sobre sí mismo se hacen más visibles por medio de la pantalla del nacionalismo. Los mitos de progreso y esperanza sostenidos con tanta avidez en público, repentinamente, en privado, dan cabida a un cinismo autoaniquilador y a una autodesaprobación exagerada. El ex Presidente López Portillo, que decía conocer la naturaleza mestiza de la psique mexicana, en cierta ocasión se refirió a este nihilismo hipnótico, tratando vanamente de romper el trance. "Frecuentemente los mexicanos somos dados a enfatizar nuestros defectos —dijo—. Quizás por los caminos oscuros de nuestras raíces indígenas, nos gusta desgarrarnos, sacrificarnos. Es una actividad que a muchos mexicanos nos gusta, denigrarnos, despedazarnos, admitir que tenemos todos los defectos del mundo. Tenemos el derecho de hacerlo. Tenemos muchos derechos. También tenemos el derecho de enfatizar lo positivo, el derecho de decir que algo hemos hecho bien y que lo haremos mejor."

Tan sólo tres meses después de sus palabras, la economía mexicana cayó en el desorden y arrojó una nueva oleada de pesimismo. La crisis financiera era seria, pero la respuesta psicológica era más peligrosa. Muchos mexicanos se resignaron al ocaso de todo el sistema y, con pánico, actuaron en consecuencia. Otros parecían consumidos por el mero drama de la ocasión, como si estuviera demostrándose la futilidad de las reglas y los planes. En las clases medias urbanas, la crisis reveló que los conflictos internos por el mestizaje se habían complicado ahora en razón de la competición entre la forma de vida mexicana y la estadunidense. Para los nuevos ricos, el auge de los cuatro años anteriores, al parecer, había colocado a fácil alcance la forma de vida estadunidense. Cuando reventó la burbuja, su exiguo nacionalismo quedó expuesto. La reacción de los mexicanos pobres, en contraste, fue menos histérica. Como el auge económico les había producido pocos beneficios, sus expectativas no se habían inflado y su estoicismo quedó, en gran medida, intacto.

Sin que fuera la primera vez, un gran obstáculo para reconstruir la economía era la forma en que los mexicanos se percibían a sí mismos. Ser positivo era tener esperanza y arriesgarse a la traición. Y, aunque México ha gozado de envidiable estabilidad política durante más de seis décadas, la memoria de un pasado que aparentemente se repite conspiraba para preservar la duda. Con los países ocurre lo mismo que con los individuos: algunos piensan en las desgracias pasadas, otros superan los reveses y nunca miran hacia atrás. México y los mexicanos parecen incapaces de desligarse de un pasado al cual siguen perteneciendo. Como prefieren mirar hacia atrás, tienen mucho material que contemplar: en la historia de México, como se percibe hoy, radica el pasado que oscurece el presente y continúa conformando el futuro.

2. LAS RAÍCES DE LA NACIÓN

I

Idealizar a los indígenas con base en las ruinas de monumentos y restos folklóricos patentes hoy es distorsionar la suerte de la mayoría de ellos, incluso antes de la Conquista de los españoles. Entonces, como ahora, la mayoría sufría dentro de un sistema social desigual: luchaban y morían como soldados de infantería; sostenían las supersticiones que daban vida a las teocracias gobernantes; trabajaban los campos, cargaban agua y construían los templos y las pirámides; sólo comían tortillas de maíz y frijoles; y vivían en chozas de madera y adobe a poca distancia de los palacios de piedra ocupados por sus amos. Los amos que los conquistaron sucesivamente les dieron dioses diferentes que adorar, pero su suerte cambiaba rara vez. Después de la Conquista, el que llegó fue tan sólo otro dios, en cuyo nombre se sometió a los indígenas a una nueva explotación.

Pero, asombrosamente, se sabe poco del indígena común y corriente de antes de la Conquista. Desde cerca de 3500 a.C., unos 40 000 años después de que cruzaran el estrecho de Behring, dejaron de ser nómadas y empezaron a cultivar la tierra. El maíz pronto ocupó el lugar de los frutos silvestres y la caza de animales como base de la dieta indígena y, dada su importancia, asumió una significación religiosa. Las cosechas buenas eran vitales para la supervivencia, así que aparecieron dioses que podían suministrar lluvia y proteger las cosechas. Y, conforme se desarrollaron las culturas, el maíz fue adquiriendo un simbolismo incluso mayor, representando a la vida misma y, por fin, se le llegó a considerar la fuente de toda vida. Según muchas leyendas antiguas, el hombre nació del maíz. Incluso hoy, el maíz domina la dieta del mexicano y algunos indígenas siguen considerándolo sagrado. La armonía filosófica del indio con la naturaleza se deriva de que considera al maíz como un regalo de los dioses.

De hecho, se puede tener más conocimiento de los pueblos prehispánicos de Mesoamérica a partir del estudio de estos dioses, que en épocas diferentes sumaron cientos. El dominio de un dios u otro identificaba los períodos de riqueza o penuria, fertilidad o hambruna, conquista o derrota, enfermedad o salud. De manera similar, la extensión de la influencia de un dios particular anunciaba la expansión militar de una tribu dada, mientras que la adoración incluía diversas expresiones de arte dedicadas a los dioses y sus sacerdotes. No obstante, como la mayoría de los códices precolombinos fueron destruidos por los conquistadores españoles, los expertos sólo tienen las ruinas de los templos, estelas, esculturas, alhajas y cerámica como guías del pasado. Sus conclusiones, por consiguiente, con frecuencia se fundan en hipótesis, inferencias y conjeturas.

Se cree que los olmecas crearon la primera civilización importante del México central, alrededor de 1200 a.C., en las costas del golfo de México, donde hoy están los estados sureños de Veracruz y Tabasco. Floreció alrededor de 700 años, alcanzando una población de unos 350 000 habitantes, y construyó tres ciudades importantes —conocidas hoy como La Venta, San Lorenzo y Tres Zapotes— antes de desaparecer. Con base en sus joyas y cerámica, quizá los artefactos prehispánicos más exquisitos que hayan llegado a nuestros días, se puede decir que fue una raza con gran talento artístico y sensibilidad religiosa. Carecía de existencias locales de piedra, así que restan pocos edificios olmecas de grandes dimensiones, pero sus gobernantes hicieron traer piedra desde lejos con la cual se esculpieron enormes cabezas, trece de las cuales han sido descubiertas, confundiendo a los arqueólogos debido a que tienen anchas narices y gruesos labios. (Algunos estudiosos sostienen que ello demuestra la influencia del norte de África en el Nuevo Mundo, mucho antes de la Conquista.) Las estelas de piedra también señalan que contaban con un sistema avanzado para medir el tiempo, el cual incluía el concepto del cero, desconocido entonces por sus contemporáneos romanos.

Sobre todo, la importancia de los olmecas está reflejada en su influencia en los mayas, al sureste, y en las civilizaciones nacientes del altiplano, al occidente: su símbolo principal, el jaguar, se puede encontrar al sur tan lejos como en El Baúl, Guatemala, y al occidente tan lejos como en Tula. Pero no eran guerreros; al parecer, su influencia se difundió por medio del comercio y la religión. Los olmecas resultan quizá mucho más misteriosos, porque no existe hoy una tribu que permita seguir una huella hasta su origen. Nadie sabe por qué se asentaron donde lo hicieron, por qué se desarrollaron más que otros, cómo vivieron, cómo funcionaron sus estructuras políticas y religiosas y por qué desapareció, finalmente, su civilización o, lo que es más probable, por qué fue absorbida por otras.

Las civilizaciones que se asentaron posteriormente en la península de Yucatán y en la meseta central son menos remotas porque, cuando menos étnicamente, perduran hoy día. La colonización de la región maya —que abarca lo que es en la actualidad Yucatán, Guatemala, Belice y partes de Honduras y El Salvador— empezó hacia 1500 a.C. Empero, no fue sino hasta cerca de 150 d.C. cuando empezaron a emerger las primeras ciudades-estado, en el bajío central, hoy conocido como El Petén en Guatemala, siendo Tikal la joya arquitectónica y centro religioso de este temprano imperio. Para el 900, la zona había quedado abandonada en gran parte y el punto focal de desarrollo había pasado al noreste, a Yucatán, donde ciudades como Palenque, Uxmal, Chichén Itzá y Tulum crecieron, reflejando, muchas veces, la influencia nueva del altiplano central.

No obstante, en un lapso de 300 años, muchas de estas ciudades también habían quedado abandonadas, en forma misteriosa y abrupta muchas veces, dando pie a especulaciones sobre conquistas, enfermedades o sequías prolongadas. Sin embargo, lo que sí parece estar claro es que para 1200 el imperio maya, como tal —una región unida por política, lenguaje, comercio y religión— se había fragmentado en docenas de tribus y ciudades-estado diferentes, que hablaban diferentes dialectos, usaban diferentes trajes y adoraban a diferentes dioses, aunque conservaran una extraordinaria tradición artística en sus templos y cerámica. Unas cuantas ciudades-estado, como Mayapán, siguieron siendo importantes, pero eran independientes. Es más, contrastando con la relativa paz de la era clásica, reflejada en los motivos no bélicos de las estelas mayas, era frecuente que estas ciudades disputaran entre sí. Mayapán, por ejemplo, destruyó gran parte de Chichén Itzá y sometió a Uxmal hasta que, en 1441, Uxmal misma se levantó y destruyó a Mayapán.

Al occidente, los zapotecas aparecieron primero en la región de Oaxaca, alrededor de 300 a.C., y construyeron, en la cima de una montaña, la extraordinaria ciudad de Monte Albán, que habría de dominar la zona durante unos 900 años. Los zapotecas después abandonaron la ciudad y se fueron a Zaachila, pero los mixtecas, que habían emigrado a los valles de Oaxaca y construido su principal centro religioso en Mitla, continuaron usando Monte Albán como cementerio ceremonial. Mucho antes de la Conquista, ambas tribus se fragmentaron en muchas ciudades-estado e incluso pueblos-estado, estableciendo una tradición de fragmentación de las comunidades que, a la fecha, sigue siendo un problema en esa región.

Su influencia nunca se extendió hasta el centro y norte de México y, desde antes de la era de Cristo, la construcción de Teotihuacán estableció, por primera vez, el dominio de las civilizaciones del altiplano en el resto de México. Por definición, era un centro religioso importante, sus templos estaban decorados con estelas, estatuas y pinturas de colores brillantes, sus dioses dominaban a las ciudades-estado más pequeñas de la región. Dada su compleja estructura social, Teotihuacán indudablemente tuvo gran poderío militar, pero sus conquistas eran atribuidas a sus sacerdotes y dioses, mientras que su riqueza procedía de sus comerciantes, que llegaban hasta Guatemala. En la cúspide de su poder, Teotihuacán probablemente fue la ciudad más poblada del mundo, con unos 200 000 habitantes. Hoy día, los restos de las enormes pirámides del Sol y la Luna, y la calzada de los Muertos, de más de tres kilómetros de largo, son testigo de su vastedad.

El final de la cultura teotihuacana también está velado por el misterio. Al parecer, la ciudad fue saqueada e incendiada, probablemente entre 650 y 700, aunque siguió siendo un importante centro religioso durante varios siglos más. Pero la unión política se desintegró y las ciudades-estado subordinadas a Teotihuacán volvieron al autogobierno. "Cualesquiera que fueran los motivos y los agentes del desastre, el hecho es que muere Teotihuacán y termina esa gran cultura —ha escrito Ignacio Bernal, ex director del Museo Nacional de Antropología—. Pero habría de dejar una herencia inmensa que afectó la historia posterior —hasta nuestros días— y creó una leyenda cuyas repercusiones apenas terminaron en tiempos de la Conquista española." De hecho, este legado fue tal que Teotihuacán se convirtió en punto de referencia para todas las civilizaciones futuras del altiplano, el primer "pasado glorioso" al que se relacionaron los toltecas y aztecas que vinieron después.

A lo largo de siglos, la ciudad había atraído a emigrantes que habían creado una especie de crisol cultural. Después del desplome del imperio, muchos indígenas volvieron a abandonar la ciudad, llevándose consigo el talento y la tradición. El surgimiento de los toltecas, por ende, se remonta directamente a Teotihuacán. En particular, la leyenda de Quetzalcóatl, o la serpiente emplumada, ya registrado en piedra en Teotihuacán y reconocido como el inventor de la medicina, la agricultura, la astronomía y la realeza, asumió mayor importancia e identidad física con los toltecas. Los toltecas eran muy dados a los sacrificios humanos durante el reinado de Ihitmal, quien se había adueñado del poder asesinando a su hermano, el padre de Quetzalcóatl. El joven príncipe, entonces llamado Ce Ácatl Topitzin, fue salvado de la muerte y criado por sacerdotes, quienes, impresionados por su santidad, le llamaron Quetzalcóatl. Después, éste asesinó a su tío, convirtiéndose en líder de los toltecas en la ciudad de Tula. Pero, al prohibir los sacrificios humanos y estimular la creatividad artística, Quetzalcóatl anuló a los sacerdotes y a su dios del mal, Tezcatlipoca, quienes a su vez le engañaron e hicieron que rompiera sus votos de castidad, obligándolo así a abandonar el trono. Huyó a Cholula y, según la leyenda, veinte años después se hizo a la mar en un barco, prometiendo volver algún día. Poco después desembarcó, supuestamente, en Yucatán, donde se le puso el nombre de Kukulcán, y donde murió treinta años más tarde, en una pira funeraria construida por él mismo. Sin embargo, como dios, se le siguió considerando hasta bastante después de la Conquista española.

Con la partida de Quetzalcóatl, los toltecas reanudaron los ritos de sacrificio y, alrededor de 1200, cayeron víctimas de tribus guerreras nuevas, conocidas indistintamente por chichimecas o "bárbaros", que dominaban las ciudades-estado del altiplano cuando los aztecas o mexicas aparecieron por primera vez en la región. Procedían del noroeste de México —del mítico Aztlán—, aunque las circunstancias de su llegada al altiplano central se desconocen. La leyenda dice que en 1325 se asentaron en dos islas en medio del lago de Texcoco, puesto que ahí fue donde vieron una señal predestinada —un águila posada en un nopal con una serpiente en el pico—. (Después de la Independencia, esta imagen pasó a ser el escudo nacional de México.) Sin embargo, es más probable que los aztecas fueran empujados al lago por los soberanos de las ciudades aledañas, quienes pensaban que los recién llegados eran salvajes impenitentes. Pero, en un lapso de 100 años, por medio de guerras y alianzas, los aztecas lograron dominar toda la región, estableciendo el que seguramente fue el mayor imperio de tiempos prehispánicos.

Aunque todavía dados a los sacrificios humanos, necesarios para suministrar la sangre que exigían diariamente sus dioses, los aztecas también habían desarrollado considerables capacidades artísticas para principios del siglo XV. Sus inmensos templos en la isla principal de Tenochtitlán —el nombre que dieron a su capital— y la cercana isla de Tlatelolco estaban cubiertos con impresionantes relieves, algunos de ellos de Quetzalcóatl, mientras que su cerámica estaba extraordinariamente decorada. Alrededor de 80 000 personas vivían en las islas que, a su vez, estaban ligadas entre sí y con tierra firme por anchas calzadas y dos acueductos. Todos los días, los agricultores y los comerciantes, a pie o en canoa, se dirigían a Tenochtitlán, para desplegar su mercancía en la inmensa plaza situada frente al palacio del emperador y el Templo Mayor dedicado a Huitzilopochtli y Tláloc, dioses de la guerra y la lluvia.*

En 1502, Moctezuma II se convirtió en emperador y sumo sacerdote de Huitzilopochtli. Ya había demostrado ser guerrero valiente, pero también fue un soberano ilustrado, un hombre refinado y sensible, profundamente religioso y supersticioso. Vivía en forma digna de un emperador. Como su imperio se extendía hasta la costa del Golfo al oriente, hasta el Pacífico al occidente, y hasta donde hoy está El Salvador al sur, él, su corte y la nobleza y los comerciantes disfrutaban de productos traídos de lejos. Moctezuma comía pescado todos los días. Usaba suntuosos mantos tejidos, finas joyas y un penacho de plumas. Poseía un gran tesoro de oro y se le veneraba como dios-rey.

Mientras Moctezuma reinaba con esplendor, sin saber que las Indias Occidentales habían sido descubiertas, un joven español, llamado Hernán Cortés, se unió a los aventureros que se dirigían al Nuevo Mundo atraído, como la mayor parte de sus contemporáneos, por sueños de riqueza. No obstante, incluso él tenía poca idea de lo que le esperaba cuando salió de Cuba, rumbo al occidente, a principios de 1519, con unos 500 hombres y 16 caballos apiñados a bordo de diez galeones. Hombre de baja estatura, delgado y fuerte, que entonces tenía treinta y cinco años, pisó tierra primero en la isla de Cozumel, junto a Yucatán, donde encontró a un sacerdote español, Gerónimo de Aguilar, que había naufragado ahí siete años antes y había aprendido a hablar maya. Con el padre Aguilar a bordo, la flotilla siguió su camino al occidente, cruzando el golfo de México, para finalmente desembarcar en lo que hoy es Veracruz.

Moctezuma, al oír de la llegada de Cortés y temeroso de que éste pudiera ser el dios Quetzalcóatl que regresaba, envió siervos con muchos regalos de oro y plata, jade y telas bordadas, al parecer con la esperanza de convencer a los invasores de que se fueran. Los regalos surtieron el efecto contrario. "Los españoles somos afligidos por una enfermedad del corazón que sólo el oro puede remediar", se dice que comentó Cortés. Después les expresó a los embajadores de Moctezuma que no podía partir sin presentar sus saludos, personalmente, al gran emperador en su palacio de Tenochtitlán. Un jefe indígena tabasco le había proporcionado una concubina, la Malinche, que hablaba maya y náhuatl, el lenguaje de los aztecas, y que se comunicaba con Cortés por medio del padre Aguilar, hasta

---

* El dominio "imperial" de estos dioses quedó confirmado hace poco, cuando las excavaciones del Templo Mayor descubrieron joyas y cerámica que habían sido llevadas ahí de todas partes de México.

que aprendió español. Así, equipado con intérpretes, el grupo marchó tierra adentro, sólo unos cientos de aventureros en una nación con más de siete millones de indígenas.

A Cortés le favorecía el resentimiento que muchas de las tribus indígenas conquistadas tenían contra el imperio azteca. Tlaxcala, situada a unos ciento sesenta kilómetros al este de Tenochtitlán, era una ciudad-estado que había rechazado la total sumisión a Moctezuma. Cuando Cortés llegó a la región, los tlaxcaltecas también trataron de expulsar a los recién llegados, pero fueron destrozados por los cañones españoles y su caballería —nunca antes habían visto caballos— y pronto convinieron en formar una alianza contra los aztecas. De ahí, Cortés viajó al centro religioso de Cholula, donde ordenó la masacre de unos 3 000 indígenas en represalia por una conspiración, descubierta por la Malinche, para matar a los españoles. Con estos antecedentes, Moctezuma convino en recibir a Cortés y, en noviembre de 1519, los invasores y varios miles de aliados tlaxcaltecas marcharon a lo largo de las calzadas para entrar en la magnífica ciudad de Tenochtitlán, maravillándose ante los enormes templos, pirámides, palacios, apiñados mercados y, por último, la extravagancia imperial de Moctezuma y su corte.

"Tan que llegábamos cerca de México —recuerda Bernal Díaz del Castillo, capitán del ejército de Cortés, en *La conquista de la Nueva España*—, se apeó el gran Moctezuma de las andas; y traíanle de brazo aquellos grandes *caciques* debajo de un palio muy riquísimo a maravilla, y el color de plumas verdes con grandes labores de oro, con mucha argentería y perlas y piedras, *chalchiuites*, que colgaban de unas como bordaduras. . . Venían otros cuatro caciques que traían el palio sobre sus cabezas y otros muchos señores que venían delante del gran Moctezuma, barriendo el suelo por donde había de pisar, y le ponían mantas porque no pisase la tierra. Todos estos señores ni por pensamiento le miraban en la cara, sino los ojos bajos y con mucho acato, excepto aquellos cuatro deudos y sobrinos suyos que lo llevaban de brazo."

Sin embargo, después de haber sido agasajado pródigamente durante varias semanas, Cortés palpó la vulnerabilidad de su pequeño ejército. Por consiguiente, decidió arriesgarlo todo arrestando a Moctezuma, medida que podría haber desatado el levantamiento indígena si el emperador se hubiera resistido, pero que colocó a Cortés a la cabeza del imperio azteca al rendirse Moctezuma pacíficamente. Pese a todo, la Conquista apenas había empezado. Unos cuantos meses después, irritado porque Cortés se hubiera rebelado contra su autoridad, el gobernador español de Cuba envió una expedición para arrestar al conquistador. Rápidamente, Cortés se dirigió al oriente, derrotó a las fuerzas y sumó 1 000 españoles más a su ejército. Pero, durante su ausencia de Tenochtitlán, los soldados le habían disparado a una multitud durante un desenfrenado festival religioso, matando a más de 4 000 indígenas y desatando el primer levantamiento de los nativos. Cortés pudo volver a entrar en Tenochtitlán, pero encontró que su ejército estaba sitiado en el palacio. Se le ordenó a Moctezuma que le rogara a su pueblo que pusiera fin a los ataques, pero una piedra le pegó en la cabeza y murió poco tiempo después. Como se agotaban el agua y los alimentos, Cortés decidió abandonar la ciudad. La retirada fue un desastre, hubo cientos de españoles y tlaxcaltecas muertos o ahogados mientras luchaban, abriéndose paso por las calzadas en la oscuridad, con frecuencia excesivamente cargados de oro. La derrota se conoce como *La noche triste*.

Perseguidos por los aztecas, el resto del ejército conquistador se abrió paso por el valle de Texcoco, hasta llegar al territorio amistoso de Tlaxcala, donde permaneció cinco meses. Finalmente, en mayo de 1521, se inició una nueva ofensiva, un ataque relámpago a lo largo de las calzadas y en barcos, misma que los aztecas, con su nuevo emperador Cuauhtémoc rechazaron con éxito. Entonces, Cortés cambió de táctica. Después de cortar la llegada de provisiones a la tierra firme de Tenochtitlán, su ejército avanzó lentamente sobre la ciudad, destruyendo todo lo que encontraba a su paso. Finalmente, para agosto de 1521, los guerreros aztecas estaban atrapados en la zona de Tlatelolco. Fue ahí, rodeado por templos sagrados, con todo el simbolismo que ha dominado la historia mexicana subsiguiente, donde el emperador azteca fue apresado, los dioses aztecas fueron derrotados y murió el imperio azteca.

Cortés reinó muy poco tiempo en la Nueva España, nombre que a la sazón se le dio a México y América Central. Apaciguó a sus comandantes principales dándoles tierra e indígenas para trabajarla, y habiendo amedrentado y sometido a los indígenas del altiplano con la brutalidad de la conquista final de Tenochtitlán, envió expediciones nuevas para encontrar rutas comerciales y para subyugar a las tribus más distantes. Después de que un conquistador, Cristóbal de Olid, se rebeló contra su autoridad en Honduras, Cortés marchó al sur, llevando consigo al emperador Cuauhtémoc. Antes le había quemado los pies con la esperanza de sacarle el secreto del tesoro de oro azteca, pero en este viaje lo acusó de conspiración y lo ahorcó. "Y fue esta muerte que le dieron muy injustamente, y pareció mal a todos los que íbamos", se lamenta Bernal Díaz del Castillo.

Pero, para entonces, los indígenas estaban demasiado quebrantados para protestar. No obstante, la ausencia de Cortés de la ciu-

dad capital dejó el camino libre a enviados de España que manio-
braron para quitarle el poder. Cortés se retiró a su palacio de Coyoacán, a orillas del lago de Texcoco, y, aunque nombrado Mar-
qués del Valle de Oaxaca unos cuantos años después, nunca volvió
a gobernar el país que había conquistado. Murió a los sesenta y tres
años, en una visita a España y, posteriormente, fue enterrado en
México. La Iglesia y la Corona habían roto el poder de los conquistadores y la Nueva España se había convertido, en todos sentidos,
en una colonia.

II

Después de la caída de Tenochtitlán, los aztecas asumieron el papel
de pueblo derrotado. De inmediato, con más minuciosidad que las
tribus que no habían formado previamente parte de su imperio,
fueron esclavizados. Su primera tarea fue limpiar los escombros de
la capital destruida y después, usando las piedras de sus templos y
pirámides, construir las iglesias y los palacios de sus nuevos amos.
Los arquitectos eran españoles, pero los artesanos indígenas y sus
habilidades y gustos aumentaron el aspecto florido de las piedras
labradas que cubrían los nuevos edificios. Desde principios del
siglo XVI, de hecho, nació un nuevo estilo mestizo —el colonial
mexicano— que combinaba lo barroco y lo azteca, creando magní-
ficos edificios que parecían captar la profunda melancolía de la raza conquistada.*

En las zonas "urbanas", los indígenas se resignaron a su suerte,
reconociendo su derrota como la derrota de sus dioses y, por consiguiente, gradualmente transfiriendo su lealtad al dios de los españoles. Los misioneros católicos, a su vez, aceptaron que se mezcla-
ra el cristianismo con las tradiciones religiosas de los indígenas. La
idea de construir las iglesias sobre los templos, o cerca de ellos, permitió a los indígenas continuar con sus peregrinaciones. Y, no por
mera casualidad, cerca del santuario de la diosa Tonantzín, en el

* Muchas de estas iglesias y palacios perduran hoy. En la plaza de Tlatelolco, la
iglesia y el convento de San Francisco están a horcajadas sobre la sección central de
un templo azteca. En la Plaza Mayor, o Zócalo, de la ciudad de México, los restos
del Templo Mayor yacen cerca del Palacio Nacional y la Catedral Metropolitana. En
Cholula, donde grupos de peregrinos habían erigido cientos de templos a docenas de
dioses, se construyeron más de 350 iglesias o capillas, muchas de las cuales existen
todavía, inclusive la iglesia de Nuestra Señora de los Remedios, construida en la cima de una enorme pirámide.

cerro del Tepeyac, en las afueras de la ciudad de México, fue donde la "morena" virgen de Guadalupe se le apareció por primera vez a un humilde indígena, Juan Diego, el 12 de diciembre de 1531. Así, pues, el sincretismo religioso se dio fácilmente: la abundancia de santos católicos no sólo correspondía a los incontables dioses prehispánicos, sino que ambas religiones incluían gran pompa y ceremonia, y sostenían los preceptos del castigo y la recompensa que hicieron que incluso la Inquisición resultara comprensible.

Al salir los conquistadores de la ciudad de México para someter a los indígenas, regaron la muerte, no sólo por medio de la destrucción y las masacres, sino también por las enfermedades europeas que segaron la vida de dos terceras partes de los indígenas de México, sólo en el siglo XVI. Los misioneros —primero los franciscanos y después los dominicos, agustinos y jesuitas— iban detrás, y con su esfuerzo por reparar el daño ocasionado por los conquistadores, en su camino dejaron la huella de iglesias, conventos y escuelas. Por las campañas que llevó adelante Fray Bartolomé de las Casas, el Consejo de Indias, en 1542, liberó de la esclavitud a todos los indígenas. Se seguía pensando que los indígenas eran como menores, que requerían educación espiritual, pero la nueva costumbre de colocarlos bajo la vigilancia y encomienda de los terratenientes también fue prohibida por España, que prefería que dependieran directamente de la Corona y no de los nuevos feudos. Algunos indígenas se retiraron, con éxito, a las montañas, selvas y desiertos —a tierras que los conquistadores tenían poco interés en explotar—. Pero la mayoría sólo pudo replegarse dentro de sí misma: el orgullo y la tradición ya buscaban sobrevivir tras una máscara de sumisión y formalidad.

La sociedad que surgió pronto reflejó muchos de los peores rasgos del autoritarismo religioso y militar español. La corona mantuvo un estrecho control en la más rica e importante de sus colonias, reemplazando a su virrey cada cuatro años, en promedio. Ansiosos de gozar de los favores del rey, los virreyes eran cumplidamente absolutistas. Uno de estos enviados apuntó acremente: "Los colonizados nacieron para el silencio y la obediencia y no para discutir y opinar sobre los altos asuntos de gobierno." La corrupción —el tráfico de puestos y los fraudes a la Corona— estaba generalizada y, al parecer, tolerada. Y, a pesar de la igualdad formal de todos los súbditos, la sociedad estaba dividida en un rígido sistema de castas, parecido al existente en el feudalismo europeo. La temible arma de la Inquisición también fue empleada para suprimir todo pensamiento reformista o inconformidad política y para limitar la expresión artística e intelectual a temas religiosos.

Sin embargo, de la función económica de la mayoría de los indígenas se puede deducir lo que fue de ellos durante la época colonial. La riqueza de México se derivaba de la mano de obra de sus indígenas, así como de sus recursos naturales. Por regla general, los indígenas trabajaban en grandes fincas, vivían en chozas miserables fuera de la mansión de la hacienda, siempre estaban endeudados con la tienda de la hacienda, o tienda de raya, y cultivaban maíz en pequeñas parcelas alquiladas —a cambio del pago del diezmo de maíz— al terrateniente. Cuando la minería de la plata y el oro adquirieron mayor importancia, su mano de obra barata engendró opulentas poblaciones mineras y proporcionó a la corona de España una riqueza sin precedentes, que ayudó a financiar a las otras colonias, así como a sus guerras en Europa. Todas las manufacturas fueron prohibidas oficialmente en el Nuevo Mundo, con objeto de proteger los bienes enviados de España. Pero el costo de los productos españoles estaba fuera del alcance de la mayoría de los consumidores de la Nueva España y, con el tiempo, los indígenas fueron llevados a trabajar a pequeñas fábricas, llamadas obrajes, que producían textiles y bienes de metal, y ofrecían un punto focal para el crecimiento urbano subsiguiente.

Incluso en el siglo XVIII, cuando los indígenas aún constituían el setenta por ciento de la población y los mestizos otro veinte por ciento, la mayoría de la población seguía viviendo en la forma acostumbrada, lejos de las ciudades, haciendas o minas, hablando sus propias lenguas, usando sus trajes típicos, cultivando sólo maíz y magueyes, regidos por sus jefes y adorando a sus propios dioses. Algunos estaban demasiado distantes para interesar a los españoles, pero unos cuantos siguieron oponiéndose al dominio. Por ejemplo, los yaquis, en el noroeste de México, pelearon contra los conquistadores en 1533, por primera vez, y siguieron resistiéndose al avance del hombre blanco, o *yori*, hasta principios de este siglo. Pero incluso para aquellos indios que eran absorbidos gradualmente por el sistema de explotación económica, los cambios políticos de la Nueva España no significaban nada. Y, cuando llegó finalmente, la Independencia no hizo nada por cambiar sus vidas.

La guerra de Independencia fue, en esencia, una lucha entre los intereses económicos de los criollos —las familias españolas que se habían asentado en el Nuevo Mundo— y los peninsulares —los españoles enviados por Madrid para gobernar la colonia—. Siempre latente, este conflicto había crecido en el siglo XVIII, conforme la población de México había ido aumentando rápidamente, así como su desarrollo urbano, su riqueza e incluso su geografía. Fue entonces cuando México incorporó las regiones semiáridas, escasamente pobladas, que, un siglo después, se convirtieron en Texas, Nuevo México, Arizona y California. El ánimo del país era optimista. Habiéndose reducido a dos millones en el siglo XVI, su población se había elevado a seis millones. Grandes ciudades como la de México, con 100 000 habitantes y Puebla, con 60 000, surgían como centros importantes del poderío criollo. La producción de plata igualaba a la del resto del mundo, al tiempo que se establecían industrias nuevas para satisfacer las necesidades de un millón de criollos y 50 000 peninsulares, el comercio exterior —ya no sólo con España— crecía, aunque estuviera controlado por los *gachupines*, como se llamaba despectivamente a los peninsulares; en suma, al término del siglo XVIII, México no estaba dispuesto a ser gobernado desde lejos.

No obstante, Europa fue la que creó las condiciones para la Independencia. Como en todos los demás puntos de la América hispana, la guerra de independencia de Estados Unidos y la revolución francesa llevaron a muchos criollos, sacerdotes, académicos y políticos liberales, a reconsiderar la naturaleza de la sociedad en la cual vivían. Hubo pocos que manifestaran preocupación por la miseria y el atraso de 3.5 millones de indígenas y 1.5 millones de mestizos. Tampoco habrían compartido la opinión del viajero alemán, Alexander von Humboldt, que visitó el país en 1803 y apuntó: "México es un país de desigualdades donde no hay equidad en la distribución de riqueza y cultura." Más bien, les interesaban, principalmente, conceptos como la "libertad" y los "derechos" para la minoría ilustrada.

Ya desde 1793 empezaron a descubrirse conspiraciones contra el gobierno español, pero la primera oportunidad real de Independencia se presentó en 1808, después de que Napoleón conquistó España e instaló en el trono a su hermano José. "Abrid los ojos, mexicanos, y usad esta oportunidad", decía un verso que apareció pintado en los muros de la ciudad de México. "Queridos patriotas, el destino ha puesto la libertad en vuestras manos. Si no sacudís el yugo español, seréis en verdad miserables." Al principio, los criollos pidieron al virrey que jurara lealtad al depuesto Fernando VII y que declarara que, hasta su reinstauración, México se gobernaría solo. Los peninsulares, por otra parte, pensaban que esto era un paso hacia la Independencia y, en cambio, reemplazaron al virrey y aceptaron la autoridad de una junta que operaba en el sur de España. Ante esto, los criollos decidieron preparar una revolución.

Miguel Hidalgo y Costilla, que tenía cincuenta y siete años, era el párroco de Dolores, una población pobre, en su mayor parte indígena, a unos 200 kilómetros al noroeste de la ciudad de México.

Aunque Hidalgo tenía una preocupación poco común por los indígenas, también era un pensador político impaciente y enérgico, que con frecuencia asistía a las reuniones de grupos conspiradores, organizadas por el capitán Ignacio Allende en la vecina ciudad de Querétaro. Por fin, fijaron el 8 de diciembre de 1810 como fecha para una insurrección. Pero una conspiradora, Josefa Ortiz de Domínguez, esposa del corregidor de Querétaro, supo que sus planes habían sido descubiertos y, la noche del 15 de septiembre, envió a un mensajero a Dolores para que previniera a Hidalgo y Allende.

En lugar de huir, ambos decidieron actuar. Armas en mano, liberaron a los presos de la población y después llenaron las cárceles con españoles. Poco después del amanecer del 15 de septiembre, tañendo la campana de la iglesia, Hidalgo subió al púlpito. "Hijos míos —les dijo a los indígenas y mestizos reunidos— una nueva dispensión nos llega este día. ¿Estáis listos a recibirla? ¿Haréis el esfuerzo de recuperar de los odiados españoles las tierras robadas a vuestros antepasados hace 300 años?" Y a continuación, proclamó: "Mexicanos, ¡Viva México! ¡Muerte a los gachupines!" En realidad, Hidalgo no mencionó la Independencia, conservando el mito de que la batalla era contra aquellos peninsulares que habían traicionado a Fernando. Pero la guerra de Independencia, que se prolongó once años y cobró unas 600 000 vidas, había empezado.

Tras un estandarte de Nuestra Señora de Guadalupe, el andrajoso ejército de indígenas y mestizos de Hidalgo, con palas y machetes, rápidamente llegó a unos 20 000 efectivos, que atacaron San Miguel, Celaya, Salamanca y Guanajuato. La rebelión adquirió brutalidad racial cuando hogares y poblaciones de españoles fueron incendiados y se ejecutó a los presos sumariamente. Con nuevos levantamientos en otras ciudades, Hidalgo y Allende tomaron Valladolid (hoy Morelia) y después se dirigieron al sur, hacia la ciudad de México, enfrentándose a las tropas españolas, por vez primera, el 30 de octubre, en un desfiladero conocido con el nombre de Monte de las Cruces. Los insurgentes parecían tener ventaja, pero, inesperadamente, Hidalgo ordenó la retirada de su ejército. Evidentemente no era un comandante militar, pero era un idealista carismático, que libertó a esclavos y devolvió tierras comunales a grupos indígenas del noroeste de México, antes de que se le acabara la suerte. Fue derrotado en Aculco y nuevamente en Guadalajara y, por último, fue apresado y ejecutado el 30 de julio de 1811, sólo unas cuantas semanas después de que Allende corriera una suerte similar.

Los años que siguieron fueron caóticos. Otro párroco, José María Morelos, continuó la rebelión, tomando la región al sur de la ciudad de México y, después, convocando a una Asamblea Nacional en Chilpancingo, en 1813, que formalizó la Declaración de Independencia. Al año siguiente, en Apatzingán, Morelos presentó la nueva constitución, un documento idealista influido por una constitución francesa redactada en 1793, pero él también fue ejecutado en diciembre de 1815. Para entonces, Fernando había vuelto al trono de España y no mostró simpatía alguna por aquellos criollos que se habían sublevado en su nombre algunos años antes. Envió refuerzos a México y pronto sólo un puñado de jefes insurgentes poco importantes quedaron vivos.

Pero en 1820, los nuevos cambios en España volvieron a crear las condiciones para la insurrección. Fernando, obligado por sus generales, tuvo que aceptar la Constitución de Cádiz, que era demasiado liberal para agradar a los peninsulares y criollos ricos de la Nueva España. Por consiguiente, éstos ahora consideraron que la independencia era un paso necesario para evitar las reformas sociales que, repentinamente, patrocinaba España. Las ilustradas ideas de Hidalgo y Morelos fueron reemplazadas por la necesidad de conservar el *status quo*. El coronel Agustín de Iturbide, líder militar apuesto, cruel y valiente, fue llamado para poner en práctica sus planes. En pocas semanas, Iturbide hizo un pacto con el último jefe insurgente, Vicente Guerrero, y juntos proclamaron el Plan de Iguala (conocido también como el Plan de las Tres Garantías) que postulaba al catolicismo romano como única religión de México, a todos los mexicanos como iguales y a un México independiente que sería gobernado por un monarca constitucional traído de Europa. Lo demás fue fácil. El nuevo ejército no encontró gran resistencia, y el 24 de agosto de 1821 el virrey español, Juan O'Donojú, en el Tratado de Córdoba, reconoció el Plan de Iguala. El 27 de septiembre de 1821, el ejército victorioso entró en la ciudad de México y, al día siguiente, Iturbide fue nombrado cabeza del nuevo gobierno.

III

Habiéndose calmado la euforia inicial, la nueva inestabilidad pronto confirmó que 300 años de gobierno español autoritario no habían preparado a la colonia para la libertad. En febrero de 1822, Iturbide presidió la primera sesión de una nueva Asamblea constituyente, pero los republicanos y los monárquicos riñeron interminablemente. Por último, el 8 de mayo se orquestaron manifestaciones públicas, pidiendo a Iturbide que se hiciera cargo de la situación y, al día siguiente, la Asamblea lo aceptó. El 21 de julio, Iturbide fue coronado con el nombre de Emperador Agustín I, como primer miembro de una nueva dinastía hereditaria destinada, según palabras de la proclamación de la Asamblea, "no a ejercer sobre vosotros su autoridad absoluta, tal como fue ejercida por los monarcas españoles, sino a cumplir hacia vosotros los tiernos deberes de un padre hacia sus hijos". Pero las conspiraciones empezaron inmediatamente. En diciembre, el general Antonio López de Santa Anna, hombre que habría de importunar a México durante las tres décadas siguientes, se levantó contra Iturbide a favor de la República. Siguieron otras insurrecciones y, para no enfrentar una nueva guerra, Iturbide abdicó el 19 de marzo de 1823, y partió para Europa. Torpemente volvió a México un año después, pero su nuevo intento de tomar el poder tuvo vida muy corta. Fue ejecutado el 19 de julio de 1824.

La nueva nación, al parecer, había nacido en el caos político. No obstante, en el centro de la inestabilidad, que duró hasta el decenio de 1870, estaba la economía del país. Ésta no sólo se había debilitado por la larga guerra de Independencia —la producción minera, agrícola e industrial había bajado notablemente—, sino que la élite tampoco estaba dispuesta a proporcionar los aportes fiscales debidos para que subsistieran sucesivos gobiernos. Desesperados, varios gobiernos trataron de echar mano a la concentración de riqueza más importante —la Iglesia—, pero ello provocó, de inmediato, que la jerarquía católica se pusiera a conspirar febrilmente. Estados Unidos e Inglaterra, intuyendo tanto la debilidad cuanto la riqueza potencial de México, también se entrometieron descaradamente en sus asuntos internos, mientras que logias de masones del rito escocés y del rito de York recurrieron a la violencia una y otra vez en su lucha por el poder.

En cuanto a los campesinos indígenas y mestizos, que después de la Independencia perdieron la protección mínima que les ofrecía la Corona de España, se produjeron nuevas injusticias y las grandes propiedades de tierra, conocidas como latifundios, aumentaron rápidamente a expensas de las tierras comunales. La desaparición del poder del virrey, sumamente centralizado, reemplazado por gobiernos centrales débiles, también alentó el surgimiento de jefes militares provinciales, o caciques, que, a su vez, eran sostenidos por los poderosos latifundistas. Como resultado, en las contadas ocasiones en que, en la distante ciudad de México, se aprobaban leyes para mejorar la suerte de los indígenas, éstas eran ignoradas en las provincias. Los caciques que, invariablemente, eran generales también, parecían desempeñar un papel similar al de los gobernadores de las ciudades-estado del imperio azteca: sólo debían alianza formal a una autoridad central, pero, en la práctica, administraban sus regiones con considerable autonomía, a cambio del pago de una contribución, y cuando los gravámenes resultaban demasiado onerosos, simplemente se rebelaban.

El general Santa Anna fue el primer caudillo del país, una especie de cacique nacional. Desde su hacienda en Veracruz partía con abigarrados ejércitos, iniciando o sofocando levantamientos, alternadamente, y muchas veces aceptando la invitación para convertirse en Presidente, tan sólo para renunciar o ser derrocado unos cuantos meses después. De los cincuenta gobiernos formados en los primeros treinta años de vida independiente de México, once fueron encabezados por Santa Anna. Pero ni siquiera él pudo imponer su autoridad en todo el país, y la historia lo recordará por haber presidido el desmembramiento de la nueva nación.

En la distante provincia de Texas, los colonizadores estadunidenses resentían las imposiciones fiscales de México y, en 1835, invadieron la guarnición mexicana que había ahí. Furioso, Santa Anna condujo personalmente a un ejército de 6 000 hombres, con intención de castigar a los rebeldes y masacrando salvajemente a los defensores de la vieja misión de El Álamo. Pero, a los dos meses, fuerzas estadunidenses, encabezadas por Sam Houston, no sólo derrotaron al ejército mexicano en San Jacinto —atacando al grito de "Remember the Alamo!"—, sino también aprehendieron a Santa Anna. A cambio de su vida, el general reconoció la independencia de Texas y firmó el Acuerdo de Velasco, prometiendo que las tropas mexicanas quedarían al sur del río Bravo y que convencería al congreso de México de que ratificara la independencia de ese estado. Después, Santa Anna, esposado, fue enviado a Washington para hablar con el Presidente Andrew Jackson, antes de que pudiera volver, deshonrado, a Veracruz. Mientras tanto, el congreso de México rechazó el Acuerdo de Velasco.

Sin embargo, a los dos años, de alguna manera, Santa Anna se había redimido. Al oír que Francia había bloqueado Veracruz, con objeto de presionar para que se le pagaran los daños sufridos por ciudadanos franceses en disturbios de la ciudad de México ocurridos una década antes, se dirigió al puerto. En realidad, Francia ganó el conflicto —conocido como la Guerra de los Pasteles, porque un pastelero francés era el que exigía la compensación—, ya que, a la larga, el gobierno aceptó pagar sus deudas; pero entre tanto Santa Anna perdió una pierna a resultas de un cañonazo, y volvió a convertirse en héroe. Una vez restablecido, ayudó a derrocar al gobierno, tomó y dejó el poder tres veces en igual número de años.

Claramente, México estaba mal preparado para enfrentar la amenaza externa que se estaba gestando. En 1845, el congreso de Estados Unidos no sólo admitió a Texas como parte de la Unión, sino que Washington codiciaba, cada vez más, las tierras mexicanas, poco pobladas, al occidente. Algunos generales mexicanos decidieron que el hecho de que Texas hubiera sido incorporado a Estados Unidos era en sí motivo de guerra y, en 1846, enviaron tropas al norte del río Bravo. Estados Unidos, por otra parte, inmediatamente vio en el desafío el pretexto que necesitaba. En primer lugar, las fuerzas estadunidense aseguraron Texas y ocuparon Los Ángeles y Santa Fe; después, conducidas por el general Zachary Taylor, marcharon al sur, derrotando al ejército dirigido por Santa Anna en febrero de 1847. Mientras tanto, el general Winfield Scott desembarcó tropas en Veracruz e inició el avance hacia la capital, derrotando también a Santa Anna.

Por último, Scott tomó la ciudad de México en septiembre de ese mismo año y la bandera de Estados Unidos fue izada en Palacio Nacional. La última resistencia mexicana procedió de jóvenes cadetes en el Castillo de Chapultepec, donde según la leyenda, varios se envolvieron en la bandera de México y saltaron por los bastiones, para encontrar la muerte antes que rendirse. El 2 de febrero de 1848, a cambio de 15 millones de dólares, el gobierno mexicano firmó el Tratado de Guadalupe Hidalgo y entregó la mitad de su territorio —1,450 000 kilómetros cuadrados, que incluían a California, Arizona y Nuevo México, así como Texas—, a Estados Unidos. Poco después, las tropas estadunidenses se retiraron, dejando una nación mutilada, en peligro de una desintegración incluso mayor.

Un año antes, los hacendados de Yucatán habían formado un ejército maya para enfrentarse al avance de las fuerzas estadunidenses en caso de que siguieran marchando al sur. Fue un error casi fatal. Por primera vez en siglos, se les dieron armas a los mayas y, casi de inmediato, éstos dirigieron sus nuevas armas contra sus amos. Miles de criollos y mestizos huyeron a las ciudades de Mérida y Campeche, y empezó la Guerra de Castas. Sin embargo, a los indígenas les interesaba más recuperar sus tierras comunales que matar a quienes les habían invadido tres siglos antes. En lugar de sitiar Mérida, que no era una tarea difícil dado el desorden existente en el resto de México, los mayas volvieron a cultivar sus tierras y a establecer su forma tradicional de autogobierno.

El gobernador de Yucatán, como no pudo obtener ayuda de la ciudad de México, trató de convencer, en vano, a España, Inglaterra e incluso a Estados Unidos de que se anexaran la península y sofocaran la rebelión, pero a nadie le interesaba heredar tal caos.

De hecho, Inglaterra, desde su vecina colonia de Belice, le vendía armas a ambos bandos beligerantes, quizá con la esperanza de que, a la larga, los mayas se dirigieran a la Corona Británica pidiendo protección. Por último, al restaurarse el orden lentamente en la capital, un ejército fue enviado a Yucatán y, después de dos años de combates feroces, los mayas fueron derrotados otra vez y la mitad de su población fue muerta. Algunos indígenas huyeron a la selva y resistieron ahí durante muchos años más —su último reducto cayó finalmente en 1901—, pero la mayoría de los supervivientes volvió a una condición de servidumbre, recibiendo castigos y siendo objeto de una desconfianza incluso mayor que antes.

La Guerra de Castas pudo durar tres años porque la ciudad de México estaba demasiado débil y distante como para detenerla antes. Pero para 1850, aunque faltaban todavía dos décadas para un gobierno estable, finalmente había dos partidos claramente identificados —los liberales y los conservadores— que estaban dando forma a las políticas nacionales. Los liberales, cuya extracción, generalmente, era la clase media urbana y cuyos líderes eran intelectuales y profesionales, creían que México debería darle la espalda a sus tradiciones españolas, indígenas y católicas, para construir una nación nueva, siguiendo el modelo de Estados Unidos. Los conservadores contaban con el apoyo de los hacendados, los católicos y la jerarquía militar y pensaban que la Iglesia debía ser todopoderosa, que se debía sostener un ejército fuerte e instalar una dictadura. "Estamos perdidos si Europa no viene pronto a salvarnos" —escribió en su programa Lucas Alamán, el líder conservador.

El desorden que siguió fue testigo de sus palabras. Mientras esperaba una solución de Europa, asombrosamente, Alamán volvió a darle poder a Santa Anna, quien, en seguida, empezó a perseguir a los liberales y provocó un levantamiento que condujo a su desahucio y a la instalación de Ignacio Comonfort, en agosto de 1855. Los liberales convocaron a elecciones para una Asamblea que aprobaría una constitución radical nueva, donde se ampliarían las libertades individuales y se limitaría el poder de la Iglesia. En 1857, Comonfort fue elegido Presidente y un indígena de Oaxaca, abogado de profesión, Benito Juárez, su vicepresidente. Pero los conservadores, encabezados por el general Félix Zuloaga, obligaron a Comonfort a derogar la Constitución de 1857 y a encarcelar a Juárez. Lleno de remordimiento, Comonfort liberó a Juárez y se dirigió al exilio, dejando que Zuloaga y Juárez reclamaran la presidencia. Sin embargo, Juárez se vio obligado a huir y estalló otra guerra civil. Pero su lucha a lo largo de los siguientes quince años le dio un papel destacado en la historia de México.

Juárez, indio zapoteca de sangre pura, nació en 1806, en el pueblo de San Pablo Guelatao, en la sierra, a unos 65 kilómetros de Oaxaca. Huérfano desde los tres años, fue criado por un tío. Hasta su adolescencia habló poco español, pero entonces encontró trabajo en Oaxaca, en casa de un lego franciscano, encuadernador de libros. A cambio de su ayuda en la casa, Juárez era enviado a la escuela y, a la larga, ingresó en un seminario. Pero el estudio de las leyes le atraía más que el sacerdocio y, más adelante, cambió de estudios, titulándose a los veinticinco años. Como abogado, ayudó a los pobres, muchas veces defendiéndolos contra la Iglesia y los terratenientes locales, sin cobrar nada, y sintiendo cada vez más atracción por la política durante este proceso. A mediados de la década de 1840 fue delegado de los liberales ante un Congreso nacional, y en 1847 fue llamado a su tierra para convertirse en gobernador provisional de Oaxaca, confirmándosele su puesto con las elecciones del año siguiente. De ahí construyó su base de poder y desarrolló su propia versión de la filosofía liberal.

Juárez no pudo volver a la ciudad de México hasta 1860, cuando finalmente instrumentó las controvertidas Leyes de Reforma, que habían provocado la rebelión de los conservadores tres años antes. El blanco principal de éstas era la Iglesia, enormemente poderosa, y produjeron la nacionalización de los bienes eclesiásticos, el establecimiento de un registro civil, el cierre de conventos y monasterios y la supresión de muchas fiestas religiosas. Pero los conservadores volvieron a reaccionar, recurriendo a la ayuda de Europa. En diciembre de 1861, atraídos por las oportunidades que ofrecía el conflicto interno de México, Inglaterra, España y Francia desembarcaron tropas en Veracruz, con el pretexto de obtener el pago de deudas pendientes. España e Inglaterra recibieron una remuneración y se retiraron, pero las ambiciones de Francia eran otras.

Soñando con extender su influencia al Nuevo Mundo, Napoleón III respondió al llamado de los conservadores. A pesar de la tan celebrada victoria de México en Puebla, el 5 de mayo de 1862, las fuerzas expedicionarias francesas ocuparon la ciudad de México y se instaló una Asamblea que ofreció la corona de México a Maximiliano de Habsburgo, hermano del emperador Francisco José. Poco después, llegaron Maximiliano y su esposa, la archiduquesa Carlota, y fueron instalados como emperador y emperatriz.

Maximiliano, hombre decente pero débil, no pudo afirmar su autoridad en el país. Irritó a los conservadores negándose a revocar las reformas liberales. Por último, cuando Estados Unidos, habiendo terminado su guerra civil, empezó a ayudar a los liberales, y Napoleón retiró la mayor parte de sus tropas con objeto de enfrentar otra amenaza de Prusia, la aventura de Maximiliano quedó sentenciada a muerte. Él contempló la posibilidad de abdicar, pero según la leyenda, su madre le dijo que "los Habsburgo nunca abdican". Fue aprehendido en Querétaro y ejecutado el 19 de junio de 1867.

Juárez volvió a la presidencia otra vez y, en las elecciones, derrotó al general Porfirio Díaz, un cacique mestizo de Oaxaca. Por primera vez en muchas décadas, el país gozaba de paz, pero el gobierno estaba próximo a la quiebra y su autoridad se evaporaba a pocos kilómetros de la ciudad de México. No obstante, Juárez dio la baja a dos terceras partes del ejército, mandó que se terminara el ferrocarril entre la ciudad de México y Veracruz y reorganizó el sistema educativo. Irónicamente, no mostró interés especial por la población indígena, al parecer, porque pensaba que más valía que se integrara a la vida nacional a que conservara sus tradiciones aisladamente. El programa de reforma agraria, dirigido esencialmente contra las propiedades de la Iglesia, diezmó las tierras comunales de los indígenas, dejándolos más vulnerables que nunca ante los grandes terratenientes. En 1871, Juárez volvió a derrotar al general Díaz en las elecciones, pero en julio del año siguiente murió de un infarto y el vicepresidente, Sebastián Lerdo de Tejada, asumió la presidencia.

Cavilando en su hacienda de Oaxaca, Díaz planeó otra aproximación al poder. Había caído en desgracia por encabezar, en 1871, una abortada revuelta contra Juárez, pero después de que Lerdo ganó la reelección en 1876, Díaz se volvió a rebelar y, en las elecciones siguientes, por fin llegó a la presidencia a la edad de cuarenta y siete años. Habiendo usado el principio de "sufragio efectivo, no reelección" contra Lerdo, Díaz se sintió obligado a dejar el poder en 1880, permitiendo que Manuel González gobernara durante un desastroso cuatrienio. Sin embargo, para 1884, Díaz había llegado a creer en su "destino manifiesto" para salvar a México y, una y otra vez, ganó reelecciones, volviéndose cada vez más conservador, hasta que al conocido grito de "sufragio efectivo, no reelección" estalló la Revolución en 1910.

No obstante, Díaz dio a México su primer período largo de estabilidad desde la época de la colonia. Desarrolló al país, levantó la economía, tuvo felices a los ricos, hizo las paces con la Iglesia y, virtualmente, abolió la política. Su lema —"poca política y mucha administración"—, en la práctica, significaba que él era el único político. Se instituyó la censura de la prensa y muchos periodistas y editores fueron encarcelados, y toda crítica contra el gobierno desapareció mientras que todo gobernador estatal, senador y diputado era elegido por el presidente. Un cuerpo federal de 3 000 efectivos, conocidos como los "rurales" —muy versados en la ley fuga, que permitía matar a los presos que intentaran huir— puso fin a sesenta años de caos en el campo, controlando a los bandidos. En las zonas urbanas, incluso los intelectuales estaban coptados. México parecía domado.

Durante el porfiriato, como se llegó a conocer la dictadura, la minería floreció, aparecieron nuevas industrias y el comercio exterior aumentó gracias a la construcción de puertos nuevos en ambos océanos. Entre 1877 y 1910, la red de ferrocarriles pasó de 465 a 19 500 kilómetros, ayudando intensamente a la integración del país. La inversión extranjera también ingresó abundantemente a México por primera vez, sobre todo para la agricultura y la minería, mientras que los banqueros extranjeros, por fin, tuvieron confianza en que el gobierno pagaría cualquier deuda contraída. De hecho, tal era la bonanza para los extranjeros que un nacionalista desencantado describió a México como "la madre de los extranjeros y la madrastra de los mexicanos". Después de 1892, cuando José Limantour fue ministro de Hacienda, los ingresos del gobierno incluso empezaron a ser mayores que los gastos, al tiempo que prosperaba la actividad económica. En 1896, Díaz volvió a buscar la reelección "para que los empresarios mexicanos y los extranjeros puedan seguir disfrutando de las garantías que les permiten aumentar sus respectivos capitales".

Pero Limantour y su poderoso grupo —conocido como los "científicos", debido a que estaban determinados a aplicar la ciencia al arte de la política— introdujeron también al sistema un nuevo grado de injusticia económica. Mientras que la ciudad de México parecía florecer, era poca la riqueza que se filtraba hacia abajo, a los mineros y obreros mestizos, quienes seguían viviendo con la dieta tradicional de tortilla y frijoles. En el campo, aunque la producción de alimentos crecía lentamente, la concentración de la tierra se intensificaba. Unas 3 000 familias eran dueñas de la mitad del país, y vivían en magníficas haciendas, mientras que millones de indígenas y campesinos mestizos eran virtualmente siervos, ya fuese sujetos a la tienda local por sus deudas, ya por los salarios atrasados no percibidos que seguían esperando. De la población total, compuesta por unos 13 millones, casi la mitad eran indígenas que seguían viviendo en las comunidades tradicionales, pero la expansión de la agricultura significaba que sus tierras comunales eran robadas constantemente. Por consiguiente, enfrentaban la probabilidad de trabajar como peones en su propia tierra o de brozar terrenos menos fértiles.

Dado el fatalismo de los indígenas y la represión que prevalecía en todo el país, la Revolución sólo podía empezar en las clases medias. Cuando Díaz pretendió su quinta reelección, en 1904, no hubo muchas protestas, a pesar de su selección impopular de Ramón Corral, personaje cruel y corrupto, como vicepresidente. La vicepresidencia era un cargo sin importancia, salvo porque su ocupante se convertiría en Presidente en caso de que el viejo Díaz muriera. Sin embargo, en 1907, el dictador produjo consternación al decir a un periodista estadunidense que México ya estaba preparado para la democracia, que se toleraría un partido de oposición y que él abandonaría la presidencia al terminar su mandato. Pero pronto se pudo ver que Díaz meramente había dicho lo que creía que quería oír el público estadunidense, y cuando decidió permanecer en su puesto y volvió a elegir a Corral por compañero para las elecciones de 1910, algunos intelectuales y profesionales de clase media decidieron reaccionar.

En 1908, Francisco I. Madero, idealista soñador de clase acomodada, había escrito un atrevido libro, muy popular, llamado *La sucesión presidencial de 1910*, donde proponía que cualquiera, menos Corral, fuera el próximo vicepresidente. Pronto, Madero viajaba por todo el país, promoviendo sus ideas e inquietando a los campesinos, trabajadores y clases medias con la promesa del cambio. En enero de 1910, Madero finalmente se entrevistó con Díaz y se ofreció para próximo vicepresidente del gobernante. Díaz lo trató paternalmente y no le hizo caso, pero la entrevista fortaleció la determinación de Madero de seguir adelante. En abril de 1910, su partido Antirreeleccionista le nombró candidato a la presidencia y, para finales del verano, su popularidad era tan grande que fue encarcelado, en San Luis Potosí, y liberado hasta después de la reelección de Díaz, el 26 de junio.

Pero el descontento con el gobierno siguió aumentando, y habiendo entrado por la frontera de Texas a principios de octubre, Madero publicó su Plan de San Luis Potosí, donde sostenía que él era el Presidente legítimo y llamaba a un levantamiento el 20 de noviembre de 1910. La rebelión fue un desastre y Madero pronto buscó ocultarse en Estados Unidos otra vez. Pero despertó la inquietud y bandas de rebeldes, encabezadas por Pascual Orozco y Francisco Villa, empezaron a hostilizar a las fuerzas del gobierno de Chihuahua y a la larga ocuparon Ciudad Juárez, pequeña población fronteriza. Madero decidió unirse a ellos y, a principios de 1911, los irregulares habían aumentado hasta formar un ejército, mientras que las fuerzas gubernamentales desertaban para unirse a la causa rebelde. Madero pidió la renuncia de Díaz y de Limantour, y cuando grupos de la oposición aparecieron en la ciudad de México y el vecino estado de Morelos, el octogenario dictador finalmente aceptó irse, tomando un tren para Veracruz el 26 de mayo de 1911, y después al exilio en Francia, donde murió cuatro años después. Madero entró triunfalmente en la ciudad de México el 7 de junio y en octubre fue elegido Presidente. La Revolución, al parecer, había triunfado con un mínimo derramamiento de sangre. En realidad, apenas había empezado.

3. DE REVOLUCIÓN A INSTITUCIÓN

I

Morelos, a sólo unos kilómetros al sur de la ciudad de México, fue el primer valle colonizado por los españoles en el siglo XVI. El propio Cortés se construyó un palacio en Cuernavaca, y muchas poderosas familias coloniales tenían tierras en la zona. A finales del siglo XIX, Morelos era la región azucarera más rica de México. Sus haciendas eran pequeñas, pero la tierra era fértil y la riqueza estaba enormemente concentrada: sus treinta y siete haciendas y veinticuatro ingenios eran propiedad de sólo diecisiete familias criollas. (Después de la Independencia, el término "criollo" pasó a ser sinónimo de mexicano aristócrata, sin sangre indígena.) La demanda de tierra era tanta que los agricultores particulares constantemente ocupaban las tierras comunales o los *ejidos* de los indígenas. Y, cuando por las reformas liberales, las tierras de la Iglesia y las comunales se pusieron en venta, la mayor parte de las parcelas indígenas de Morelos fueron absorbidas por las haciendas. Los indígenas que protestaban eran asesinados o deportados, como esclavos, a Yucatán. Pero la mayoría no tenía otra opción que trabajar en las haciendas o emigrar a la ciudad de México.

El resentimiento producido por la pérdida de las tierras comunales era profundo. Cuando un campesino mestizo, de treinta años, Emiliano Zapata, fue elegido cabeza del consejo de Anenecuilco, población de sólo 400 habitantes, su tío le dio los títulos legítimos de la tierra robada por Hospital y Cuahuitzla, haciendas cercanas. El gesto fue algo más que simbólico. A pesar del temor que le tenían a los rurales, los campesinos habían estado agitando para recuperar sus tierras y se dirigieron a Zapata en busca de acción. Era respetado por ser hombre valiente, honrado e idealista, y como había trabajado de caballerango de familias ricas de la ciudad de México, también estaba molesto por las injusticias y desigualdades que padecía Anenecuilco. Tras sus ojos tristes y su voz tranquila, estaba decidido a defender la tierra existente y los derechos de riego de la comunidad, así como a recuperar las tierras perdidas.

Cuando el Plan de San Luis Potosí finalmente disparó el levantamiento de Chihuahua, a principios de 1911, Zapata y otros líderes de comunidades de Morelos palparon una oportunidad. Organizaron una banda de ochenta hombres armados y juraron lealtad a Madero, aunque no estaban seguros de lo que éste representaba. En cosa de semanas, los zapatistas habían tomado muchas haciendas, así como Cuautla y Yautepec, pueblos situados a unos 75 kilómetros de la ciudad de México, aumentando con ello la presión sobre Díaz. Pero los rebeldes parecían estar menos interesados en el "sufragio efectivo, no reelección", que en una solución para sus problemas locales. En el apoyo que Zapata brindó a Madero estaba implícito el entendimiento de que la Revolución devolvería las tierras comunales a los pueblos. Las metas contrastantes de los dos líderes, por consiguiente, sembraron la semilla del primer conflicto entre los revolucionarios: Madero buscaba una revolución política; Zapata, una económica.

Las relaciones entre Madero y Zapata se deterioraron rápidamente. Presionando con que aplastaría a los bandidos de Morelos, Madero convenció a Zapata de deponer las armas y, a cambio, prometió la reforma agraria, pero este pacto sólo duró unos cuantos meses. Los zapatistas se aferraron a la tierra que habían tomado y, en septiembre de 1911, el general Victoriano Huerta, hombre brutal, fue enviado a encargarse de Zapata; cometió atrocidades contra los pueblos y obligó al líder revolucionario a ocultarse. Finalmente, el 25 de noviembre, habiendo reorganizado su ejército, Zapata publicó su Plan de Ayala, donde denunciaba a Madero por traidor y convocaba a otra Revolución. ". . . y así como nuestras armas las levantamos para elevarlo al poder —decía la proclama—, las volvemos contra él por faltar a sus compromisos con el pueblo mexicano y haber traicionado la revolución iniciada por él, no somos personalistas, ¡somos partidarios de los principios y no de los hombres!" Así, la Revolución tenía un nuevo testamento social.

Zapata no era el único desilusionado. Madero creía que su elección cubría toda la Revolución y no hizo nada por satisfacer las demandas o las expectativas de los intelectuales liberales o anarquistas que le habían dado su apoyo. Lo que es más grave, Madero no pudo consolidar su poder llenando el vacío que había dejado la dictadura expulsada. Por consiguiente, el nuevo Congreso se convirtió en foro de interminables disputas entre diferentes facciones, inclusive de un grupo que representaba intereses porfiristas. Es más, gran parte del ejército y la burocracia de Díaz continuaba intacta, al tiempo que la Iglesia, los grupos empresariales y Estados Unidos eran abiertamente hostiles al nuevo gobierno.

A principios de 1912, Pascual Orozco encabezó una rebelión en el norte de México, pero ésta fue sofocada por Huerta. En octubre del mismo año, Félix Díaz, sobrino del general Díaz, y Bernardo Reyes, un general porfirista, organizaron otro levantamiento, pero fueron aprehendidos y encarcelados. Desde sus celdas siguieron conspirando contra Madero y, el 9 de febrero de 1913, fueron liberados por un grupo de partidarios que iniciaron una marcha hacia Palacio Nacional. Madero llamó a Huerta para que le ayudara, pero después de diez días de fuego de artillería, durante los cuales murió Reyes, Huerta y Félix Díaz se unieron con un pacto patrocinado por Henry Lane Wilson, embajador ultraconservador de Estados Unidos. Después, Félix Díaz aprehendió a Gustavo Madero, hermano del Presidente, y mandó que le mataran, mientras que los hombres de Huerta atraparon al propio Madero y a José María Pino Suárez, su vicepresidente. A cambio de sus vidas y de permitirles salir al exilio, Huerta les convenció de que renunciaran. Pero, la noche siguiente, el 19 de febrero, ambos fueron asesinados también, y Huerta se convirtió en Presidente.

El gobierno de Huerta fue un desastre total, casi una caricatura de los peores años de la dictadura expulsada. Con el apoyo de gran parte del ejército de Díaz, Huerta administró al país como general y pisoteó a los políticos: todos los liberales y revolucionarios fueron purgados y no fueron pocos los voceros de la oposición que encontraron la muerte antes de que se disolviera el Congreso. En poco tiempo, las fuerzas revolucionarias dispersadas se habían unido contra Huerta. No obstante, el impacto que a largo plazo tuvo el régimen fue incluso más importante: al apoyar a Huerta, la Iglesia, las clases de empresarios y terratenientes, la comunidad extranjera y Estados Unidos —cuando menos la administración de Taft— se definieron todos como enemigos de la Revolución y se ganaron la desconfianza permanente de los gobiernos que siguieron.

Como había ocurrido con la revolución de Madero, la rebelión volvió a venir del norte. Venustiano Carranza, gobernador de Coahuila, se proclamó Primer Jefe del Ejército Constitucionalista del Norte y, en tres hombres de Sonora —Alvaro Obregón, Adolfo de la Huerta y Plutarco Elías Calles—, encontró a los líderes militares que necesitaba. A su vez, Francisco Villa entró en México por Texas y, aunque juró lealtad a Carranza, formó su propio ejército e inició el avance por el centro de México. Su carisma le resultó muy útil: pudo reclutar a miles de indígenas y mestizos pobres que se unieron a sus filas y, aunque responsable de innumerables atrocidades, entre ellas las perpetradas contra los inmigrantes chinos, para los periódicos estadunidenses se convirtió en un héroe romántico.

El nuevo Presidente de Estados Unidos, Woodrow Wilson, también tenía gran interés en deshacerse de Huerta. Sosteniendo que el gobierno mexicano no se había disculpado debidamente por el arresto de unos marineros estadunidenses en Tampico, el mes anterior, Wilson mandó infantes de marina para tomar Veracruz en abril de 1914, con la esperanza de acelerar la partida de Huerta. Pero le salió el tiro por la culata: Huerta no se fue de inmediato y Carranza tuvo que exigir que se retiraran las fuerzas invasoras. Mientras tanto, en el ferrocarril que había construido el general Díaz treinta años antes, Villa avanzó rápidamente hacia el sur, ganando la crucial batalla de Zacatecas en junio. Al occidente, Obregón tomó Guadalajara y Querétaro y, cortando el aprovisionamiento de carbón a Villa en Zacatecas, Carranza aseguró que Obregón llegara a la ciudad de México primero. Para julio, Huerta había huido al exilio, aunque los *marines* estadunidenses no abandonaron Veracruz sino hasta noviembre de ese mismo año.

Así, pues, se había ganado la segunda Revolución, pero las fuerzas revolucionarias continuaban profundamente divididas en cuanto al tema crucial de la tierra. Con el régimen de Huerta, Zapata había conservado el control de gran parte de Morelos. Asimismo, Villa había confiscado los enormes latifundios de la familia Terrazas en Chihuahua y los había convertido en empresas del estado. Pero Carranza, políticamente moderado y a la vez terrateniente, surgió como un nuevo Madero, con toda la intención de resistirse a las presiones para realizar una reforma agraria generalizada. Y, cuando una nueva convención política incluyó el Plan de Ayala de Zapata en su programa, Carranza ordenó que se salieran sus partidarios. Entonces Villa tomó el mando, nombró Presidente al general Eulalio Gutiérrez y avanzó hacia la ciudad de México. Mal preparados para combatir, Carranza y Obregón se retiraron a Veracruz, mientras unos 50 000 soldados villistas y zapatistas tomaban la capital. Al poco tiempo, los dos campesinos revolucionarios se encontraron, e incluso posaron juntos para algunas fotografías históricas, pero quien estaba a cargo era claramente Villa; Zapata regresó pronto a Morelos, dejando a muchos de sus soldados buscando comida entre los desechos de la ciudad.

El breve mando de Villa fue un desastre. El general Gutiérrez huyó al poco tiempo, y los liberales de clase media se fueron alejando desesperados. El gobierno se derrumbó en enero de 1915 y Obregón volvió a tomar la capital, e inmediatamente empezó a perseguir a Villa, quien huyó al norte, donde su ejército se desintegró rápidamente. En octubre, cuando el Presidente Wilson reconoció el gobierno de Carranza, Villa se sintió traicionado y, volviendo a sus actividades guerrilleras de antes, declaró abierta la caza de estadunidenses. En marzo de 1916, atacó por sorpresa a Columbus, Nuevo México, matando a muchos estadunidenses y destruyendo sus propiedades. Esto a su vez hizo que Washington enviara a México una fuerza expedicionaria de 10 000 hombres, encabezada por el general John J. Pershing, para perseguir a Villa. Nunca le encontró y, finalmente, se retiró once meses después, pero sí revivió a Villa como héroe, recordado hasta la fecha por ser el líder de la única "invasión" extranjera de Estados Unidos. No obstante, la vida política de Villa había terminado. Se retiró a una hacienda que le había dado el gobierno en 1920; tres años después fue asesinado.

En contraste, Zapata tenía raíces tan profundas en Morelos que fue más difícil derrotarle. Durante muchos años, había dominado la región, obteniendo dinero de los impuestos y la "protección" de algunas haciendas supervivientes, expropiando otras y destruyendo muchas más. Las tierras comunales "robadas" fueron devueltas a los pueblos, situación que daba cabida a un grado considerable de autogobierno. Las disputas por los linderos asolaban a las comunidades indígenas, pero Zapata enviaba a comisionados agrícolas para mediar en las querellas. El cuartel general de Zapata estaba en Tlaltizapán, pequeña población cerca de Yautepec, que parecía epitomizar la sencillez de la vida rural: los campesinos llevaban grandes sombreros de paja y vestían una especie de pijamas de manta blanca, bebían cerveza, montaban a caballo y apostaban en las peleas de gallos. Pero, incapaz de reconocer que la experiencia de Morelos no podría sobrevivir a no ser que se repitiera en otras partes de México, Zapata nunca llevó a sus tropas más allá de los estados de México y Puebla. En cambio, continuó dirigiéndose al gobierno central para instrumentar su Plan de Ayala. Sin embargo, Carranza ya le había decepcionado y Zapata prometió seguir luchando.

En junio de 1916, habiendo aislado a Villa en el norte, Carranza mandó al general Pablo González a someter a Zapata. El precio fue alto. Miles de campesinos fueron ejecutados y cientos más deportados a Yucatán "para serle útiles a la sociedad", al tiempo que muchos pueblos y ciudades resintieron fuertes ataques de artillería. Al principio los zapatistas se retiraron, pero pronto se reagruparon y volvieron a tomar Cuernavaca y Cuautla. Confiando en que Carranza sería derrocado, Zapata empezó a emitir una serie de proclamas revolucionarias. Pero, en 1918, Morelos fue devastada por la influenza española que mató a varios miles de personas. Ese invierno, el general González reanudó la ofensiva, tomando Cuernavaca y haciendo huir a los zapatistas. El combate fue tan sangriento y amargo como cualquiera de los ocurridos en la Revo-

61

lución: Carranza, furioso porque Zapata había sobrevivido y celoso de su gran popularidad, estaba decidido a eliminar al general; Zapata y sus hombres, en la sierra, esperaban una oportunidad para vengarse.

En abril de 1919, González mandó que uno de sus oficiales, el coronel Jesús Guajardo, fingiera su deserción, uniéndose al bando de Zapata con 500 hombres, y para dar verosimilitud al plan permitió incluso que los "rebeldes" atacaran una columna federal y mataran a cincuenta y nueve soldados. El 9 de abril, Zapata se entrevistó con Guajardo y aceptó reunirse otra vez, al día siguiente, en el cuartel general de Guajardo, en la hacienda de Chinameca. Después de una espera de muchas horas bajo el sol, a las puertas de la hacienda, Zapata finalmente aceptó la invitación para entrar a tomar unas cervezas y comer. Cuando él y una escolta de diez hombres atravesaron las rejas de la hacienda, fueron blanco de una descarga de fusilería, muriendo en el acto. Su cuerpo, cubierto y colocado sobre una mula, fue conducido al cuartel general de González en Cuautla esa misma noche. Mientras los campesinos pobres desfilaban ante el féretro de Zapata, muchos de ellos llorando de pena y temblando de miedo, Carranza y los "revolucionarios" brindaban con champaña en la ciudad de México para celebrar la caída del "bandido".

Mientras seguían los combates en Morelos, el nuevo estado mexicano era conformado por la Asamblea Constituyente, que se reunió en Querétaro en noviembre de 1916. La redacción de la Constitución era difícil. A diferencia de convenciones anteriores, la Asamblea no estaba dominada por intelectuales o combatientes, sino por miembros de una emergente clase urbana de mestizos —profesionales, profesores y burócratas cuya movilidad social había estado bloqueada durante el porfiriato—. No eran revolucionarios propiamente, sino que tenían marcadas aversiones, entre las cuales las dirigidas contra la Iglesia, los extranjeros, los grandes terratenientes, los industriales y los dictadores como Díaz y Huerta no eran pocas. Asimismo, se veían ya como una nación regida por verdaderos mexicanos —es decir, indígenas y mestizos—, en lugar de serlo por descendientes de los conquistadores y otros extranjeros blancos. Y, en razón de su presión, Carranza se vio obligado a aceptar un Código del Trabajo liberal, así como los postulados básicos del Plan de Ayala de Zapata, inclusive la resurrección del sistema de ejidos.

La estructura federal por adoptarse resultó incluso más controvertida. Al parecer, el ideal era la autonomía de los estados independientes y la separación de las facultades de las ramas ejecutiva, legislativa y judicial, siguiendo los lineamientos vigentes en Estados Unidos, pero también parecía ser la fórmula para el caos: los Presidentes se verían paralizados por el Congreso, y los estados estarían en una condición de rebelión perpetua. Así, pues, se fundieron el sueño democrático y la tradición autoritaria de México: en la Constitución se creó una democracia formal, pero se dio al Presidente un poder desproporcionadamente superior al del Congreso. Eso sí, con objeto de evitar las dictaduras personales, se le prohibía que pretendiera la reelección después de un único mandato de cuatro años. Cada Presidente personificaría al sistema, y el sistema ofrecería la continuidad.

Vigente la Constitución, las cosas no mejoraron mucho. Las presiones e intromisiones francas por parte de Estados Unidos, Inglaterra y Alemania siguieron, tanto para proteger sus intereses económicos en el país, cuanto para influir en los acontecimientos de Europa*. La economía había quedado devastada por muchos años de combates, las haciendas ya no producían alimentos en cantidad suficiente para exportar y las minas estaban virtualmente cerradas, aunque la producción y las exportaciones de petróleo siguieron aumentando en la pacífica zona de la costa del Golfo. La reforma agraria pronto perdió el camino entre una emergente burocracia. Se formaron algunos sindicatos, pero fueron reprimidos cuando declararon una huelga para protestar contra la inflación. Aparecieron nuevos partidos políticos —desde ultracatólicos hasta comunistas de la línea de Moscú—, con esperanza de obtener una parte del poder. Y por todo el país había coroneles y generales jóvenes, que habían combatido en la Revolución y ahora, repentinamente, estaban desempleados e inquietos. Algunos se convirtieron en gobernadores de estados y aplicaron reformas más rápidamente que el gobierno central; otros parecían más interesados en enriquecerse defendiendo los intereses de los terratenientes y empresarios.

Quizá lo más crítico era que el propio Carranza no dio imagen de mando. Hombre de pocas palabras, sus pensamientos ocultos tras pequeñas gafas redondas y una larga barba blanca, fue patriarca cuando lo que se necesitaba era un político. Mientras el país na-

---

* El famoso telegrama Zimmermann que aceleró el ingreso de Estados Unidos a la primera Guerra Mundial en 1917, revelaba la proposición alemana de que México atacara a Estados Unidos, logrando con ello sujetar a tropas estadunidenses que, de lo contrario, estarían disponibles para el frente de Europa. A cambio, después de la supuesta victoria de los alemanes sobre los aliados, México recuperaría los territorios perdidos a manos de Estados Unidos en 1848. El telegrama fue interceptado y descifrado por el servicio de inteligencia británico, y Washington lo dio a conocer al público, antes de que México tuviera posibilidad de contestar.

vegaba a la deriva, Alvaro Obregón empezó a proyectar una sombra, cada vez más profunda, sobre el gobierno. Supuestamente retirado en su estado natal, Sonora, Obregón seguía siendo una figura popular y, habiendo instalado a Carranza en la presidencia en 1915, y respaldado su elección en 1917, esperaba ser su sucesor en 1921. Pero Carranza tenía otros planes. Quizá porque perdería todo poder cuando Obregón fuera Presidente o, como sostienen sus defensores, quizá porque esperaba alejar al país del militarismo, eligió a Ignacio Bonillas, a la sazón embajador de México en Washington, como candidato civil del Partido Constitucionalista.

A principios de 1920, Carranza envió tropas a sofocar un conflicto sobre derechos de riego en Sonora, pero Obregón, apoyado por el gobernador civil del estado, De la Huerta, y el comandante del ejército local, general Calles, se rebeló y avanzó hacia el sur. Carranza, presa del pánico, mandó que un convoy de trenes fuera llenado con archivos, muebles, imprentas y las monedas de oro que quedaron en las arcas de la Tesorería y se dirigió a Veracruz, donde esperaba seguir gobernando. Pero el tren principal descarriló y Carranza tuvo que seguir a pie hacia Veracruz. Acompañado por el general Rodolfo Herrero y un puñado de soldados, pasó la noche del 21 de mayo en Tlaxcalantongo. A la mañana siguiente su cuerpo fue encontrado acribillado a balazos y Herrero anunció que el presidente se había suicidado. Los generales de Sonora —la dinastía del norte, como se conocería— avanzaron hacia la ciudad de México unos cuantos días después. De la Huerta se convirtió en Presidente provisional hasta las elecciones de noviembre de 1920, que fueron ganadas abrumadoramente por Obregón. Por fin, la Revolución tenía un verdadero caudillo.

II

En términos contemporáneos, Obregón era un reformador autoritario: políticamente, opinaba que el país necesitaba un hombre fuerte para que se restaurara una semblanza de orden; socialmente, reconocía la necesidad del cambio, pero siguiendo lineamientos burgueses y no marxistas. No obstante, enfrentaba presión de todos lados. Los conservadores —los ricos, la Iglesia y el gobierno de Estados Unidos— le consideraban un radical peligroso. Los sindicatos se preparaban activamente, los intelectuales exigían reformas más rápidas y los campesinos esperaban impacientes a que se les dieran las tierras prometidas. Por último, había veintenas de gene-

rales revolucionarios que no estaban acostumbrados a una autoridad central firme.

Por consiguiente, Obregón se movió con cautela, estableciendo
gradualmente al estado como árbitro político último. Los sindicatos estaban cada vez más coartados por el soborno, la intimidación
y la ilusión del poder compartido, lo cual contribuyó a apaciguar al
sector privado. La reforma agraria fue abrazada como compromiso político firme, pero muchas haciendas permanecieron en manos de sus dueños criollos de siempre o de generales revolucionarios. Es más, como procedía del norte, donde las tierras áridas
exigían grandes propiedades, el Presidente tenía una fuerte aver-
sión personal contra la distribución de pequeñas parcelas.

Obregón mostró una habilidad especial para manejar a Estados
Unidos. Después del asesinato de Carranza, el presidente Wilson se
negó a reconocer al gobierno recién elegido. Y, cuando el presidente Harding subió a su puesto en 1921, exigió que se confirmaran los
derechos de las compañías petroleras extranjeras, que se compensa-
ran los daños ocasionados a las propiedades estadunidenses durante la Revolución y que se reanudaran los pagos de intereses sobre la
deuda externa. A la sazón, Obregón estaba bajo presión para actuar contra las compañías extranjeras que controlaban sectores clave de la economía —petróleo, minas, ferrocarriles, electricidad y
bancos—, y que eran abiertamente contrarias al gobierno revolucionario. Pero en los Tratados de Bucareli de 1923, se llegó a un
compromiso: las tierras que eran propiedad de extranjeros quedarían
excluidas de la reforma agraria, una comisión especial estudiaría
las reclamaciones de compensaciones y se ratificaron las concesiones petroleras a extranjeros, aunque se emplearía un nuevo impuesto sobre la producción para cubrir las obligaciones de la deuda
externa de México. En agosto de 1923, Estados Unidos otorgó su
pleno reconocimiento, por fin.

No obstante, los generales revolucionarios continuaron siendo
fuente constante de problemas, atrayendo a todos los sectores interesados en subvertir el orden establecido. Al igual que antes, la
selección del Presidente siguiente se convirtió en buen pretexto para
la rebelión. Obregón eligió a Calles, su mano derecha, como sucesor. Pero De la Huerta, otro asociado desde hacía mucho tiempo,
se sintió desairado y, en diciembre de 1923, comandantes militares
de Veracruz, Jalisco y Oaxaca se le unieron para una rebelión. Después de tres meses de hostilidades, durante los cuales Estados Unidos envió armas a Obregón, el levantamiento fue derrotado y todos
los generales amotinados fueron ejecutados, aunque De la Huerta
huyó a Los Ángeles.

Si la contribución principal de Obregón fue pacificar al país después del caos de la Revolución, Calles fue quien amansó a las fuerzas políticas que se habían desatado, no sólo al evitar un choque contra su mentor, sino también al confiar en los logros de Obregón. Estrechó los controles y recurrió a la violencia, cada vez más, con el propósito de eliminar a sus enemigos, aunque también fue un hábil negociador político. Se tuvo contento al ejército, purgado después de la rebelión de 1923, por medio de retribuciones y privilegios, mientras que la lealtad de los campesinos era recompensada con más tierra. Calles empezó también a modernizar la economía del país, beneficiándose con la producción petrolera, la cual, si bien había bajado de su máxima de 1921, seguía siendo importante. Fundó el Banco de México, instituyó el primer impuesto sobre la renta y gastó mucho dinero en educación, salubridad e infraestructura. Parte de la riqueza porfirista regresó y fue invertida en bancos e industria, aunque la política permaneció en manos de la élite revolucionaria.

La crueldad de Calles fue más evidente en su persecución de la Iglesia. El anticlericalismo tradicional de los liberales se había visto reforzado por el apoyo que la Iglesia dio a las dictaduras de Díaz y Huerta. Es más, el régimen postrevolucionario consideraba que la Iglesia era un obstáculo permanente para la consolidación de su poder y la modernización del país. La Constitución de 1917 había nacionalizado las iglesias, establecido que sólo los ciudadanos mexicanos podían ser sacerdotes, prohibido las procesiones religiosas y que los clérigos se presentaran en público usando sotanas, que votaran o se metieran en política, que tuvieran propiedades o tomaran parte en el campo educativo. Bajo el mando de Calles se cumplimentaron estrictamente estos artículos. Cuando el gobierno pidió también que todos los sacerdotes nacidos en el país fueran licenciados en 1926, la jerarquía católica ordenó que el clero boicoteara las iglesias. En Jalisco, Michoacán, Guanajuato, Colima y Zacatecas, estados occidentales, campesinos fanáticos encabezados por sacerdotes conservadores se lanzaron a la guerrilla con el grito de "¡Viva Cristo Rey!", mismo que les dio el nombre de cristeros. Y, en nombre de Cristo, asesinaron, incendiaron y sabotearon.

El gobierno pronto respondió de igual manera, desatando una feroz oleada de persecuciones por todas las provincias. Se masacró a cristeros y ahorcó a sacerdotes, mientras que en otras regiones se oficiaban misas en secreto. En Tabasco, estado sudoriental, el gobernador Tomás Garrido Canabal organizaba bandas de "camisas rojas" para atacar a sacerdotes y destruir iglesias. En la ciudad de México estaba de moda saquear el arte colonial de los templos. Incluso des-.

lió muy mal librada. López Portillo, quien había gozado de enorme popularidad durante los años de auge, se convirtió en blanco de una hostilidad generalizada. El mismo Presidente parecía una figura derrotada, en un momento dado incluso llegando a hablar de sí como "un Presidente devaluado". Ante la ausencia de un mando sólido, el vacío fue llenado por la incertidumbre y los rumores. Incluso el sucesor elegido, el ex secretario de Programación y Presupuesto, Miguel de la Madrid Hurtado, no pudo hacer gran cosa para restaurar la ecuanimidad. Entre su postulación en septiembre de 1981 y su toma de posesión el 1 de diciembre de 1982, el perfil de México había cambiado tanto que resultaba irreconocible: habiendo tenido la esperanza de administrar la prosperidad, De la Madrid sólo podía ofrecer un período de gran austeridad, acompañado por un desmoronamiento del nivel de vida.

En cierto sentido, De la Madrid era el hombre adecuado para el puesto de Presidente, dado que era el primer mexicano que llegaba al cargo con sólidos antecedentes económicos. Egresado de la UNAM, se incorporó al equipo gubernamental, obtuvo un título de maestría en administración pública en la Universidad de Harvard, y ocupó una serie de puestos financieros importantes en el Banco de México, Petróleos Mexicanos y la secretaría de Hacienda, antes de pasar a formar parte del gabinete en 1979. Al ocupar la presidencia sólo tenía cuarenta y siete años, y personificaba a la generación de tecnócratas jóvenes que habían llegado a la mayoría de edad política. Es más, al parecer, estaba convencido de que, a partir de la crisis, se podría forjar un sistema menos corrupto e ineficiente.

De la Madrid, tomador de decisiones rudo y ecuánime, crítico declarado del populismo tradicional, empezó de inmediato a recortar el gasto público, a controlar las importaciones, reducir los subsidios y aumentar el precio de infinidad de servicios públicos. La contracción consecuente diezmó tanto la producción industrial cuanto el poder adquisitivo, pero la mejoría de los indicadores financieros del país ganó las alabanzas del exterior. En el país, a pesar de los sombríos pronósticos de inestabilidad política, se evitaron, de alguna manera, los desórdenes graves, incluso después de que Miguel de la Madrid ignoró la fuerte presión ejercida por el movimiento obrero para que se decretara un aumento salarial de emergencia. El descontento de la clase media se manifestó en el apoyo brindado al principal partido conservador de la oposición en las elecciones municipales, pero el régimen pudo "arreglar" varios resultados sin provocar protestas violentas. En cambio, De la Madrid trató de calmar a los izquierdistas conservando los lineamientos generales de la política exterior de López Portillo y a los conservadores iniciando una campaña contra la corrupción, que llevó a la cárcel a Jorge Díaz Serrano, ex director del monopolio petrolero estatal.

Pero también era evidente que, incluso aunque la aturdida economía se recuperara durante el gobierno de Miguel de la Madrid, México no podría volver a las tasas de gasto y crecimiento que habían mantenido unido al sistema desde hacía tiempo y sostenido la legitimidad del régimen. Durante su sexenio, De la Madrid esperaba, idealmente, diseñar una economía menos vulnerable y más autosuficiente, así como permitir más democracia sin ceder autoridad. Pero encaraba la tarea de administrar un México más complicado, con menos recursos que cualquiera de sus antecesores. Parecía seguro que vendrían más retos políticos.

4. EL SISTEMA: MITOS Y RECOMPENSAS

I

La estabilidad política de México ha descansado sobre el mito de la omnipotencia del Presidente. Éste es en sí un mito poderoso, en el cual cree la mayoría de los mexicanos y sostienen aun aquellos que saben que es falso. Al igual que el derecho divino de los reyes y la infalibilidad del Papa, éste mantiene el misterio del cargo. El Presidente, después de todo, es el heredero de una tradición prehispánica de autoritarismo que reforzó enormemente el centralismo político y el dogmatismo religioso de la colonización española. Así, pues, la sumisión a cada uno de los presidentes proporciona continuidad al sistema. Y, como el mito refleja la necesidad tradicional que tienen los mexicanos de creer en algún símbolo de poder unificador, el titular está, en gran medida, por encima de las críticas del público: es un punto focal de seguridad y estabilidad demasiado importante como para ser desafiado abiertamente.

Así, durante su sexenio, el Presidente no sólo domina al estado, sino también la vida pública de la nación: controla al congreso, a los funcionarios judiciales y a los gobernadores estatales, así como al partido gobernante y a la enorme burocracia; determina la política económica y las relaciones exteriores, y los medios de comunicación le tratan con reverencia solemne. La proyección de este poder, a su vez, envuelve a cada presidente en un aura casi imperial. Va a todas partes rodeado por una corte de acólitos y un ejército de guardaespaldas, se le bombardea constantemente con alabanzas y sus caprichos personales llegan a no distinguirse de la política pública. Según un viejo chiste que tiene visos de verdad, el Presidente pregunta: "¿Qué hora es?" y se le responde: "La hora que usted diga, señor Presidente." No es sorprendente, pues, que varios presidentes mexicanos se hayan intoxicado de poder mientras detentaban el mando, y que hayan quedado profundamente perturbados al evaporarse aquél el día que lo dejaron.

Pero el Presidente es meramente la personificación temporal de un sistema político que, en sí, es producto de la sociedad mexicana.

El sistema presidencial no ha sobrevivido porque haya sometido a un México pasivo a décadas de gobierno dictatorial, sino porque refleja la fuerza y la debilidad, las virtudes y los defectos de los propios mexicanos: combina un sentido ritualista de lo jerárquico con una enorme capacidad de negociación. Por consiguiente, el sistema no es una fórmula política permanente y automática para México. Requiere un mantenimiento constante para conservar su flexibilidad y una renovación frecuente para preservar su sensibilidad. Cuando el sistema ha ignorado sus propias reglas de pragmatismo, como ha ocurrido cada vez con más frecuencia a partir de 1970, y reflejado los caprichos del Presidente, en lugar de la dinámica natural de la sociedad, el país ha sido menos estable. Sin duda, el poder presidencial ha aumentado, pero los costos de ejercerlo también han aumentado mucho.

Así, pues, para que el sistema funcione, el Presidente puede gozar de un poder absoluto, siempre y cuando no lo ejerza de manera absoluta. Forma parte de una ecuación de intereses, tradiciones, principios y supersticiones mucho más extensa y compleja, que lo coloca en su puesto y que sostiene su autoridad. Incluso en la cima de su poder, no puede buscar la reelección y, sobre todo, no puede cambiar la sociedad. Por ejemplo, no puede echar marcha atrás en la nacionalización de la industria petrolera, revocar la reforma agraria o siquiera adoptar una política exterior francamente proestadunidense. Más bien, tras una fachada monolítica, debe compartir el poder con los grupos de interés clave del país —la burocracia, los políticos tradicionales, los medios de comunicación, los obreros organizados, el sector privado, el Ejército, la izquierda intelectual y la Iglesia—. Para que este arreglo funcione, las transacciones políticas se deben revisar y renovar constantemente, los intereses contrarios se deben conciliar y las disputas internas se deben dirimir.

El Presidente está sentado en la cima de la pirámide, pero su verdadero trabajo es equilibrar aquello que él considera el "interés nacional" con la necesidad de mantener pilares de sostén sólidos bajo él. Es el poderoso árbitro que puede interpretar las reglas, pero debe asegurarse que los equipos continúen participando en el juego. Su eficacia como negociador, persuasor y árbitro, por consiguiente, es más importante que su popularidad como político. Incluso como símbolo se le puede reemplazar. Pero es el punto focal de un intrincado sistema de lealtades que, en el supuesto de que muriera de repente, probablemente se desintegrarían, creando una inmensa incertidumbre política. Luego entonces, el secreto radica en la habilidad que tenga el Presidente para manejar a esas camarillas económicas y facciones políticas que podrían poner en peligro al sistema en caso de que ya no les beneficiara su supervivencia.*

En el malabarismo constante que caracteriza al arte de gobernar, hay diferentes grupos de interés que pueden provocar crisis cuando se sienten abandonados o maltratados. Pero o se les apacigua rápidamente o se les disuade de constituir un reto serio para el régimen gracias a su confianza en que, a la larga, el equilibrio será restaurado. De igual manera, un Presidente se puede volver contra un grupo de interés clave, como cuando López Portillo nacionalizó la banca privada del país, pero no puede alienar, en forma segura, a todos los aliados del sistema al mismo tiempo. Es más, tradicionalmente, el sistema recompensa la paciencia y la disciplina mediante la redistribución del poder y los privilegios con cada cambio de gobierno, porque no hacerlo así sería arriesgarse a la desestabilización. Por consiguiente, la paz se conserva mejor evitando la confrontación y con un respeto firme de las reglas políticas.

Como todo lo demás en México, la política real se da tras máscaras, lejos de la vista o la influencia de una gran mayoría de ciudadanos. Incluso la máscara del absolutismo presidencial está cubierta por un velo de democracia republicana. En teoría el Congreso y el poder judicial son independientes de la rama ejecutiva del gobierno, y la Constitución de 1917 garantiza la autonomía de los treinta y un estados del país, así como un conjunto impresionante de derechos individuales y sociales. Cada seis años hay elecciones de presidente, senadores y gobernadores de los estados, y cada tres años de diputados y presidentes municipales. En estas elecciones, los candidatos de los partidos opositores registrados tienen libertad para enfrentarse a los del Partido Revolucionario Institucional. Todos los partidos tienen tiempo gratuito en la televisión para presentar su propaganda, al mismo tiempo que el gobierno gasta mucho dinero en un servicio público de publicidad conminando al electorado a que vote.

Pero todo es teatro político, un elaborado ritual. Los mexicanos saben que, de hecho, el Presidente elige a su sucesor así como a todos los candidatos del PRI que ocuparán puestos clave. El PRI ha ganado todas las elecciones de Presidente, senadores y gobernadores estatales desde su formación en 1929 y, con frecuencia, ha re-

* Según la Constitución, en el caso de que falleciera el Presidente en el curso de su mandato, la Cámara de Diputados nombraría a un Presidente interino. Si el Presidente muriera en los primeros tres años de su mandato, se convocaría a otras elecciones; en caso contrario, el Presidente interino terminaría el sexenio. No obstante, en la realidad, la lucha por el poder que se daría podría socavar el sistema entero.

currido al fraude para evitar la derrota en las elecciones de diputados y presidentes municipales. De igual manera, La Suprema Corte nunca ha derribado una decisión gubernamental clave y, a pesar de la presencia de los diputados de la oposición, la gran mayoría del PRI en el Congreso asegura su obediencia. Para adaptarse a los caprichos de una serie de Presidentes, por ejemplo, el Congreso ha enmendado la Constitución 369 veces entre 1917 y 1984. Es más, la prohibición de una reelección inmediata en el Congreso evita que los diputados sigan carreras parlamentarias independientes y les obliga a depender de la burocracia para su empleo futuro. Incluso los congresistas del PRI reconocen, citando lo dicho por un senador, que "se nos paga para aplaudir"; el mismo Congreso que alabó que López Portillo nacionalizara la banca en septiembre de 1982, obedientemente endosó la decisión de Miguel de la Madrid de vender 34 por ciento de las propiedades de los bancos tres meses después.

Sin embargo, se considera que el ritual es vital porque, como ocurre en la mayoría de los regímenes autoritarios, la élite gobernante de México está obsesionada con la necesidad de justificar la perpetuación de su poder. Defiende el abrumador peso del gobierno en la sociedad como función del papel histórico del estado en la creación y defensa de la nación. Explica sus propias inconsistencias jurídicas sosteniendo que, a diferencia de lo que ocurre en el mundo anglosajón, el propósito de la Constitución no es establecer las reglas del funcionamiento de la sociedad —las cuales están dadas por el ejercicio del poder— sino, más bien, los objetivos sociopolíticos hacia los que se dirige el sistema. Así, al conservar los ideales de la Revolución de 1910, en retórica y ley, el régimen obtiene su legitimidad "popular". Incluso aunque el poder nunca haya pasado pacíficamente de un partido a otro en México, las elecciones regulares le proporcionan legitimidad "democrática" al sistema.

El clímax del ritual es la campaña para la elección presidencial. Desde el momento en que el Presidente saliente elige a su sucesor, por regla general alrededor de unos nueve meses antes del día de la votación, ya se conoce el resultado. Pero incluso aunque el candidato del PRI no tenga opositores, como ocurrió con López Portillo en 1976, éste se embarca en un recorrido agotador —y costoso— de todo el país, ansioso de legitimar su gobierno, amontonando una cantidad de votos sin precedente. En los meses que antecedieron a la elección de Miguel de la Madrid en julio de 1982, por ejemplo, éste pronunció alrededor de 1 800 discursos, terminando cada uno de ellos con la petición de que el auditorio votara por él.

Al mismo tiempo, la campaña se viste con los atavíos de una marcha triunfal, y la máquina del PRI transporta en camiones a obreros y campesinos para que se vayan acostumbrando al nombre, el rostro y la voz del hombre que gobernará durante los siguientes seis años. Sin poder criticar directamente al Presidente saliente, el candidato debe limitar sus discursos públicos a promesas vagas y a generalidades "revolucionarias". La tradición no requiere mucho más de él hasta que no asuma el poder: será entonces cuando pueda quitarse la máscara de servilismo y mostrar su verdadero rostro.

La campaña tiene también un nivel más oculto. Los últimos tres candidatos presidenciales del PRI, cada uno de ellos pretendiente al puesto por elección, por primera vez, eran burócratas de carrera, de la ciudad de México, cuyo conocimiento del campo procedía más de discursos e informes que de experiencia personal directa. Por primera, y seguramente única vez, la campaña permite que el Presidente entrante conozca cuál es el ambiente real del país: antes de su postulación, el candidato está resuelto a proclamar el éxito de los programas del funcionario titular, y cuando asume el poder, sólo se mostrarán al Presidente las cosas positivas que están realizando sus ministros. Así, la campaña sirve de curso intensivo sobre la pobreza y la injusticia aún endémicas en México. Cabe destacar que tanto López Portillo como De la Madrid dedicaron igual tiempo a asistir a mesas redondas donde se discutían estos problemas, que a reuniones públicas. Aunque, invariablemente, el PRI publica una plataforma electoral al principio de la campaña, esta experiencia práctica tiene más influencia en la configuración de las políticas del nuevo gobierno.

También es importante el hecho de que durante la campaña, el Presidente entrante empieza las negociaciones con los grupos de interés clave del país. Su experiencia como secretario probablemente se limitó a renglones aislados y camarillas sectoriales, pero ahora debe tratar con toda la gama de "influyentes" —sobre todo con aquellos que se sintieron ignorados por el gobierno saliente—. No obstante, como la política mexicana está dominada por el pragmatismo más que por la ideología, estos ajustes se dan fácilmente.* A la larga, quizá se tilde a los Presidentes mexicanos de "izquierdistas" o "derechistas", pero estas definiciones son más resultado del

---

* Incluso el PRI ha evitado cautelosamente definir su ideología. Cuando a principios de los años setenta los reporteros le preguntaron a un presidente del partido, el general Alfonso Corona del Rosal, que aclarara si el PRI era de izquierda, centro o derecha, éste contestó: "Miren muchachos, el PRI es socialista, pero no lo podemos decir."

estilo que del contenido: Echeverría era considerado radical, pero domesticó a la izquierda del país y no hizo nada por perjudicar al sector privado; López Portillo era considerado pro empresarial, pero nacionalizó la banca del país al terminar su mandato; y De la Madrid empezó conservadoramente, pero no redujo el papel del estado en la economía. Así, el péndulo se mece —no a izquierda y derecha, sino en todos los sentidos— y su propósito es corregir los desequilibrios políticos, incluso aunque al hacerlo se produzca un desequilibrio nuevo.

Al adoptar el mecanismo democrático de las elecciones, México, único entre los regímenes autoritarios del mundo, también ha resuelto el asunto crítico de la sucesión: ningún Presidente ha sido reelegido a partir de la dictadura de Porfirio Díaz, ningún Presidente en funciones ha sido asesinado desde Carranza, en 1920, y todo presidente ha terminado su sexenio desde Cárdenas. Al principio, en los primeros años después de la Revolución, la selección del candidato presidencial oficial provocaba levantamientos de los generales regionales. Incluso hasta los años cuarenta, el gobierno se vio obligado a recurrir al fraude para garantizar el "triunfo" de Ávila Camacho sobre el general Almazán. Pero desde que los civiles asumieron el control pleno de la política, a finales de los años cuarenta, el sistema siempre se ha alineado tras el candidato oficial elegido. Varios mitos fueron creados para disfrazar el proceso de selección —entre ellos, que el titular consultaba a los ex Presidentes y a otros miembros clave de la "familia revolucionaria"—, pero era prerrogativa exclusiva del Presidente saliente nombrar a su sucesor: sólo así se podía dar sin fricciones la transferencia de lealtades.

Así, pues, la campaña real, aunque disfrazada, se da antes del "destape" del candidato del PRI, y los aspirantes principales gastan mucho dinero en los medios de comunicación tratando de mostrar su mejor cara —y la peor de sus competidores— al público y al Presidente. Al propio tiempo, como el Presidente saliente mismo está ansioso de evitar que surja un favorito fuerte que pueda socavar su poder e incluso obligarle a tomar una decisión, todos los aspirantes deben negar que son "precandidatos". El propio Presidente incluso puede informar a varios contendientes de que están a la cabeza de la carrera, pero éstos deben conservar una gran lealtad y discreción y no mostrar demasiado entusiasmo.

Cuando terminó su mandato, Echeverría reveló que Díaz Ordaz le había comunicado su selección un año antes de que fuera anunciada; sin embargo, la campaña "fantasma" siguió adelante, y el secretario de la Presidencia, Emilio Martínez Manautou, era respaldado por muchos políticos. Cuando le tocó a Echeverría elegir a un sucesor, fue aún más maquiavélico. Como el secretario de Gobernación, la figura política clave después del Presidente, había sido elegido en cuatro o cinco ocasiones anteriores, el secretario de Gobernación de Echeverría, Mario Moya Palencia, automáticamente se convirtió en el corredor que iba a la cabeza. Empero, tanto en privado cuanto a través de los medios de comunicación, Echeverría hizo que varios secretarios más creyeran que ellos eran *el bueno*. Creando el desconcierto en la burocracia política de esta manera, Echeverría pudo imponer la candidatura, inesperada, de su secretario de Hacienda, José López Portillo. Los sorprendidos seguidores de Moya Palencia, que ya habían preparado los volantes para la campaña, llegaron a pedir a su líder que se lanzara como candidato independiente. Pero el secretario, sabiamente, optó por una respuesta disciplinada: "López Portillo es el mejor hombre disponible para la Revolución mexicana", dijo, y el sistema se unió tras el candidato oficial.

Antes de la sucesión de 1982, López Portillo también mantuvo el tema abierto todo lo que políticamente pudo. Su amigo y discípulo, Miguel de la Madrid, a la sazón secretario de Programación y Presupuesto, estaba bien colocado, pero los políticos del país ejercían presión para que se tomara en cuenta a otros. El secretario del Trabajo, Pedro Ojeda Paullada, parecía una elección viable, pero el presidente del PRI, Javier García Paniagua, hijo de un ex secretario de la Defensa y con sólidos nexos con el Ejército, gradualmente se fue convenciendo de que él sería el elegido. Y cuando el 25 de septiembre de 1981 López Portillo invitó a Fidel Velázquez, el líder obrero, a que anunciara que el PRI había elegido a De la Madrid, García Paniagua no pudo contener su ira. Cuando un reportero de televisión le preguntó si el PRI había elegido al hombre adecuado, masculló un imprudente "veremos". Cuando López Portillo vio el *videotape* de este comentario, mandó que García Paniagua y Ojeda Paullada intercambiaran puestos. Al principio, García Paniagua se opuso, sosteniendo que sólo la convención del PRI podía cambiarle, pero sus aliados temporales le habían abandonado. Duró tres meses como secretario del Trabajo y renunció, con credenciales políticas muy dañadas.

Aunque los sucesores han sido escogidos y electos sin mayor dificultad, los últimos tres cambios de gobierno han estado caracterizados por crisis de tal seriedad que se ha erosionado gravemente la credibilidad del público en todo el sistema. Paradójicamente, en parte, ello está en función del temor a la inestabilidad que tiene el propio sistema: en gran medida ha tolerado las vanidades idiosincráticas y el abuso del poder de los sucesivos presidentes, en lugar de optar por romper las filas. Pero también es un producto del difícil período de catorce meses que corre entre el destape y la toma de posesión, cuando el poder y las lealtades políticas pasan gradualmente del Presidente saliente al entrante, cuando la burocracia política y el sector privado esperan nerviosamente los nombramientos y las políticas del nuevo Presidente, cuando la actividad económica disminuye y el sistema está en su punto más vulnerable, flotando entre dos pilares de estabilidad, como si fuera un trapecista en medio del aire.

Al cambiar la fecha de las elecciones presidenciales de 1988, del primer domingo de julio al primero de septiembre, demorando así el destape de su sucesor, De la Madrid espera reducir este peligroso interregno. Sin embargo, la política mexicana se funda, inevitablemente, en un poderoso ciclo de seis años. Para que el sistema funcione, el Presidente debe ser fuerte, y para que se reconozca su autoridad debe volverse, cuando menos simbólicamente, contra su antecesor. Al sacrificar a funcionarios y políticos del pasado, en un ritual azteca, las frustraciones contenidas se liberan y las lealtades se renuevan. Al mismo tiempo, el titular, que no está dispuesto a aceptar que el ritual finalmente exigirá su propia destrucción, lucha por proyectar su poder e influencia más allá de su gobierno. (Habiendo llegado a la cima de la pirámide, de hecho, su carrera política llega a un clímax en un día predestinado, cuando se le sacrifica para permitir que el sistema siga viviendo.) Una vez que ha elegido a su sucesor, por consiguiente, el Presidente está obsesionado por su lugar en la historia y, a juzgar por los últimos tres regímenes, el menguante poder de sus últimos meses en la presidencia ocasiona una sensación de desesperación. El hecho de que esté más preocupado por sí mismo que por la nación y cada vez más resignado a la "traición" a manos del sucesor que ha elegido personalmente, puede llevarle a actuar de manera irracional.

Convencido de que había "salvado" al país aplastando el movimiento estudiantil de 1968, Díaz Ordaz se enfureció al ver que Echeverría cortejaba a los críticos izquierdistas durante la campaña electoral de 1970. Hubo un punto, después de que Echeverría se unió a un grupo de estudiantes de Morelia, guardando un minuto de silencio por las víctimas de la masacre de Tlatelolco, que el Estado Mayor Presidencial que le acompañaba informó a Díaz Ordaz que se retiraba de la campaña en razón de este "insulto". Advirtiéndole que el PRI podía aún cambiar de candidato, Díaz Ordaz ordenó a Echeverría presentar todos sus discursos a que los revisara antes el presidente del PRI, Alfonso Martínez Domínguez. Pero la campaña tenía su propia dinámica y, a fin de cuentas, Díaz

Ordaz salió del cuadro y después contempló, calladamente, cómo el nuevo gobierno se volvía contra sus seguidores y abandonaba sus políticas. Cuando Echeverría terminó su mandato, Díaz Ordaz comentó amargamente: "Echeverría fue mejor Presidente que yo. Supo cómo elegir a su sucesor."

En contraste, seis años después, Echeverría se negó a ceder el poder graciosamente. Nombró a algunos ayudantes suyos para que dirigieran la campaña electoral de López Portillo, insistió en seguir siendo el centro de la atención del público y creó un ambiente de mucha agitación en el país al reavivar sus ataques contra el sector privado. No obstante, sus propios actos aceleraron inevitablemente la destrucción de su imagen. Una imponente fuga de capitales condujo a la primera devaluación de la moneda habida en veintidós años, de la cual se le culpó. Y sólo once días antes de abandonar el poder, en medio de muchos rumores de un posible golpe de estado, Echeverría "castigó" a sus enemigos empresariales con la expropiación de tierras particulares en el estado de Sonora, pero al hacerlo, creó simpatía por su sucesor. Incluso después de terminar su mandato, de hecho, Echeverría trató de conservar su influencia, pero su grupo fue eliminado gradualmente del gobierno y el ex Presidente mismo fue enviado al exilio diplomático, primero a París, como embajador ante la UNESCO y después como embajador en Australia. Cuando volvió en 1980, el poder de López Portillo estaba consolidado.

La dimensión psicológica de la crisis política fue incluso más evidente durante el último año del mandato de López Portillo. Hombre siempre apasionado y temperamental, López Portillo se hundió en la depresión cuando la devaluación monetaria de febrero de 1982 erosionó la nueva grandeza de México. Al mes siguiente, incluso reconoció su fracaso, aparentemente, al designar a partidarios de Miguel de la Madrid para que dirigieran la economía. Pero el vacío de poder creó una nueva incertidumbre, y en agosto, un mes después de las elecciones, otra devaluación produjo una oleada de histeria. Claramente desesperado por rescatar su lugar en la historia, López Portillo ordenó la expropiación de los bancos del país. Durante unos cuantos días, se envolvió en la bandera del nacionalismo y saboreó la aclamación de los izquierdistas. Pero, para entonces, parecía haber perdido contacto con la realidad: despreciado, e incluso odiado por muchos mexicanos, viajó por todo el país inaugurando proyectos —muchos de ellos aún sin terminar— y recibiendo las "gracias" de multitudes acarreadas.

Tal fue la avalancha de ira y amargura que cayó sobre López Portillo cuando abandonó el poder que De la Madrid se encontró ante un problema que no había enfrentado ninguno de sus antecesores. El poder esfumado de López Portillo no le ofrecía ninguna resistencia a superar. Es más, alentar el clamor popular para que continuara la sangría debilitaría aún más el cargo de la presidencia. Así, aunque se permitió que los medios de comunicación criticaran los restos del gobierno anterior, Miguel de la Madrid evitó los ataques personales contra su antecesor. Se pidió a López Portillo que abandonara el país, no porque estuviera compitiendo por el poder, sino porque su mera presencia mantenía viva la demanda de venganza.

Con todo, el ritual seguía necesitando a un "enemigo" y Echeverría, convenientemente, se adjudicó ese papel, primero aparentando movilizar a grupos de políticos caídos en desgracia, y después defendiendo públicamente al "populismo" y "nacionalismo", cualidades que, al parecer, no tenía el gobierno nuevo. Irritado por este desafío, De la Madrid canceló un subsidio anual de 2 millones de dólares para el Centro de Estudios del Tercer Mundo del ex Presidente. López Portillo había financiado este centro como vía para comprar el silencio de su antecesor, pero a principios de 1984, Echeverría optó también por excoriar la actuación de López Portillo como Presidente, llegando al grado de burlarse de su emotividad. Desde Roma, López Portillo mandó que se publicara un anuncio de página entera en un periódico de la ciudad de México que simplemente decía "¿Tú también, Luis? —José López Portillo." El espectáculo del Presidente y sus dos antecesores luchando públicamente sugería que el sistema se estaba haciendo añicos. Antonio Ortiz Mena, presidente mexicano del Banco Interamericano de Desarrollo y secretario de Hacienda con Díaz Ordaz, se unió al pleito, describiendo a Echeverría y a López Portillo nada menos que como "traidores" a la Revolución. Pero la tradición ganó a fin de cuentas: a dos años de empezado su mandato, todo el poder había pasado a De la Madrid y la crisis de la sucesión se había superado.

Sin embargo, que este ciclo destructivo se pueda romper en 1988 dependerá, en gran medida, de la reacción personal que Miguel de la Madrid tenga al poder que irá acumulando gradualmente durante su mandato. El costo que los tres últimos cambios de gobierno han tenido para el sistema político ha sido enorme. La economía también se ha perjudicado con los ciclos de actividad y pasividad que se han derivado de ellos. Es más, el país en general es ahora más complejo cuanto más vulnerable como para vivir sin la continuidad de un servicio civil superior y una planificación a largo plazo. Al principio del gobierno de Miguel de la Madrid, había motivo de esperanza.* A diferencia de Echeverría, se le considera participante honrado del juego político; y a diferencia de López Portillo tiene fama de tomar sus decisiones en forma fría, sin pasión. Eso sí, sus antecesores también parecieron racionales antes de ser poderosos. Y parece conveniente subrayar que De la Madrid estaba ya tan preocupado por el futuro al tomar posesión que creó una oficina cuya única función era hacer la crónica de su gobierno.

II

Un partido ha gobernado a México, sin interrupción, desde 1929, pero no se puede decir que México tenga un gobierno de partido único: a diferencia de la Unión Soviética, en México el Gobierno es quien dirige al partido. El Partido Nacional Revolucionario (PNR, antecesor del PRI de nuestros días), cuya existencia decretó el general Calles, de hecho nació como instrumento de una pequeña élite gobernante. Ya había logrado desde entonces el propósito central de cualquier partido político nuevo, puesto que sus líderes estaban en el poder, pero era preciso ordenar y disciplinar a las filas inferiores. Cuando, en 1920, el general Obregón se presentó como candidato, por ejemplo, tuvo el apoyo de unos 3 000 partidos, movimientos y facciones diferentes. Y, cuando Calles fundó el PNR, éste de inmediato cubrió a más de 1 000 grupos diferentes dispuestos a aceptar que compartir los frutos del poder era mejor que pelearse por ellos. Pero el partido, organizado siguiendo líneas esencialmente corporativas —de acuerdo con los sectores obrero, campesino, popular y, hasta 1940, militar— no se ha independizado del estado. De hecho, cada seis años, el Presidente en turno ha sido quien toma la única decisión realmente importante del partido: la elección de un sucesor.

No obstante, el partido ha servido como útil foro para que las diferentes corrientes políticas e incluso ideológicas puedan luchar por influencia. Durante mucho tiempo fue también el vehículo más atractivo para la movilidad política. Los políticos eran elevados por el poder que acumulaban bajo ellos, y negociaban con base en las organizaciones de campesinos, estudiantes, burócratas o de otro tipo que controlaban. A través del proceso de la negociación, estos

---

* Poco después de su toma de posesión, un ayudante le dijo a De la Madrid que, en años recientes, era el primer Presidente que no se creía dios. "Gracias —se dice que contestó—, pero por favor recuérdemelo."

"caciques" —en su mayoría mestizos de origen humilde, lanzados a la vida pública por la convulsión de la Revolución—, ofrecían una cadena natural de mando desde la pequeña cima de la pirámide al resto de la sociedad. A la larga, muchos se encontraban disfrutando de prebendas en el Congreso y unos cuantos incluso llegaban a ocupar puestos importantes en el gobierno. Mientras la lealtad fue recompensada con privilegios económicos y políticos, en tanto éste fue el camino principal hacia el poder, el sistema tradicional funcionó.

Incluso hoy día, en los estados, el PRI conserva parte de su atractivo y eficacia: aún atrae a sus filas a políticos jóvenes y ambiciosos, puede movilizar a enormes multitudes durante las campañas electorales y sus líderes siguen siendo influyentes. Y aunque los gobernadores de los estados son invariablemente nativos de los mismos que se hicieron de renombre político en la ciudad de México y son elegidos por el Presidente, deben llegar a un acuerdo con los intereses regionales del partido para alcanzar el éxito. Los caciques de los pueblos pueden hacer sentir su influencia por medio del PRI, monopolizando muchas veces las presidencias municipales locales a cambio de lealtad política, mientras que los líderes obreros y campesinos pueden usar al partido para ejercer presión y obtener obras públicas o incrementos salariales. Así, pues, a nivel de comunidades rurales, a través de sus sectores obrero y campesino, el PRI sigue siendo la única opción política existente.

Pero cuando tanto la economía cuanto el gasto público empezaron a crecer velozmente después de la segunda Guerra Mundial, la burocracia federal también se expandió dramáticamente, proporcionando gradualmente una base nueva para el sistema piramidal. Mientras que miles de posiciones políticas importantes cambian de manos cada seis años, los tres millones de burócratas, cuya lealtad hay que estar manteniendo constantemente, proporcionan la continuidad. La mayoría de los mexicanos opina que los burócratas son perezosos, ineficientes, corruptos y que sólo sirven a sus intereses y los funcionarios entrantes, con frecuencia, se asombran por su resistencia conservadora al cambio. Pero quienes están adentro reconocen acertadamente que pertenecen a un club exclusivo. En los niveles medios y bajos, no sólo existe seguridad de empleo, sino que hay sindicatos fuertes que luchan efectivamente por distintos privilegios. Algunas secretarías pagan una gratificación anual equivalente a tres meses de sueldo o le compran uniformes a su personal secretarial; la mayoría tiene tiendas para sus empleados donde los alimentos, la ropa y los bienes de consumo se pueden adquirir a precios reducidos. Los horarios de trabajo son cortos y las vacaciones generosas para los servidores públicos menores, y es difícil despedir a los empleados sindicalizados.

Lo que es más importante aún, conforme se fueron necesitando más profesionales, con más estudios, para administrar las cuestiones de Estado, cada vez más complejas, la burocracia ocupó el lugar del PRI como escalera principal hacia el poder. Así, entre 1946 y 1982, el 60 por ciento de los miembros del gabinete nunca ocuparon puestos en el partido o electorales. El cambio fue más notorio a partir de 1970. Antes de llegar a la presidencia, Ruiz Cortines y Alemán habían sido gobernadores, y Díaz Ordaz y López Mateos habían sido senadores, pero Echeverría, López Portillo y De la Madrid nunca habían tomado parte en ninguna elección. De hecho, salvo durante las elecciones, el partido era desdeñado por los políticos jóvenes con aspiraciones, que ya no sentían la necesidad de trabajar entre las comunidades rurales. Para ascender en la burocracia no se requería el poder de abajo, sino la aprobación de arriba.

No obstante, en el nuevo foro, las reglas de oro del sistema siguen siendo válidas: la lealtad y la disciplina son recompensadas con poder y privilegios. Un licenciado joven y ambicioso —tradicionalmente, la mayoría pasan por la Facultad de Leyes de la Universidad Nacional— empieza su carrera al unirse a algún funcionario que le ofrezca trabajo. El hijo de un político o un burócrata de alta jerarquía tiene la seguridad de que se le cuidará, como favor a su padre, pero él debe aprender también a ser dedicado y discreto. "Siempre tendrás problemas por algo que dijiste; nunca por algo que no has dicho", se le aconseja. Su patrón, a su vez, le debe su puesto y fidelidad a un benefactor mayor, cuya fortuna política está ligada a alguien superior a él, y así sucesivamente hasta llegar al Presidente. Por otra parte, todo Presidente debe nombrar a unos 700 funcionarios de alto nivel, cada uno de los cuales llena cientos de puestos bajo su mando. Infinidad de pirámides de poder se superponen así a la pirámide jerárquica principal: todo el mundo, salvo el Presidente, es a la vez patrón y sirviente.

Este proceso viene a generar camarillas políticas —las llamadas "mafias"— que son leales al Presidente, pero que compiten ferozmente entre sí. Sin ellas, las lealtades del sistema no podrían funcionar. En una primera etapa de su carrera, un político debe empezar a componer un séquito, partiendo de un chofer y un secretario personal, y después reuniendo en su torno a los amigos y acólitos que emplea o a quienes puede colocar en algún puesto. Por medio de su lealtad y deferencia estos "dependientes" crean un aura de autoridad e influencia en torno al político, pero también ganan cierta seguridad. Su jefe es quien debe pensar y combatir en el ruedo político: si le va bien, ellos también prosperarán, si le va mal, aún así, él deberá encargarse de ellos.

Cada cambio de gobierno produce una sacudida importante. Conforme se acerca la selección del nuevo Presidente, el licenciado joven encuentra que, por medio de los compromisos de su propio protector, su destino político está ligado a la suerte de un secretario u otro. No obstante, sigue un extraño ritual, en el cual los partidarios de los diversos "precandidatos" sostienen una serie de reuniones informales, generalmente durante comidas, en las que manifiestan su apoyo para su líder y tratan de convencer a los políticamente neutrales de que se les unan. Con la salvedad de un puñado de políticos demasiado bien establecidos como para correr el riesgo, la mayoría de los burócratas importantes deben definir (nada de esto resulta visible para el público ni es cubierto por los medios de comunicación) sus preferencias, de tal suerte que las líneas cruciales de las lealtades puedan ser establecidas. Las cuestiones ideológicas rara vez vienen al caso, puesto que el compromiso es con las personas y no con las políticas. Una buena jugada garantiza virtualmente un puesto, primero en la campaña electoral y después en el nuevo gobierno.

Pero el sistema también da cabida a quienes, temporalmente, están fuera de gracia. Los burócratas de carrera que respaldan al precandidato equivocado y deben aceptar su despido, invariablemente encuentran colocación por medio de algún amigo o familiar que esté mejor colocado. Si tienen suerte, pueden reanudar su ascenso por el sistema, ligados a un nuevo jefe. Los presidentes salientes también, por rutina, piden a su sucesor que "cuide" a sus colaboradores íntimos, algunos de los cuales vuelven a aparecer en el primer gabinete del nuevo Presidente. Cuando son reemplazados, les queda todavía la posibilidad de obtener una embajada en el extranjero. Por ejemplo, Porfirio Muñoz Ledo, secretario del Trabajo y presidente del PRI con Echeverría, primero pasó a secretario de Educación con López Portillo y después fue designado embajador ante las Naciones Unidas, cargo que conservó con De la Madrid. Incluso Mario Moya Palencia, primer candidato para suceder a Echeverría, logró obtener un fideicomiso del gobierno para el desarrollo del turismo con López Portillo, y una oscura compañía paraestatal exportadora de alimentos pesqueros con De la Madrid. De igual manera, el controvertido asesor económico de López Portillo, José Andrés de Oteyza, fue nombrado embajador ante Canadá por De la Madrid, y Pedro Ojeda Paullada, secretario del Trabajo y presidente del PRI con López Portillo, pasó a ser secretario de Pesca.

La capacidad del sistema para reciclar a los políticos excluidos ayuda a conservar una formalidad correcta. En cierta ocasión, Díaz Ordaz comentó que en la política "todos los amigos son falsos y todos los enemigos son verdaderos", motivo suficiente para ser cauteloso. Aunque también se recuerda la máxima de Cárdenas: "En política, nadie está totalmente vivo ni completamente muerto". Y como la carrera de un enemigo no se puede enterrar en forma permanente, los políticos deben templar su anhelo de venganza con su instinto de conservación: al igual que los favores, los actos con malicia llegan también a ser deudas. En realidad, como comentó un gobernador depuesto: "En México, te perdonan el robo, el asalto, el homicidio, todo menos un error político". (Óscar Flores Tapia fue depuesto como gobernador de Coahuila en 1981 por "enriquecimiento inexplicable", pero siempre sostuvo que era un chivo expiatorio político.) Los errores capitales son la deslealtad y la indisciplina. Quienes son humillados o despedidos por un gobierno, por consiguiente, deben permanecer pacientemente callados, con la esperanza de volver a ser incorporados al siguiente.

Martínez Manautou, el precandidato perdedor de la presidencia en 1970, se esfumó durante el mandato de Echeverría, pero volvió a aparecer como secretario de Salubridad y después gobernador de Tamaulipas con López Portillo. Jesús Reyes Heroles, que cayó primero con Echeverría y después con López Portillo, pasó a secretario de Educación con De la Madrid. Incluso los dos funcionarios de la ciudad de México a quienes Echeverría culpó públicamente de la matanza de estudiantes de 1971 volvieron a ocupar puestos importantes unos cuantos años después: el ex regente Martínez Domínguez como gobernador de Nuevo León y el ex jefe de la policía, Flores Curiel, como gobernador de Nayarit. En todos los casos, confiando en que la rueda de la fortuna volvería a girar, se resistieron a la tentación de responder a los ataques orquestados de la prensa que estuvieron ligados a su caída. En privado, por ejemplo, Martínez Domínguez supuestamente denunció a Echeverría por ser un "miserable traidor", pero incluso después de que resurgió políticamente, en público nunca defendió su actuación en 1971. Por el contrario, aquellos cuya lealtad al sistema es más débil que su odio por una persona, jamás vuelven a ser merecedores de confianza. Sin esta disciplina, el sistema se haría pedazos.

La administración política del sistema, no obstante, ha perdido mucha uniformidad en razón de la aparición de nuevas pistas rápidas para llegar a la cima del Gobierno. En el pasado, incluso sin pasar por el PRI, una carrera ascendente constante por la burocracia implicaba la acumulación de experiencia y sagacidad políticas.

Cuando unían su fortuna a un jefe, los "politócratas" debían al sistema su fidelidad principal. Pero con objeto de incorporar la generación que siguió a 1968, y de crear su propia clase política nueva, Echeverría empezó a introducir a figuras jóvenes, talentosas pero políticamente inmaduras, a posiciones de influencia. Los políticos viejos también estuvieron presentes en su gobierno, pero su peso estaba compensado con el de los nuevos tecnócratas que debían su poder, totalmente, a su cercanía al Presidente. Con el sistema de designación conocido con el nombre de "dedazo" —señalar con el dedo—, el poder administrativo empezó a opacar al poder político.

Con López Portillo y De la Madrid esta tendencia se ha acelerado. Ambos introdujeron también a políticos veteranos para compensar la falta de experiencia política de los recién llegados, pero las personas que tomaron las decisiones clave de sus gobiernos fueron tecnócratas jóvenes y antiguos amigos —así como miembros de la familia con López Portillo—, en lugar de personas fieles al partido. En particular, la política económica se convirtió en reserva de académicos que estudiaron en el extranjero. En el gabinete de López Portillo, dos graduados de Cambridge, José Andrés de Oteyza y Carlos Tello Macías, tuvieron una enorme influencia. Y el propio De la Madrid, que habla inglés con fluidez y tiene una maestría de Harvard, elevó rápidamente a tantos tecnócratas jóvenes y brillantes a puestos importantes que un título obtenido en una universidad extranjera resultaba mejor pasaporte al poder que las credenciales tradicionales de la lealtad y la astucia política. (El refinamiento de este "gobierno por currículum" era tal que los mexicanos que estudiaban en Harvard o Yale tenían asegurados puestos mejores que aquellos que asistían a universidades de, digamos, Wisconsin y Texas.) Su equipo económico fue encabezado por Jesús Silva Herzog, de Yale, como secretario de Hacienda, y Carlos Salinas de Gortari, de Harvard, como secretario de Programación y Presupuesto.

Como el poder personal de un Presidente aumenta durante el ciclo sexenal, y como los controles institucionales se debilitan durante el mismo, el Presidente tiende a gobernar, cada vez más, por medio de un círculo interno. Al terminar sus gobiernos, dependiendo de la asesoría de una pequeña camarilla de "pensadores", tanto a Echeverría como a López Portillo no sólo se les encubrió una realidad política que desconocían sus asesores y se les obligó a elegir entre una gama limitada de políticas alternativas, sino que también se comportaron desenfrenadamente debido al poco control y equilibrio que podían ofrecerles los políticos con experiencia. Las reuniones del gabinete completo eran raras y muchas decisiones importantes se tomaron en reuniones informales de ayudantes clave. (López Portillo no le informó a su gabinete el plan de la nacionalización de la banca privada del país sino hasta que el decreto se firmó, de hecho, tan sólo dos horas antes del anuncio público.) En contraste, De la Madrid trató de resistir la tentación de crear una administración paralela dentro de Palacio, pero ello no era necesario, puesto que sus ayudantes más cercanos habían sido nombrados directamente para formar parte del gabinete —no sólo Silva Herzog y Salinas, sino también Manuel Bartlett Díaz como secretario de Gobernación, Francisco Rojas como contralor general y Bernardo Sepúlveda Amor como secretario de Relaciones Exteriores—. Sin embargo, a los dos años de haber asumido el mando, ya se oían quejas de que su círculo inmediato evitaba que el Presidente conociera las noticias malas.

No obstante, para mediados de los ochenta la división entre tecnócratas y políticos estaba alimentando la tensión en todo el sistema. En parte, era simplemente un problema de grupos: el grupo de políticos estaba descontento porque ya no gozaba de la influencia y los privilegios tradicionales, mientras que el grupo de tecnócratas estaba deseando consolidar su nuevo dominio del poder. Pero el problema implicaba también un choque entre dos visiones diferentes del país, que se simbolizaron en dos epítetos políticos nuevos: "populismo" y "tecnocracia". No era una división ideológica como tal, aunque los políticos de la vieja guardia eran más nacionalistas, en un sentido tradicional, mientras que los tecnócratas nuevos eran más occidentales. Sin embargo, en un mundo pragmático, hasta un cambio de estilo adquiere importancia. Para desprestigio del sistema, las luchas internas salieron a la luz pública.

De la Madrid y sus seguidores culparon al "populismo" del pasado por la situación del país, y se declararon partidarios de un enfoque científico más sobrio. Para ellos, el enemigo no era la izquierda o la derecha, sino la mala administración, la corrupción y el gasto deficitario, todos ellos sinónimo de populismo. Y cuando Echeverría, la personificación de este estilo, defendió el populismo por ser "nacionalismo y arraigo con el pueblo", inmediatamente fue atacado por el nuevo equipo. Por otra parte, los políticos se burlaban de los tecnócratas por ser producto de familias más ricas y menos mestizas, jóvenes que habían asistido a escuelas particulares y universidades extranjeras y que habían despreciado el trabajo sucio de la política de partido y, sobre todo, porque eran intelectualmente arrogantes y, por consiguiente, menos confiables en términos políticos.

Sin duda, al ignorar a los interlocutores políticos tradicionales con la sociedad, el gobierno ha quedado más aislado de la población. Sólido en cuanto a teoría y débil en cuanto a pragmatismo, parece estar más inclinado a adoptar políticas que no se adaptan a la idiosincrasia de México. "La clase gobernante ya no oye crecer la hierba", dijo un político preocupado. Antes, la movilidad social del sistema permitía que los maestros, líderes sindicales y pequeños propietarios llegaran a ser políticos con influencia así como portadores del sentimiento popular. Pero ahora, los líderes políticos naturales que antes subían por medio del partido o la burocracia no tienen la preparación académica o los contactos sociales requeridos para escalar a los estratos superiores de la burocracia. Es más, ni siquiera son cortejados por los nuevos tecnócratas. "Estos nuevos no entienden la importancia de desayunar, comer y cenar", dijo quejándose un político veterano, recordando los marcos tradicionales para las negociaciones políticas. Así, pues, está tambaleándose el compromiso que los políticos de viejo cuño tenían con el sistema: el acceso a la cima y la sensibilidad de la base ya no están garantizados.

En ningún punto se nota más esta crisis política que en el mismo PRI. Desde la época de Calles, el líder del partido siempre ha sido elegido por el Presidente, escogiéndose invariablemente a generales primero y a políticos con experiencia después. Pero desde 1975, el único requisito ha sido lealtad al Presidente. De igual manera, los gobernadores de los estados, así como los senadores y diputados federales son elegidos, cada vez más, de entre amigos, alterando más la tradición de las recompensas políticas. La nueva tecnocracia, en particular, piensa que el PRI es poco más que una secretaría de Elecciones, que se debe usar cada seis años e ignorarse en el ínterin. Cuando hizo su campaña para la presidencia, De la Madrid no manifestó gran interés por tratar de rejuvenecer al partido, al parecer conforme con permitir que la vieja máquina del partido allanara su camino por todo el país.

Pero la debilidad del PRI pronto afectó al nuevo gobierno: en 1983, el PRI perdió varias capitales de estados del Norte en las elecciones municipales y la legitimidad "democrática" del sistema empezó a ser cuestionada. En parte, ello reflejó el descontento de la clase media por la crisis económica, pero también puso de manifiesto el poco espíritu existente dentro del PRI. Las filas provinciales del partido no pudieron disfrazar su desprecio por los tecnócratas, repentinamente arrojados al laberinto de la administración política: los soldados de las trincheras habían perdido la confianza en sus generales. En algunos casos, políticos locales con influencia, como seña de su insatisfacción, se negaron incluso a ser candidatos para las elecciones municipales. Cuando el preocupado gobierno recurrió al fraude para "ganar" varias elecciones en los estados, sus maniobras fueron realizadas torpemente, en razón de la falta de experiencia, y en forma demasiado pública.

Instintivamente, De la Madrid prefirió más democracia a fraudes más eficientes, pero pareció que su gobierno se quedaba paralizado por la indecisión —dudando si dar al PRI cierta independencia y credibilidad o si volver a llamar a los políticos viejos para dirigirlo— conforme se aproximaba la prueba crucial de las elecciones para la Cámara de Diputados y para gobernadores de siete estados, a mitad de gobierno, en julio de 1985. Los gobernadores de los estados, el general Graciliano Alpuche Pinzón, de Yucatán, y Enrique Velasco Ibarra, de Guanajuato, fueron obligados a renunciar, con poca ceremonia, en 1984, con objeto de mejorar la efectividad del partido, pero De la Madrid, sin embargo, mantuvo a Adolfo Lugo Verduzco en la presidencia del PRI tan sólo en razón de la amistad y la lealtad. En marzo de 1984, Lugo Verduzco probó brevemente un sistema preelectoral para permitir al partido escoger candidatos locales populares, pero después de un inicio desfavorable en Nayarit se abandonó el experimento. Otros esfuerzos por reformar al PRI, realizados en los años sesenta y en los setenta, habían fallado también porque, en general, se consideraba que un partido menos democrático era más útil para el gobierno. Pero la multitud que rodeó permanentemente al ex presidente del PRI, García Paniagua, en la decimosegunda convención del partido, en agosto de 1984, ilustra muy bien el vacío de liderato político habido con Lugo Verduzco. En un momento en que el descontento por la situación del país era general, los riesgos que presentaba un partido debilitado y desmoralizado eran muy grandes: el gobierno tenía que elegir entre reconocer los avances considerables de la oposición o alienar más a la opinión pública por medio de fraudes.

III

Sin la interdependencia estrecha entre el gobierno y otros grupos de presión clave, el sistema tradicional no puede sobrevivir: de alguna forma, todos deben estar voluntariamente ligados al centro. Cabe decir que la turbulencia política y económica existente desde 1970 ha sometido a estas alianzas (con los medios de comunicación, los sectores obrero y empresarial, la Iglesia y el Ejército) a tensiones nuevas. El proceso de negociación que durante mucho tiempo fue invisible para el público, ahora está cediendo el paso a una competencia y una colaboración cada vez más abiertas. El gobierno sigue siendo el árbitro último, pero al ser menos generoso con su proteccionismo durante momentos de crisis económica, también está menos seguro de la lealtad de sus aliados. Así, ahora más que nunca, se puede ver cómo los diversos componentes del sistema hacen juegos malabares para alcanzar posiciones y privilegios a través de las grietas de la fachada otrora monolítica.

En cierto sentido, los medios de comunicación son una preocupación menor para el gobierno. Muchos periodistas están coptados debido a la corrupción y los favores y, en términos generales, la prensa depende del estado, no sólo para obtener el papel de periódico, sino también por gran parte de su publicidad así como de otros ingresos. Las estaciones de radio y televisión, que operan con concesiones del gobierno y reciben muchos de sus ingresos de manos del estado, son particularmente vulnerables a la presión del gobierno. Así, pues, los medios de comunicación dedican, diariamente, una enorme cantidad de su espacio a cubrir las actividades del Presidente y su gobierno, al tiempo que discretas llamadas telefónicas de la secretaría de Gobernación garantizan o bien la omisión o bien un trato más suave de las noticias menos afortunadas. Como unos medios de comunicación más independientes y combativos serían incompatibles con el sistema que opera actualmente, los gobiernos recientes han adaptado los límites de la libertad de prensa a sus necesidades particulares.

Sin embargo, la libertad de expresión ha crecido constantemente, con algunas interrupciones ocasionales, desde 1970, no sólo abriendo a debate público muchas cuestiones, sino también complicando el ejercicio del gobierno. Por ejemplo tanto Echeverría como López Portillo aceptaron el apoyo que publicaciones izquierdistas brindaron a su política exterior, pero se irritaron cuando estos periódicos criticaron su actuación nacional. De igual manera, De la Madrid pretendió volver a instituir un mayor control de la prensa, pero encontró que cualquier vacío de información era llenado, inmediatamente, por rumores. Volvieron a verse las tensiones entre una sociedad cambiante y un sistema anticuado. La prensa conservó su papel tradicional dentro del sistema: leída por los políticos en busca de mensajes ocultos, usada por el gobierno para poner en circulación ideas polémicas y explotada como foro para los combates internos de diferentes mafias políticas. Sin embargo, ahora, las clases medias urbanas eran ya más articuladas y con mayor sentido crítico y exigían más información que antes.

La constante obsesión del gobierno por la prensa escrita reflejaba su poca comprensión de la comunicación moderna. Mientras que la circulación de todos los periódicos del país no llega a un millón, hay entre 15 y 20 millones de personas que, todas las noches, ven los noticieros de la televisión, y de ellas más del 90 por ciento ven el programa "24 Horas", transmitido por la gigantesca sociedad llamada Televisa. Este programa y su conductor, Jacobo Zabludovsky, están conformando pues el pensamiento político de gran parte del país. Televisa acepta servicialmente los lineamientos oficiales para el manejo de ciertas noticias específicas y rara vez critica al gobierno directamente. No obstante, las noticias que selecciona y el enfoque que les da se inclinan siempre a la derecha. Por cuanto se refiere a los asuntos internos, es raro que salga al aire una posición izquierdista sobre cualquier cuestión, y se habla de huelgas y manifestaciones sólo cuando van acompañadas de un comentario editorial hostil. En cuanto a los temas extranjeros, la inclinación es todavía más notoria, ya que Televisa respalda eficientemente la visión anticomunista que tiene Washington del mundo. Así, aunque apoya a cada uno de los Presidentes, Televisa, de hecho, está socavando al sistema ya que está conduciendo a los televidentes, sutilmente, hacia la derecha.

En cambio, los diferentes gobiernos han podido confiar en el movimiento obrero organizado. De hecho, el éxito logrado por el régimen tratándose del control de los obreros después de la Revolución, en muchos sentidos creó las bases de todo el sistema. Al principio, los socialistas y los anarquistas lucharon por tener influencia, pero a finales de los años treinta se formó la Confederación de Trabajadores Mexicanos (CTM) y más adelante se la integró al partido oficial. Y cuando el secretario general fundador de la CTM, Vicente Lombardo Toledano, resultó demasiado independiente, el régimen le depuso sin ninguna dificultad. A partir de entonces, las reglas han sido muy claras: el gobierno sostiene a los líderes sindicales a cambio de su lealtad política y dirige los aumentos salariales y otros beneficios a los trabajadores sindicalizados, que son una élite privilegiada que sólo representa una tercera parte de los 20 millones que constituyen la fuerza de trabajo, a cambio de la tranquilidad en el sector obrero. Siendo la única organización de masas dentro del sistema, el movimiento obrero le permite también al gobierno contrapesar la presión procedente del sector privado así como mantener sus credenciales revolucionarias. Es más, a diferencia de los sectores de campesinos y burócratas del PRI, cuyos líderes son cambiados a voluntad del Presidente, el movimiento obrero ha sido controlado por el mismo grupo durante más de cuatro décadas y ocho gobiernos. Esta continuidad ha producido estabilidad.

Pero la fuerza de este marco fue también su punto vulnerable, ya que descansaba fuertemente en un hombre: Fidel Velázquez. Nacido en 1900, de familia pobre, empezó a trabajar de repartidor de leche y, pronto, le atrajeron las actividades sindicales. Fue uno de los "cinco lobitos", de fama dudosa, que fundaron la CTM y para 1941 ya había surgido como su líder indiscutible. Estableció nexos estrechos con la American Federation of Labor (AFL) y trabajó con George Meany para combatir las actividades sindicales de los comunistas en otras partes de América Latina. Pero su papel principal era dentro del país, respaldando a todos los Presidentes y candidatos del PRI, quienes, a su vez, recompensaban su lealtad. "En la política —apuntó en cierta ocasión— no hay compromisos, sólo disciplina." Como era de esperarse, en 1968 su oposición al movimiento de protesta contra el Gobierno torpedeó cualquier alianza posible entre estudiantes y trabajadores. Díaz Ordaz respondió decretando un nuevo Código del Trabajo.

Sin embargo, las relaciones de Velázquez con el gobierno no siempre fueron buenas, como reflejo de la independencia relativa de la CTM dentro del sistema. Parte del precio que se pagó por la paz obrera fue que los líderes de los sindicatos de la CTM, muchas veces, se convirtieron en caciques corruptos, que empleaban a sus propias fuerzas de choque para suprimir la disidencia de las bases y que se enriquecían vendiéndose a los patrones de las fábricas. Así, a principios de los años setenta, Echeverría, en aras de crear sindicatos más democráticos, alentó un movimiento obrero nuevo que dependería más de él. Por consiguiente, fomentó los ataques de la prensa contra Velázquez y permitió el nacimiento de sindicatos independientes nuevos, de inclinación izquierdista. Pero no pudo desbancar a Don Fidel, como se le llama al dirigente de la CTM, y cuando sus deterioradas relaciones con el sector privado presentaron la amenaza de la inestabilidad política, el Presidente volvió a dirigirse a Velázquez pidiéndole apoyo y le retribuyó decretando un incremento salarial de emergencia para los miembros de la CTM. Cuando Echeverría eligió sorpresivamente a López Portillo por sucesor, escogió a Velázquez para que lo anunciara, previniendo cualquier escisión en el partido.

López Portillo, heredero de una grave crisis económica, inmediatamente hizo un pacto con Don Fidel: a cambio de aceptar un aumento salarial del 10 por ciento, en un momento en que la inflación era del 45 por ciento, se persiguió a los sindicatos independientes, se creó un nuevo Banco Obrero, y el control del fideicomiso estatal para la vivienda popular, INFONAVIT, pasó a manos de la

CTM. El ritual imponía que Velázquez despotricara contra el sector privado, pero también se aseguró de que, cuando la economía empezara a mejorar, la mayoría de los puestos nuevos fueran controlados por la CTM. Así, pues, Velázquez estaba bien colocado para apoyar al gobierno cuando estalló la crisis a principios de 1982. Debido a la sólida posición de la CTM en la industria, posteriormente fueron menos los puestos nuevos que perdió. En reconocimiento, dos días antes de terminar su mandato, López Portillo comentó: "La historia de México no se entiende sin Fidel Velázquez. Es un líder extraordinario y excepcional, tanto como un patriota ejemplar y un magnífico mexicano".

Con De la Madrid, la conocida figura de Velázquez volvió a surgir como eje de la estabilidad del país, luchando por conservar el control de los trabajadores urbanos mientras el poder adquisitivo de éstos iba menguando. En este sentido, Don Fidel no recibió gran ayuda de los tecnócratas del gabinete que, en ocasiones, parecían estar más celosos de su poder que conscientes del papel que desempeñaba para conservarlos en sus puestos. Por ejemplo, cuando Velázquez amenazó con una huelga general para presionar y que se concediera un incremento salarial de emergencia en 1983, incluso De la Madrid contestó que no consentiría presiones de "viejos estilos de negociación", como si ignorara la necesidad de conservar la credibilidad de Don Fidel. Asimismo, en junio de 1984, cuando a un incremento salarial del 20 por ciento siguieron, de inmediato, aumentos en el precio de las tortillas de maíz y el pan, la protesta de Velázquez parecía una necesidad política, y el Presidente volvió a lanzase contra el líder obrero, alimentando, gratuitamente, tensiones en todo el sistema. El hecho de que Don Fidel conservara la paz laboral mientras el Gobierno imponía el programa de austeridad elaborado con el Fondo Monetario Internacional, reflejaba la medida en que él sentía que verdaderamente personificaba al sistema, más que los últimos Presidentes.

Velázquez no controla a todos los obreros de México. Una gran mayoría de los trabajadores son campesinos o subempleados; muchos de ellos pertenecen también a asociaciones controladas por las compañías o a sindicatos que son demasiado débiles o corruptos, o que están demasiado divididos, para defender los intereses de sus miembros. Por ejemplo, la industria de la construcción cuenta con más de cien sindicatos, todos ellos vehículo para que los dirigentes individuales cometan fraude organizado. Algunos sindicatos independientes, de inclinación izquierdista, subsisten aún, principalmente en el caso de los trabajadores universitarios, mientras que existen otras agrupaciones de trabajadores —la Confederación General de Trabajadores (CGT), la Confederación de Obreros Revolucionarios (COR), la Confederación Regional de Obreros Mexicanos (CROM) y la Confederación Revolucionaria de Obreros y Campesinos (CROC)— que están ligadas a la CTM por medio del Congreso del Trabajo que es progobiernista. Hay también dos líderes sindicales muy poderosos —Joaquín Hernández Galicia, del Sindicato de Trabajadores Petroleros de la República Mexicana y Carlos Jongitud Barrios, del Sindicato Nacional de Trabajadores de la Educación— con los que el gobierno debe tratar directamente. El precio de su lealtad al sistema llegó a ser tan alto que De la Madrid pretendió socavar sus feudos.

Pero el control que tiene Velázquez sobre los 11 000 sindicatos afiliados a la CTM y su estatura personal dentro del PRI son tales que su muerte producirá un vacío en todo el sistema político. Al parecer, no ha preparado a ningún heredero —su delegado cotidiano, Blas Chumacero, es sólo cinco años menor que él— y no ha mostrado ninguna intención de abandonar el poder voluntariamente, arreglando su reelección para un plazo de seis años como secretario general, en 1980. De hecho, se enfureció cuando el gobierno de De la Madrid empezó a cortejar al líder de la CROC, Alberto Juárez Blancas, como si estuviera preparando a un sucesor. Y la mera sugerencia de su mortalidad volvió a llevar a Don Fidel a la acción, renovando sus ataques contra el sector privado, solicitando reformas en el PRI y advirtiendo a los partidos de oposición que nunca llegarán al poder "mientras yo esté a la cabeza de la CTM". Incluso anunció que la CTM empezaría a comprar fábricas de textiles, alimentos procesados y refrescos para combatir a los "empresarios extorsionistas" en su propio terreno.

Pero cuando Don Fidel muera (los políticos mexicanos prefieren decir "si muere"), el gobierno se verá obligado a crear a un nuevo "supremo", con la esperanza de perpetuar los arreglos tradicionales. No obstante, es inevitable una enorme lucha por el poder dentro del movimiento obrero organizado y, de hecho, ésta ya ha empezado. El sucesor de Velázquez en la CTM no tendrá la experiencia ni la autoridad necesarias para contrarrestar la influencia de grupos semiautónomos como los sindicatos de los trabajadores del petróleo y de los maestros, al tiempo que los líderes obreros independientes y de izquierdas pretenderán aumentar sus bases. Incluso antes, el descontento obrero en México, muchas veces, fue resultado de luchas entre sindicatos y la consecuencia más inmediata de la desintegración del Congreso del Trabajo y el debilitamiento de la CTM podría ser una oleada de huelgas violentas. Ante la erosión de uno de los pilares principales del partido y del gobierno, el régimen no podrá sino optar por intervenir con fuerza. Para que el gobierno sea fuerte, evidentemente, necesita aliados fuertes en otro puntos del sistema.

El papel político del sector privado ha sido menos consistente. Cuando la alianza tradicional entre el gobierno y la aristocracia hacendada quedó rota por la Revolución, en los años veinte, empezó a surgir una nueva clase urbana industrial, financiera y comercial. Pero no fue sino durante el cuarto de siglo de expansión industrial y concentración de la riqueza que vino después de la segunda Guerra Mundial, cuando el sector privado quedó efectivamente incorporado al sistema. En 1946, el Presidente Alemán marcó este cambio al nombrar a tres empresarios como miembros de su gabinete. Durante el régimen de López Mateos se dieron negociaciones en cuanto a una serie de temas específicos y hubo algunas disputas que incluso se hicieron públicas, pero entre gobierno y empresas no había un desacuerdo filosófico fundamental, ni ningún cambio en las reglas del juego. El régimen "revolucionario" había llegado a la conclusión de que estaba ayudando al desarrollo del país mediante el control del movimiento obrero, la estimulación de la inversión extranjera, la protección de la industria contra la competencia exterior y la oferta de incentivos fiscales y de otros tipos. Naturalmente, los empresarios estaban de acuerdo.

El cambio dramático se dio en 1970. Echeverría no sólo se volvió contra el sector privado "reaccionario", sino que también empezó a expander el papel que desempeñaba el estado en la economía. Muy pronto, los empresarios, alarmados, dejaron de invertir. Sin embargo, como en gran medida habían dado por sentado sus privilegios durante los cuatro gobiernos anteriores, descubrieron repentinamente las limitaciones de su poder político. La Confederación de Cámaras Industriales (CONCAMIN) y otras organizaciones sectoriales no estaban acostumbradas al juego político y, en muchas ocasiones, se presionó a sus líderes para que hicieran declaraciones a favor del gobierno, que disgustaron a sus miembros. El empresario común y corriente también se sintió abandonado por los treinta y pico magnates industriales, comerciales y financieros del país, todos ellos pertenecientes al poco conocido Consejo de Hombres de Negocios,* que negociaban directamente con el Presidente y sus secretarios. Cuando Echeverría trató de cortejar al sector privado, cometió el error de creer que bastaba con negociar con los de arri-

* El Consejo no tiene estatutos, oficina, secretariado o presupuesto, quiere evitar que los medios de difusión se refieran a él o a su existencia, y sus sesiones tienen lugar en el claustro de los hogares de sus miembros, pero su influencia colectiva es inmensa.

ba. Se reunió, casi semanalmente, con el Consejo e incluso pidió a los precandidatos de la sucesión de 1976 que se dirigieran al grupo. Pero la hostilidad de los empresarios hacia el gobierno seguía extendiéndose por todo el país.

Cuando Echeverría terminó su mandato, el sector privado había descubierto que su principal arma política era económica: negándose a invertir y sacando capital del país podía provocar el desorden en el mismo. Es más, aunque las tensiones superficiales con el gobierno se evaporaron rápidamente cuando la economía floreció con López Portillo, los empresarios ahora reconocían su relación, esencialmente competitiva, con el estado. Por consiguiente, el sector privado adoptó una posición más combativa, acudiendo al recién creado Consejo Coordinador Empresarial (CCE) para criticar el gasto inflacionario del gobierno, incluso cuando estas políticas producían más utilidades a las empresas que nunca antes. López Portillo siguió reuniéndose, en privado, con el Consejo de Hombres de Negocios y también hizo desfilar a los posibles sucesores delante del grupo. Pero, conforme el sexenio se acercaba a su fin, muchos empresarios —así como políticos— empezaron otra vez a enviar dinero al extranjero, acelerando el desmoronamiento financiero de principios de 1982, para después echarle la culpa de ello al gobierno.

La decisión de López Portillo de nacionalizar la banca privada del país anunciada el primero de septiembre de 1982, por consiguiente, tenía un claro elemento de venganza. Al llamar a los banqueros usureros que llevaban mucho tiempo explotando a la población y, ahora, habían traicionado al país, captó fácilmente el apoyo de los grupos de trabajadores y de los partidos de izquierda. Pero aunque la medida demostró el grado de su poder, de hecho, él debilitó al sistema. El país necesitaba una economía fuerte, que el estado solo no podía proporcionarle. Al tomar los bancos, el gobierno no sólo politizó el delicado sector financiero, sino que convenció también a muchos empresarios de que el estado estaba ansioso por controlar el resto de la economía. Es más, como los banqueros importantes habían llegado a representar a todas las regiones y zonas económicas del país, se eliminó un canal de comunicación importante entre el Gobierno y el sector privado.

Al parecer, De la Madrid vio lo anterior. Sentó claramente que no aprobaba la nacionalización de la banca, y si bien la medida era políticamente irreversible, mandó que un 34 por ciento de las acciones de los bancos, así como las compañías que eran propiedad de éstos, fueran vendidas y negoció la compensación que se le entregó a los banqueros expropiados. El gobierno ayudó también al sector privado a renegociar su deuda externa e insistió en que el papel del estado en la economía no aumentaría. Invitó a varios banqueros expropiados a unirse a otros líderes empresariales durante un desayuno, que se televisó, en la residencia de Los Pinos, y sin publicidad alguna también empezó a reunirse con los multimillonarios del Consejo de Empresarios. Pero, después de la experiencia de los dos gobiernos anteriores, no era fácil convencer al sector privado. Estando la banca en manos del gobierno, y muchas sociedades, incluso las grandes, luchando por mantenerse a flote, las cámaras empresariales, particularmente la Confederación Patronal Mexicana (COPARMEX) adoptaron un papel más militante que reflejaba la ira y la desconfianza de muchos empresarios en pequeño. La nacionalización de la banca había marcado la ruptura psicológica definitiva entre gobierno y empresa, y ahora cualquier promesa del gobierno se contemplaba con escepticismo. "El sector privado acepta al gobierno, pero ya no cree en lo que dice", comentó un líder empresarial. Hubo empresarios que se acercaron más al conservador Partido Acción Nacional, pero sus opciones seguían siendo pocas, entre otras razones porque continuaban dependiendo del gobierno para que les entregara subsidios, incentivos y una amplia gama de permisos: ellos podían decidir si jugaban o no, pero no podían establecer las reglas del juego.

El gobierno ha tenido que aprender también a convivir con la Iglesia católica. Como heredera efectiva de la colonia y franca oponente al cambio durante la Revolución, la Iglesia está considerada una amenaza permanente para la hegemonía de la burocracia política. Pero el estado, si bien debe limitar el poder político del clero para poder sobrevivir, también debe moverse cautelosamente. Dado que el 93 por ciento de los mexicanos están bautizados dentro de la Iglesia católica y existen fuertes corrientes de fanatismo religioso legado por el pasado, una actitud oficial poco tolerante hacia la Iglesia significaría una fórmula para la inestabilidad. Por ende, los políticos y el clero han creado un complejo *modus vivendi*, que se da a muchos niveles ocultos y, aunque ocasionalmente alterado por confrontaciones, se mantiene unido en razón de las graves consecuencias que se derivarían de su desplome.

La separación de Iglesia y Estado fue lograda por Juárez a mediados del siglo XIX, y el poder político de la Iglesia fue roto por la Revolución; pero las campañas anticlericales de los años veinte contribuyeron meramente a mantener vivo al fervor católico. En 1929, las iglesias volvieron finalmente a abrir sus puertas después de tres años, pero habría de pasar todavía otra década más para que la paz fuera restaurada con la sencilla declaración del Presiden-

111

te Ávila Camacho: "Soy creyente." Incluso así, fuertes sentimientos anticlericales siguieron existiendo en el sistema, de igual forma que la desconfianza de la Iglesia por el gobierno también continuó. Empero, ambas partes fueron aprendiendo gradualmente a coexistir. La jerarquía católica se había opuesto firmemente a la educación "socialista" de los años treinta, pero más adelante apoyó los programas de salud y alfabetización del gobierno y evitó tocar temas políticos sensibles. A cambio, el gobierno ignoró la violación de la prohibición constitucional de que la Iglesia tomara parte en la educación, permitiendo al clero tener escuelas particulares para los hijos de los ricos.

Hoy día, la Iglesia es una fuerza poderosa, que no sólo trabaja en el nivel de las comunidades rurales por medio de unos 10 000 sacerdotes en cincuenta y tres diócesis, sino también por medio de organizaciones relacionadas con la Iglesia como lo serían la Acción Católica, el Movimiento Familiar Cristiano y la Unión Nacional de Padres de Familia. En las últimas dos décadas, el movimiento conservador llamado Opus Dei ha adquirido influencia en círculos empresariales, al tiempo que dos partidos de la oposición, el Partido Acción Nacional y el Partido Democrático Mexicano son abiertamente católicos. En 1972, los obispos del país encontraron una salida para no oponerse al nuevo programa de planificación familiar del gobierno y apoyaron una fórmula vaga conocida como "paternidad responsable". Pero cuando, en 1983, se discutió la posibilidad de legalizar el aborto, la veloz movilización de organizaciones seglares católicas llevó al gobierno a retirar su proposición.

Dentro del gobierno, la Iglesia sigue despertando sentimientos fuertes, muchas veces contradictorios. Muchos políticos de la vieja guardia la consideran una peligrosa fuerza derechista y, en 1979, hicieron una compaña decidida, pero infructuosa, contra la visita a México del papa Juan Pablo II, sosteniendo que alentaría el fanatismo y fomentaría nuevas intromisiones políticas por parte de la Iglesia. Sin duda, a partir de entonces, las declaraciones y actividades políticas de la jerarquía católica han sido más dogmáticas, aprovechando además la poca popularidad del gobierno y la ausencia relativa de un sentimiento anticlerical entre la nueva clase tecnocrática. Los presidentes mexicanos evitan cuidadosamente cualquier asociación pública con el clero, pero muchos funcionarios marcan ahora la diferencia entre la Iglesia como institución y las creencias religiosas. López Portillo permitió incluso que su madre instalara una pequeña capilla en la residencia oficial de Los Pinos, misma que bendijo personalmente el Papa, y la esposa de Miguel de la Madrid, Paloma, asiste a misa regularmente y corre el rumor de que es simpatizante del Opus Dei.

Los políticos dedicados a cuestiones de seguridad, por otra parte, se preocupan más por la cantidad, relativamente pequeña, de sacerdotes izquierdistas que trabajan en los barrios bajos urbanos o en miserables comunidades rurales. Hasta su jubilación en 1983, el obispo de Cuernavaca, Sergio Méndez Arceo, era el partidario de la teología de la liberación más controvertido de México. Sus nexos políticos con Echeverría le protegieron contra represalias, pero muchos otros obispos, entre ellos, Samuel Ruiz García, de San Cristóbal, y Arturo Lona Reyes, de Tehuantepec, son criticados muchas veces cuando sus homilías pastorales tratan cuestiones políticas y sociales. Su voz representa una minoría dentro de la jerarquía católica, aunque parte de sus ideas quedó reflejada en el Programa Pastoral 1983-85 salido de la Conferencia de Obispos Mexicanos, que daba cuenta del fracaso del modelo económico de México, del ambiente general de descontento y de la "desmedida" concentración de poder en manos del Estado. Pero dicho lo anterior, inmediatamente alababa los esfuerzos del gobierno de Miguel de la Madrid y reiteraba que su misión era totalmente pastoral.

No obstante, aunque la Iglesia sigue siendo una fuerza potencialmente divisoria, en términos políticos, la religión contribuye, de hecho, a la estabilidad social de México. A cierto nivel, la autoridad de los sacerdotes locales contribuye a conservar la unión de las comunidades rurales y los barrios pobres urbanos. La Iglesia controla también muchos de los símbolos y las fiestas en torno a los cuales se une el país. Ninguno de ellos es más poderoso que el culto de la Virgen de Guadalupe, *madre* de todos los mexicanos, cuyo estandarte se ha portado en muchas guerras y en cuyo nombre se puede movilizar a grandes masas. Reconociendo lo anterior, el gobierno financió la construcción de una nueva Basílica de Guadalupe, en 1976, y cuenta con que la Iglesia mantendrá vivo el guadalupanismo sin voltearlo contra el estado. Así, más de cinco décadas después de que el sistema fue forjado por el anticlericalismo, la Iglesia ha pasado a formar parte del sistema. Día tras día, el gobierno ha luchado por contener su ámbito de influencia —y la Iglesia por ampliarlo—, pero sus negociaciones se rigen por reglas que, al parecer, ninguno de los dos pretende cambiar fundamentalmente.

Quizá más asombroso que su coptación informal de la Iglesia sea el éxito logrado por el sistema al retirar al Ejército del centro de poder. México es el único país de América Latina que puede jactarse de no haber padecido ningún golpe de estado militar desde 1920. Hoy día, la población da por sentado el papel periférico que desempeña el Ejército. La despolitización del Ejército, irónicamente, fue iniciada por los tres últimos Presidentes militares de México —Calles, Cárdenas y Ávila Camacho—, quienes establecieron el principio de que las amenazas militares serían reprimidas brutalmente y la lealtad militar sería recompensada con largueza. Alemán, primer Presidente civil desde Carranza, refinó estas reglas. Con objeto de reducir el peligro de levantamientos en la provincia, no sólo se dio a civiles el control del combustible* y las provisiones de alimentos de las treinta y seis zonas militares, sino que cada tres o cuatro años se rotó a los comandantes de zona para evitar que crearan una base de poder local. Al mismo tiempo, dada la remota posibilidad de que México llegara a estar en guerra con cualquiera de sus vecinos, la parte del presupuesto federal correspondiente al Ejército se redujo sistemáticamente —a menos del 2 por ciento hoy día—, se desalentó la compra de armamento nuevo y el servicio militar para jóvenes de dieciocho años, que al principio consistía en un entrenamiento rudimentario impartido todos los sábados por la mañana, durante un año, y más adelante se redujo a la inscripción en la lista de reservas.

Aún más importante, el corromper al Ejército pasó a ser política de gobierno. Se alentó a muchos oficiales de alta graduación a enriquecerse aprovechando diferentes oportunidades, concesiones y favores para hacer negocios, e incluso se toleraron actividades ilícitas como el contrabando, el tráfico de drogas y la prostitución. La corrupción contribuyó también a que siguieran las tensiones entre el Ejército y el Estado Mayor Presidencial: los ascensos eran más rápidos en el Ejército, pero las oportunidades para el contrabando, las transacciones de influencia y otros negocios ilícitos eran mejores en el Estado Mayor Presidencial. Al mismo tiempo, el gobierno protegió a las fuerzas armadas de las críticas de los medios de comunicación, e incluso cuando documentos sobre los negocios ilícitos de varios generales encumbrados le fueron presentados al gobierno de Miguel de la Madrid, no se hizo nada al respecto. Con objeto de mantener el auto-respeto del Ejército, cada año, en una media docena de ocasiones solemnes, el Presidente rinde homenaje a sus dudosos antecedentes históricos como defensor del país.

Un factor que trabaja a favor del sistema es que, a diferencia de otras instituciones militares del continente, el ejército postrevolucionario de México no tiene una tradición aristocrática. Sus tropas proceden de los sectores más pobres del campesinado y están agra-

* Normalmente, se permite que el Ejército almacene combustible para dos semanas de actividades y sólo tres días de movilización.

decidas por los alimentos, ropa y seguridad social que reciben del gobierno, aunque rara vez visten el uniforme durante más de un año. Los oficiales proceden de las clases medias bajas y, por medio de su educación militar, llegan a ser ingenieros, médicos, dentistas e incluso abogados, adquiriendo así profesiones que, más adelante, podrán ejercer en forma particular. Los sectores pudientes de la población nunca enviarán a sus hijos a las escuelas militares.

En el orden político, el Ejército, aunque francamente anticomunista, es también fortaleza de nacionalismo y, como tal, menos vulnerable a las manipulaciones externas. Algunos oficiales han asistido a cursos de Estado Mayor en Estados Unidos, pero casi ninguno fue enviado a la Escuela Militar de las Américas que tenía Estados Unidos en Panamá, en razón de que estaba ligada a la intromisión militar estadunidense en la zona. México se ha negado a firmar un convenio de ayuda militar con Estados Unidos, y la xenofobia furiosa de los grupos militares de México ha evitado que los agregados militares de Estados Unidos establezcan cómodas relaciones personales y políticas con los funcionarios del país, que resultan tan frecuentes en otros países de América Latina. Los oficiales mexicanos quizá admiren a sus compañeros estadunidenses, pero los dos países tienen intereses estratégicos diferentes: para Estados Unidos el principal enemigo es la Unión Soviética; para México, Estados Unidos representa la única amenaza posible.

A nivel interno, el Ejército es una parte importante del aparato de seguridad del sistema. Sin embargo, excepción hecha de una fuerza policiaca rural que controla el tráfico de narcóticos, el pillaje y la agitación campesina, las autoridades han preferido no recurrir a ella, conscientes del precio político que implica. Cuando Díaz Ordaz recurrió al Ejército para aplastar el movimiento estudiantil de 1968, por ejemplo, corrieron de inmediato rumores de un golpe de estado inminente. A principios de los años setenta, Echeverría quiso asegurar la lealtad del Ejército y jubiló a muchos oficiales octogenarios y septuagenarios —había alrededor de 400 generales viejos en una fuerza de 50 000—, y ascendió a soldados jóvenes, más profesionales. A cambio del papel que desempeñó el Ejército exterminando un movimiento guerrillero rural, Echeverría ordenó la construcción de una lujosa universidad militar. "Es mejor darles concreto que armas", explicó a la sazón un vocero de la presidencia.

No obstante, con López Portillo, las fuerzas armadas —la Fuerza Aérea forma parte del Ejército, pero la Marina es autónoma— se hicieron aun más visibles. Entonces, los pertrechos militares de México estaban compuestos por una colección, de museo, de aviones, tanques y artillería de hacía más de treinta años, así como de un puñado de barcos patrulleros y alrededor de 20 000 caballos. Como la riqueza petrolera dio a México un papel diplomático y económico más prominente en el mundo, el entonces secretario de la Defensa, general Félix Galván López, quería participar en el orgullo nacional. Así, pues, López Portillo dio el visto bueno a la compra de los primeros aviones supersónicos de combate que haya tenido México —un escuadrón de F-5E de fabricación estadunidense— y una flota de patrullas navales. Galván dio también un aspecto más moderno al Ejército, vendió la mayor parte de los caballos y los reemplazó con jeeps recién pintados, proporcionó a los soldados una serie de uniformes nuevos y boinas de colores y mandó que el desfile del 16 de septiembre de 1981 se hiciera al trote, e incluso aumentó el número de las fuerzas armadas, aproximadamente a 120 000, para finales del sexenio de López Portillo.

A diferencia de sus antecesores inmediatos, López Portillo no necesitó al Ejército para luchar contra la subversión interna. Sin embargo, muchos políticos, que conocen poco el funcionamiento interno de las fuerzas armadas, siguen viendo a la institución con suspicacia inquieta y, de mala gana, aceptan que los generales jubilados obtengan puestos importantes como gobernadores de estados. Por ejemplo, temen que los frecuentes rumores de golpe de estado que corrieron en 1968, 1976 y 1982 pudieran despertar ideas entre los cuerpos de oficiales y señalan el mayor grado de educación de los militares como prueba de que el Ejército se podría estar preparando para volver al gobierno. En privado, los altos oficiales manifiestan su asombro e impaciencia por la mala administración de los gobiernos civiles recientes. Aun así, no hay señales de que el Ejército tenga interés por tomar el poder. Los problemas que han asolado a los gobiernos militares recientes de Argentina, Uruguay, Chile y Brasil han llevado a que algunos oficiales aplaudan su sabiduría por mantenerse alejados de la política. De hecho, no sería sino una inquietud generalizada la que podría llevar al Ejército a actuar de manera independiente. Pero, mientras al gobierno pueda coptar a los generales que tienen ambiciones políticas, enriquecer a otros y complacer la vanidad institucional del Ejército, es muy probable que se conserve esta alianza cuidadosamente alimentada.

En las constantes negociaciones con las camarillas clave del sistema, por consiguiente, el gobierno debe asegurarse de que estos grupos —los medios de comunicación, el movimiento obrero, los empresarios, la Iglesia y el Ejército— no tengan intereses en común, salvo el compromiso egoísta para la supervivencia del sistema. Así, el desencanto temporal de algún grupo específico se podrá manejar en forma aislada. Con todo, esto exige también una habilidad y sensibilidad políticas que resultan menos evidentes que en épocas pasadas. En el sistema existe la sensación de que los nuevos tecnócratas no entienden —y, sin lugar a dudas, no respetan— la manera tradicional de hacer las cosas y, sin embargo, cualquier esfuerzo unilateral que realizara el gobierno para imponer reglas nuevas al sistema podría ser peligroso. La credibilidad del sistema ha de ser cònservada en forma casi esquizofrénica: quienes están afuera deben creer en su autoritarismo, quienes están adentro deben estar convencidos de su flexibilidad.

5. LA (GENERALMENTE) FIEL OPOSICIÓN

I

Sin una oposición formal, las elecciones no tendrían sentido. Y, sin elecciones, el sistema perdería su máscara de legitimidad democrática. Así, pues, la existencia de una oposición permite al sistema monopolizar el centro político, ya que los partidos de derecha sirven para subrayar sus cualidades "revolucionarias" y los de izquierda para distinguirlo del socialismo. Por medio de las elecciones, quienes se oponen al gobierno pueden manifestar su disentimiento, al mismo tiempo que, indirectamente, perpetúan el sistema.

A lo largo de los años, más por necesidad que por principio, el estado mexicano se ha salido de su senda para mantener viva la oposición formal. Ha alentado que sus críticos operen por medio de partidos. Les ha proporcionado los fondos que necesitaban para presentar candidatos en las elecciones y ha promovido "reformas políticas" para asegurarles una voz en el Congreso. Hoy, como prueba de su éxito, dos partidos de derecha y cuatro de izquierda presentan candidatos contra el PRI y sus dos partidos satélites en las elecciones, al tiempo que innumerables camarillas y facciones sirven de canales para las protestas. El único peligro es que el teatro democrático podría volverse demasiado real: los problemas económicos, a la larga, podrían generar un grado de oposición electoral que el gobierno no podría tolerar.

Tradicionalmente, los partidos de oposición han servido de pequeñas piezas en el mecanismo de supervivencia del sistema mayor. Los gobiernos de los años veinte y treinta pensaban que su legitimidad tenía raíces en la Revolución misma, mientras que, en fechas más recientes, la representación popular se ha dado por medio de negociaciones entre los grupos de interés clave del sistema, en lugar de por el proceso electoral. Es más, como el estado ha pretendido la modernización del país por medio del desarrollo económico, social y cultural —en lugar de político—, el pragmatismo crudo ha resultado, invariablemente, más fuerte que el principio democrático. Así, pues, se permite la oposición formal, pero sólo puede desempeñar el papel que se le ha asignado en el sistema. Como dijera en cierta ocasión Mario Moya Palencia, ex secretario de Gobernación: "Un voto contra el PRI es un voto en favor del sistema." Y Jesús Reyes Heroles, su sucesor, dijo de la oposición: "Lo que resiste, apoya."

El gobierno cuenta con los medios para asegurarse de que ningún partido de la oposición llegue a significar una amenaza para su monopolio del poder. Casi instintivamente, por ejemplo, copta a los líderes de la oposición que surgen, bien dándoles puestos con influencia en el gobierno, bien neutralizándolos con dinero. Trabaja calladamente sembrando la disensión entre los grupos de oposición para prevenir la formación de coaliciones poderosas. Y redacta sus leyes electorales. El gobierno puede dividir arbitrariamente los distritos electorales para unir barrios de clase media a distritos más pobres donde el PRI tiene asegurada una fuerte mayoría. Sólo el PRI está en posición de colocar a representantes en todas las casillas electorales —50 438 en las elecciones de 1982— y, por ende, tiene cierta ventaja durante el recuento de las boletas de votos. Como los resultados oficiales, por ley, se anuncian una semana después de la votación, el gobierno tiene mucho tiempo para arreglar el resultado o negociar tratos con la oposición. Incluso en las contadas ocasiones en que se reconocen los triunfos de la oposición en las elecciones municipales, el gobierno puede retener la parte de los fondos federales y estatales que corresponden a la localidad con miras a fomentar el disgusto por el nuevo presidente municipal.

Los grupos de la oposición que salen de este contexto son más vulnerables a la represión directa. Los movimientos campesinos espontáneos, las organizaciones obreras independientes y los grupos ilegales de militantes deben negociar con el gobierno para poder sobrevivir, y los estudiantes que desafiaron al sistema en 1968 pronto llegaron a los límites de esta tolerancia. Y así como el gobierno estuvo dispuesto a matar estudiantes en 1968 y 1971, cuando los grupos guerrilleros de izquierda aparecieron a principios de los años setenta el régimen recurrió a la tortura y las "desapariciones" para eliminarlos. Pero el gobierno piensa también que recurrir a estas tácticas es un torpe reflejo de su capacidad para negociar: debe ser el temor a la represión y al descontento —y no la práctica de éstos— lo que permita las negociaciones.

El secretario de Gobernación, con su gran responsabilidad por conservar la estabilidad política del país, está a cargo de manejar el ruedo político donde actúan tanto la oposición como el PRI. Controla la Dirección Federal de Seguridad, organismo sumamente efectivo que hace de todo, desde intervenir teléfonos de funcionarios de alta jerarquía y controlar las actividades de los partidos legales de la oposición, hasta infiltrarse en facciones de extremistas y erradicar a las guerrillas. La secretaría domina a la Comisión Federal Electoral y tras su compleja red de inteligencia en todo el país puede decidir dónde es fuerte la oposición y cuándo se requieren fraudes electorales. También tiene que "dar servicio" a la oposición, tanto en términos políticos cuanto en económicos. Sólo ella puede calibrar el ambiente político del país y diseñar estrategias para aliviar tensiones. Es la mejor colocada para determinar si el reconocimiento de un triunfo de la oposición sobre el PRI es el curso de acción que se recomienda seguir. Y cuando el gobierno decide apoyar a un partido de la oposición, como ocurre ocasionalmente, en una disputa contra el gobernador de algún estado, los tratos se negocian en las oficinas de la secretaría.

La necesidad que tenía el gobierno de alentar una oposición formal surgió por primera vez en los años cincuenta, cuando el sistema ya no se sentía amenazado por la disensión interna. El último levantamiento de un general revolucionario —Saturnino Cedillo en San Luis Potosí— había sido aplastado en 1939, la última elección presidencial que se decidiera por fraude fue en 1940, el último candidato independiente que surgiera de las filas del gobierno y desafiara al candidato oficial lo hizo en 1952* y la verdadera lucha por la presidencia, ya entonces, se lidiaba antes de que el PRI nombrara a su candidato, en lugar de hacerse en las urnas. Además, la izquierda estaba sumamente dividida y el sector privado había sido copado por las políticas proempresariales. Conforme el sistema fue volviéndose más autoritario, de manera eficiente, la necesidad de conservar las apariencias democráticas aumentó también. Durante las últimas tres décadas, el sistema ha ido gastando cada vez más energía en apoyar a la oposición en lugar de suprimirla.

Los partidos de oposición existían desde hacía mucho tiempo —incluso el general Porfirio Díaz insistía en tener un contrincante cuando pretendía su reelección—, pero ahora era necesario darles más visibilidad, sobre todo en el Congreso. En consecuencia, en 1963 se cambió la ley para crear diputados de partidos de oposición, que eran elegidos para ocupar un puesto en la Cámara de Diputados por medio de un plan de representación proporcional. Los partidos que obtuvieran un mínimo del 2.5 por ciento de los votos para congresistas tenían derecho a un diputado por cada 0.5 por ciento de sus votos, hasta un máximo de veinte curules. Fueron tres los partidos beneficiados —el conservador Partido Acción Na-

---

* El general Miguel Henríquez Guzmán, que "obtuvo" 19 por ciento de los votos.

cional (PAN), el progobiernista Partido Popular Socialista (PPS) y el Partido Auténtico de la Revolución Mexicana (PARM)—, y aunque presentaron candidatos a la mayoría de las elecciones, los acontecimientos de 1968 demostraron que eran canales poco eficaces para manifestar los sentimientos contra el gobierno.

Así, pues, se abrieron otras válvulas. En 1970, la edad mínima para votar se bajó de veintiún años a dieciocho. En 1973, el gobierno de Echeverría redujo la edad mínima para ser electo senador de treinta y cinco a treinta años, y para diputado de veinticinco a veintiún años. Es más, también estableció que los partidos de la oposición que captaran el 1.5 por ciento de los votos tendrían cinco diputados, y un diputado extra por cada 0.5 por ciento adicional de los votos, hasta un máximo de veinticinco escaños. Pero todavía era enormemente difícil que los partidos nuevos pudieran obtener el registro y, por ende, las reformas resultaron poco convincentes y el abstencionismo siguió aumentando.

En 1976, como el PPS y el PARM respaldaban al candidato del PRI a la presidencia y como el PAN no se puso de acuerdo en cuanto a su candidato, López Portillo no tuvo rival en las urnas, salvo por la candidatura no registrada de Valentín Campa Salazar, veterano del Partido Comunista Mexicano. (Se dijo, aunque nunca se confirmó el rumor, que obtuvo cerca de un millón de votos.) Por tanto, López Portillo optó por otra reforma política más, para inyectarle credibilidad a la democracia del país. Durante muchos meses de negociaciones entre Reyes Heroles, su experimentado secretario de Gobernación, y los partidos políticos, existentes y probables, se trazaron nuevas reglas. Dado que coincidieron con la crisis económica, las negociaciones mismas resultaron útiles toda vez que el gobierno amenazó con negar el reconocimiento oficial a aquellos partidos —principalmente al Partido Comunista— que cayeran en la tentación de alentar el descontento. Pero, de hecho, al régimen le interesaba más fortalecer la izquierda con objeto de contrarrestar el peso de la derecha, que era mucho mayor en el sistema.

El resultado, en 1978, fue una nueva ley que aumentaba el tamaño de la Cámara de Diputados a 400 escaños, 100 de los cuales serían llenados por la oposición, siguiendo un complicado plan de representación proporcional y elecciones paralelas. Es más, todos los grupos políticos podían solicitar su registro permanente o condicional como partidos o su reconocimiento como asociaciones políticas. Los partidos que pretendieran el registro permanente tenían que demostrar que, cuando menos, contaban con 65 000 miembros distribuidos entre la mitad de los estados o distritos elec-

121

torales del país, y presentar ante la Comisión Electoral una lista de sus partidarios, legalizada ante notario. Quienes optaran por el registro condicional, sólo tenían que demostrar que habían tenido actividades políticas durante cuatro años y con un nombre reconocido, pero deberían obtener, cuando menos, un 1.5 por ciento de los votos en elecciones nacionales para obtener su calidad de permanente. El registro se perdería en caso de que un partido obtuviera menos del 1.5 por ciento en tres elecciones sucesivas.

Al tenor de la ley, todos los partidos registrados tenían derecho a tiempo gratuito —y por igual espacio— en la radio y la televisión para efectuar transmisiones políticas regulares, y la Comisión Electoral ofrecería equipo y asesoría a quienes no contaran con recursos propios. El estado porporcionaría a los partidos políticos los recursos necesarios para las campañas electorales, para publicar e imprimir un periódico y para cubrir los costos postales y telegráficos. En forma gratuita, la propia Cámara de Diputados ofrecería espacios para oficinas a cada partido representado. Así, los partidos nuevos tenían asegurada una cierta seguridad económica. Y no fueron pocos los izquierdistas jóvenes que encontraron que el sueldo de un diputado daba a la democracia un atractivo más.

No es raro, si analizamos los obstáculos involucrados, que ningún grupo pretendiera el registro permanente. Pero antes de las elecciones de 1979 para la Cámara de Diputados, a mitad del sexenio, se otorgó el registro condicional al Partido Comunista Mexicano (PCM), al Partido Socialista de los Trabajadores (PST) y al conservador Partido Democrático Mexicano (PDM), pues los tres obtuvieron más del 1.5 por ciento mínimo de la votación. Por primera vez en muchos años, la tasa de abstencionismo disminuyó. Cuando se conocieron los resultados, la composición de la nueva Cámara era: PRI 296 escaños*, PAN 43, PCM 18, PARM 12, PPS 11, PDM 10 y PST 10. La mayoría dictatorial del PRI no se vio afectada, pero la mayor presencia de la oposición avivó los debates en el Congreso e incluso hizo que grupos externos asistiesen temporalmente a las sesiones de la Cámara como si se disfrutara de una independencia real.

Antes de las elecciones de 1982, una nueva camada de movimientos políticos, la mayor parte de ellos minúsculas facciones izquierdistas sin muchos partidarios, solicitaron el registro condicional, pero sólo se reconoció a dos: el trotskista Partido Revolucionario de los Trabajadores (PRT) y el centrista Partido Social

---

* Es decir, en la elección directa, el PRI sólo perdió en cuatro de los 300 distritos electorales.

Demócrata (PSD). Un tercero, el Partido Mexicano de los Trabajadores (PMT), al parecer, merecía su registro, pero se "castigó" a su líder, Heberto Castillo, por haber declarado anteriormente que la reforma política era insignificante. Así, pues, para las elecciones presidenciales y de senadores y diputados participaron nueve partidos: los compañeros de viaje del PRI —el PPS y el PARM— siguieron la tradición apoyando al candidato oficial, Miguel de la Madrid, pero los otros seis partidos lanzaron a sus propios candidatos. Todos ellos presentaron candidatos para los escaños en el Congreso, al tiempo que el gobierno inició una enorme campaña publicitaria pidiendo a la gente que votara. Se puede decir que fue el espectáculo democrático más grande de la historia del país.

Como el resultado de la elección presidencial se conocía antes de empezar la campaña, el número sin precedente de candidatos de oposición no pudo despertar gran emoción: según una encuesta, 95 por ciento de los electores ya sabía que ganaría el PRI, sin importar su voto. La indiferencia del electorado ante el proceso se vio en que la mayoría ignoraba los nombres o las posiciones políticas de los candidatos de la oposición. Como era de esperar, la campaña de Miguel de la Madrid ensombreció a todas las demás: por su magnitud, publicidad y costo* cubría metódicamente todo el país, y habiéndose ocultado, artificialmente, la peor parte de la creciente crisis económica hasta pasadas las elecciones, la oposición le tenía casi sin cuidado.

En términos ideológicos, las alternativas más claras las ofrecían los candidatos del conservador PAN y el Partido Socialista Unificado de México (PSUM), coalición de grupos de izquierda creada en torno al antiguo Partido Comunista. Con el argumento de que se habían traicionado los ideales de la Revolución de 1910, el PAN postuló a Pablo Emilio Madero, conocido empresario y, sobre todo, sobrino de Francisco I. Madero, cuya rebelión había marcado el principio de la Revolución hacía más de siete décadas. El PSUM eligió a Arnoldo Martínez Verdugo, líder del Partido Comunista, que había llevado al PCM a tener una visión más "eurocomunista" del mundo. No obstante, el candidato de la oposición que despertó más interés fue Rosario Ibarra de Piedra, del PRT. Ama de casa regiomontana, de clase media, apolítica hasta que su hijo fue "desaparecido" por la policía en 1975, la señora Ibarra adquirió fama al organizar el Comité Nacional para la Defensa de Presos Políticos, Fugitivos, Exiliados y Desaparecidos. Expresiva y carismática, sin

---

* Según cálculos confiables, el gobierno proporcionó cerca de 100 millones de dólares para gastos de la campaña del PRI.

ser personalmente trotskista, le dio vida a la campaña del PRT.

No obstante, la "transparencia" de la democracia mexicana se desvaneció después de cerradas las urnas el 4 de julio de 1982. Mucho antes de que se dieran a conocer resultados detallados, el secretario de Gobernación anunció que De la Madrid había ganado con un número de votos sin precedente y con una participación sin igual, dos objetivos que, por cierto, se había fijado él mismo. Pero pasaron varias semanas antes de que se conocieran los resultados completos. De un electorado registrado de 31.5 millones, 69 por ciento había acudido a las urnas. En la carrera presidencial, 70.9 por ciento de los votos habían sido para De la Madrid, 15.7 por ciento para Madero, 4.5 por ciento para Martínez Verdugo y los restantes para los demás candidatos. El PRI había ganado también las 64 curules del Senado y sólo había perdido uno de los 300 escaños abiertos a elección directa en la Cámara de Diputados. Combinando las elecciones para los 100 escaños de la oposición, la nueva composición de la Cámara era: PRI 299 escaños, PAN 51, PSUM 17, PDM 12, PST 11 y PPS 10.

Empero, los resultados detallados sugerían francamente que se habían arreglado los votos. El PSD y el PARM salieron mal librados y perdieron su registro. Y la señora Ibarra ganó un 1.7 por ciento de la votación como candidato del PRT a la presidencia, aunque al partido mismo sólo se le atribuyó un 1.3 por ciento en las elecciones de senadores y diputados. Así, pues, conservó su registro pero quedó excluido de la Cámara, donde el acalorado estilo de la señora Ibarra podría haber sido causa de alarma para el gobierno. Incluso más sospechoso resultó el drástico contraste entre la cantidad de papeletas anuladas para las diferentes elecciones: en el caso de la presidencia se anuló un 4.47 por ciento —la extraordinaria cifra de un millón de los 23.5 millones de votos emitidos—; en el del Senado 7.94 por ciento; en el de las directas para la Cámara un mero 0.04 por ciento; y en el de la carrera "plurinominal" un 4.9 por ciento. Es más, el número de votos emitidos para cada elección variaba inexplicablemente, ya que hubo 1.7 millones de personas más que votaron para senadores que para diputados, pese a que todas las papeletas se marcaban al mismo tiempo. La impresión general que produjeron las elecciones de 1982 fue que el gobierno había ajustado los resultados adaptándolos a sus necesidades políticas.

Una vez terminado el proceso electoral, al tiempo que el PRI perdió inmediatamente importancia dentro del sistema, los partidos de oposición encontraron que su foro de expresión quedaba también reducido, en gran medida, al surrealismo de los debates en las cámaras. Incluso en medio de la peor crisis económica del país que se recuerde, ningún partido de oposición supo utilizar, efectivamente, el descontento popular: el PSUM continuó aislado de sus bases naturales, los campesinos y obreros, e incluso el PAN no pudo traducir sus 3.7 millones de votos —principalmente de la clase media— a una voz política fuerte. En cambio, los partidos de oposición optaron por seguir mirando hacia dentro, hacia el centro del poder, con intención de lograr el reconocimiento y el respeto del sistema, en lugar de organizar a las clases populares de la sociedad. Antes de las elecciones de diputados de 1985, once grupos políticos nuevos pidieron el registro condicional de su partido, ansiosos de participar en el juego. El gobierno volvió a darle su condición jurídica al PARM con objeto de conservar su mayoría en la Comisión Federal Electoral, y el PMT fue reconocido finalmente, pero los demás grupos meramente reflejaban la fragmentación de opiniones de las personas politizadas.

El gobierno no estaba totalmente confiado ante esta pasividad. La reforma política de 1978 había creado un sentido de libertad mucho mayor en la sociedad, evidente en una prensa más abierta y en la nueva tolerancia oficial ante huelgas, manifestaciones y disensión oral. Pero en momentos de penuria económica, los partidos de oposición no pudieron canalizar la ira y la frustración inevitables. Lo más preocupante era que la reforma política dio por resultado un fortalecimiento de la derecha, no de la izquierda, y alteró la asimetría tradicional de los extremos que mantenía al PRI en el centro. El creciente apoyo por el PAN en las elecciones locales —votos que seguían siendo más contra el PRI que a favor del PAN— reflejaba el creciente conservadurismo del país en general. No era la primera vez que México parecía cambiar a mayor velocidad que su democracia formal.

II

La caótica historia de la izquierda mexicana está reflejada con exactitud en las docenas, literalmente, de partidos, movimientos y facciones marxistas que existen en el país hoy día. Es una historia llena de riñas dogmáticas por minucias ideológicas, fuertes choques de personalidad, violentas purgas y rebeliones, elitismo intelectual e incluso corrupción y traición. Cuando lo ha considerado necesario, el gobierno ha reprimido a la izquierda, pero en la mayor parte de lo que va del siglo, la izquierda normalmente ha estado demasiado debilitada por el desorden interno como para significar una amenaza para el sistema.

El Partido Comunista Mexicano (PCM), fundado en 1919, creció constantemente en los años veinte y treinta, llegando a controlar varios sindicatos obreros y algunas cooperativas de campesinos, e incluyendo en su seno a muchos escritores y artistas de gran influencia, entre los que se contaban Diego Rivera y David Alfaro Siqueiros. No obstante, era un partido impasiblemente pro soviético y, si bien fue objeto de persecuciones con Calles y perdió influencia en el movimiento obrero organizado con Cárdenas, fue su lealtad a Moscú la que, a la larga, le resultó más perjudicial. No sólo defendió los juicios de Moscú, ayudó en los planes para asesinar a Trotsky en la ciudad de México en agosto de 1940 y pretendió justificar el pacto de no agresión entre Stalin y Hitler, sino que emprendió también una serie de purgas internas que hicieron añicos el concepto de unidad de la izquierda. En 1940, el secretario general del partido, Hernán Laborde, y el líder del sindicato de los ferrocarrileros, Valentín Campa, fueron expulsados por oponerse al asesinato de Trotsky y a los dictados de Moscú. Laborde fue sustituido por Dionisio Encinas, un estalinista dogmático que logró que los miembros del partido disminuyeran de 30 000 a sólo 3 000 en los 20 años que dirigió al partido.

Como era de esperar, muchos izquierdistas buscaron otras salidas. Algunos fueron atraídos por el Partido Popular, formado en 1948 por el intelectual y líder laboral marxista, Vicente Lombardo Toledano. Lombardo fue incluso candidato a la presidencia en 1952, pero su movimiento, que sigue existiendo con el nombre de Partido Popular Socialista (PPS) fue absorbido, gradualmente, por el PRI y perdió toda credibilidad. A principios de los años sesenta, una serie de izquierdistas independientes, muchos de ellos discípulos de Cárdenas, fundaron el Movimiento de Liberación Nacional para dar apoyo a la revolución cubana, pero éste tampoco pudo crecer como alternativa de la izquierda. Cuando las manifestaciones estudiantiles repentinamente se convirtieron en un importante movimiento de protesta contra el gobierno, en el verano de 1968, la vieja izquierda no estaba preparada. El Partido Comunista trató, infructuosamente, de acaparar el movimiento, pero en las diez semanas de actividades que antecedieron a la masacre de Tlatelolco y a las largas sentencias de cárcel que siguieron, surgió toda una nueva generación de líderes izquierdistas, la mayoría de ellos claramente nacionalistas y contrarios a la línea moscovita del PCM.

Pero la izquierda habría de resurgir tan dividida como antes. Cuando Echeverría, en 1971, liberó a los líderes estudiantiles encarcelados y volvió a abrir las puertas del sistema a los intelectuales de izquierda, muchos de ellos fueron copados, voluntariamente, por la antigua máxima de que es más fácil ejercer influencia desde dentro. Al propio Echeverría le gustaba jactarse de que muchos de los jóvenes que estaban en las calles a finales de los años sesenta estaban dentro del gobierno a principios de los setenta. Otros líderes de izquierda consideraban que la "apertura democrática" representaba una oportunidad para organizar nuevos partidos y movimientos, e incluso el PCM inició una campaña de reclutamiento en las universidades del país, señalando que había condenado la invasión soviética de Checoslovaquia como prueba de su nueva independencia de Moscú. Pero algunos grupos de estudiantes, particularmente los de universidades de los estados, sentían que los hechos de 1968 habían demostrado que se necesitaba una "lucha armada". Coincidentemente, una ola de represión en el estado de Guerrero alentó un movimiento de insurgencia rural: una década después que en la mayor parte de los otros países de América Latina, las actividades guerrilleras finalmente llegaron a México.

Las propias guerrillas nunca tuvieron suficientes seguidores como para presentar un reto directo al gobierno. En Guerrero, primero la Asociación Cívica Revolucionaria Nacionalista dirigida por Genaro Vázquez y después el Partido de los Pobres dirigido por Lucio Cabañas Barrientos, ambos maestros rurales que habían tenido que huir amenazados por pistoleros locales, organizaron pequeñas bandas de campesinos armados, en las montañas que rodean al poblado de Atoyac y, ocasionalmente, realizaron secuestros en el vecino Acapulco. En poco tiempo, ambos eran leyenda popular en Guerrero y héroes del pueblo en el resto de México pero, seguramente, nunca hubo más de 200 personas dispuestas a seguirles.

En las zonas urbanas, el Movimiento Armado Revolucionario (MAR) ocupó un lugar prominente cuando veinte activistas fueron aprehendidos poco después de haber vuelto de recibir entrenamiento en Corea del Norte, en marzo de 1971. Aunque ésta y otras bandas pequeñas de estudiantes radicales que operaban en Guadalajara y Monterrey, así como en la ciudad de México, probablemente sumaban menos de 1 000 activistas y colaboradores, produjeron bastantes desórdenes al llevar a cabo muchos secuestros de funcionarios, empresarios ricos y un diplomático de Estados Unidos. Más adelante, otro grupo llamado Liga Comunista del 23 de Septiembre fue acusado de ser el responsable de una ola de asaltos bancarios y asesinatos de policías. Para entonces, el resto de la izquierda, que disfrutaba de su luna de miel con Echeverría, estaba deseando desligarse de las guerrillas.

No obstante, mucho antes de que fueran exterminadas, las guerrillas tendrían un impacto político importante, aunque fuera indirecto. En primer término, la insurgencia condujo al gobierno a adoptar tácticas de "guerra sucia". En el frente de Guerrero, Vázquez murió, supuestamente, en un accidente automovilístico en 1972, y Cabañas murió en combate en 1974. Pero en el proceso de lucha contra las guerrillas rurales, el ejército adoptó tácticas terroristas, deteniendo y torturando a los sospechosos de ser simpatizantes —varios familiares de Cabañas estuvieron incomunicados en el Campo Militar Núm. 1 de la ciudad de México durante muchos meses— y ahondando el odio por el gobierno en la región. La Dirección Federal de Seguridad se hizo cargo de desmantelar las bandas guerrilleras urbanas, y también ella recurrió, rutinariamente, a la tortura, los asesinatos y las "desapariciones" de jóvenes izquierdistas. Por último, en 1977, a efecto de mejorar la coordinación de las fuerzas policiacas que tomaban parte en la contrainsurgencia, el gobierno formó una unidad secreta llamada la Brigada Blanca, compuesta por agentes de las fuerzas militares, de seguridad y de la policía judicial federal, la cual, empleando tácticas en su mayor parte ilegales, a la larga pudo acabar con las guerrillas.

El precio del triunfo fue una grave mácula en la imagen del gobierno. Entre 1971 y 1978 "desaparecieron" más de 400 personas y, aunque las libertades políticas aumentaron durante el mandato de López Portillo, el gobierno se negó a aceptar la responsabilidad por las "desaparecidas" y no desmanteló a la Brigada Blanca sino hasta 1980. Como gesto hacia los grupos que luchan por los derechos humanos, López Portillo proclamó una amnistía para la mayor parte de los rebeldes encarcelados, pero insistió en que todos aquellos que estaban registrados como desaparecidos habían muerto en combate o por causas naturales o bien, simplemente, se habían ocultado. Sin embargo, incluso a la fecha, la liberación ocasional de alguien "desaparecido" durante varias semanas o meses sirve para confirmar que la Dirección Federal de Seguridad continúa empleando las mismas tácticas. (En 1984 se dieron varios incidentes de breves "secuestros" de activistas políticos, inclusive de tres periodistas, dos exiliados chilenos y un partidario de los derechos humanos. En cada uno de los casos, el gobierno negó su participación.) Y los interrogatorios de sospechosos de terrorismo siguen incluyendo, por rutina, palizas y torturas.

El éxito más importante de las guerrillas, a principios de los años setenta, seguramente fue el daño que ocasionaron a las relaciones del gobierno con los conservadores del país. El sector privado sostenía que la retórica izquierdista de Echeverría había servido para alentar el terrorismo y, cuando un destacado industrial de Monterrey, Eugenio Garza Sada, fue asesinado en un intento de secuestro en 1973, los líderes empresariales empezaron a sugerir que el propio gobierno estaba tras las guerrillas. Cuando el suegro de Echeverría, José Guadalupe Zuno, fue supuestamente secuestrado por guerrilleros en 1974, en círculos oficiales circuló el rumor de que el "secuestro" había sido inventado por el gobierno con objeto de mantener las tensiones políticas. Y cuando la hermana de López Portillo, Margarita, fue blanco de un intento de asesinato, poco antes del cambio de gobierno en 1976, incluso los ayudantes del Presidente entrante sospecharon que Echeverría era responsable, en alguna forma. Así, pues, en forma indirecta, las guerrillas contribuyeron a destrozar la confianza de los empresarios y a acelerar la crisis económica que explotó en 1976 y, con ello, ocasionaron más daños al sistema de los que podrían haberse imaginado.

La izquierda no violenta trataba de crecer en el estrecho espacio entre la "lucha armada" y las limitaciones del gobierno. En septiembre de 1971, Heberto Castillo, profesor universitario que había estado en la cárcel por su participación en el movimiento de protesta de 1968, reunió a un grupo de izquierdistas independientes con la idea de formar un partido nuevo. Pero, nuevamente, volvieron a las discusiones en torno a la estrategia y los líderes, y un grupo se separó para fundar el Partido Socialista de los Trabajadores (PST), mientras que Castillo mismo formaba el Partido Mexicano de los Trabajadores (PMT). Sosteniendo que la extrema derecha representaba una amenaza mayor para el país que el gobierno, el PST decidió apoyar a los elementos "nacionalistas" del régimen y fue recompensado con la protección de Echeverría. Para que el nuevo partido tuviera credibilidad, el gobierno con frecuencia accedía a las demandas que presentaba el PST a nombre de grupos de campesinos. Por otra parte, Castillo era más franco en sus críticas al gobierno y, con frecuencia, era hostilizado, sobre todo en la provincia, donde la "apertura democrática" llegaba con lentitud.

La oposición izquierdista más efectiva, a principios de los años setenta, la ofreció la prensa, pero incluso ahí resultaron evidentes los límites impuestos a la libertad. Al principio, Echeverría fomentó la autocrítica del sistema, pero, en la práctica, ello significaba ataques profundos dirigidos contra sus antecesores y calurosas alabanzas a su gobierno. Una pequeña publicación semanal, *¿Por Qué?*, que contenía información de los nuevos movimientos guerrilleros —y, por tanto, al parecer, los apoyaba—, pronto tuvo problemas para sobrevivir. Después de que su director, Mario Menéndez, fuera encarcelado en 1974, la policía irrumpió en sus oficinas, destruyó la maquinaria y cerró la publicación. El caso del periódico liberal *Excélsior*, fue incluso más ilustrativo. Bajo el mando de su director de hacía mucho tiempo, Julio Scherer García, *Excélsior*, gradualmente, se fue desilusionando de la vacuidad de la retórica izquierdista de Echeverría y empezó a cuestionar sus políticas y actuación. Echeverría enfureció y, en julio de 1976, haciendo uso de una combinación de amenazas y sobornos, orquestó una "rebelión" entre los miembros de la cooperativa de *Excélsior* y Scherer y su equipo fueron depuestos.

No obstante, las divisiones internas de la izquierda siguieron deteniendo su propio crecimiento. Incluso con las oportunidades que ofrecía la reforma política de López Portillo, todo líder de izquierda con fama o ambición insistía en dirigir a su grupo, en lugar de aceptar la cesión de parte de su autoridad para lograr la unidad. En otros casos, los choques de personalidad o ideología condujeron a nuevas divisiones entre los partidos existentes. Un sector de intelectuales de izquierda, entre ellos Rolando Cordera y Arnoldo Córdova, renunció al grupo que publicaba la revista mensual *Punto Crítico* y formó el Movimiento de Acción Política (MAP). Ya en 1975, Alejandro Gascón Mercado había salido del PPS y creado el Partido Popular Mexicano (PPM), pero insistía en conservar su autonomía. Dos comunistas veteranos dirigían también sus propios y diminutos partidos —el Partido Socialista Revolucionario (PSR) de Roberto Jaramillo y el Movimiento de Acción y Unidad Socialista (MAUS) de Miguel Ángel Velasco—. La sopa de letras era inagotable. Cada vez que se presentaban solicitudes para el registro de partidos legales ante la secretaría de Gobernación, aparecía una docena más de iniciales.

En 1981 se hizo un gran esfuerzo por lograr la unidad, cuando el Partido Comunista aceptó unir sus fuerzas con las de varios partidos pequeños —entre ellos MAP, PPM, PSR y MAUS— para formar el nuevo Partido Socialista Unificado de México (PSUM). No obstante, el PMT, que tenía más influencia, se retiró de las conversaciones de unificación debido a diferencias personales e ideológicas entre Heberto Castillo y Martínez Verdugo, líder del PCM, mismo que se convirtió en el candidato del PSUM a la presidencia en julio de 1982. Pero, aunque el PSUM surgió en las elecciones como la tercera fuerza política del país, muchos otros partidos de izquierda siguieron compitiendo por captar el apoyo de una cantidad relativamente pequeña de estudiantes y liberales de la clase media. Incluso la influencia de la izquierda en el movimiento obrero se limitaba a algunos trabajadores de las universidades del país y de las industrias siderúrgica y automotriz. Con la salvedad de los trotskistas jóvenes del PRT, de hecho, ningún partido de izquierda trató de usar la crisis económica para crear una base entre los campesinos pobres y los habitantes de los barrios populares urbanos. Incluso cuando aparecieron movimientos espontáneos y los partidos de izquierda corrieron a ofrecer sus consejos con la esperanza de tomar el control, su oportunismo fue rechazado invariablemente. Y cuando dos bombas molotov fueron arrojadas contra funcionarios de alta jerarquía que observaban el desfile de los trabajadores, el primero de mayo de 1984, el Presidente culpó a la "injerencia extranjera", y los partidos de izquierda acusaron a Estados Unidos, cuando, en realidad, los estudiantes radicales de la Preparatoria Popular fueron los responsables. Para la izquierda leal, las protestas airadas eran una "provocación".

El PSUM, que obtuvo más de 900 000 votos en las elecciones de 1982, y dice tener alrededor de 40 000 miembros registrados, parecía estar particularmente incierto en cuanto a su funcionamiento, ya que las diferentes facciones se dedicaban a discutir las tácticas, en lugar de ponerse de acuerdo en cuanto a la estrategia. Una corriente era partidaria de un enfoque más crítico y agresivo ante el gobierno. No obstante, en el segundo congreso del partido, en septiembre de 1983, una escasa mayoría, al parecer temerosa de provocar la represión,* optó por las alianzas informales con los sectores progresistas del sistema. El secretario general del partido, Pablo Gómez, habló esperanzadamente de crear una "gran fuerza socialista de masas" y de fortalecer la "resistencia popular" ante el programa de austeridad económica del gobierno. Pero, con un nombre nuevo y miembros nuevos, el viejo Partido Comunista parecía tornarse una burocracia incluso más conservadora y más intelectual, sin el interés ni la capacidad para organizar a las masas.

La interrogante, pues, no es si la izquierda representa una amenaza para la estabilidad de México, sino más bien por qué, en los últimos cincuenta años, no ha podido constituir una oposición importante para el gobierno. Ha estado sometida a la represión esporádicamente, pero la izquierda en España, Portugal y muchos otros países surgió con organizaciones poderosas, después de largas dictaduras. Los altercados internos han contribuido, claramente, a su debilidad, pero por regla general, los izquierdistas se atacan unos a otros por frustración ante su ineficiencia en el resto de la sociedad. Lo que es más importante aún, los gobiernos postrevolucionarios se consideraban izquierdistas —se jactaban incluso de que la revolución bolchevique había seguido a la revolución mexicana— y, por

---

* Un mes antes, el gobierno había intervenido en la destitución del presidente municipal de Juchitán, Oaxaca, apoyado por comunistas, después de que la policía de la localidad mató a un miembro del PRI en un enfrentamiento.

ende, coptaban fácilmente a los izquierdistas en su lucha contra la derecha. Al mismo tiempo, las posiciones a la izquierda del gobierno le huelen a extremismo a muchos —católicos— mexicanos; estudios secretos del gobierno indican que el uso de palabras como "comunismo" y "socialismo" y el de banderas rojas y el escudo del martillo y la hoz son políticamente contraproducentes.

En contraste, el marxismo tiene un gran atractivo para los estudiantes e intelectuales de la clase media en México, al igual que en otras partes de América Latina. Así, pues, limitada a estos círculos, una corriente nacionalista —en lugar de regida por Moscú—, de ideas izquierdistas, ha ido surgiendo desde los años setenta. Por ejemplo, el PSUM, significativamente, criticó la ocupación soviética de Afganistán y pidió una "solución democrática" para Polonia. Los mundos culturales y académicos del país están fuertemente dominados por ideas de izquierda. Muchos escritores y pintores pertenecen a partidos de izquierda y, oportunamente, el centenario de la muerte de Carlos Marx, el 14 de marzo de 1983, fue celebrado en el recinto oficial del Palacio de Bellas Artes. El PSUM, a través de sindicatos obreros y profesores radicales, ejerce también bastante influencia en la Universidad Nacional Autónoma de México y en las universidades de los estados de Sinaloa, Puebla y Guerrero, donde se considera herejía no profesar el marxismo. Muchos libros sobre marxismo, revolución y una serie de temas de interés para los izquierdistas se pueden conseguir, con toda facilidad, e incluso se venden sobre las aceras a las puertas de la secretaría de Gobernación, al tiempo que los grupos de izquierda controlan infinidad de publicaciones que, paradójicamente, dependen básicamente del financiamiento del gobierno. Por otra parte, con el uso de la palabra impresa como arma principal, la izquierda excluye de su alcance, automáticamente, a los analfabetos y semianalfabetos.

Hoy día, los principales voceros de la izquierda en los medios de comunicación nacieron del "golpe" dado por Echeverría, en 1976, contra *Excélsior* —Scherer García, su ex director, lanzó una publicación semanal, *Proceso*, a finales de 1976; su subdirector, Manuel Becerra Acosta, fundó el periódico *Uno más Uno*, tan sólo un año después y, en 1984, los disidentes de *Uno más Uno* formaron otro periódico, *La jornada*. Aunque su circulación mancomunada no llega a 100 000 ejemplares, sus lectores comprenden a gran parte de la élite política: funcionarios del gobierno que ignoran los discursos de los diputados del PSUM en la Cámara, leen regularmente la opinión de políticos e intelectuales de izquierda en las columnas de *Proceso* y *Uno más Uno*. Las publicaciones gozan también de una libertad considerable —López Portillo estaba tan enojado con los artículos de *Proceso* en 1982 que le retiró toda la publicidad del gobierno—, pero habiendo tantas facciones izquierdistas que quieren expresar su voz a través de estas publicaciones, se convierten también en foros de feroces disputas personales e ideológicas. Por ejemplo, *Uno más Uno*, durante varios años, estuvo claramente influido por la facción dominante del PSUM, mientras que el PMT y otros partidos de izquierda contaban con más espacio en *Proceso*.

Un puñado de periodistas han surgido también como voceros importantes de la izquierda, entre ellos Miguel Ángel Granados Chapa y el recién fallecido Francisco Martínez de la Vega, aunque en años recientes pocos han tenido tanta influencia como Manuel Buendía en *Excélsior*. Éste evitaba ser identificado con cualquier partido y, de hecho, mantenía buenas relaciones con muchos funcionarios, pero también luchaba diariamente contra las facciones ultraderechistas, la corrupción en los sectores poderosos del gobierno y la política de Estados Unidos en América Central. El 30 de mayo de 1984, Buendía fue asesinado: un asesino a sueldo le disparó por la espalda antes de que pudiera sacar el arma que siempre llevaba en el cinturón. El impacto que produjo su muerte —incluso De la Madrid asistió al velatorio— reflejó el importante papel que desempeñaba Buendía en el equilibrio del sistema en general.

Se espera que la izquierda, por medio de sus articulistas y publicaciones, vigile y presione al gobierno. Se puede denunciar y limitar la represión oficial, y, en particular, *Proceso* tiene una buena marca tratándose de exponer la corrupción existente en el gobierno y el movimiento obrero. En cuanto a los asuntos externos, la izquierda ejerce una influencia desproporcionada, no sólo porque el imperialismo estadunidense es un tema con el cual concuerdan todos los partidos de izquierda, sino también porque los últimos gobiernos han apoyado causas izquierdistas en el extranjero, aunque sea en parte para calmar a la opinión izquierdista en el país. En ocasiones, la izquierda trata incluso de llevarse el crédito de los actos del gobierno. Después de la nacionalización de la banca privada en 1982, el decidido apoyo de la izquierda permitió a López Portillo vestirse con una bandera revolucionaria. Pero, en la práctica, el gobierno estaba usando a la izquierda, en lugar de que ésta lo usara.

III

Desde la Revolución, muchos gobiernos mexicanos han tomado más en serio a la oposición de derecha. Está considerada la sucesora natural de los conservadores antipatriotas que dieron la bienvenida a las fuerzas de ocupación francesas a mediados del siglo XIX, y como sinónimo de los tres enemigos tradicionales del régimen revolucionario: la Iglesia católica, el sector privado y Estados Unidos. Es más de preocupar el hecho de que la derecha le haya dado poca importancia a trabajar por medio de partidos de oposición, prefiriendo ejercer su influencia de manera más directa en el gobierno y, con bastante frecuencia, infiltrándose entre sus filas. A diferencia de la izquierda, no acepta las reglas del juego del PRI.

En las primeras décadas del presente siglo, el propio proceso revolucionario alimentaba la oposición. En la década de 1920, la persecución de la iglesia católica provocó el levantamiento populista cristero en el occidente de México, y en los años treinta la aceleración de la reforma agraria, la "socialización" de la educación y la expansión del papel desempeñado por el estado en la economía, impuestas por el Presidente Cárdenas, alteraron a muchos conservadores. La crisis económica que se presentó después de la nacionalización de las compañías petroleras extranjeras, en 1938, alineó más a las empresas, al tiempo que en el estado de Guanajuato, al occidente del país, un movimiento campesino ultracatólico y neofascista apareció bajo la bandera sinarquista. Gran parte del apoyo que obtuvo el general Almazán en su poderosa e infructuosa candidatura a la presidencia en 1940, procedió también de sectores desencantados con el socialismo populista de Cárdenas.

El Partido Acción Nacional (PAN) fue fundado en 1939 como respuesta directa a la experiencia de Cárdenas. Por medio de sus líderes principales, Manuel Gómez Morín y Efraín González Luna, unió a los empresarios conservadores y a los católicos en torno a una doctrina que hacía hincapié en los derechos individuales sobre los del estado. Para finales de los años cuarenta, no obstante, el gobierno de Alemán había dado al sector privado un lugar prominente dentro del sistema. Como los banqueros e industriales poderosos preferían tratar directamente con el gobierno y no tenían escrúpulos por proclamarse miembros del PRI, el PAN creció lentamente, no lanzando un candidato a la presidencia, por vez primera, sino hasta 1952. Pero cuanto más conservador se hacía el gobierno, tanto más necesitaba una derecha electoral para conservar el mito de su alianza "revolucionaria" con los campesinos y trabajadores del país. A diferencia del PPS y el PARM, por consiguiente, el PAN conservó su identidad de partido de la oposición y, como tal, se convirtió en el principal receptor de los votos de protesta. Entre 1952 y 1970, su parte de los votos en las elecciones presidenciales pasó de 7.8 a 13.8 por ciento.

Lo que es más significativo, el PAN creó una sólida base de seguidores entre las clases medias urbanas que surgieron durante este período de rápido crecimiento económico. Cuando los problemas internos se combinaban con la postulación de un candidato del PRI que gozaba de poca popularidad, con frecuencia el PAN salía bien librado en las elecciones municipales. Por ejemplo, en 1964, el PAN ganó la presidencia municipal de Mérida, la capital del estratégico estado de Yucatán. Cinco años después ganó la presidencia municipal de Hermosillo, capital de Sonora y, sólo por medio del fraude, se evitó que ganara la gubernatura de Yucatán. De igual manera, incluso aunque no pretendía ofrecerse como alternativa auténtica a nivel nacional, el aumento del apoyo electoral por el PAN en la ciudad de México reflejaba la demanda de mayor democracia postulada por los más preparados y ricos.

No obstante, a mediados de los años setenta, el PAN demostró que no era menos vulnerable a disputas ideológicas y personales que la izquierda: el ambiente del país era agrio y el sector privado y Echeverría prácticamente no se hablaban, pero el PAN no pudo explotar la situación. Una generación joven de líderes del PAN había subido al foro y, conforme Echeverría se dirigía hacia la izquierda con su retórica, el nuevo presidente del partido, José Ángel Conchello, adoptó un tono agresivamente anticomunista en sus pronunciamientos. Aunque Conchello le dio al PAN un perfil más elevado, no era la imagen que respaldaban los miembros tradicionales del partido. Y cuando perdió su candidatura para la reelección en 1975, las filas del partido se dividieron aún más. No obstante, intentó imponer a Pablo Emilio Madero como candidato del PAN para las próximas elecciones presidenciales. Empero, después de emitidas docenas de papeletas en dos convenciones sumamente tensas para nombrar candidato, Madero no alcanzó a obtener el 80 por ciento de los votos requeridos. En medio de una decepción generalizada ante el gobierno, el PAN no lanzó candidato en 1976, y sin que nadie portara su bandera, su parte de los votos para la cámara disminuyó del 16.3 por ciento en 1973 a sólo 8.9 por ciento tres años después.

Aunque el PAN ha estado siempre asociado con la Iglesia católica y en ocasiones ha coqueteado con las ideas tanto de la Democracia Cristiana cuanto del Opus Dei, el conservadurismo religioso, en la práctica, ha encontrado diversas expresiones. A finales de los años sesenta, en Puebla y Guadalajara, se formaron bandas para-militares católicas ultraderechistas para luchar contra los estudiantes de izquierda y los sacerdotes progresistas. Un grupo, conocido por su sigla como el MURO, tristemente célebre por desbaratar las conferencias y reuniones liberales o de izquierda, continúa existiendo actualmente como camarilla universitaria fascista. De igual forma, el Opus Dei, aunque no es partido político, continúa siendo importante centro de ideas y actos políticos conservadores. En fecha más reciente, un grupo bien financiado, conocido con el nombre de Los Tecos, ha surgido en Guadalajara como la fuerza de derecha más extremista del país.

El levantamiento cristero ha dejado también un legado de fanatismo católico en el campesinado de varios estados de occidente, mientras que en la zona del Bajío, cerca de Guanajuato, la Unión Nacional Sinarquista ha subsistido como poderosa camarilla regional desde finales de los años treinta. Después de la reforma política de 1978, la Unión dio origen al Partido Democrático Mexicano (PDM) que obtuvo su registro y lanzó candidatos para las elecciones de 1979 y 1982, obteniendo sólo alrededor del 2 por ciento del total de votos. Aunque tanto el PDM como el PAN son partidos de derecha, de inspiración católica, sus nexos son mínimos: mientras que el PDM atrae principalmente a campesinos de zonas específicas de México, hoy día, el PAN capta sobre todo los votos de las clases medias urbanas.

En razón tanto del rápido crecimiento de las clases medias como de su larga resistencia a ser coptado por el PRI, el PAN siguió siendo la fuerza de oposición dominante, incluso después de la aparición de partidos nuevos. Cuando la crisis financiera de 1982 provocó un gran resentimiento contra el gobierno, el PAN fue el beneficiario natural. Habiendo resuelto en gran medida sus problemas internos, su candidato a la presidencia, Pablo Emilio Madero, obtuvo más del doble de votos que los cuatro candidatos de izquierda juntos. Es más, mientras que los 16.7 millones de votos que obtuvo De la Madrid procedieron en gran parte de los campesinos y trabajadores ''organizados'', los 3.7 millones de partidarios de Madero comprendían a la parte más próspera, informada y exigente del país. En un lapso de un año, los candidatos del PAN habían ganado las presidencias municipales de Monclova, ciudad industrial del norte, y de las capitales de los estados de San Luis Potosí, Sonora, Durango y Chihuahua, así como de la fronteriza Ciudad Juárez y otras seis poblaciones de Chihuahua.

Mientras el gobierno seguía considerando al sector privado como la derecha ''real'' y tratando con él fuera del contexto de la política de partido, por primera vez encontró que el comportamiento de las clases medias en las urnas era causa de preocupación. En las elecciones de 1982, el PAN ganó 39.7 por ciento de los votos en Monterrey, 35.1 por ciento en Guadalajara y 27.3 por ciento en la ciudad de México. (En cambio, en su mejor actuación a nivel nacional, el PSUM obtuvo 13.2 por ciento en Guadalajara.) Después, en las elecciones municipales de Chihuahua, a principios de 1983, aparecieron los primeros signos ominosos de una alianza entre la derecha económica, religiosa y política: el Grupo Chihuahua, de Eloy Vallina —disgustado por la expropiación de su banco, Multibanco Comermex—, ayudó a financiar a los candidatos del PAN que triunfaron, mientras que los prelados católicos criticaban, desde sus púlpitos, la forma en que se estaba administrando el país. Los dirigentes del PRI trataron de encubrir el desastre electoral echando la culpa a la Iglesia católica y a diplomáticos de Estados Unidos de hacer campaña a favor del PAN, pero súbitamente, temieron perder el control de la "democracia".

El problema principal estaba en el norte de México, su parte más moderna y desarrollada. Incapaz de volver a captar a los votantes en medio de la crisis económica, el gobierno de Miguel de la Madrid recurrió a la antigua táctica del fraude. El propio Presidente dio el paso raro de hacer campaña, personalmente, en favor de los candidatos locales antes de las elecciones de Baja California Norte, en septiembre de 1983, pero los resultados ya estaban decididos antes de que se abrieran las urnas. Después del golpe de Ciudad Juárez, el gobierno estaba decidido a no perder otra ciudad en la frontera con Estados Unidos. Por consiguiente "ganó" en Tijuana y en Mexicali —donde la victoria del PAN era franca— y permitió que un miembro disidente del PRI, candidato del PST, ganara en Ensenada. En los siguientes meses hubo muchas pruebas de que los candidatos del PAN habían sido los verdaderos ganadores de las elecciones municipales de la ciudad fronteriza de Matamoros, así como de Mazatlán, Culiacán, Zamora y Puebla, todas ellas importantes ciudades de provincia que el PRI dijo haber conservado.

En realidad, el PAN como tal no representaba un peligro serio, pues su organización es más la de un partido de oposición leal que la de un verdadero partido, sin un líder carismático ni una maquinaria política poderosa. En los estados más pobres de México, donde los funcionarios siguen acarreando en camiones a los campesinos para que voten, el PRI sigue ganando alrededor del 90 por ciento de los votos. Y cuando el PRI está débil en zonas urbanas, su control rural, hasta ahora, ha evitado que el PAN gane cualquier elección para senador federal o gobernador estatal. En todas las ciudades de provincia, salvo un puñado, el PRI sigue contando con una mayoría segura, mientras que en la ciudad de México, donde el PRI captó las 40 curules de la Cámara, aunque sólo obtuvo 48.3 por ciento de los votos en 1982, la ausencia de elecciones municipales elimina el peligro de una confrontación embarazosa.

Aun así, el aumento de partidarios del PAN fue una señal de advertencia de que el ambiente del país estaba cambiando e indica que el ritual democrático podría tornarse complicado. Las elecciones de gobernadores de estados clave como San Luis Potosí, Sonora y Nuevo León, así como las elecciones de diputados, a mitad del sexenio, en 1985, conllevan el riesgo de violencia política si los triunfos del PAN se alterasen mediante el fraude. Es más, hubo pruebas de que los empresarios de provincia estaban empezando a elegir y respaldar a los candidatos locales del PAN como nueva vía para presionar al gobierno. En el plano nacional, los voceros del sector privado y los industriales más importantes siguieron optando por tratar directamente con el gobierno, aunque el descontento por la prolongada atonía económica también podría llevarles a participar en forma más abierta en la política activa. Ya para las elecciones de gobernadores de 1985 y 1986, figuras empresariales destacadas fueron elegidas candidatos del PAN: Fernando Canales Clariond por Nuevo León y Manuel Clouthier por Sinaloa.

Mientras la izquierda ejerce presión por medio de sindicatos y medios de comunicación, la derecha política lo hace a través de la economía y de las elecciones. Cualquier alianza entre el sector privado, el clero conservador y el PAN, por consiguiente, pondría a prueba el compromiso del sistema con la democracia. En teoría, siempre y cuando su legitimidad y control político no se vieran afectados, el gobierno simplemente podría reconocer los triunfos de la oposición y vivir con un mayor pluralismo político. Sin embargo, los encargados de la política, al aceptar el principio de compartir el poder dentro del sistema, resienten tener que ceder control a un partido de la oposición. En 1978, los sectores tradicionales del PRI se opusieron a "ceder" siquiera una cuarta parte de los escaños del Congreso a la oposición, de acuerdo con la reforma política. Después de las derrotas del partido en las elecciones municipales de Chihuahua en 1983, los líderes locales del PRI denunciaron el fraude como vía para quejarse de que el gobierno, de hecho, no había recurrido al fraude. No obstante, recurrir al fraude y la represión podría tener dos efectos peligrosos: crearía focos de tensión regionales y eliminaría una vital válvula de escape para el descontento popular.

Pero el sistema no deja de tener opciones. Puede fragmentar

los votos de la oposición legalizando más partidos que tengan atractivo para la clase media y financiar, en secreto, sus campañas. Puede dirigir la inversión pública a zonas donde esté aumentando el apoyo a la oposición. Podría realizar auténticos sondeos preelectorales para mejorar la calidad de sus candidatos y crear nuevas bandas de transmisión que llevaran los sentimientos de las bases hacia la parte superior de la pirámide burocrática. Dado el electorado heterogéneo que debe abarcar, el PRI podría incluso tomar ideas de la experiencia de los partidos democrático y republicano de Estados Unidos y proyectar una imagen diferente en diferentes partes del país: "Un PRI para el norte, un PRI para el centro y otro PRI para el sur", como dijera un político. Aun así, de no demostrar tener flexibilidad e imaginación, el sistema quizá encuentre que la democracia, en los años ochenta, se ha convertido tanto en un mito demasiado importante para desmontar cuanto en una realidad demasiado peligrosa para tolerar.

6. LA CORRUPCIÓN:
LUBRICANTE Y
ENGRUDO

I

Los funcionarios mexicanos generalmente no admiten —sobre todo ante extranjeros— que la corrupción es esencial para el funcionamiento y la supervivencia del sistema político. Pero, de hecho, el sistema nunca ha vivido sin corrupción y se desintegraría, o cambiaría tanto que resultaría imposible reconocerlo, en caso de que tratara de eliminarla. En teoría, el dominio de la ley tendría que ocupar el lugar del ejercicio del poder, los privilegios, la influencia y los favores, así como de los pilares que los sostienen, la lealtad, la disciplina, la discreción y el silencio. En la práctica, el mero intento por redefinir las reglas podría hacer añicos todo el sistema de alianzas. Por consiguiente, incluso las buenas intenciones son aplastadas por la realidad: las promesas de los gobiernos entrantes en el sentido de que acabarán con la corrupción, invariablemente, resultan ingenuas o cínicas seis años después.

El problema empieza con la palabra "corrupción" misma, que inserta la costumbre en un contexto moral que muchos mexicanos no reconocen: para ellos, los delitos económicos no tienen el mismo peso que las ofensas espirituales o humanas. Aquello que la ética protestante podría considerar corrupción surgió como vía práctica para salvar la brecha entre la legislación idealista y la administración de la vida cotidiana. Siempre se han adoptado leyes rígidas, pero han sido promulgadas en un entorno donde no se podrían aplicar. Por consiguiente, la corrupción era una aberración de la ley, pero no de la sociedad. Y en un México tradicional, ofrecía un sistema paralelo de reglas de operación. Si la corrupción ha llegado a convertirse en un problema político hoy día, se debe a que las clases medias "occidentalizadas" ahora la miden con varas extranjeras. Pero incluso ellas sólo se centran en la corrupción del gobierno, sin querer buscar sus raíces más profundas en la sociedad misma.

El fenómeno no se puede explicar fácilmente. Algunos mexicanos le echan la culpa al sistema de favores y proteccionismos que floreció en épocas prehispánicas, incluso destacando que el emperador Moctezuma trató de "comprar" con oro al dios Quetzalcóatl —como identificó a Cortés al principio—. Por otra parte, los nacionalistas insisten en que la corrupción fue traída de España, señalando que los conquistadores veían en México un botín a saquear, mientras que los puestos en el gobierno eran vendidos, en forma rutinaria, por los virreyes y la corte colonial: "unto de México" era un eufemismo español para soborno. Sin embargo, la independencia no produjo ningún cambio en las costumbres, y los gobiernos estuvieron, invariablemente, en manos de camarillas que buscaban el provecho individual o de clase, sin que les frenaran los preceptos constitucionales o jurídicos. Hacia finales del siglo XIX, la vida pública se podía definir como el abuso del poder para obtener riqueza y el abuso de la riqueza para obtener poder.

La división entre la honradez y la falta de ésta, por consiguiente, era opacada por las tradiciones parapetadas. Cualquier cargo con autoridad implicaba una oportunidad para mejorar uno mismo; por otra parte, los ciudadanos comunes y corrientes aprendieron a solicitar favores en lugar de exigir derechos. En particular, el gobierno era un premio que había que explotar, pero ningún sector —de empresa a Iglesia— quedaba excluido de este *modus operandi*. No se consideraba corrupción: era la forma en que se habían hecho las cosas siempre. El sistema que surgió en el siglo XX meramente institucionalizó esta práctica: el gobierno ejercía el poder con autoritarismo y recompensaba la lealtad con prebendas.

Hoy día, la corrupción permite que el sistema funcione, proporcionando el "lubricante" que permite que los engranajes de la maquinaria política giren, y el "engrudo", que sella las alianzas políticas. Sin la seguridad que ofrece una burocracia permanente, los funcionarios se ven prácticamente obligados a enriquecerse con objeto de disfrutar de cierta protección cuando han salido del poder. Se dice que el sistema político de México aún es joven, que está quizá en la etapa que alcanzó Europa en el siglo XVIII, cuando la corrupción era lo corriente. Se dice que Estados Unidos contribuye a la situación, simplemente mediante el "efecto demostración" de una sociedad materialista en la frontera norte de México. Los marxistas le echan la culpa al modelo capitalista impuesto en el régimen de Alemán, mientras que los empresarios sostienen que la falta de honradez fue estimulada por los excesos populistas de los gobiernos de Echeverría y López Portillo. Incluso los funcionarios encuentran la forma de echarle la culpa al sistema, sin compartir responsabilidad como individuos.

Pero el problema no es exclusivo del sistema político; tampoco nació en 1946 con Alemán, ni en 1970 con Echeverría. El antropólogo Manuel Gamio, en 1916, escribía sobre el sistema que espera-ba que naciera de la Revolución y decía: "La política siempre ha si-do el invernadero de la corrupción. Antes de que emerja la nueva política, es necesario desinfectar el ambiente, demandar de los políticos credenciales legitimizadas por sanidad moral, por eficien-cia personal y por representatividad efectiva." No obstante, des-pués de la Revolución, se compró a la mayoría de los generales con haciendas expropiadas y el propio Obregón frecuentemente se jac-taba de que: "No hay general que resista un cañonazo de 50 000 pe-sos." Desde entonces, la permanencia de la corrupción se podía medir de acuerdo con la frecuencia de las promesas para manejarla. Ya en 1924, el general Calles asumió el poder ofreciendo la "mora-lización", concepto que se ha repetido, religiosamente, en los suce-sivos discursos de toma de posesión. Incluso al recibir el gobierno de Cárdenas, supuestamente honrado, en 1940, Ávila Camacho se-ñaló: "Fortalezcamos la moral pública."

La corrupción aumentó enormemente a finales de los años cuarenta con Alemán, quien sin embargo había declarado que "la moralización pública" sería la norma de su gobierno y que "las obras públicas y otros contratos con el gobierno no serán privile-gios de favorecidos". De hecho, fue la primera vez que el problema despertó la indignación, incluso llevando al sucesor de Alemán, Ruiz Cortines, a señalar al Presidente saliente cuando criticó a los "funcionarios públicos venales" en su discurso de toma de pose-sión. La reducción subsiguiente de la corrupción flagrante, de hecho contribuyó a su popularidad. No obstante, en los años sesen-ta, se siguieron cosechando riquezas ilícitas y, en 1970, Echeverría advirtió: "Los que buscan puestos administrativos o electos entende-rán que no son una manera de acumular una fortuna." Cuando asumió el mando, añadió: "La presidencia de la República no es un botín." Después, en 1976, tocó a López Portillo señalar que "la corrupción es un cáncer devorando nuestra sociedad" y prometer que "cualquier funcionario que engañe o robe será castigado por la ley".

Empero, a pesar de esta tradición profundamente arraigada, pa-ra cuando De la Madrid asumió el mando en 1982 la corrupción se había convertido en importante punto de contención entre el go-bierno y sectores clave de la población. Muchos mexicanos seguían considerando que los funcionarios eran la misma "bola de rateros" de siempre, pero, por primera vez, las clases medias urbanas echa-ban la culpa de la crisis económica a la corrupción y, específica-mente, la culpaban de que hubiera bajado su nivel de vida. Los empresarios conservadores, acusados por el gobierno de ocasionar el desorden financiero de 1976 y 1982, también aprovecharon la oportunidad de salirse de la vista del público, usando a los medios de comunicación para crear la impresión de que todo funcionaría bien si el gobierno fuera honrado. Al ofrecer una "renovación moral" de la sociedad, el mismo De la Madrid advirtió que la corrupción se había convertido en una amenaza para el sistema y rechazó una justificación conocida: "No aceptamos la corrupción como el precio de la estabilidad o la eficiencia del sistema en el manejo de los asuntos públicos."

Pero incluso este cambio de actitudes tuvo menos que ver con la moral que con la política y la economía: la corrupción —y no la sociedad— había cambiado. Muchos mexicanos consideraban que el problema era de cantidad más que de calidad. El papel del gobierno en una economía en expansión se había desarrollado asombrosamente, multiplicando tanto las oportunidades para la corrupción cuanto los montos que se podían robar. El enorme endeudamiento externo y los crecientes ingresos por concepto de petróleo financiaban los contratos del sector público a una escala que, sólo unos años antes, parecía inimaginable. Así, pues, muchas veces se oyó la queja: "Sabemos que los funcionarios roban, pero, ¿por qué tanto?" Además, la falta de honradez de algunos funcionarios era tan descarada —y su forma de vida tan afrentosa— que sugerían un grado casi insultante de impunidad. La exigencia de que se castigara a un puñado de políticos clave, por ende, reflejaba tanto el deseo de venganza cuanto el de esperanza en que se podría evitar la corrupción futura.

Lo que es más importante, la naturaleza cambiante del sistema había también afectado la "calidad" de la corrupción. Cuando el país estaba gobernado principalmente por políticos sostenidos por sus propias bases de poder, la corrupción iba pasando en el sistema a cambio de lealtad. Era una forma de redistribuir la riqueza dentro de la pirámide del poder y, como tal, la corrupción contribuía a la estabilidad política. Pero con el aumento de la autoridad presidencial, particularmente a partir de los años setenta, el poder se deriva de la cima cada vez más que de las bases y, en consecuencia, los frutos de la corrupción empezaron a ascender en lugar de descender. Cuando los funcionarios de la cima empezaron a tomar más para sí mismos y para sus jefes y a compartir menos con sus partidarios políticos, no sólo se amasaron fortunas ilícitas mucho mayores, sino que esta nueva riqueza quedó también concentrada en menor número de manos. Por consiguiente, la corrupción estaba funcionando menos como sistema que como latrocinio y muchos de los beneficiarios tradicionales empezaron a quejarse.

En cierto sentido, el hecho de que la corrupción siga floreciendo en cientos de formas en otros puntos de la sociedad confirma que el problema es cultural y no moral. Incluso ahora, muchas de las viejas costumbres, tales como el conflicto de intereses, el nepotismo y las ofertas de influencia no están consideradas algo malo, y como el poder y no la ley domina a la sociedad, la honradez misma, al parecer, es negociable. Como dijera un político: "Se ha corrompido la corrupción." Se considera normal que un industrial de primera línea o un bolero (limpiabotas) cobren demasiado, al tiempo que se justifica la evasión fiscal diciendo que el gobierno se robaría el dinero. Es más, quienes pagan sobornos a funcionarios, líderes sindicales o agentes de tránsito piensan que son víctimas de la corrupción, en lugar de contribuyentes a ella. Pero incluso aunque la mayoría de los mexicanos juega de acuerdo con las mismas reglas, se considera que el gobierno es el culpable principal. Está en el centro de la riqueza y el poder y, de una manera u otra, todo el mundo depende de él.

II

La forma más visible de corrupción oficial, la "mordida" de un agente de tránsito, es prácticamente una forma de vida y ocurre miles de veces todos los días. El agente de tránsito detiene a camiones, taxis, automóviles particulares y, según sea la infracción, extrae un soborno en lugar de una multa. Esto no es difícil, porque la mayoría de los conductores prefiere pagar la "mordida" que la multa, que es más cara. No obstante, se requiere un ritual para evitar la sugerencia de corrupción: mientras se está negociando el soborno, hay que hablar de él como si fuera una multa; o si el policía hace el "favor" de perdonar la falta, espera el "favor" de una gratificación a cambio; o si el conductor presenta credenciales que sugieren que tiene influencia, debe mostrarlas sin humillar al policía. Las variaciones en esta batalla de ingenio, sin embargo, son interminables: algunos policías son conquistados por una mujer bonita; otros aceptan recibir un cheque; algunos conductores insisten decididamente en dirigirse a la delegación hasta que el policía se aburre; otros recurren al sentimentalismo y dicen que corrían porque iban a visitar a su madre enferma.

No obstante, en la práctica, el policía de tránsito no tiene otra alternativa que la de "morder". Su salario es bajo porque se sobrentiende que lo complementará. No sólo debe "comprar" su puesto, inclusive su uniforme y balas para su pistola, sino que también deb̀ pasar una "renta" diaria a su superior inmediato. A su vez, esta "renta" depende de su ronda: un policía estacionado junto a un semáforo o un disco de "vuelta prohibida", parcialmente oculto por árboles, debe pagar una prima, mientras que el motociclista que puede vagar como tiburón, "mordiendo" a voluntad, gana bien y debe pasar más. Entre ciudades, las reglas de la Policía Federal de Caminos están tan institucionalizadas que los oficiales meramente estacionan sus patrullas a intervalos regulares y los camiones automáticamente se detienen a pagarles una cantidad. El contacto más regular que tiene el mexicano con el gobierno es a través de la policía y la odia de todo corazón: en el desfile anual del Día de la Independencia, cuando se le aplaude al ejército, las patrullas de la policía que desfilan llevan encendidas las sirenas para acallar los silbidos e insultos que se lanzan en su contra.

Sin embargo, la corrupción de la policía, tradicionalmente, ha ido mucho más allá de las cuestiones de tránsito. La policía ofrece protección a los grupos dedicados a la droga, el contrabando y la prostitución, libera a los delincuentes menores y conductores borrachos después de que les saca un soborno y exige una "propina" antes de investigar un delito. Incluso cuando un juez dicta orden de aprehensión, las unidades policiacas muchas veces compiten por llegar primero y llevarse un soborno por permitir que la persona escape. "Sólo prestamos atención cuando hay periodicazo —explicaba en cierta ocasión un detective—; entonces todo el mundo parece eficiente, hasta que pasa el revuelo." Los detenidos que no están protegidos por dinero o influencias, normalmente, reciben malos tratos y son objeto de tortura hasta que se extrae una "confesión": en una ocasión, veintidós hombres "confesaron" haber asesinado a alguien que, en realidad, se había suicidado. Sin duda, al enfrentarse a los pobres de la ciudad, muchos policías parecen confiar en que sus abusos no recibirán castigos. En la ciudad de México, un centro para mujeres violadas informó que la mitad de las mujeres que acudían a buscar ayuda ahí habían sido violadas por policías. Muchos de los asaltos y secuestros que ocurren en la capital también se pueden atribuir a la policía, antigua o contemporánea.

Parte del problema deriva de la proliferación de fuerzas policiacas en el país. Por ejemplo, la ciudad de México cuenta con una docena de cuerpos policiales y de seguridad, al tiempo que los ciudadanos de la provincia están expuestos a la policía municipal y estatal así como a una serie de fuerzas federales, y todas ellas quizá estén compitiendo por controlar las oportunidades para hacer negocios. La policía de Migración, por ejemplo, tiene fama de maltratar y extorsionar a los centroamericanos que o buscan refugio huyendo de la violencia política o sencillamente intentan atravesar México con objeto de ingresar a Estados Unidos ilegalmente. A nivel municipal y estatal, cada presidente municipal o gobernador nuevo puede cambiar totalmente las fuerzas policiales, motivo por el cual los policías no sólo carecen de preparación profesional idónea, sino también están ansiosos de explotar la oportunidad de enriquecerse mientras puedan. Asimismo, es muy grande la cantidad de personas que, en un momento u otro, han sido policías, y muchas de ellas están dispuestas a ser empleadas como guardaespaldas o guaruras paramilitares.

Probablemente no ha habido un símbolo mayor de la corrupción en años recientes que Arturo Durazo Moreno, el jefe de la policía de la ciudad de México con López Portillo. "El Negro", como se le apodaba, había sido amigo de infancia del Presidente y trabajado en la policía Judicial Federal y, cuando fue nombrado para su cargo en 1976, ya había merecido un auto de acusación por tráfico de narcóticos de un gran jurado en Estados Unidos, información que se le presentó a López Portillo. Protegido por su amigo de Palacio Nacional, Durazo convirtió a la policía en un imperio de negocios turbios que hizo que los actos de sus predecesores parecieran positivamente inocuos.

Hasta el cambio de gobierno de 1982 no se conocieron sino sus excesos públicos: se nombró a sí mismo "general", su escolta de seguridad cerraba los caminos antes de que él pasara por ellos, daba regalos exorbitantes a políticos influyentes, invitaba a jefes de policía de Estados Unidos y Europa a visitarle, con todos los gastos pagados, y se construyó residencias de muchos millones de dólares en la ciudad de México y en Zihuatanejo, en el Pacífico. Pero en 1983, estando Durazo resguardado en otro de sus retiros, en Los Ángeles, su ex ayudante personal, José González, empezó a revelar detalles de los abusos de la policía en el gobierno anterior. (González publicó un libro, *Lo negro del Negro Durazo*, que se convirtió en el mayor *best seller* en la historia de México.) Las acusaciones iban desde comisiones confidenciales recibidas por la compra de vehículos para la policía y concentración de los frutos de las "mordidas" en manos de Durazo, hasta el mercadeo de cocaína y la eliminación de una pandilla de colombianos, cuyos cuerpos fueron encontrados en el río Tula. La mayor parte del trabajo más sucio fue desempeñado por el Departamento para la Investigación y Prevención de la Delincuencia (DIPD), un temido grupo de "detectives", vestidos de civiles, dedicados a incontables extorsiones.

Por otra parte, el poder judicial rara vez imparte justicia. Incluso la Suprema Corte, que tiene fama de no aceptar "mordidas", es susceptible a presiones políticas, descartándose invariablemente aquellos casos que desafían la legalidad de las decisiones administrativas o la constitucionalidad de los decretos gubernamentales. Aunque los jueces nuevos son nombrados por la propia Corte, algunos han salido de ahí para convertirse en senadores del PRI, reforzando la creencia popular de que ellos también son funcionarios del gobierno. Los estratos más bajos del poder judicial son más vulnerables a las presiones económicas. Como el sistema jurídico es lento y los burócratas y jueces están mal remunerados, los sobornos cumplen una doble función. Una cantidad de dinero puede "convencer" al empleado del tribunal de presentar el caso ante el juez. Algunos jueces tratan de combinar una decisión justa con una recompensa justa, ofreciendo a la parte que tiene la razón la primera oportunidad para contribuir, pero hay otros que simplemente "subastan" su veredicto. De igual manera, en los casos de delincuencia, el dinero puede comprar la inocencia y la libertad salvo cuando los políticos o la publicidad interfieren.

Como en muchos países, las penitenciarías de México albergan principalmente a los pobres; sin embargo también ahí se puede sacar dinero. Las autoridades de las cárceles, con frecuencia, roban y revenden alimentos y otras provisiones destinadas a la institución, mientras que los presos pueden comprarle a los alcaides drogas, bebidas alcohólicas y otros productos prohibidos, de manera regular. Los detenidos ricos —algunos políticos, profesionales y líderes sindicales— pueden vivir, de hecho, con relativa comodidad, alquilando una suite compuesta por dos o tres celdas adjuntas, que cuenta con televisor, refrigerador y, ocasionalmente, teléfono, y pueden obtener sus alimentos diarios en el exterior, recibir visitas regulares, inclusive de esposas o amantes, y contratar a otros presos para que realicen las tareas que les corresponden, como limpiar sus celdas, preparar sus alimentos y cuidarlos contra asaltantes intramuros. Los presos pobres, en comparación, pueden pasar muchos años esperando su juicio y están condenados a la violencia, al amontonamiento y a una alimentación inadecuada.

La burocracia, que incluye a organismos descentralizados y empresas de servicios públicos del tamaño de Petróleos Mexicanos y la Comisión Federal de Electricidad, proporciona el camino más conocido hacia la riqueza, no sólo porque los controles internos han sido tradicionalmente laxos, sino también porque el reciclamiento sexenal de los puestos importantes pide que el proceso de enriquecimiento se lleve a cabo con rapidez. Incluso en este caso, se puede marcar la diferencia entre los funcionarios de niveles bajos que presentan un servicio y los de niveles más altos que tienen autoridad para asignar contratos de muchos miles de millones de dólares.

La mayor parte de la corrupción en pequeña escala involucra sobornos para acelerar la tramitación de documentos, sea una licencia para conducir o un permiso de construcción o uno de importación. Aunque el soborno puede ser pequeño, el movimiento es enorme y se pueden amasar pequeñas fortunas. Por ejemplo, una oficinista de mediana edad empleada del gobierno en la ciudad de México, que recibía documentos del público y, por tanto, podía traspapelarlos o darles prioridad, orgullosamente conducía un Ford sedán, último modelo, ganando el salario mínimo. La mayor garantía de que este tipo de corrupción continuará es el laberinto burocrático que le espera a cualquiera que deba tener tratos con el gobierno. Un empresario que quiera construir una fábrica, importar o exportar bienes, o incluso embarcarse en una nueva línea de producción, ha de enfrentarse a docenas de reglas y reglamentos y obtener un puñado de permisos y licencias. En cada una de las etapas habrá de elegir entre la ruta honrada, larga y frustrada, o la ruta corrupta, corta y eficiente. En algunos casos, toda una línea de ensamblado puede estar detenida porque depende de la importación de una parte vital: el industrial no tendrá remordimiento por sobornar a un funcionario para que le conceda un permiso de importación o introduzca, por medio del contrabando, la parte que necesita. El clisé se funda en la realidad: la maquinaria burocrática, de hecho, no funciona sin "lubricante".

La corrupción en la burocracia agraria es más escandalosa, toda vez que implica la explotación del sector más pobre del país. Los agricultores particulares, que tienen propiedades de mayor tamaño que el permitido por la ley, fácilmente pueden comprar protección contra la expropiación. Si se va a firmar un decreto presidencial, los funcionarios agrarios "venden" la información con tiempo suficiente para que el dueño del terreno obtenga un amparo agrario que congele el mandato. Y en caso de que los campesinos "invadan" esta tierra, se puede contratar a la policía local o a pistoleros particulares para echarles, muchas veces, a costa de la vida. Pero los campesinos que tienen terrenos dependen del Banco de Crédito Rural del gobierno, para obtener créditos para la compra de semillas, fertilizantes y maquinaria. Éstos no sólo deben pagar sobornos para obtener los créditos, sino que el banco ha sido saqueado tantas veces por sus funcionarios que sus recursos están gravemente mermados. En cierta ocasión, el gerente de una sucursal del banco en Yucatán fue muerto a pedradas y el edificio totalmente incendiado por campesinos furibundos.

No obstante, las fortunas realmente impresionantes se hacen en la cima del gobierno, donde se toman las decisiones de contratos importantes. Con frecuencia, un contrato de obras públicas o de bienes hechos en México se concederá a una compañía propiedad del funcionario que está a cargo de tomar la decisión. Si no tiene la compañía, muchas veces la formará meramente para hacer las veces de intermediario. De cualquier manera, se pasa por alto la competición de precio o calidad: desde hace mucho tiempo se considera que el conflicto de intereses es uno de los requisitos del poder. Con frecuencia, las obras industriales importantes —digamos en el campo de petróleo, acero, o electricidad— se deben contratar en el extranjero, y ello involucra una comisión directa. Cuando se construyó el complejo siderúrgico SICARTSA-Las Truchas, a principios de los años setenta, un asesor de la British Steel estimó que 15 por ciento del costo de 1 mil millones de dólares se podía atribuir a la corrupción. Durante el auge petrolero, cuando miles de millones de dólares de dinero tomado a préstamo se destinaron a un programa de expansión intensivo, casi todas las compras realizadas por Petróleos Mexicanos implicaban una recompensa del orden del 10 al 15 por ciento.

En un puñado de departamentos donde existe algo parecido a una carrera profesional, principalmente la secretaría de Relaciones Exteriores, el Banco de México y áreas de la secretaría de Hacienda, los funcionarios tienen gran reputación de honradez y profesionalismo. Empero, hay infinidad de oportunidades para el enriquecimiento ilícito en casi todos los demás sectores del gobierno. En algunos casos, la corrupción no implica sino el abuso de privilegios, como la asignación de autos y choferes a amigos y familiares o el uso de los aerotransportes del gobierno para paseos de fin de semana. Con más frecuencia, el móvil del lucro está presente. Por ejemplo, los funcionarios que tienen parte en obras públicas quizá compren tierras a precios muy bajos antes de anunciarse una inversión importante. Otros cierran contratos con sus propias empresas asesoras para que realicen estudios que deberían efectuar sus departamentos. De hecho, dondequiera que fluya dinero, existe una oportunidad que aprovechar. "El problema de la corrupción —explica un funcionario— es que se pueden gastar cien pesos innecesariamente tan sólo para robar diez."

El concepto de la corrupción, muchas veces, llega a no distinguirse del de la influencia, que florece entre la familia y las amistades de los políticos importantes y se mezcla, de forma natural, con la antigua tradición de favores y prebendas. Los hijos de funcionarios clave o empresarios ricos, despectivamente llamados "juniors", tienen fama por las extravagancias alocadas y, ocasionalmente, ilícitas que llevan a cabo tras el escudo de la influencia, vago pero bien reconocido. De igual manera, los oficiales de alto rango de la policía distribuyen credenciales de comandante de policía entre sus amigos, a efecto de protegerlos de las autoridades, mientras que muchos hombres de clase media se sienten desnudos a no ser que lleven una credencial —quizá falsa— de la prensa, policía o gobierno. El nepotismo, naturalmente, prospera en este ambiente: los funcionarios escogen a los miembros de su numerosa familia por ser las únicas personas en quienes pueden confiar, y los parientes menos afortunados esperan que un primo bien colocado se acuerde de ellos.

Esta red se mantiene también en razón del intercambio de favores: ver a una mujer bien vestida pasando media docena de maletas por la aduana del aeropuerto sin que las inspeccionen es signo de influencia. Pero todo favor concedido es deuda política contraída, llevando así a quienes tienen autoridad administrativa a buscar la ocasión de ofrecer favores. Dada la complejidad de la mayoría de los procedimientos burocráticos, incluso los "derechos" son tomados por favores: así, la ley sólo funciona para los influyentes que están en posición de violarla. Empero, pocos mexicanos considerarían que ello es corrupción. Asimismo, la costumbre de dar regalos para reafirmar la amistad, manifestar agradecimiento o llamar la atención se considera normal, parte de una tradición de tributos que existe desde hace muchos siglos: el regalo se da a cambio de nada específico, pero sirve como punto de comunicación.

No obstante, los funcionarios que tienen parte en fraudes o peculado francos, evitan la participación directa empleando a abogados o intermediarios, o simplemente funcionarios menores, para negociar los tratos. En algunos casos, los secretarios particulares de los ministros han pasado a ser sus cobradores de las ganancias ilícitas, mientras que los empresarios que quieren tener contratos con el gobierno saben, invariablemente, qué caminos recorrer. Sin embargo, las huellas de la corrupción quedan impresas, muchas veces, en el estilo de vida de los funcionarios: pueden ocultar la mano que roba, pero no la que gasta. En México es cosa sabida que, después de un par de años en su puesto, muchos funcionarios, nuevos ricos, se cambian a casas más grandes y empiezan a rodearse de adornos de riqueza y poder como lo serían los automóviles caros y guardaespaldas. Algunos muestran una debilidad especial por coleccionar automóviles importados; en un caso, un funcionario tenía una docena de automóviles, inclusive varios Rolls Royce y Ferrari, tras los ventanales que rodeaban su sala. Otros, de pronto, se pueden dar el lujo de invitar a estrellitas de cine a pasar el fin de semana en Las Vegas. Los burócratas mexicanos prefieren también invertir su nueva riqueza en bienes raíces, en el país y el extranjero, en lugar de hacerlo en empresas productivas que servirían para reciclar las cantidades que han tomado.

Como el nivel de vida de muchos funcionarios pasa por una revolución cada seis años, los mexicanos están totalmente acostumbrados al fenómeno. Según el dicho, toda familia rica tiene un ladrón en su pasado. Empero, las líneas que separan la amistad del favoritismo, la autoridad de la influencia, las comisiones de los sobornos, las gratificaciones de las recompensas ilícitas, siguen sin ser claras. Tradicionalmente, las charlas sobre las fortunas nuevas tienen un tinte de celos mezclados con admiración: pocos mexicanos sostienen que se comportarían de otra manera en caso de tener la ocasión de enriquecerse ilícitamente; y pocos respetan a quienes pasan por alto esta oportunidad. "La Revolución le hizo justicia" sigue siendo un eufemismo cínico para la asignación a un puesto del gobierno con prebendas. Por definición, no se debe dejar pasar ninguna oportunidad.

III

"Donde sea que pongas el dedo —comentó sombríamente un procurador general en cierta ocasión— brota pus." Decir que toda la sociedad mexicana es corrupta es una exageración; no obstante, la corrupción está presente en todas las regiones y los sectores del país. Aunque está en función de la estructura de poder piramidal que existe, incluso en renglones no gubernamentales, también hay una actitud común, casi un patrón de conducta que, al parecer, permite que muchos mexicanos acepten prácticas de honradez dudosa. Pese a que el gobierno es el blanco de la mayor parte de las críticas, la corrupción también se puede encontrar, en diferentes niveles, en el mundo del deporte, la cultura, la religión, el académico, así como en los negocios, los medios de comunicación y entre los obreros.

Seguramente no hay ningún grupo que se queje más de la corrupción del gobierno que el empresarial, pero él está también pleno de costumbres ilícitas dirigidas al provecho económico. Lógicamente, hay ejemplos de corrupción interna, como los gerentes de compras que, al igual que sus homónimos del gobierno, por norma aceptan recompensas de sus proveedores. Pero gran parte de ello se da en los tratos institucionales que tiene el sector privado bien con el gobierno, bien con el público. La evasión fiscal por parte de médicos y arquitectos, así como de empresas, está muy difundida, al mismo tiempo que el engaño en los precios y la acaparación especulativa son frecuentes en el sector comercial. La baja calidad de los productos vendidos al público o al gobierno es otro de los caminos que producen ganancias. En cierta ocasión, una compañía farmacéutica vendió al Instituto Mexicano del Seguro Social millones de píldoras que no tenían toda la eficacia de su fórmula, ocasionando graves problemas a los pacientes enfermos.

Los empresarios se quejan amargamente de tener que pagar comisiones por los contratos con el gobierno o sobornos por las decisiones de los tribunales, pero lo hacen cuando ello les beneficia. Muchos gerentes de fábrica tranquilamente dan dinero a los inspectores del gobierno para que pasen por alto las violaciones a las normas de salubridad, trabajo y ambiente, puesto que respetar estos reglamentos resultaría mucho más caro. Asimismo, el costo de las cantidades que se pagan por obtener contratos de obras públicas se le pasa al contribuyente o al consumidor. De hecho, la corrupción es un ingrediente de la forma de hacer negocios a grado tal que, después de que la Ley de Estados Unidos sobre las Prácticas de Corrupción en el Extranjero de 1978 prohibía a las compañías estadunidenses que pagaran sobornos en el extranjero, las subsidiarias estadunidenses en México insistieron en que perdían negocios ante los competidores europeos y japoneses que no estaban sujetos a limitaciones de ese tipo. Así, pues, por medio de intermediarios y agentes, algunas empresas estadunidenses siguieron ofreciendo comisiones y, hasta 1983, sólo una había sido sorprendida haciéndolo y había sido encausada por autoridades de Estados Unidos.

El choque del sector privado con la corrupción quizá resulte más evidente en sus relaciones con el movimiento obrero, donde muchas compañías prefieren "comprar" a un líder sindical cuando llegan las negociaciones contractuales, en lugar de aceptar una escala de salarios más altos para sus trabajadores. Sin embargo, la mayoría de los líderes sindicales están igual de ansiosos de que se les "compre", pues consideran que se trata de uno de los privilegios de su posición. No es raro, pues, que el móvil principal para la formación de sindicatos independientes sea la corrupción de los líderes viejos. En algunas industrias, el poder del sindicato es tanto que sus líderes están guiados totalmente por intereses políticos y personales. No hay dirigentes obreros más ricos y poderosos que los pertenecientes al Sindicato de Trabajadores Petroleros de la República

Mexicana; ahí, el sindicato decide quién ocupa la mayor parte de las plazas vacantes y vende estos puestos a los mejores postores. Como en otros campos, el poder significa dinero y el dinero significa poder.

Estando todos los actores clave del país incluidos en la corrupción, los medios de comunicación son parte de la regla. Aunque puede aplicar presión de manera directa, de hecho, el gobierno prefiere ejercer su control por medio de dinero. La mayoría de los editores de periódicos son colaboradores dispuestos, más interesados en obtener publicidad y favores del gobierno que en criticar su actuación. La multitud de periódicos de propiedad particular de la ciudad de México y los cientos más del interior obtienen del 60 al 80 por ciento de sus ingresos de la publicidad del gobierno o de entregas oficiales publicadas a guisa de contenido editorial. Algunos periódicos —como *El Heraldo* y *Novedades*— son propiedad de grupos empresariales de familias que emplean sus publicaciones para respaldar sus actividades en otros campos de la economía. Asimismo, la enorme empresa de televisión, Televisa, protege sus intereses comerciales apoyando al gobierno. La relación es sutil y flexible. Los periódicos —aunque no los medios transmitidos— pueden reflejar un pluralismo político y hablar de las fallas de la administración, siempre y cuando respalden al sistema como tal.

Algunas publicaciones menores están involucradas en la extorsión directa. En el caso del sector privado, amenazan con publicar artículos devastadoramente adversos, salvo que se les prometa publicidad. O se vuelven contra la burocracia, publicando rencorosos ataques contra los secretarios, gobernadores de estados u otros funcionarios vulnerables hasta que se encuentra el precio de su silencio. Muchos de estos periódicos y revistas ni siquiera se venden en la calle, puesto que carecen de lectores, pero se distribuyen en las oficinas del gobierno con objeto de conservar su poder para chantajear. Algunos sólo sobreviven durante un sexenio porque los sostiene algún amigo o pariente que está en una oficina de prensa del gobierno. Otros, meramente aparecen antes de la selección del candidato oficial para la presidencia, promoviendo a un precandidato, atacando a otros y ganando dinero con la ilusión de que pueden afectar el resultado.

El aspecto más institucionalizado de la corrupción de los medios de comunicación quizá sea el que envuelve a directores, columnistas y periodistas. Hay notables excepciones a esta regla —por ejemplo, Manuel Buendía, el respetado columnista de *Excélsior* asesinado en 1984, murió pobre—, pero todos ellos esgrimen cierto grado de poder —sea como individuos o por medio de sus periódicos— que se puede convertir en dinero. La mayoría de los directores condonan el arreglo, puesto que elimina la necesidad de que le paguen salarios adecuados a su personal editorial. La costumbre normal es que los reporteros que cubren un campo particular reciban un estipendio mensual, conocido como "embute", y que varía dependiendo de la importancia de la asignación, el prestigio del periódico y la fama del periodista. Cuando los reporteros viajan con funcionarios prominentes, el gobierno cubre sus gastos, y también les proporciona más dinero "para sus gastos". Existen otras entradas extra, como alguna comisión por publicidad colocada por "su" fuente del gobierno y el acceso al mundo de la influencia y el favoritismo. Quienes están asignados a la presidencia, tradicionalmente, están mejor colocados, muchas veces ganando varios miles de pesos extra al mes. Las ambiciones políticas de los funcionarios clave se pueden medir, muchas veces, con base en los montos que gastan en su entorno periodístico.

El ritual queda bien establecido con los eufemismos empleados para el "embute", entre ellos el "sobre", el "chavo", la "raya" y la "talis". Ninguno de ellos se puede traducir fácilmente a otro idioma: por ejemplo, la "talis" es meramente una reordenación de la palabra lista, que significa la "lista" de los reporteros favorecidos, pero que incluye un juego de palabras con el adjetivo "listo", en su acepción de "inteligente." En un artículo sobre la corrupción de la prensa, escrito a finales de los años sesenta, pero que tiene validez incluso hoy día, Renato Leduc describía una escena en un restaurante de lujo, donde un jefe de prensa del gobierno ha invitado a los reporteros para que conozcan a su jefe: "Hay vinos franceses. El anfitrión ha contratado un violinista particular para que le toque *czardas*. Todos llegan puntualmente. Los automóviles se estacionan en doble fila, en sus parabrisas se lee: *Prensa*. El diligente Godínez les va diciendo: 'Por aquí. . . tú a la derecha del licenciado; tú, a la izquierda. Los demás donde les acomode. Aquí hay democracia.' Llega el licenciado. Todos se ponen de pie. El señor palmea amistosamente el lomo de sus invitados. A algunos les dice: 'A usted siempre le sigo. No me pierdo sus artículos', etc. Comienza la comida. Todos piden preferentemente platillos nacionales, carne asada a la tampiqueña y cosas así. Chistes, cuentos colorados, bromas, euforia general. Termina la comida. Suena el cristal de una copa. Se hace el silencio. El licenciado, con postiza displicencia, habla: 'He querido estar con ustedes. . .' y el consabido desfile o retahíla de vocablos y frases sacramentales del régimen: la Revolución, los marginados, la estabilidad política y monetaria, el bien ganado prestigio del país en el exterior, el indio, el campesinado, sus carencias, el esfuerzo para remediarlas, el progreso, pero con justicia social, el orden, pero con libertad. Algún paracaidista que murmulla al oído del colega. . . 'y la libertad, pero con presos políticos'. El orador es despedido con aplausos, mientras el diligente y discreto Godínez llama al baño a los comensales, uno por uno, de donde cada uno retorna sonriente, aún con la mano en el bolsillo. 'Te toca a ti', dice al compañero. . . y así hasta que la *talis* se agota.''

Los directores reciben una parte del botín, toda vez que ellos pueden decidir qué reportero cubre una fuente y cómo se publica en el periódico. Ellos también reciben ''embutes'' de una serie de secretarías, puesto que son los que reciben las llamadas telefónicas sugiriendo qué artículos se deben destacar y cuáles ignorar. En las raras ocasiones en que un reportero se niega a tomar su ''embute'', los jefes de prensa pueden llamar a los directores y pedir que se asigne a otro periodista. Un puñado de columnistas políticos respetados se resisten a estas presiones, pero otros dedican sus artículos, ampliamente leídos, a alabar profusamente o a acabar con funcionarios dando testimonio de su solvencia moral. Algunos funcionarios piensan que se deben ganar a estos columnistas y les proporcionan lucrativas prebendas como asesores, otros les regalan casas o automóviles, unos cuantos les invitan a hacer viajes a Europa con todo pagado. Con López Portillo, docenas de editorialistas y articulistas recibieron autos y choferes de manos del jefe de la policía de la ciudad de México. Muchos escritores independientes, tanto políticos como intelectuales, tienen también colaboraciones semanales en los periódicos del país, menos por los honorarios lastimosamente pequeños que por establecer una posición que les permita negociar.

Dispuestos a explotar el poder que el sistema les ha asignado, muchos periodistas se han enriquecido. Algunos tienen concesiones de estaciones de gasolina, donadas por agradecidos directores generales de Petróleos Mexicanos; otros tienen tiendas con bienes de importación, libres de impuestos, como favor recibido de manos de funcionarios; muchos coleccionan automóviles proporcionados por sus amigos del gobierno. Un conocido reportero de televisión adquirió un yate de lujo gracias a la ''venta'' del contenido de sus comentarios diarios. Otro periodista obtuvo protección de las autoridades para el círculo de prostitución que operaba en un barrio de la ciudad de México. En realidad, aunque las oportunidades no tienen límite, incluso algunos reporteros que se resisten a la tentación de la corrupción masiva aceptan que no pueden subsistir con los salarios bajísimos que pagan sus periódicos y que no tienen otra opción sino aceptar el ''embute''.

El gobierno, por otra parte, es demasiado sofisticado como para establecer una relación directa entre los pagos y los artículos. En momentos de crisis, puede detener la publicación de un artículo con sólo una llamada telefónica. Pero aunque el gobierno no quiere una prensa hostil, reconoce también la necesidad de conservar la válvula de escape de una prensa aparentemente libre. Por ende, considera que la corrupción simplemente es una forma para atar la prensa al sistema. La opinión que tiene el público de la mayoría de los periódicos refleja cuánto se entienden las reglas: en las manifestaciones de protesta de los estudiantes izquierdistas, uno de los gritos favoritos pronunciados al pasar ante algunas oficinas de periódicos es: "Prensa vendida."

IV

Durante el sexenio de Echeverría la corrupción floreció como no lo había hecho desde la época de Alemán. El gasto público, prácticamente sin verificación contable, destinado a enormes proyectos industriales y obras públicas rurales alcanzó niveles sin precedente, pero Echeverría empleó también la corrupción como arma política, concentrando sus favores en periodistas e intelectuales cuya aprobación anhelaba. Para 1976, cuando el ambiente del país se amargó por la devaluación monetaria, se rumoró que el propio Echeverría empleó ganancias mal habidas para comprar una cadena de periódicos así como muchos bienes raíces en el centro turístico de Cancún, en el Caribe, y en el estado de Morelos, cerca de la ciudad de México. Y aunque era un cuento falso, los mexicanos de clase media comentaban ávidamente entre sí que *Paris-Match*, la revista francesa, le había nombrado como uno de los diez hombres más ricos del mundo. En realidad, nunca se presentaron pruebas sólidas contra Echeverría, pero lo más importante fue que, por primera vez, los mexicanos de clase media empezaron a identificar la corrupción como una causa fundamental del mal gobierno.

López Portillo reconoció este sentimiento en su campaña y prometió combatir la corrupción y, después, aumentó las expectativas de una limpieza profunda cuando encarceló a varios funcionarios de alta jerarquía del gobierno de Echeverría. Félix Barra García, cuando era secretario de la Reforma Agraria, supuestamente había extorsionado a un gran terrateniente obteniendo dinero con la amenaza de expropiar su propiedad. Eugenio Méndez Docurro, según se dijo, aceptó una comisión por la compra de equipo para telecomunicaciones cuando era secretario de Comunicaciones. Y Fausto Cantú Peña, director del Instituto Mexicano del Café, fue acusado de especular con café propiedad del gobierno en el mercado internacional y, mientras tanto, haberse hecho de 80 millones de dólares. Pero cuando varios otros estafadores conocidos siguieron libres, y algunos incluso pasaron a formar parte del nuevo gobierno, los mexicanos pronto llegaron a la conclusión de que las aprehensiones habían sido por motivos políticos en lugar de morales: sirvieron como advertencia para que Echeverría no se metiera en política ahora que había terminado su mandato. Los tres funcionarios encarcelados fueron liberados antes de que terminara el sexenio de López Portillo.

Cuando los inmensos hallazgos de petróleo habían vuelto a avivar la economía mexicana en 1978, era evidente que la corrupción con López Portillo superaría la de los años de Echeverría. El gobierno se embarcó en un gasto público sin precedentes, no sólo en las industrias del petróleo, el gas natural y la petroquímica, sino también en la siderúrgica, la aviación, la pesca y el desarrollo urbano. En particular tres hombres pasaron a simbolizar los beneficios de los cargos públicos. La forma en que Durazo manejó la policía de la ciudad de México, claramente, fue la más vulgar. En cambio, Carlos Hank González ya había creado un impresionante imperio comercial cuando fue director de la CONASUPO, Compañía Nacional de Subsistencias Populares, y gobernador del Estado de México, antes de ser regente de la ciudad de México. En su nuevo puesto, sin embargo, su fortuna se multiplicó conforme especulaba en el campo de los bienes raíces y contrataba a sus propias compañías para que proporcionaran vehículos y construyeran ejes viales para el gobierno de la ciudad. Hank González, multimillonario, cuyo hijo coleccionaba automóviles de lujo, era dueño de infinidad de casas, pero la adquisición de una mansión de un millón de dólares en New Canaan, Connecticut, fue la que despertó mayor indignación. El director general de Petróleos Mexicanos, Jorge Díaz Serrano, que ya era muy rico cuando subió a su puesto, asignó enormes contratos de perforación a una compañía que él había formado, al tiempo que no hizo gran esfuerzo por ocultar el hecho de que se estaban pagando inmensas comisiones, dentro de la empresa, para la compra de equipo de exploración, producción e industrial por miles de millones de dólares.

Eso sí, al terminar el sexenio, la atención y la irritación se dirigieron llanamente contra López Portillo y el flagrante nepotismo de su mandato: nombró a su hijo, José Ramón, subsecretario de Programación y Presupuesto; a su amante, Rosa Luz Alegría, secretaria de Turismo; a una de sus hermanas, Margarita, le dio el poderoso puesto de directora general de Radio, Televisión y Cinematografía de la secretaría de Gobernación; a otra hermana, Alicia, le encargó el manejo de sus asuntos personales, como secretaria privada; su primo Guillermo fue nombrado director del Instituto Nacional del Deporte; otro primo, Manuel, fue subsecretario de Salubridad; y su esposa, Carmen Romano, se hizo cargo del Festival Internacional Cervantino de Guanajuato y de un fondo para la promoción de actividades culturales llamado FONAPAS, así como de un organismo dedicado al bienestar familiar (DIF), tradicionalmente asignado a la primera dama.

Además, la extravagante forma de vida de la camarilla de López Portillo sugería —aunque no la comprobaba— corrupción. Por ejemplo, la señora López Portillo viajaba en aviones del gobierno, con séquito de ayudantes, a hacer compras en Nueva York y París, a sesiones de meditación en la India y a ceremonias de vudús en Haití. En la Quinta Avenida de Nueva York era muy conocida por gastar derrochadoramente. Las relaciones tensas que tenía con su esposo eran del dominio público, y después de que éste le compró a su amante una villa de 2 millones de dólares en Acapulco, la primera dama la ocupó y obligó al Presidente a comprarle otra distinta a la señorita Alegría. Margarita López Portillo, cuyo pecado principal fue su incompetencia administrativa, también provocó indignación cuando se construyó una grandiosa mansión en terrenos federales en la zona residencial capitalina de Lomas Altas. Los vecinos de la zona vieron cómo la maquinaria del gobierno rellenaba 11 000 metros cuadrados de barranco para construir su jardín: en cierta ocasión, una máquina removedora cayó al fondo y quedó enterrada. Por último, en una muestra extraordinaria de insensatez política, el propio López Portillo se construyó un complejo de cinco mansiones, con canchas de tenis, piscinas, caballerizas y gimnasio, en una ladera en las afueras de la capital, a plena vista desde una de las carreteras más transitadas. Como había prometido defender el peso "como un perro" a principios de 1982, la gente llama al complejo "La Colina del Perro".

Quizá lo que despertó más ira contra López Portillo fue su comportamiento después de la nacionalización de la banca del país, el primero de septiembre de 1982. Incluso aunque antes no era ilegal enviar dólares al extranjero, le echó la culpa del derrumbe del peso a los bancos y prometió dramáticamente desenmascarar a los antipatriotas "sacadólares" que habían sacado entre 15 y 25 mil millones de dólares del país en los tres años anteriores. Parecía una amenaza atrevida, pues era sabido que muchos funcionarios y políticos destacados tenían propiedades en Estados Unidos, y la mayoría de los mexicanos esperaban con morbosa fascinación conocer los resultados. Temerosos de que las exposiciones sólo incluyeran los nombres de empresarios, algunos banqueros que habían sido expropiados elaboraron sus propias listas de "sacadólares" políticos y se prepararon para dar la lista a la prensa extranjera. A fin de cuentas, burlándose de los sentimientos nacionalistas despertados por los medios de comunicación, no pasó nada: no se publicaron nombres y el gran escándalo de los "sacadólares" se fue apagando. En los últimos días de su sexenio, consciente de que su imagen se desintegraba, López Portillo se dio a defenderse a sí mismo, declarando ante su gabinete que no había recibido ni un solo peso mal habido y alabando a sus colaboradores íntimos, inclusive a su hijo, a quien describió llamándolo "el orgullo de mi nepotismo".

Antes de los últimos meses —caóticos y escandalosos— de López Portillo, De la Madrid habló del tema de la corrupción en su campaña para la presidencia, convirtiendo incluso la "renovación moral" en una de las bases clave de su plataforma electoral. Para cuando asumió el mando, habiendo heredado un gobierno en quiebra, su credibilidad dependía, en gran medida, de esa única promesa. Así, pues, giró una serie de órdenes y decretos para estrechar el control del uso de los fondos públicos. Por primera vez, "el conflicto de intereses" y "el nepotismo" fueron definidos como delitos sancionables. Se exigió que los funcionarios declararan su situación financiera al entrar al gobierno y al salir de éste. Se cerraron trampas con la Ley de Responsabilidades Públicas, a efecto de evitar que los funcionarios corruptos fueran liberados de la cárcel una vez retribuido el dinero mal habido. Se dieron a conocer lineamientos que prohibían el uso de autos del gobierno, choferes y guardaespaldas para propósitos familiares o personales. Incluso el sueldo del Presidente y de varios cientos de funcionarios de alta jerarquía se dio a conocer al público, al tiempo que otras fuentes de ingresos tradicionales, como los honorarios por asistir a reuniones del consejo de las compañías estatales, las cuentas abiertas de gastos personales y los fondos de caja chica de las instituciones quedaron suprimidos. Se creó una Contraloría General, dirigida por Francisco Rojas, contador y colaborador estrecho del Presidente, para supervisar el cumplimiento de las nuevas reglas.

En su discurso de toma de posesión, De la Madrid hizo también hincapié, en varias ocasiones, en que era preciso "moralizar" a las fuerzas policiales del país, y en la capital nombró a un general del ejército, Ramón Mota Sánchez, como cabeza del departamento de policía, mandándole que lo limpiara a fondo. El general Mota despidió inmediatamente a docenas de comandantes superiores —"Les ruego que no pasen gratificaciones a sus superiores", les dijo a los cadetes de la policía— y el propio Presidente ordenó que se desmontara el infamante Departamento para la Investigación y la Prevención de la Delincuencia. No obstante, la resistencia era mucha. Se encontró que la oficina de prensa de la policía trabajaba con reporteros en toda una serie de actividades ilícitas, desde el contrabando hasta la "venta" de libertad a delincuentes menores. Cuando se rompió el cerco, los reporteros respondieron con una feroz campaña contra el nuevo jefe de la policía, sugiriendo que la ciudad estaba invadida por delincuentes y solicitando —infructuosamente— que se reemplazara al general Mota. Por otra parte, al nivel del policía de tránsito, el temor a la reprimenda condujo a una reducción inicial de las "mordidas", pero en cuestión de semanas la antigua tradición fue restaurada, habiendo policías que incluso llegaron a comentar, apologéticamente, que su salario era tan bajo que tenían que "morder" para poder subsistir.

Las esperanzas de Miguel de la Madrid de cambiar la relación corrupta entre gobierno y prensa encontraron también obstáculos pronto. Durante su propia campaña electoral, el PRI había pagado rutinariamente todos los gastos del séquito de prensa, y mientras De la Madrid predicaba sobre la "renovación moral", los ayudantes del partido distribuían "embutes" a los reporteros. Pero el nuevo Presidente estaba decidido a racionalizar la publicidad del gobierno, a evitar que los fondos públicos mantuvieran a docenas de publicaciones fantasmas dedicadas a la "extorsión política" y a terminar con el "embute." Convocó a una reunión con un grupo de directores para explicarles su plan y les pidió que pagaran sueldos adecuados a sus reporteros, y sus ayudantes pronosticaron que cuando menos la mitad de los treinta diarios de la capital desaparecerían. Sin embargo, cuando la publicidad del gobierno disminuyó notoriamente, en razón tanto de la austeridad económica cuanto de preocupaciones de orden moral, los editores pusieron el grito en el cielo. En cuestión de meses, tanto la presidencia como la secretaría de Gobernación estaban pagando "embutes" otra vez —aunque menores— a reporteros clave, diciendo, en privado, que una costumbre antigua sólo se podía ir acabando lentamente.

El objetivo principal de Miguel de la Madrid era presidir un gobierno honrado, limpiar la corrupción del futuro. Pero pronto se le presionó para que castigara a los componentes deshonestos del régimen de López Portillo, para que limpiara el pasado. Era un dilema político difícil. Por una parte, los empresarios, políticos y periodistas sostenían que De la Madrid sólo podría afirmar su autoridad personal si actuaba directamente contra el mismo López Portillo. Por la otra, el precedente de formular cargos contra un ex Presidente perjudicaría al sistema, afectando el aura que rodeaba a la presidencia. En unas cuantas semanas, un conocido abogado conservador inició una acción formal por "peculado" contra López Portillo, pero la Procuraduría General no dio lugar al caso. Empezaron a circular rumores de que De la Madrid estaba protegiendo a su antiguo mentor. A fin de cuentas, De la Madrid se reunió con su gabinete y decidieron que no se emprendería ninguna acción contra López Portillo —de hecho, se le perdonó y salió del país para radicar en Roma— pero ningún otro miembro de su gobierno gozaría de impunidad.

Así, lentamente, en medio de gran escepticismo de la gente, el nuevo gobierno empezó a revisar los libros: Lidia Camarena, ex diputada, Everardo Espino, que fuera director del Banco Nacional de Crédito Rural, y Leopoldo Ramírez Limón, ex director del Monte de Piedad, la enorme casa de empeño del gobierno, se contaron entre los primeros en ser encarcelados por fraude. También se presentaron cargos contra otro ex diputado y directivo del Banco Nacional de Crédito Rural, Miguel Lerma Candelaria, a quien se acusó de haber robado alrededor de 15 millones de dólares antes de huir del país. Pero la inspección principal estaba reservada para Petróleos Mexicanos, donde algunas de las fortunas más grandes habían florecido con López Portillo. Cuando se giraron las primeras órdenes de aprehensión en contra de los ex funcionarios del petróleo, los acusados huyeron y se escondieron. Pronto empezaron a aparecer caricaturas donde el contralor general orgullosamente sostenía un pescadito mientras algunos tiburones nadaban tranquilamente a sus espaldas. De la Madrid insistía en que no emprendería una cacería de brujas para calmar al público que pedía "sangre" para el sacrificio. Sin embargo, hasta que no pudiera actuar contra alguna figura simbólica del pasado, la credibilidad de toda su "renovación moral" e incluso la fortaleza de su gobierno estarían en duda.

El 29 de junio de 1983, tan sólo seis meses después del cambio de gobierno, se presentaron cargos formales contra Jorge Díaz Serrano por adueñarse ilícitamente de 34 millones de dólares en la compra de dos buques petroleros siendo director general de Petróleos Mexicanos. A la sazón, Díaz Serrano era senador federal y gozaba de inmunidad. En las semanas previas a que el Congreso le retirara su fuero, Díaz Serrano gastó mucho dinero entre periodistas para promover la idea de que se le estaba haciendo víctima en lugar del culpable real, López Portillo. Sin embargo, en público, aunque insistía en su inocencia, se comportaba como un verdadero producto del sistema, manifestando su fe en el sistema judicial y resistiéndose a la tentación de usar su gran conocimiento del funcionamiento interno de Petróleos Mexicanos para involucrar a otros funcionarios. Así, a finales de julio, Díaz Serrano fue aprehendido en espera de su juicio.

En la persona de Díaz Serrano se había atrapado al pez gordo que se necesitaba y la campaña de la "renovación moral" podía mirar hacia adelante. Pero incluso después de que se aprehendió a varios funcionarios menores del nuevo régimen —amén de dos inspectores de la Contraloría General—, la opinión pública no parecía estar convencida. Algunos críticos sostenían que se había elegido a Díaz Serrano porque, a diferencia del ex regente Hank González, él no encabezaba un grupo político poderoso y, por ende, era más vulnerable. Cuando se presentaron nuevos cargos contra Díaz Serrano, a finales de 1983, asegurando su encarcelamiento cuando menos por un año más, corrió la voz de que el juez había informado al gobierno que el caso original, referente a los dos barcos petroleros, era muy débil.*

Las revelaciones referentes a la ultrajante conducta de Durazo, cuando era jefe de la policía de la capital, también mantenían vivo el pasado. El gobierno estaba ansioso de exorcisar su fantasma, pero todo nuevo detalle de sus delitos servía para ratificar la opinión que la mayoría de los mexicanos ya tenía de sus gobernantes. Finalmente, en enero de 1984, Durazo fue acusado, en ausencia, de evasión fiscal —como "Al Capone", recordaron rápidamente los mexicanos— y dos meses después se pidió su extradición con cargos que incluían también extorsión, contrabando y posesión ilegal de armas. Sus cuentas bancarias y residencias fueron embargadas; su mansión de 2.5 millones de dólares en la ciudad de México, con pista de carreras, discoteca, helipuerto y casino fue abierta al público como singular museo de la corrupción, y miles de personas la visitaban todos los fines de semana. De hecho, eran pocos los mexicanos que esperaban que Durazo fuera atrapado, pero las autoridades de

---

* En julio de 1984, cuando el juicio por el fraude de los barcos petroleros estaba retrasado ya, Díaz Serrano denunció públicamente que su hijo, también de nombre Jorge, había sido "secuestrado" y torturado por la policía secreta y "desaparecido" durante cinco días para tratar de obligarle a confesar su parte en el asesinato de Manuel Buendía, el periodista, ocurrido seis semanas antes. De hecho, Buendía había atacado a Díaz Serrano con frecuencia, aunque en círculos políticos el incidente se interpretó como advertencia al político encarcelado para que no agitara en cuanto a la fecha de su juicio. El gobierno negó cualquier participación en el "secuestro".

Estados Unidos le aprehendieron el 29 de junio de 1984 al llegar al aeropuerto de San Juan, Puerto Rico, y de ahí fue transferido a Los Ángeles a esperar las audiencias para la extradición. Poco después, se presentaron cargos contra 24 ex miembros de la DIPD por los asesinatos del "río Tula".

La detención de Durazo insufló la vida que tanto necesitaba la campaña de la "renovación moral". Seis semanas antes, De la Madrid había ido a Washington a sostener pláticas con el Presidente Reagan, y había sido recibido por un artículo de Jack Anderson en el *Washington Post* que citaba fuentes del servicio de inteligencia de Estados Unidos que estimaban "el total del monto *tomado* por De la Madrid durante su presidencia en 162 millones de dólares, mínimo". De la Madrid se indignó y obtuvo del departamento de Estado un cauteloso desmentido del artículo: "La información a disposición de todos los organismos del gobierno de Estados Unidos nos lleva a la firme conclusión de que el Presidente De la Madrid ha fijado elevadas normas, tanto personales cuanto oficiales, de acuerdo con (su) compromiso. . . para enfrentar el tema de la honradez en el gobierno." Los círculos políticos e intelectuales también se apresuraron a defender al Presidente, sosteniendo que era víctima de un atentado moral a manos de los derechistas estadunidenses contrarios a su política en América Central. Pero el problema era que el mexicano común y corriente se inclinaba a creer en el artículo. Si, según las supuestas fuentes de la CIA de Jack Anderson, Echeverría se había embolsado entre 300 y mil millones de dólares y López Portillo entre mil y 3 mil millones, las expectativas populares eran que De la Madrid, a la larga, se comportaría de igual manera.

En realidad, conforme el nuevo gobierno se acomodaba, ya había indicios de que se estaban relajando los reglamentos internos: algunos automóviles llenos de guardaespaldas aparecieron nuevamente en las calles de la ciudad de México, los familiares de muchos políticos encontraron acomodo en puestos del gobierno y los sueldos para los niveles altos fueron aumentando, sin anuncios, a velocidad muy superior a la del salario mínimo oficial, con "gratificaciones" especiales por valor de unos 3 000 dólares distribuidos a cada uno de los máximos funcionarios en la navidad de 1983. Incluso los optimistas se callaron su opinión sobre la "nueva moral" hasta que la recuperación económica pudiera financiar los proyectos de inversión del gobierno y ofrecer las primeras tentaciones reales a la nueva generación de funcionarios.

La perenne necesidad de "lubricante" y "engrudo" perduró. En los niveles medios de la burocracia, el temor a las aprehensiones produjo un efecto paralizante, y los funcionarios insistían en seguir las complejas reglas nuevas antes de gastar dinero. Como, repentinamente, la acción implicaba riesgos, aparecieron pretextos nuevos para la falta de acción. Dentro del mismo sistema, la campaña de la "renovación moral" produjo incertidumbre y muchos políticos advirtieron en privado que un ambiente inquisitorial perjudicaría seriamente a las relaciones de confianza y lealtad. Un político sostuvo que acabar con la corrupción sería "amputar una pierna del sistema": el sistema no podría sobrevivir a no ser que se encontrara un sostén nuevo.

El mismo De la Madrid no parecía acariciar esperanza de que se pudieran romper costumbres y tradiciones de muchos siglos. Asimismo, reconoció las limitaciones de su poder, no sólo al "perdonar" a López Portillo y pasar por alto la corrupción en el ejército, sino también al renunciar, aparentemente, a su sueño de limpiar los poderosos sindicatos de los trabajadores del petróleo y de los maestros. Pero tenía que reducir la corrupción al grado en que ni despertara a la opinión pública ni alterara las relaciones del gobierno con sus aliados dentro del sistema. En esencia, el problema era político más que moral. Un sistema que nunca había funcionado debidamente sin la corrupción ya no funcionaba fluidamente en razón de la corrupción excesiva. Simplemente, lo que se había activado era el refinado instinto de autoconservación del sistema.

7. MODELOS ECONÓMICOS MILAGROS Y ERRORES

I

Durante cuatro décadas, la economía de México generó suficiente riqueza para mantener unido al sistema político. El costo social de esta estrategia fue elevado y, aun antes de la crisis de principios del decenio de 1980, el "milagro" económico no había podido proteger a varios millones de mexicanos de la desnutrición, el subempleo, el analfabetismo y las condiciones de vida paupérrimas. Pero el modelo era un éxito económico porque las tasas de crecimiento anual arrojaban un promedio superior al 6 por ciento, surgió un impresionante sector industrial, se crearon millones de empleos y apareció una clase media muy gastadora. Era un éxito político porque no sólo enriqueció a élites clave del gobierno, empresarios y obreros, sino que también sostuvo un gigantesco sistema de subsidios que ofrecían protección a los mexicanos contra los golpes más duros de la pobreza. Así, mientras la mayoría de la población esperaba pacientemente la redistribución de esta riqueza nueva, la armonía entre el sistema político y el económico ayudaba a conservar la estabilidad.

La verdadera importancia que la crisis posterior a 1982 tuvo para México no fue que una comunidad bancaria extranjera sacudida encarara el fantasma de los incumplimientos por parte de los países deudores más importantes del Tercer Mundo, ni siquiera que las masas pobres de México estuvieran sometidas a mayores penurias que en cualquier época desde la depresión. Más bien fue que la economía de México ya no podía financiar los hábitos tradicionalmente despilfarradores del sistema político. A corto plazo, el precio que se pagó por la recuperación de la confianza internacional fue la contracción de la actividad económica, la reducción del gasto público, la aceptación descorazonada, por parte de los trabajadores del país, de salarios reales enormemente reducidos, y la lucha, por parte de los empresarios, por vivir con enormes deudas y ventas a la baja. Pero, lo que es peor, no había disponibles los recursos necesarios para recuperar las "tasas históricas de crecimiento", como dijeron los funcionarios. Sin un crecimiento a largo plazo —sin sueldos y utilidades considerables para unos cuantos, así como empleos y subsidios para la mayoría— el sistema entero de alianzas políticas tendría que cambiar.

A lo largo de toda la historia de México, la estabilidad política y el crecimiento económico han dependido uno del otro: rara vez ha habido uno sin el otro. En los primeros cincuenta años después de la Independencia no hubo ninguno de los dos. Pero, durante la dictadura de Díaz, México creció rápidamente conforme la inversión extranjera y el crédito contribuían a la construcción de ferrocarriles y al desarrollo de la industria minera y la petrolera para la exportación, mientras que las grandes haciendas se tragaban las tierras comunales en nombre de una producción más eficiente. Pero el sistema político se derrumbó y, pronto, le siguió la economía. Después de la Revolución de 1910, se intentó una política económica más nacionalista —que dirigía la mirada hacia el interior— al tiempo que un sistema político nuevo iba tomando forma. Pero sólo hasta finales de la década de 1930, cuando el Presidente Cárdenas revivió el programa de la reforma agraria y expropió las compañías petroleras y ferrocarrileras, propiedad de extranjeros, pareció que funcionaba la estrategia. Las tasas de crecimiento eran bajas y los empresarios estaban descontentos, pero el papel desempeñado por el gobierno en la economía se consolidó y se dio un verdadero desarrollo social.

Al estallar la segunda Guerra Mundial, el aislamiento de México se rompió y, por primera vez, su economía pasó a depender de acontecimientos ocurridos fuera de sus fronteras. El gasto social y la reforma agraria fallaron, pero había una gran demanda de bienes de primera necesidad mexicanos de exportación, al tiempo que, en el país, aparecieron industrias nuevas para satisfacer aquellas necesidades que ya no llenaban los escasos bienes importados. El crecimiento no estaba planeado, las utilidades eran exorbitantes y los productos, con frecuencia, de mala calidad. No obstante, se inició un auge industrial en cierta medida. Después, con Alemán, entre 1946 y 1952, el accidente del crecimiento se convirtió en una estrategia de crecimiento, y el nacionalismo económico fue reemplazado por un mayor liberalismo. El gobierno siguió siendo un importante catalizador del crecimiento, proporcionando una infraestructura básica y diversos incentivos fiscales, aunque la participación del estado en la actividad económica, de hecho, disminuyó de cerca del 50 por ciento a un 40 por ciento en este lapso. La idea básica era usar al sector privado para industrializar a una economía en gran medida rural por medio de un programa de "sustitución de importaciones''. (Entre 1940 y 1970, la participación de la agricultura en la economía se redujo del 21 al 11 por ciento, al tiempo que la industria saltó del 25 al 34 por ciento.) Se hizo todo lo posible por alentar la inversión nacional y extranjera.

Por medio de elevadas tarifas arancelarias y después con un complejo sistema de permisos para la importación, los fabricantes quedaron protegidos contra la competencia de bienes importados, en teoría durante un lapso ''razonable'', aunque en la práctica fuera por uno indefinido. La regla que dictaba que la inversión extranjera se limitara al 49 por ciento de las acciones del capital fue ignorada, ya que las grandes sociedades trasnacionales formaron subsidiarias de su total propiedad en México. Los inversionistas nuevos podían negociar impuestos diferidos a cinco o diez años, aunque los impuestos sobre las utilidades de las industrias existentes siguieron estando entre los más bajos del mundo. La energía —petróleo y electricidad— y el transporte ferroviario eran proporcionados, con frecuencia, por entidades propiedad del estado a tarifas subsidiadas, y los créditos baratos eran otorgados por Nacional Financiera, la banca estatal de desarrollo. Por último, por medio de su control del movimiento sindical, el gobierno podía garantizar la tranquilidad obrera.

Alemán se embarcó también en la modernización de la agricultura. Personalmente, tenía poco interés en la reforma agraria (los campesinos que migraban podían ofrecer a la industria mano de obra barata) y, en cambio, invirtió mucho en irrigación para abrir las fértiles planicies de las costas de Sonora y Sinaloa, en el noroeste de México, a la agricultura privada modelada siguiendo los lineamientos de la agricultura de capital intensivo de Estados Unidos. Los productos resultantes —principalmente algodón y vegetales de invierno— se destinaban a la exportación o a ser procesados por empresas estadunidenses que abrían muchas plantas en México. Por último, consciente siempre de la necesidad de ahorrar o generar divisas, Alemán descubrió el potencial turístico de México, ''creando'' Acapulco como centro internacional de recreo y estableciendo un patrón que seguirían sus sucesores. En los años subsiguientes, el empleo y las divisas se usarían, una y otra vez, para justificar la construcción de ''otros Acapulcos'' en Cancún, Ixtapa y otros puntos del país.

No obstante, el ''milagro'' económico de Alemán incluía puntos débiles a corto y largo plazo. Las impresionantes erogaciones del gobierno alimentaron la inflación, que produjo la devaluación monetaria de 1948 y, después de terminado el sexenio de Alemán, la de 1954. Además, la corrupción floreció, y el ''Presidente empresario'' mismo adquirió muchos bienes raíces en Acapulco antes de que el gobierno invirtiera, construyendo así un imperio empresarial que le aseguró su influencia hasta su muerte en 1983. La estrecha concepción de la expansión de la economía que tuvo Alemán sembró también semillas que produjeron problemas años después. El olvido de los campesinos estimuló el crecimiento descontrolado de la ciudad de México. La sustitución de importaciones alimentó el consumismo de una clase media emergente. La protección al comercio impediría que la industria desarrollara la fuerza necesaria para competir en el extranjero. El sector privado se acostumbró a las utilidades rápidas y los impuestos bajos, y aunque aceptaba la participación del estado en la economía cuando se trataba de inversión en infraestructura e insumos subsidiados, se oponía a cualquier medida para fortalecer las finanzas del gobierno mismo.

La explosión demográfica de México —resultado de una menor mortalidad infantil y de tasas de natalidad que no cambiaron— aumentó las demandas impuestas al estado. En el pasado, el ahorro interno, la inversión extranjera y los créditos externos modestos proporcionaban los recursos necesarios para un crecimiento constante. Pero conforme la tasa de habitantes aumentó constantemente entre 1945 y 1975, en que llegó a su máximo del 3.6 por ciento anual, el gobierno se vio obligado, en un principio, a invertir mucho dinero en instalaciones educativas y de salubridad y, después, a asumir la responsabilidad de crear empleos para muchos millones de nuevos mexicanos. La población pasó de 20 millones en 1940 a 51 millones en 1970 y 77 millones en 1984. En los campos subsidiados de los alimentos y el transporte, el gobierno atendía a más y más gente, al tiempo que la parte económicamente activa de la población disminuía. Así, para mantener la estabilidad política, el gobierno tuvo que irse metiendo cada vez más en el hoyo.

Empero, cuando Alemán terminó su mandato, nunca se pensó en cambiar una estrategia que se mostraba como modelo a seguir por otros países en desarrollo. En realidad, la mayoría de los países de África y Asia seguían estando más consumidos por su lucha por la independencia política, y el intenso debate contemporáneo en torno al subdesarrollo económico aún no se había iniciado. Pero América Latina, que a la sazón comprendía la mayoría de los países en desarrollo independientes, tomó nota del lanzamiento a la industrialización de México y empezó a competir por el capital extranjero.

Como ofrecía una estabilidad política envidiable, incentivos fiscales excepcionales y una ubicación conveniente, México siguió siendo el favorito de los inversionistas. Como Europa occidental y Japón aún luchaban por recuperarse de la guerra, los inversionistas de Estados Unidos pronto lograron una posición predominante en el nuevo sector fabril. Algunos campos, como la banca, el petróleo, la electricidad, la siderurgia, la petroquímica básica y las comunicaciones estaban reservados para el estado o los ciudadanos mexicanos, e incluso hoy, la inversión extranjera sólo representa el 2.2 por ciento del total del capital fijo. Pero el mercado de la nueva clase media y las grandes utilidades se encontraban en la sustitución de importaciones de bienes de consumo, terreno ampliamente abierto a los extranjeros.

Los inversionistas estadunidenses se concentraron en satisfacer la demanda, que crecía rápidamente, en varias industrias obvias —automóviles, llantas, aparatos eléctricos, alimentos procesados, productos químicos y farmacéuticos— y cada una de ellas, empresas estadunidenses sólidamente establecidas, pronto controló el mercado. La Ford, la General Motors, la Chrysler y la American Motors construyeron plantas de ensamblado y, posteriormente, bajo presión del gobierno, fabricaron piezas para automóviles en México. La Uniroyal, la Firestone y la Goodyear, a su vez, abrieron fábricas que abastecían la mayor parte de las llantas del país, al tiempo que la General Electric fue la primera en introducir refrigeradores, tostadores, secadores de cabello, planchas e incluso televisores al hogar mexicano medio. Sin embargo, en ningún renglón era más visible la penetración económica estadunidense que en el campo de los alimentos procesados, donde un mundo nuevo de Corn Flakes de Kellogg's, sopas Campbell, salsa de tomate H. J. Heinz's y Coca Cola se creó para que todos lo compartieran. Por último, en el campo de los medicamentos y los cosméticos, la Procter & Gamble, la Colgate Palmolive, la Johnson & Johnson y la Bristol-Myers fueron sólo las primeras de docenas de compañías farmacéuticas que se establecieron en México. De hecho, casi sin excepción, todos los nombres y las iniciales conocidos para los estadunidenses —desde Eastman Kodak y Sherwin Williams hasta ITT e IBM— hicieron su aparición en México.

Durante este período, la Cámara Americana de Comercio de México creció hasta convertirse en la mayor de estas cámaras del mundo, representando no sólo a las sociedades trasnacionales, que en la práctica podían negociar directamente con los estratos más altos del gobierno, sino también a docenas de compañías menores, muchas de ellas del suroeste de Estados Unidos, que consideraban que México era su mercado externo natural y más cercano. No fue sino hasta el decenio de 1960 cuando los inversionistas de Europa occidental y Japón empezaron a llegar para enfrentarse al quasi monopolio de las compañías estadunidenses. La Volkswagen, la

Renault y la Nissan empezaron a fabricar automóviles en México, mientras que compañías con experiencia similar de Japón, Alemania Occidental, Suecia y Suiza ingresaron al campo farmacéutico, de los electrodomésticos y de otras manufacturas. Entre 1960 y 1970, la parte del total de las inversiones correspondiente a Estados Unidos pasó del 83 al 79 por ciento y siguió bajando durante los años setenta, hasta llegar al 69 por ciento en 1980.

El brote de inversión externa era notorio en las estadísticas. Como resultado de la expropiación de las compañías petroleras y ferrocarrileras, la inversión directa en México decayó casi de mil millones de dólares a 449 millones en 1940, ascendiendo lentamente a 566 millones para 1950, conforme la confianza en México iba volviendo. Pero llegó a mil millones de dólares en 1960 y 2.8 mil millones de dólares en 1970. Más dramáticamente aún, la inversión extranjera en el campo manufacturero pasó de 147 millones de dólares en 1950 a más de 2 mil millones en 1970, con más de la mitad de este total en productos químicos, artículos eléctricos, alimentos procesados y automóviles. Pero, aunque no cabía duda que los extranjeros estaban desarrollando la industria "mexicana", estaban también obteniendo buenas utilidades: según estadísticas del Banco de México, entre 1960 y 1970, las inversiones extranjeras nuevas por 2.06 mil millones de dólares contrastaban con utilidades y remisiones de regalías por 2.99 mil millones, dejando a México con una pérdida neta de divisas de 931 millones, de los cuales 839 millones regresaban a Estados Unidos.

Coincidentemente, el auge de la postguerra creó una clase de magnates mexicanos totalmente nueva: industriales y banqueros enérgicos y ambiciosos que serían conocidos como los Rockefeller, Mellon y Paley de México. El sector privado, en general, aún parecía dominado por la mentalidad del "peso rápido", buscando utilidades fáciles bajo la sombra proteccionista del estado. Pero las figuras dominantes eran hombres que se habían hecho a sí mismos y que, al tiempo que se dedicaban a amasar fortunas, también fueron "constructores del país" y ayudaron a integrarlo. Nombres como Carlos Trouyet, Bruno Pagliai, Antonio Ruiz Galindo, Enrique Ballesteros pasaron a simbolizar a la clase industrial emergente.

También apareció una poderosa élite financiera, conducida por Manuel Espinosa Yglesias, que fundó el Banco de Comercio y lo convirtió en el banco más grande del país, y por la familia Legorreta, que tradicionalmente había dirigido el Banco Nacional de México, que era más antiguo. Fueron fundados muchos de los bancos regionales, algunos de ellos por grupos empresariales existentes, otros por empresarios, comerciantes y·agricultores interesados en estimular el desarrollo local.

Era una época en que la iniciativa era recompensada. A los veintiocho años, Bernardo Quintana reunió a un grupo de compañeros, ingenieros civiles, para formar la compañía constructora ICA que, a la larga, se convirtió en un poderoso conglomerado, responsable de proyectos tan variados como los de presas hidroeléctricas y estadios de futbol, sistemas de transporte subterráneo y hoteles. De hecho, el Grupo ICA se convirtió en la primera sociedad multinacional mexicana, al ganar contratos compitiendo con compañías estadunidenses y europeas en varios países de América Latina. Su cliente principal, sin embargo, era el gobierno mexicano y gran parte del éxito de Quintana era atribuido, por sus competidores, a su habilidad para mantener buenas relaciones —y presumiblemente de mutua conveniencia— con una serie de gobiernos sucesivos.

Varias ciudades importantes de provincia fueron trampolines para la aparición de empresarios nuevos en el panorama nacional. Las familias O'Farrill y Alarcón, ambas con intereses en periódicos, bienes raíces y otros negocios, tuvieron su primera base de operaciones en Puebla. Eloy Vallina poseía una inmensa industria maderera en Chihuahua, así como un banco local que posteriormente se convirtió en Multibanco Comermex, el cuarto del país por orden de importancia. Guadalajara, Saltillo, Toluca y Hermosillo contemplaron también la llegada de la industria moderna y grupos empresariales nuevos. Pero el crecimiento industrial más contundente se dio en Monterrey, donde las familias Garza y Sada habían unido fuerzas a principios de siglo y, gradualmente, se habían diversificado, a partir de una cervecería, al campo del vidrio, el acero, la banca y la televisión. Durante el "milagro" de la postguerra, bajo la dirección de Eugenio Garza Sada, el Grupo Monterrey se expandió velozmente. En ocasiones, Monterrey parecía casi una población de la compañía, pero el Grupo también empezó a levantar fábricas en otras regiones del país. El propio Garza Sada personificaba, quizá más que ningún otro industrial de su generación, la nueva raza de empresarios imaginativos, audaces y hambrientos de utilidades que estaban transformando la economía mexicana.

Emilio Azcárraga, otra extraordinaria figura del mundo empresarial, virtualmente creó las diversiones para las masas en México. Empezó viajando por el norte de México, en los años veinte, vendiendo discos importados, y después abrió una de las primeras estaciones de radio de México. Su talento estuvo en convertir a su estación, la XEW, en una red nacional, y al hacerlo inició un proceso de integración cultural: en los años cuarenta Azcárraga pasó al mundo del cine y construyó los estudios Churubusco, que a su vez dieron luz a la "época de oro" del cine mexicano. Y cuando apareció la televisión en los años cincuenta, Azcárraga, naturalmente, entró al nuevo medio, primero abriendo su propio canal y después fusionándose con las estaciones propiedad de las familias Alemán y O'Farrill para crear Telesistema Mexicano. Azcárraga era la fuerza motriz de éste, siempre en búsqueda de nuevos campos a desarrollar. Entró al ramo de las publicaciones. Construyó el estadio Azteca de la ciudad de México y compró un equipo de futbol, el América, para que jugara en él. Desarrolló un nuevo género de telenovela latina y la vendió a toda América Latina. Más adelante, su hijo, también Emilio y no menos dinámico, siguió adelante con la tradición familiar y estableció la Spanish International Network (SIN) en Estados Unidos así como el pujante Telesistema —actualmente Televisa— en México.

Los Azcárraga, a semejanza de otros líderes del sector privado, dependían de sus buenas relaciones con cada gobierno para poder alcanzar el éxito. La televisión, la radio y la banca eran todas concesiones del estado y, como tales, eran directamente vulnerables a presiones externas. En la práctica, los industriales poderosos no tenían motivo alguno para discutir con un régimen que les compraba sus productos, controlaba a los trabajadores y les proporcionaba diversas exenciones fiscales y subsidios indirectos. Con los tres Presidentes —Ruiz Cortines, López Mateos y Díaz Ordaz— que sucedieron a Alemán, las relaciones sólo se turbaron ocasionalmente: el sector privado le dejaba la política a los políticos, mientras que el gobierno gobernaba, en gran medida, para el sector privado, y con un ingreso per cápita que aumentaba a un promedio del 2.8 por ciento anual, sobraba suficiente para que algo le llegara a los obreros organizados y a la burocracia y se conservara la estabilidad política.

II

Hacia 1970, se podían apreciar graves fisuras en el modelo de "desarrollo estabilizador". El movimiento antigubernamental de 1968, aunque en esencia fue un fenómeno político de clase media, había llamado la atención sobre la miseria del campo, el subempleo de las masas urbanas y la distorsión en la distribución de la riqueza en el país, pero el proceso de crecimiento rápido también había creado problemas económicos nuevos. Aunque la participación del gobierno en la inversión total había disminuido en comparación con la de las dos décadas anteriores, sus gastos en renglones como la salubridad, la educación y las obras públicas y los subsidios para alimentos, energía y transportes habían intentado seguir el ritmo del aumento de la población. Pero, en lugar de financiarlos por medio de impuestos más altos, el gobierno había empezado a cubrir su déficit presupuestal con créditos externos. (En 1970, los impuestos representaron la cifra extremadamente baja del 9.9 por ciento del Producto Interno Bruto.) De igual manera, a pesar de la disminución de la demanda del consumo interno, la industria mexicana para sustituir importaciones se negaba a ser separada de su mercado interno cautivo. Sin exportaciones compensatorias, las importaciones de maquinaria y materias primas alimentaron un déficit comercial crónico. Así, el modelo ya no podía ofrecer al gobierno ingresos suficientes para cubrir su gasto corriente ni al sector privado un mercado capaz de sostener su expansión.

El gobierno entrante de Echeverría empezó a buscar una alternativa. Llegando a la conclusión de que muchos de los obstáculos del desarrollo de México estaban de hecho en función de la estructura económica mundial, México se unió a la vociferante campaña del Tercer Mundo pidiendo precios más estables y elevados para los productos básicos, nuevas oportunidades para sus bienes semimanufacturados en el mercado de los países más ricos y una mayor transferencia de recursos de capital. La dependencia mexicana del comercio con Estados Unidos había pasado del 80 por ciento a finales de los años treinta a un 65 por ciento a finales de los sesenta, pero Echeverría sostenía que se podría reducir más cuando el estado asumiera a un papel más firme para dar forma a la economía. Con objeto de justificar esta posición, Echeverría se dio a culpar al sector privado por las condiciones del país y a prometer reformas sociales y económicas de gran envergadura. Pero la identificación de chivos expiatorios, en el país y en el exterior, resultaría mucho más fácil que encontrar una estrategia alternativa. Seis años después, casi fatalísticamente, entregó el mismo modelo a su sucesor, sólo que en ruinas.

El fracaso económico no se puede explicar sin tomar en cuenta el clima político que lo acompañó. Ya en 1971, gran parte del sector privado había llegado a la conclusión de que Echeverría era un radical peligroso y, aunque bloqueó algunas de sus reformas centrales y se benefició con otras, no dejó de ver a su gobierno con total desconfianza. En diciembre de 1972, por ejemplo, la presión del sector empresarial disuadió a Echeverría de incluir en la ley una reforma fiscal de gran alcance que ya había sido aprobada por el gabinete. De igual manera, los fabricantes mexicanos arguyeron, con éxito, que la disminución de las barreras proteccionistas destruiría a la industria nacional, aunque aprovecharon una serie de incentivos para exportar. Incluso la decisión del régimen de decretar una nueva Ley para Inversiones Extranjeras en 1973, donde se limitaba la participación de los extranjeros al 49 por ciento de las acciones del capital, en esencia, parecía destinada a proteger a los empresarios nacionales. Pero la ley se tomó como si fuera un paso hacia la izquierda y, hasta que no fue interpretada con mayor flexibilidad, sólo sirvió para desalentar las nuevas inversiones.

No obstante, Echeverría parecía estar decidido a atacar los agudos problemas sociales del país y se embarcó en un programa para construir caminos, escuelas y clínicas de salud en zonas rurales pobres. Pero las erogaciones estuvieron mal proyectadas. Echeverría recorría el campo y, como respuesta a las peticiones presentadas por las comunidades locales, simplemente ordenaba que su burocracia entrara en acción, obligando a las secretarías a cambiar hombres, equipo y fondos que estaban destinados a otros programas. El resultado fue el caos administrativo. Si los campesinos se quejaban de las deudas acumuladas con los bancos del gobierno, Echeverría las cancelaba con frecuencia. Y como el dinero parecía no importar, grandes montos cayeron por estas fisuras a bolsillos particulares. Cuando el secretario de Hacienda, Hugo B. Margáin, anunció en mayo de 1973 que las arcas del país estaban vacías, fue despedido abruptamente con las palabras: "Nombraré a alguien que pueda encontrar el dinero." El nuevo secretario, José López Portillo, encontró el dinero contratando préstamos en el exterior y, cuarenta y dos meses después, como Presidente, heredó el desbarajuste económico que había producido esta política.

Echeverría estaba ávido de presidir un periodo de crecimiento económico y expansión industrial. Cuando el sector privado, consternado por la creciente intervención del estado en la economía, desaceleró su inversión, Echeverría expandió más el gasto público. De hecho, no hubo más nacionalizaciones, pero el número de compañías con participación del gobierno se duplicó con creces a 845 entre 1970 y 1976. A Echeverría le atraían especialmente los proyectos grandes, inevitablemente financiados desde el exterior. En Cancún e Ixtapa-Zihuatanejo, por ejemplo, se construyeron centros turísticos totalmente nuevos. El gobierno formó también empresas mancomunadas con compañías mineras extranjeras y expandió la capacidad generadora de electricidad del país. Pero la planificación era inadecuada muchas veces, sobre todo cuando había de por medio consideraciones políticas.

174

En ningún renglón es más evidente lo anterior que en el principal proyecto industrial de Echeverría, el complejo siderúrgico Sicartsa-Las Truchas, en la costa del Pacífico, en Michoacán. El ex Presidente Cárdenas, nativo de Michoacán, había promovido la idea antes de su muerte en 1970. Ansioso de emular a Cárdenas, Echeverría ordenó la construcción de la planta de mil millones de dólares en una población que rebautizó con el nombre de Lázaro Cárdenas. No obstante, el proyecto se convirtió en un monumento a los peligros de la participación del gobierno en la economía: los trabajadores migrantes de la construcción levantaron de inmediato una ciudad perdida; la maquinaria llegó de una diversidad de países, con los consecuentes problemas de mantenimiento y refacciones; se produjo alambre de acero cuando la necesidad medular del país eran los productos planos; las reservas cercanas de mineral de hierro resultaron inferiores a las esperadas; se amasaron infinidad de fortunas ilícitas; y, como no había una conexión ferroviaria con el resto del país, hubo que importar carbón de Colombia y la producción inicial de acero fue exportada. La planta quedó "terminada" —es decir, produjo una bocanada de humo— antes de que Echeverría terminara su mandato, pero en todos los sentidos fue un desastre, y se pasaron tres años más limando sus problemas.

Hacia 1974, los gastos del gobierno y el repentino aumento de los precios mundiales del petróleo habían ocasionado en México una grave inflación, por primera vez desde que se tuviera memoria. (El aumento promedio de los precios al consumidor entre 1957 y 1970 sólo fue del 3.5 por ciento anual.) La escalada del precio mundial del petróleo resultó fortuita toda vez que obligó al gobierno a elevar los precios internos y, con ello, proporcionó a Petróleos Mexicanos los recursos necesarios para acelerar la exploración y la explotación. El propósito era eliminar la importación de 100 000 barriles diarios de Venezuela, pero entretanto se descubrieron nuevas reservas de hidrocarburos en el Sureste de México. El gobierno ignoró otras advertencias y no sólo mantuvo los niveles de gasto y aceleró los empréstitos externos, sino que decretó también la revisión anual de los salarios, en lugar de hacerse cada dos años, y ordenó un aumento salarial inmediato del 20 por ciento. La inflación, que había sido de un promedio del 10 por ciento en los tres años anteriores, llegó al 20 por ciento en 1974, 11 por ciento en 1975 y 27 por ciento en 1976, introduciendo los aumentos de precios de dos dígitos como un rasgo permanente de la economía.

Uno de los resultados fue el debilitamiento del valor real del peso. Ello estimulaba las importaciones y las vacaciones de los mexicanos en el extranjero, pero desalentaba las exportaciones. Conforme aumentó la especulación contra el peso, lo mismo los políticos que los empresarios empezaron a sacar dinero del país. El déficit de la cuenta corriente de la balanza de pagos del país, reflejando estas tendencias, saltó de 945 millones de dólares en 1970 a 3.1 mil millones de dólares en 1976. Pero Echeverría estaba decidido a no presidir la primera devaluación habida desde 1954, y tanto para cubrir el gasto deficitario del gobierno cuanto para financiar la fuga de capitales, sencillamente tomó a préstamo más cantidades del exterior. Asombrosamente, quizá en función de la inundación de petrodólares que se dio después del aumento de los precios del petróleo de 1973, los bancos extranjeros ignoraron la creciente evidencia de un desastre financiero inminente y proporcionaron los fondos solicitados. Así, la deuda externa del sector público saltó más del 450 por ciento, a 19.6 mil millones de dólares, entre 1970 y 1976. En comparación, la deuda externa del sector privado ''sólo'' aumentó un 100 por ciento, a 4.9 mil millones de dólares en el mismo lapso, evidencia de su desconfianza en el gobierno de Echeverría.

Por último, la tarde del 31 de agosto de 1976, a unas cuantas horas del último informe presidencial de Echeverría, siendo ya López Portillo el Presidente electo, el gobierno ya no pudo sostener la moneda ante la fuga de capitales. Se hundió inmediatamente de 12.50 a 19 pesos por dólar, pero la medida meramente agravó el ambiente de crisis. Ansioso de conservar su imagen populista, Echeverría decretó un aumento salarial de emergencia, pero los precios lo siguieron rápidamente. La Junta de la Reserva Federal de Estados Unidos intervino con un crédito de emergencia por 800 millones de dólares, pero como la confianza en el gobierno estaba hecha trizas, siguió el asedio contra el peso. Tres semanas antes de terminar su sexenio, en privado, Echeverría sugirió a López Portillo que se cerraran todos los mercados de divisas hasta el día de la toma de posesión, pero el Presidente entrante, enojado, se opuso a la medida. Cuando Echeverría expropió unas haciendas particulares en Sonora, el 19 de noviembre, el peso volvió a caer, a 29 por dólar. Pero para entonces, la crisis política y la económica eran virtualmente indiferenciables.

En realidad, la actividad económica, alentada por el gasto público, había crecido a un promedio anual del 5.4 por ciento durante el sexenio de Echeverría. El ingreso per cápita sólo había aumentado un 1.8 por ciento al año, pero se habían creado multitud de empleos nuevos. Sin embargo, la estabilidad esencial de la economía había sido socavada por la inflación, la incertidumbre cambiaria, los déficit crónicos del sector público y una deuda externa creciente. La confianza, la cuerda invisible que había unido al gobierno y al sector privado desde los años cuarenta, quedó hecha añicos por la demagogia política y la mala administración económica de Echeverría. Por consiguiente, las opciones económicas de López Portillo estuvieron definidas, en gran medida, por la crisis que heredó: o fortalecía las finanzas del gobierno y convencía al sector privado de que reanudara la inversión, o se enfrentaba a la perspectiva de una larga atonía con los riesgos políticos concomitantes.

A cambio de un crédito por 1.5 mil millones de dólares, el nuevo gobierno convino en aplicar un programa de austeridad ortodoxo elaborado con el Fondo Monetario Internacional, mismo que reducía el gasto público, frenaba los salarios y limitaba los empréstitos externos nuevos a 3 mil millones de dólares al año durante tres años, en comparación con 5.5 mil millones de dólares en 1976. López Portillo, habiendo reavivado la confianza de los empresarios con un conmovedor discurso inaugural, firmó la llamada Alianza para la Producción con sectores industriales y comerciales clave, la cual representaba 8 mil millones de dólares de inversión privada y la creación de 300 000 empleos nuevos al año. En términos políticos, los líderes obreros progobiernistas pudieron controlar la situación, mientras que los grupos campesinos militantes fueron lanzados de las tierras particulares que habían ocupado en los últimos meses del gobierno de Echeverría. Como si confirmara el nuevo ambiente de tranquilidad, el peso incluso llegó a recuperar parte del territorio perdido y se estabilizó, aproximadamente, en 23 por dólar.

A pesar de todo, el año de 1977 fue difícil. Muchas empresas lucharon por renegociar sus deudas en dólares y el gobierno tomó en sus manos la administración de Fundidora de Monterrey, una compañía siderúrgica, a cambio de garantizar un nuevo préstamo de rescate por 50 millones de dólares. Para la mayoría de los mexicanos, el año trajo también más penurias ya que el salario real disminuyó y el desempleo aumentó. En términos estrictamente monetaristas, sin embargo, la estrategia de "enfriamiento" tuvo éxito. El crecimiento del Producto Interno Bruto (PIB) bajó de 4.2 por ciento en 1976 a 3.4 por ciento en 1977, pero la inflación y el déficit del sector público también disminuyeron notablemente. López Portillo consideraba que su mandato comprendería dos años de recuperación, dos años de consolidación y los últimos dos años de crecimiento veloz, mientras que la adhesión al programa de tres años del FMI garantizaría la salud financiera del sector público. Se volvió a hablar de una reforma fiscal importante, de poner fin al proteccionismo comercial y de estimular las exportaciones no tradicionales. En ese momento llegó el petróleo y alteró la situación.

El gobierno había anunciado un notable aumento en las reservas probadas de hidrocarburos —de 6.3 mil millones a 11.1 mil millones de barriles— sólo tres semanas después de iniciado el sexenio y parecía confiar en que la bonanza era inminente. Pero los empresarios y los banqueros habían recibido la noticia con escepticismo, pensando que era un plan para reavivar la confianza. Sin embargo, para 1978, actuarios petroleros estadunidenses, así como la Agencia Central de Inteligencia, habían confirmado la nueva riqueza petrolera de México y la economía del país empezó a responder en consecuencia. Los ingresos por concepto de petróleo, como tales, aún eran pequeños, pero el mero optimismo creado por los hallazgos de petróleo condujo tanto al gobierno como al sector privado a reanudar la inversión. Los banqueros extranjeros empezaron a volver a México y las restricciones para el gasto interno impuestas por el FMI se olvidaron calladamente. El gobierno se concentró en el sector de los energéticos, pero todos los demás campos de la industria también adquirieron vida. Después de sólo un año de recesión grave, la economía volvió a crecer un 8.2 por ciento en 1978 y el gobierno no hizo ningún intento por controlarla.

Entonces vino una verdadera fiesta de préstamos y gastos. El presupuesto de Petróleos Mexicanos aumentó, en términos reales, un 50 por ciento en 1978, un 55 por ciento en 1979 y un 88 por ciento en 1980, y sólo en 1981 tomó a préstamo 15.7 mil millones de dólares, aunque gran parte de esta cantidad fue en nombre del gobierno federal. La gigantesca empresa respondió con el descubrimiento de campos petroleros nuevos y extraordinarios que elevaron las reservas probadas a 72 mil millones de barriles para 1980 y aumentaron la producción y las exportaciones. La construcción de un gasoducto, nuevas refinerías petroleras e inmensas plantas petroquímicas se aceleró, reviviendo a la industria siderúrgica mexicana y compartiendo el fruto del auge con los proveedores extranjeros de bienes de capital. Desde la pesca hasta la electricidad, desde los transportes hasta el turismo, no había ningún campo ajeno a la expansión. Incluso el sector agrícola, olvidado durante los primeros años del sexenio, recibió miles de millones de dólares en forma de subsidios adicionales a partir de 1980, con objeto de lograr la autosuficiencia nacional en cereales básicos de acuerdo con un ostentoso programa llamado Sistema Alimentario Mexicano o SAM.

El sector privado respondió con igual entusiasmo y la mayoría de las compañías extranjeras existentes se embarcó en programas de expansión. Encabezadas por las compañías de automóviles que invirtieron en fábricas de motores, había nuevo dinero extranjero disponible: la inversión extranjera total, que pasó de 3.7 mil millones de dólares a 5.3 mil millones entre 1970 y 1976, brincó a 10.7 mil millones para 1982. Como el crédito interno no podía financiar las inversiones necesarias para satisfacer una demanda interna al parecer insaciable, muchas compañías mexicanas también se convirtieron en importantes prestatarias de dólares, y la deuda externa del sector privado aumentó de 4.9 mil millones de dólares en 1976 a 20 mil millones a mediados de 1982. Flotando entre petrodólares nuevos después del aumento del precio del petróleo de 1979, los bancos extranjeros estaban sumamente contentos de prestarle a compañías manufactureras cuya producción, ventas y utilidades estaban aumentando. Las oportunidades eran tantas que varias compañías grandes, entre ellas VISA, Protexa, ICA y Vitro, se embarcaron en programas de diversificación que pronto las convirtieron en conglomerados importantes.

Ninguna fue más activa que el Grupo Alfa. Alfa, formada en 1974, heredó la compañía siderúrgica HYLSA del Grupo Monterrey, que se dividió en Alfa y VISA después del asesinato del presidente de su consejo, Eugenio Garza Sada, en 1973. Financiada desde el extranjero y alentada por incentivos fiscales en el país, Alfa creció hasta convertirse en la sociedad privada más grande de América Latina, adquiriendo compañías existentes o fundando empresas nuevas dedicadas al procesamiento de alimentos, aparatos electrodomésticos, desarrollo del turismo, bienes raíces y piezas para automóviles. Año con año su activo y utilidades aumentaban más del 50 por ciento: el presidente de su consejo, Bernardo Garza Sada, tenía una línea directa con el Presidente, sus ejecutivos principales volaban por todo el mundo en *jets* particulares y sus jóvenes gerentes, educados en el extranjero, ganaban sueldos exorbitantes. De hecho, si Petróleos Mexicanos era el símbolo del éxito del gobierno, el Grupo Alfa portaba la bandera del sector privado.

En círculos del gobierno así como en los empresariales había la sensación de que México, por fin, había dado un paso definitivo en su larga marcha hacia la modernización. Con la vista puesta en el fin del siglo, López Portillo patrocinó una serie de ambiciosos planes sectoriales, definiendo por vez primera metas que iban más allá de su propia administración. El Plan de Desarrollo Industrial, aunque precedió al Plan Global de Desarrollo, cuya meta era un crecimiento anual del 8 por ciento entre 1982 y 1990, tuvo más influencia al comprometer a México a tasas de crecimiento anual del 10 por ciento y al ofrecer descuentos fiscales y energía subsidiada a aquellas compañías que invirtieran en una o varias zonas de provincia de entre las diecisiete que se designaron prioritarias. El concepto era importante porque pretendía disuadir a la industria de seguirse concentrando en la ciudad de México, Guadalajara y Monterrey y a centrar el futuro desarrollo urbano en las zonas costeras del país. También se ordenó la construcción, cerca de Coatzacoalcos, Tampico y Lázaro Cárdenas, de puertos industriales nuevos de muchos miles de millones de dólares, para que las industrias encaminadas a la exportación se pudieran concentrar cerca de bahías de aguas profundas.

Pero este auge empezó a generar problemas. Cuando la medida de la riqueza petrolera de México apareció a la vista por primera vez en 1977, el gobierno prometió solemnemente evitar los problemas políticos y económicos que los auges petroleros habían producido en Irán, Nigeria, Venezuela y demás. Incluso estableció un "tope" de 1.5 millones de barriles diarios para las exportaciones de petróleo con objeto de evitar la "indigestión financiera" o la reexportación de superávit de capital a los países industrializados. Empero, para 1980, ya había indicios de que la economía se había "petrolizado", de que el "síndrome del petróleo" estaba funcionando y de que México, irrevocablemente, cometería la mayoría de los errores que había jurado no repetir.

En esencia, la economía creció demasiado aprisa y el gobierno gastó demasiado. Como los ingresos por petróleo eran insuficientes para financiar el auge, el gobierno recurrió a acuñar pesos y pedir dólares prestados para financiar el abultado déficit del sector público. Ante la falta de controles adecuados, proliferaron corrupción y desperdicio, señales características de la "indigestión financiera". La demanda interna de bienes de consumo y materias primas era tal que, en breve, sólo se podía exportar poco más que petróleo, y su parte en el total de exportaciones subió del 10 por ciento en 1976 al 75 por ciento en 1982. A su vez, el crecimiento requería inmensas importaciones de equipo de capital y materias primas —aunque las importaciones de lujo, por demás visibles, no resultaban importantes dentro del panorama comercial general— para los sectores del petróleo, la petroquímica, la siderurgia y las manufacturas. Entre 1976 y 1981, las exportaciones aumentaron de 3.6 mil millones de dólares a 19.4 mil millones, mientras que las importaciones aumentaron de 6.2 mil millones a 23.9 mil millones de dólares. Y cuando el gobierno sucumbió a la presión combinada de los sectores empresarial y obrero y optó por no unirse al Acuerdo General de Aranceles y Comercio (GATT), también eligió perpetuar la ineficiencia crónica y el carácter poco competitivo de la industria mexicana.

Quizá lo más ominoso fue que los precios empezaron a subir notoriamente otra vez. La inflación había bajado al 20 por ciento en 1977 y al 17 por ciento en 1978, pero después empezó a escalar y llegó al 30 por ciento en 1981. López Portillo no hizo caso de las señales de advertencia, sosteniendo que la opción era entre "inflación o destrucción". Dicho en otras palabras, pensaba que la solución para los males económicos y sociales del país radicaba en la creación de empleos y que la inflación era el precio que había que pagar. A la sazón, la creación de unos 4 millones de empleos nuevos, entre 1978 y 1981, parecía respaldar su posición. El crecimiento a cualquier costo era el lema oficial.

Pero la inflación volvió a socavar el valor real de la moneda mexicana. El peso "flotó" durante tres años a 23 pesos por dólar, e incluso cuando se permitió que bajara, lo hizo tan lentamente que no pudo compensar la inflación. Ni las exportaciones mexicanas ni los centros turísticos del país podían competir, por ende, mientras que la política del gobierno alentaba, de hecho, que los mexicanos compraran bienes importados, viajaran al extranjero, adquirieran bienes raíces en Estados Unidos y, a la larga, especularan contra una devaluación mediante la compra de dólares. El dólar era el artículo más barato en México. Y México, al igual que los otros grandes productores de petróleo, se había convertido en un exportador de capital, aunque fuera extraoficialmente.

López Portillo dejó pasar una última oportunidad para evitar el desastre que siguió. Poco después de que el gobierno de Reagan subió al poder en enero de 1981, sus estrechas políticas monetarias empezaron a fortalecer el dólar y a elevar las tasas de interés mundiales. En junio de ese mismo año, una baja de 4 dólares por barril en los precios mundiales del petróleo alteró aún más el ambiente internacional. México ganaría menos con sus exportaciones de petróleo y serían menos los petrodólares sobrantes que se reciclarían a través de los mercados financieros internacionales, dando por resultado tasas de interés incluso más altas. Así, como podía echar la culpa a fuerzas externas, López Portillo tenía una oportunidad ideal para ajustar su estrategia: reducir el gasto público, controlar las importaciones, disminuir los empréstitos externos y, sobre todo, devaluar el peso.

Pero la política interna le entorpecía el camino. A sólo dieciocho meses de terminar su mandato, López Portillo había presidido el brote económico más dramático de la historia de México y se negó a creer que había terminado. Es más, como la campaña por la sucesión presidencial estaba en sus etapas finales, ninguno de los asesores medulares de López Portillo, inclusive De la Madrid, estaba dispuesto a ofrecer consejos que no serían bien aceptados. Su colaborador más cercano, José Andrés de Oteyza, secretario de Patrimonio y Desarrollo Industrial, creía incluso que el crecimiento inflacionario y las tasas de cambio fijas podían seguir coexistiendo de alguna manera. Así, pues, a pesar de la pérdida de unos 6 mil millones de dólares en razón de la disminución de precios del petróleo, el café y la plata, en 1981 la economía creció, por cuarto año sucesivo, más del 8 por ciento. No fue sino hasta finales de noviembre cuando el secretario de Hacienda, David Ibarra, reveló cómo había sido posible. Informó al Congreso que, en un año, el gobierno mexicano había tomado 14.7 mil millones de dólares en préstamos externos, gran parte de ellos para cubrir un déficit de 12.5 mil millones de dólares en la cuenta corriente de pagos, cifra sin precedente. La realidad era incluso peor: la deuda externa del sector público saltó, de hecho, 19.7 mil millones de dólares en 1981, de los cuales cerca de 12 mil millones correspondían a créditos a corto plazo que no habían sido anunciados antes.

Claramente, la situación era insostenible. El índice de precios de la Bolsa de Valores de México, que había pasado de 338 a 1 488 puntos entre 1978 y 1980 se desmoronaba diariamente. Es más, el Grupo Alfa, el brillante símbolo del éxito del sector privado, tenía problemas con muchas de las compañías que acababa de adquirir, no podía generar los recursos necesarios para pagar el servicio de una deuda externa por 2.3 mil millones de dólares. En octubre de 1981, Alfa convenció a López Portillo de que aprobara un crédito por 400 millones de dólares del Banco de Obras Públicas, propiedad del gobierno, pero incluso esta cifra resultó insuficiente y, a la larga, el Grupo se vio obligado a suspender los pagos sobre su deuda externa y a empezar a deshacerse de muchas de las subsidiarias que producían pérdidas.

Lo que era más alarmante aún, alrededor de 8 mil millones de dólares ya habían salido del país en 1981 anticipándose a una devaluación y, a principios del siguiente año, la fuga continuaba. El 5 de febrero, López Portillo hizo su apasionada promesa de defender al peso ''como un perro'', pero la hemorragia de las reservas de divisas del país continuaba en un ambiente de creciente incertidumbre política. Los empresarios estaban disgustados ante el próximo viaje de López Portillo a Nicaragua y habían oído rumores de que el Presidente le había prestado a Cuba, en secreto, 100 millones de dólares para que pudiera cumplir con el pago de su deuda. Y fuera del control inmediato de México, los créditos a seis meses contratados después de la baja de los precios del petróleo en agosto de 1981 llegaban a su vencimiento y había que reembolsarlos o renovarlos. Por fin, la tarde del 17 de febrero, el Banco de México anunció que se retiraba de los mercados cambiarios y el peso se derrumbó de 26 a 45 por dólar.

Volvió a intervenir la política interna. De la Madrid ya estaba haciendo su campaña por la presidencia y deseaba una transición de poder sin problemas. López Portillo se negó a dirigirse al Fondo Monetario Internacional antes de las elecciones del 4 de julio, llegando a dar el visto bueno a aumentos salariales escalonados del 10, 20 y 30 por ciento. Nombró a dos de los ayudantes de confianza de Miguel de la Madrid para que asumieran el control de la crisis —Jesús Silva Herzog como secretario de Hacienda y Miguel Mancera Aguayo como director del Banco de México—, pero sus esfuerzos por controlar el gasto público fueron infructuosos. Por fin, el primero de agosto, cuatro semanas después de la elección de Miguel de la Madrid, el gobierno ordenó aumentos de precios generalizados con objeto de reducir el déficit del sector público. Pero esto meramente provocó otra fuga de capitales —hasta 300 millones de dólares diarios— y el 5 de agosto se impuso el control parcial de cambios. Aún habían de venir cosas peores. Muchos bancos extranjeros que en breve deberían renovar la deuda a corto plazo de México se asustaron y exigieron el reembolso. Otros 12 mil millones en cuentas denominadas en dólares depositados en los bancos de México ya no estaban respaldados por reservas. Por consiguiente, la tarde del 12 de agosto, el gobierno cerró todos los mercados de cambio por tiempo indefinido, suspendió los pagos de capital de la deuda externa del país por 80 mil millones de dólares, y declaró que las cuentas nacionales de "mexdólares" sólo serían convertibles a pesos.

En términos estrictamente financieros, éste fue el peor momento de la crisis. Al día siguiente, Silva Herzog y varios secretarios más viajaron a Washington para sostener pláticas con el Departamento del Tesoro de Estados Unidos y el FMI. Los funcionarios del Tesoro se opusieron a participar, hasta que se les recordó que México le debía a los trece bancos más importantes de Estados Unidos, 16.5 mil millones de dólares, o sea el equivalente al 48 por ciento de su capital. Las repercusiones que el incumplimiento de México tendría en Estados Unidos y el sistema bancario internacional repentinamente resultaron evidentes. El 17 de agosto, el secretario de Hacienda pudo anunciar los detalles de un paquete de rescate importante que incluía un pago anticipado de mil millones de dólares por ventas de petróleo a Estados Unidos y mil millones de dólares más por una garantía de la U.S. Commodity Credit Corporation por la importación de alimentos, 1.85 mil millones proporcionados por los bancos centrales más importantes de occidente, a través del Bank of International Settlements, y planes para negociar con el FMI "la extensión de entregas de fondos" por 3.9 mil millones de dólares. Los mercados cambiarios volvieron a abrir —el dólar saltó inmediatamente a más de 120 pesos— y unos cuantos días después, en Nueva York, Silva Herzog obtuvo el acuerdo de los acreedores privados de México para una suspensión, de tres meses, de todos los pagos de capital. Al parecer, el país había logrado un pequeño respiro.

Desde febrero, López Portillo había estado estudiando diversas opciones para "salvar" su estrategia económica y rescatar su muy dañada imagen de revolucionario. Por fin, alrededor del 20 de agosto, ordenó a un grupo de economistas de izquierda, incluyendo a Oteyza y a Carlos Tello Macías, ex secretario de Programación y Presupuesto, que prepararan el borrador de decretos para nacionalizar la banca privada del país y la imposición de un control de cambios total. El 31 de agosto, a unas horas de anunciar estas medidas en su último Informe Presidencial, López Portillo le comunicó sus planes a De la Madrid, Silva Herzog y Mancera. Los tres quedaron sorprendidos, pensando que las medidas estaban políticamente motivadas y eran económicamente inconvenientes. Mancera, que meses antes había publicado un folleto llamado *La inconveniencia del control de cambios*, renunció y fue reemplazado, de inmediato, por Tello. A la mañana siguiente, se pidió a los cincuenta miembros del Gabinete que firmaran el decreto y sólo un funcionario, Adrián Lajous, director del Banco de Comercio Exterior, se negó a hacerlo y renunció. López Portillo, convencido de que estaba a punto de pasar a la historia, se dirigió al Congreso en su auto y, en un emotivo discurso, ordenó la reforma económica más drástica desde la expropiación de las compañías petroleras extranjeras, cuarenta y cuatro años antes.

Era totalmente ajeno a la realidad que el Presidente pretendiera imponer un modelo económico nuevo —una especie de "economía fortificada" que incluía control de importaciones y de cambios— a sólo tres meses de terminar su mandato. Los resultados meramente agravaron la crisis. El 4 de septiembre, Tello, que repentinamente había sustituido a Silva Herzog como líder financiero del gobierno, anunció un tipo de cambio doble, de 50 pesos por dólar para las transacciones "esenciales" y de 70 pesos por dólar para el comercio normal. Pero, en la práctica, casi no había divisas disponibles, a ninguno de los dos tipos, y tanto los viajeros como los empresarios se vieron obligados a dirigirse a un nuevo mercado negro donde el tipo del dólar aumentó de 95 pesos en septiembre a 135 pesos en noviembre. Tello anunció también una serie de medidas bancarias populistas, inclusive la reducción de las tasas de interés a menos de la mitad de la tasa de inflación que prevalecía, pero al hacerlo desalentó el ahorro y alimentó la inflación. De hecho, no fue sino bajo presión de Miguel de la Madrid como López Portillo permitió a Silva Herzog que firmara una carta de intención con el FMI el 9 de noviembre y, aun entonces, se permitió que Tello conservara el mito de que se sostendría el control de cambios.

La forma en que López Portillo manejó el auge y la quiebra produjo la peor crisis económica habida en más de cincuenta años. En 1982, México registró un crecimiento negativo de —0.2 por ciento y una inflación del 100 por ciento, el desempleo abierto se duplicó a 8 por ciento, el déficit presupuestal del sector público llegó a la cifra sin precedentes del 18 por ciento del PIB y el país había declarado una moratoria parcial sobre su deuda externa, que a la sazón era la mayor del Tercer Mundo. (La deuda externa de Brasil superaría a la de México en 1983.) La virtual suspensión de importaciones en el segundo semestre de 1982 había reducido el déficit de la cuenta corriente de pagos a 2.6 mil millones de dólares, pero también había acelerado la tendencia descendente de la economía. Es más, a diferencia de la crisis que López Portillo había heredado en 1976, la situación que legaba no podía ser aliviada con un inspirado discurso inaugural, ni siquiera con el descubrimiento de yacimientos petrolíferos nuevos. Había despertado expectativas y después las había hecho añicos. Había destruido la confianza que los banqueros extranjeros, los empresarios mexicanos y las clases medias en general tenían en la capacidad del estado para administrar al país. Lo más peligroso de todo, había permitido que el modelo económico debilitara al sistema político.

III

Cuando De la Madrid asumió el poder el 1 de diciembre de 1982, sus opciones políticas estaban definidas por la economía y sus opciones económicas estaban definidas en el extranjero. Si hubiera enfrentado una crisis similar en una etapa posterior de su mandato, quizá habría respondido de otra manera, distribuyendo el peso de la crisis de manera más equitativa y enfrentándose al FMI y a los banqueros extranjeros de forma más desafiante. Pero la situación política interna era precaria y sólo la podía estabilizar un Presidente entrante que se comportara de manera ortodoxa. Dada la vulnerabilidad de la economía mexicana, primero había que recuperar la confianza de los banqueros del extranjero y de los empresarios del país y, después, la de las clases medias y pobres. Durante los primeros dos años del nuevo gobierno, si no es que más, México estuvo gobernado por el problema de su deuda.

En su discurso de toma de posesión, De la Madrid advirtió que se perfilaban años difíciles. Empezaron al día siguiente, cuando se duplicaron los precios domésticos del petróleo, y continuaron las siguientes tres semanas cuando el gobierno ordenó el aumento de los precios de muchos otros bienes y servicios ofrecidos por el estado, entre ellos los de las tortillas, electricidad, teléfono y agua. Era un camino poco envidiable para empezar un gobierno, que seguramente convencería a muchos mexicanos de que "este Presidente es peor que el otro". Pero con el convenio que ratificó el FMI a finales de diciembre, el gobierno se comprometía a reducir el déficit presupuestal del sector público del 18 por ciento del PIB en 1982 a sólo el 8.5 por ciento del PIB en 1983, al 5.5 por ciento en 1984 y al 3.5 por ciento en 1985. Además, para sobrevivir con sólo 5 mil millones de dólares al año en créditos comerciales nuevos entre 1983 y 1985, el gobierno aceptó limitar las importaciones y gradualmente eliminar todos los controles de cambios. Era una receta clásica del FMI, "una contrarrevolución monetarista", según comentó un economista mexicano, que atacaba los problemas del crecimiento ahogando el crecimiento. México recibió el dinero que necesitaba para evitar su desmoronamiento financiero, pero no para garantizar su recuperación económica.

Mientras la actividad económica se contraía un 4.7 por ciento en 1983, el peor comportamiento del país desde la Revolución de 1910, el gobierno luchaba por poner las cosas en orden. Su déficit presupuestario fue reducido con un constante aumento del precio de sus bienes y servicios, para seguir el ritmo de la inflación, con la reducción de algunos subsidios, con la postergación de todas las inversiones importantes y con el aumento de algunos impuestos. Después negoció el diferimiento, hasta 1987, de los pagos de capital sobre 23 mil millones de dólares de la deuda externa que habían vencido entre agosto de 1982 y diciembre de 1984, aunque los pagos de intereses sobre ésta y otras deudas absorbían un 70 por ciento de los ingresos por petróleo de México. El gobierno también hizo presión para que los bancos extranjeros y las sociedades privadas mexicanas renegociaran su deuda de 14 mil millones de dólares, y ofreció garantizar las divisas siempre y cuando los pagos de capital también se postergaran hasta 1987.

De la Madrid, proyectando una imagen de crudo realismo, repitió en varias ocasiones que la recuperación produciría penurias. "No podemos luchar contra la inflación con la magia —dijo en junio de 1983, como respuesta a la demanda del sector obrero que pedía un control más estricto de los precios—. No podemos pensar racionalmente en congelar los precios y los salarios. Sería engañarse.

La mentira no puede ser usada como instrumento político. Dejamos eso a las minorías demagógicas e irresponsables.'' Sin embargo, el peso de la inflación del 80 por ciento recayó, principalmente, sobre la mayoría pobre, cuyos salarios sólo aumentaron un 45 por ciento. Pero el desempleo creció menos de lo que se esperaba porque la proporción que el salario representaba de los costos de producción se redujo en razón de la inflación, mientras que la ''economía informal'' —las empresas familiares y una gran variedad de formas improvisadas de autoempleo, ninguna de las cuales están registradas en los libros fiscales o de la seguridad social del gobierno— incorporó a muchos al mercado del trabajo. Las clases medias se vieron obligadas a reducir su consumo y viajes al extranjero, aunque la enorme concurrencia a los restaurantes, centros turísticos y centros comerciales, en las vacaciones de navidad de 1983 y 1984, no indicaban que hubieran cambiado mucho sus expectativas.

El aparato productivo estaba dañado más seriamente. Con el crédito externo restringido, como el nuevo dominio de los bancos estaba en manos del gobierno, pudo éste absorber la mayor parte del ahorro interno, dejando poco dinero disponible para el presionado sector privado. Se hizo un esfuerzo especial por proporcionar recursos a operaciones pequeñas, con mucha mano de obra, con tasas de interés real negativas, pero muchas fábricas grandes estaban trabajando entre el 30 y 50 por ciento de su capacidad y, en algunos casos, se vieron obligadas a cerrar o a trabajar menos tiempo que el de la semana laborable normal; en otros casos, simplemente contrajeron deudas nuevas. Los controles sobre las importaciones o las demoras para obtener divisas, con frecuencia, contribuyeron a la atonía al impedir que materias primas esenciales ingresaran al país. Se cancelaron los nuevos proyectos de construcción y muchos edificios grandes se quedaron a medio hacer.

Pero pronto, el gobierno merecería elogios en el extranjero por el éxito logrado en reducir el gasto y deflacionar la economía sin provocar un descontento político general. A finales de 1983, De la Madrid pudo sostener que lo peor de la crisis financiera había pasado. La reducción del déficit presupuestal se ceñía a los lineamientos del FMI, los controles de cambios se habían limitado y un tipo de cambio ''deslizante'' estaba destinado a evitar la reaparición de un peso sobrevaluado; las reservas monetarias se habían triplicado a 4.9 mil millones de dólares, se había registrado un superávit comercial sin precedentes de 13.6 mil millones de dólares y la inflación se había reducido 20 puntos. En busca de fuentes nuevas de capital extranjero, el gobierno también buscó captar a inversionistas extranjeros nuevos, prometiendo condonar la "regla de minoría" del 49 por ciento en 34 sectores prioritarios de la economía, incluyendo los de maquinaria industrial, telecomunicaciones y computadoras, productos químicos, equipo de tecnología avanzada y hotelería. Las protestas esperadas de la izquierda fueron ignoradas. Aunque la inversión extranjera fresca en 1983 sólo fue de unos 350 millones de dólares, en comparación con mucho más de mil millones en 1980 y 1981, el gobierno logró su primer éxito en enero de 1984, cuando la Ford Motor Company anunció planes para construir una fábrica de automóviles de 500 millones de dólares en la ciudad de Hermosillo, en el Noroeste. Los ex propietarios del sistema bancario nacionalizado recibieron su compensación, al tiempo que sus acciones en 399 compañías —de un total de 467 empresas donde los bancos tenían acciones— salieron al mercado para su nueva adquisición.

Pero el futuro todavía no era brillante. En 1984, mientras seguía restringiendo el gasto y las importaciones, el gobierno luchaba por mantener la inflación al 60 por ciento y contempló una modesta reactivación con una tasa de crecimiento de uno por ciento. En junio de 1983, el Plan Nacional de Desarrollo optimistamente había pronosticado tasas de crecimiento promedio del 5 al 6 por ciento entre 1985 y 1988, pero la cifra empezó a parecer demasiado optimista. La recesión continuó siendo grave y no había recursos disponibles para reanudar el crecimiento. El crédito externo estaba restringido y la salida de capital privado continuaba, y aumentaba la idea de que el peso estaba nuevamente sobrevaluado. La inversión extranjera era un factor importante para recuperar la confianza, pero su impacto en la economía en general era limitado. El colchón financiero legado por el auge de 1978-81 estaba desapareciendo junto con el ahorro interno, mientras que los ingresos fiscales no podían aumentar en una economía estancada. Los controles sobre las importaciones y las exportaciones constantes de petróleo garantizaban otro superávit comercial de cerca de 13 mil millones de dólares en 1984, pero éste estaba dedicado a los pagos de intereses y a reconstruir las reservas de divisas, que pasaron de 7 mil millones de dólares para septiembre de 1984.

Al iniciar su tercer año al mando del país, las políticas económicas de Miguel de la Madrid seguían presas de la crisis de la deuda. No se pensaba en reembolsar la deuda externa de México —que, de hecho, se esperaba que aumentara a cerca de 120 mil millones de dólares para 1991—, aunque el gobierno hubiera tenido éxito al renegociar alrededor de 48.5 mil millones de dólares de la deuda del sector público, con vencimientos entre 1985 y 1990, para períodos de 10 y 14 años de acuerdo con los mejores términos obtenidos en la zona desde la crisis de 1982. Pero la continuidad de los pagos de intereses y de la deuda, de un orden de 12 a 16 mil millones de dólares al año durante el resto de la década era, en sí, motivo suficiente para posponer una expansión económica sólida. En abril de 1984, la lealtad de México hacia el FMI había sido recompensada con mejores términos para un préstamo comercial de 3.8 mil millones de dólares, pero los mismos no compensaban el constante aumento de las tasas de interés mundiales durante el año: cada punto de porcentaje costaba al país 700 millones de dólares adicionales. Es más, como los pagos de los intereses superaban con mucho "el dinero nuevo", México se había convertido en un exportador de capital, situación imposible para un país en desarrollo.

De la Madrid estaba consciente de que, a los ojos del mundo, los problemas financieros de México eran inseparables de la crisis general de la deuda latinoamericana y, por consiguiente, trabajó para evitar que los incumplimientos en otros puntos de la zona afectaran la posición de las renegociaciones de México. Por ejemplo, en marzo de 1984, convenció a Venezuela, Colombia y Brasil de que se unieran a México para formar un "préstamo fuerte" de emergencia por 500 millones de dólares para cubrir los intereses que debía Argentina. De igual manera, desalentó la idea de que un "club de deudores" podía ofrecer una respuesta al declarar una moratoria unilateral regional de la deuda. Sin embargo, De la Madrid se sentía atrapado por el peso de los intereses e insistía, cada vez con más fuerza, en que América Latina necesitaba un respiro. México estaba empezando a pagar un precio intolerable en el país por su imagen de responsabilidad financiera en el extranjero.

Así, conforme parecía aliviarse la crisis a corto plazo, nuevos problemas a largo plazo entraron a un enfoque más claro: la solución tradicional del crédito extranjero para muchas de las debilidades estructurales de su economía —la depresión crónica del sector agrícola, la baja productividad industrial, la incapacidad para exportar productos no tradicionales, el ahorro interno insuficiente, una dependencia, nueva pero profunda, del petróleo y un vasto laberinto de subsidios— se había convertido ahora en el obstáculo principal para encararlos. Un programa de austeridad que atacara los síntomas de la crisis no haría mucho por eliminar sus causas básicas. Aunque en su segundo Informe de Gobierno, el primero de septiembre de 1984, De la Madrid dijo "no bajaremos la guardia prematuramente", era cada vez mayor el consenso de que el enfoque del FMI tenía poco más que ofrecer.

Había, según palabras de Carlos Tello, ex asesor de López Portillo, "una crisis de ideas". Los economistas de izquierda sostenían que De la Madrid estaba ofreciendo al país una elección entre "la argentinización o la canadización", es decir, entre un estancamiento prolongado con inflación o el control casi total de la industria nacional a manos de extranjeros. Otros advirtieron que una política monetarista con éxito requería del autoritarismo político y que la represión económica iría seguida de una ruptura política. Muchos analistas también se preocupaban por la vulnerabilidad de México ante las fuerzas externas y argüían que un crecimiento más lento era preferible a aumentar la inversión extranjera y el endeudamiento, mientras que otros insistían en que sólo un mayor control de la economía por parte del estado podría evitar que se repitieran las crisis de 1976 y 1982.

Pero, así como sus críticos habían resultado más expertos para atacar al monetarismo que para ofrecer una alternativa viable, el gobierno también fue más efectivo para echarle la culpa al populismo derrochador de los años setenta que para diseñar su propia estrategia nueva. Muchas interrogantes medulares estaban sin contestación: ¿Seguiría siendo la sustitución de importaciones el objetivo central de la industria? ¿Seguirían importándose alimentos de Estados Unidos? ¿Se incrementarían las exportaciones de petróleo para adquirir más divisas? ¿Se reduciría el proteccionismo para estimular las exportaciones competitivas? ¿Se haría un esfuerzo auténtico por alentar las actividades con mucha mano de obra? ¿Cumpliría el gobierno su promesa de desmantelar parte del aparato económico del estado para devolver la producción no estratégica al sector privado? El gobierno sí puso a la venta las acciones industriales propiedad de la banca privada cuando ésta fue nacionalizada, pero lo hizo en forma de paquetes de compañías "buenas" y "malas" que desalentaron a los compradores. El magnate de la radio y la televisión, Emilio Azcárraga, incluso reunió a un grupo de empresarios ricos que ofrecieron adquirir otras empresas del estado, pero el gobierno fue intimidado rápidamente por las protestas de la izquierda.

Excepto el llevar a cabo una nueva revolución económica que interesara adquisiciones por parte del estado y un reordenamiento total de las prioridades del desarrollo siguiendo lineamientos socialistas, curso que De la Madrid no manifestaba ningún interés por seguir, una acción para exportar ofrecía la única opción inmediata. Pero incluso ella estaba plagada de problemas. Además del petróleo, los bienes básicos tradicionales y los productos semimanufacturados de las sociedades trasnacionales, México no tenía mucho que exportar. Pocos empresarios mostraron el empuje necesario para buscar mercados nuevos en el exterior, mientras que los pocos que se aventuraron encontraron obstáculos imponentes para sus esfuerzos: se requerían veintisiete pasos burocráticos para exportar. De hecho, mientras los mercados cautivos estuvieran bien protegidos, el sector privado prefería esperar el próximo auge cíclico en el país. El gobierno sólo podría cambiar esta actitud por medio de un tratamiento de "shock", uniéndose al GATT y liberalizando la economía.

Tras toda discusión de la estrategia económica estaba el temor al descontento político. Incluso De la Madrid no sintió que fuera necesario ofrecer explicaciones a los monetaristas puros cuando conservó subsidios por mil millones de dólares anuales para el maíz, frijol y aceite comestible. Pero la economía tradicionalmente ha sostenido la estabilidad política con mucho más que esto. Todos los años ha incorporado al mercado laboral un número suficiente de las 800 000 caras nuevas para evitar que se deteriore la situación. Ha permitido que las clases medias, que comprenden quizá a un 20 por ciento de la población, esperen un aumento constante de su nivel de vida. Y le ha proporcionado a los componentes clave del sistema político —burocracia, sector privado y obreros organizados— una parte cada vez más grande del pastel económico. Por consiguiente, el gobierno enfrentaba un inquietante dilema: podía empezar una transformación gradual de la economía y aceptar los riesgos del crecimiento lento; o podía estimular una explosión artificial de crecimiento, gasto de los consumidores y generación de utilidades, y correr el riesgo mayor de otra crisis financiera. En cualquiera de los casos, ya no se podía dar por sentado el pilar económico de la estabilidad política.

8. "¡EL PETRÓLEO ES NUESTRO!"

I

La relación sumamente emotiva de México con el petróleo sólo se puede entender vista a través del prisma de su interminable lucha por la independencia. Desde finales del siglo pasado, cuando se descubrió por primera vez, el petróleo ha sido inseparable del concepto de nación, más vulnerable a la pasión política que a la lógica económica. Inicialmente, fue símbolo de dominio e interferencia cuando las compañías petroleras extranjeras, protegidas por los gobiernos de Estados Unidos e Inglaterra, eran consideradas entes que perniciosamente drenaban el futuro de México. A continuación, después de que una larga lucha política culminó con la nacionalización de las compañías extranjeras en 1938, el petróleo pasó a ser símbolo de orgullo, respeto propio e independencia. Incluso había una resistencia instintiva a la idea de exportar petróleo, como si este recurso soberano sólo debiera beneficiar a los mexicanos.

Por consiguiente, el descubrimiento de enormes reservas de hidrocarburos, a mediados de los años setenta, atizó sentimientos profundos y reacciones ambivalentes: muchos nacionalistas advirtieron los peligros tanto de la repentina riqueza cuanto de la explotación excesiva y demandaron su conservación; algunos funcionarios vieron una oportunidad para el desarrollo que no podía ignorar un país pobre. Pero al final de cuentas, el petróleo resultó una tentación más peligrosa de lo que hubiera imaginado nadie, absorbiendo vastos recursos mientras hipnotizaba al país con la ilusión de grandeza, para después traicionar el sueño cuando los precios del petróleo se derrumbaron y arrastraron a la economía a la crisis. El resentimiento que muchos mexicanos tienen hacia Petróleos Mexicanos hoy día está en función tanto de su herido orgullo nacional como de una respuesta racional a la corrupción y mala administración de la empresa.

En 1884 se montó el escenario para este largo drama, cerca de diecisiete años antes de la primera huelga petrolera en México, cuando el gobierno de Porfirio Díaz cedió la posesión estatal del

192

subsuelo. El propósito de Díaz era atraer inversiones de compañías mineras extranjeras, pero la ley despejó el camino a la participación extranjera en el campo del petróleo. En su oportunidad, fue un estadunidense, Edward L. Doheny, quien encontró petróleo por primera vez en México en unos terrenos particulares cerca de Tampico, en 1901. Cinco años después, un ingeniero británico de gran éxito, Weetman D. Pearson, que había construido el ferrocarril que atraviesa el istmo de Tehuantepec, encontró petróleo en la costa del Golfo, más al sur. Cuando la Huasteca Petroleum Company de Doheny y la Eagle Petroleum Company de Pearson expandieron la producción e iniciaron las exportaciones, las compañías petroleras establecidas —Gulf, Standard Oil, Texaco, Sinclair y Royal Dutch entre otras— pronto se unieron a la fiebre del petróleo.

Cabe destacar que el aumento más importante de la producción se dio durante la Revolución e inmediatamente después de ella: por accidente geográfico, los campos petroleros más importantes ubicados en la Faja de Oro, en la costa del Golfo, estaban muy lejos de las zonas de combate. En 1910, la producción era sólo de 10 000 barriles diarios, pero llegó a 530 000 barriles diarios para 1921, a la sazón monto equivalente al 25 por ciento de la producción mundial. Fue un período en el cual las compañías extranjeras obtuvieron inmensas utilidades,* y todos los puestos administrativos de primera categoría estaban ocupados por extranjeros y sólo un puñado de productores mexicanos independientes tenía parte en la industria. México estaba adquiriendo también importancia estratégica: durante este lapso, más del 80 por ciento de su petróleo era exportado. Durante la primera Guerra Mundial, la primera guerra importante movida por el petróleo, el crudo mexicano representó el 95 por ciento del petróleo importado por Estados Unidos, que a su vez era el principal proveedor de Inglaterra. Así, el petróleo mexicano servía, casi en forma exclusiva, a los intereses extranjeros.

Pero hacia 1915, cuando el caos de la Revolución dio paso a cierto orden, empezó a dirigirse la atención hacia la industria petrolera y los enclaves extranjeros que había alimentado. La formación de una Comisión Técnica del Petróleo, por parte de Carranza, condujo a decretos nuevos que elevaban los impuestos sobre exportación y revisaban las reglas para las concesiones y la producción. Poco después, el Artículo 27 de la Constitución de 1917 confirmaba que

---

* Posteriormente, Pearson fundó un imperio financiero y editorial en Inglaterra y, más adelante, al ser nombrado Lord Cowdray en 1911, sus colegas lo conocían como "el miembro de México". Vendió su Eagle Petroleum a la Royal Dutch Shell en 1919 y, así, se libró de la nacionalización.

el estado era dueño del subsuelo. A su vez, las compañías consideraron que se trataba de un acto hostil, mismo que llevó a sus gobiernos a protestar contra la aplicación retroactiva de la ley. Algunos petroleros estadunidenses incluso llegaron a proporcionar a Manuel Peláez, poderoso cacique de Veracruz que controlaba la zona petrolera, el dinero, las armas y las municiones que necesitaba para oponerse a Carranza. En público, argüían que corrían el riesgo de que sus pozos fueran saboteados si rechazaban a Peláez, pero, en privado, aprovecharon gustosamente la oportunidad de debilitar a un gobierno central que representaba una amenaza cada vez mayor.

En los dos decenios siguientes, el pleito entre los sucesivos gobiernos y las compañías petroleras extranjeras fue una característica permanente de la vida pública de México, y como Estados Unidos adoptó la causa de las compañías, la disputa fue adquiriendo, cada vez más, el aspecto de un enfrentamiento de soberanías. Después del asesinato de Carranza, cuando le sucedió Obregón en 1920, Washington se abstuvo de reconocer al nuevo gobierno hasta que no se arreglara la situación del petróleo. Finalmente, se reanudaron las relaciones con los Acuerdos de Bucareli en 1923, que convertían los derechos de propiedad de las compañías petroleras en concesiones prácticamente indefinidas, al tiempo que gravaban un nuevo impuesto sobre la producción supuestamente para financiar las reparaciones de la guerra. Esta situación fue alterada por una nueva ley, en 1925, que instrumentaba el Artículo 27 de la Constitución y que decía que la posesión del subsuelo, por parte de la nación, era "inalienable" y limitaba las concesiones a cincuenta años. Pero hubo tantas protestas, inclusive requerimientos para la intervención militar de Estados Unidos, que un decreto de 1928 volvía a revisar la ley, permitiendo concesiones ilimitadas.

Sin embargo, conforme avanzaba el decenio de 1920, la posición negociadora de México se fue debilitando gradualmente. Terminada la primera Guerra Mundial, el mercado mundial del petróleo se inundó, situación que se agravó más adelante con la depresión. Como el costo de la producción resultaba, repentinamente, decisivo, muchos pozos mexicanos que habían sido explotados en exceso ya no eran comercialmente viables. Es más, los agitados debates políticos en México llevaron a muchas compañías a empezar a invertir en los ambientes menos problemáticos de Venezuela y el Oriente Medio. La producción disminuyó precipitadamente a sólo 108 000 barriles diarios en 1930. Pero el final del primer auge petrolero del país sólo intensificó la presión política ejercida sobre el gobierno para que éste "hiciera algo" respecto a las compañías petroleras.

194

En 1931, el gobierno decretó un nuevo Código del Trabajo, mismo que requería que un 90 por ciento del total de los empleados de las compañías fueran ciudadanos mexicanos, que se capacitara a los mexicanos para ocupar el lugar de los técnicos extranjeros y que se permitiera que los sindicatos inspeccionaran las cuentas de cualquier empresa comercial. Así, en la marejada de activismo sindical que vino después de la toma de posesión de Cárdenas en 1934, los trabajadores petroleros ocuparon un lugar particularmente destacado, no sólo por contarse entre los grupos organizados más antiguos, mejor remunerados y más grandes del país, sino también porque un gobierno nacionalista, por naturaleza, se inclinaba a respaldarlos ante una presencia extranjera tan visible. En diciembre de 1935, el mismo Cárdenas alentó la formación del Sindicato de Trabajadores Petroleros de la República Mexicana (STPRM), unificando a un par de docenas de sindicatos independientes —y, a la sazón, revolucionarios— bajo un solo líder. A lo largo de 1936 y principios de 1937, el nuevo sindicato trató de negociar su primer contrato colectivo con las compañías petroleras.

Por fin, en mayo de 1937, el STPRM se declaró en huelga por el nuevo contrato y, específicamente, porque la compañía se negó a permitir que el sindicato inspeccionara sus libros. Para asombro de las compañías, el gobierno reconoció la huelga como "conflicto de orden económico" y, por primera vez, lo refirió a arbitraje . En diciembre, la Junta de Arbitraje informó que las compañías estaban obteniendo mayores utilidades y pagando menores sueldos en México que en ninguna otra parte del mundo (posteriormente, el gobierno calculó que ganaron diez veces más de lo que invirtieron entre 1901 y 1938) y ordenó un aumento salarial del 27 por ciento, más prestaciones adicionales como un plan de jubilación, atención médica, permiso por enfermedad y prima vacacional. Cuando las compañías apelaron a la Suprema Corte de Justicia, el dictamen fue confirmado el primero del marzo de 1938.

Cárdenas aún no tenía intención de ejercer el derecho constitucional de retirar las concesiones. Deseando llegar a un arreglo, llamó a los ejecutivos petroleros extranjeros a Palacio Nacional y les aseguró que el costo de los aumentos salariales no pasaría de 7.2 millones de dólares, alrededor de la mitad de las utilidades estimadas de las compañías. Los ejecutivos dijeron que el arreglo les costaría mucho más y que sus utilidades eran mucho menores de lo que se suponía, pero se dice que Cárdenas les contestó: "Están indebidamente preocupados, señores. La suma no será más de 7.2 millones porque así me lo indican mis expertos. Les garantizo que no tendrán problemas." Se cuenta que el representante de una compañía respondió entonces: "Señor Presidente, éstas son sus palabras. Pero ¿quién las garantiza?" La implicación de que la palabra de Cárdenas no era suficiente sirvió para sellar el destino de las compañías. El 18 de marzo, Cárdenas transmitió al país que diecisiete compañías petroleras, estadunidenses y británicas, serían expropiadas por su "actitud arrogante y rebelde". Las compañías, sorprendidas e incrédulas, acataron rápidamente el aumento salarial, pero el decreto de nacionalización ya era ley.

La medida fue recibida con una explosión inmediata de apoyo sentimental. Cárdenas fue aclamado por trabajadores, campesinos y estudiantes por ser el arquitecto de la independencia económica de México, e incluso se vio a mujeres ricas donando sus joyas para el Fondo Nacional de Solidaridad que se emplearía para pagar la compensación de las compañías expropiadas. Vino también una grave atonía económica, que llevó a la devaluación del peso mexicano y levantó rumores de que las compañías estaban tramando levantamientos militares contra el régimen. Pero para los trabajadores petroleros y para los políticos revolucionarios que, desde hacía mucho tiempo, se habían sentido humillados por el poder de las compañías petroleras, era un momento de reivindicación. (Años antes, Cárdenas había estado destacado en Tampico y había experimentado personalmente el desdén de los petroleros "gringos" por los mexicanos.) En octubre de 1938, en un artículo titulado *Mexico in Revolution*, la revista *Fortune* decía: "Sin lugar a dudas, el general Cárdenas es el Presidente más popular que haya tenido México."

La reacción en el extranjero avivó el nacionalismo en el país. El presidente Roosevelt, que estaba luchando con las compañías petroleras estadunidenses, según se dice, también se congratuló de verlas debilitadas por la nacionalización mexicana. Pero Cárdenas fue tildado de comunista por muchos congresistas y periodistas de Estados Unidos, al tiempo que las compañías petroleras organizaron un boicot punitivo contra los productos petroleros mexicanos que, a la larga, obligó a exportar el crudo a los países del Eje. Las compañías petroleras británicas se vieron más afectadas, ya que perdieron los nuevos campos de Poza Rica descubiertos por la Royal Dutch Shell en 1930, mientras que la Faja de Oro, básicamente bajo control estadunidense, para entonces ya estaba seriamente agotada. Inglaterra envió varias notas diplomáticas de protesta que Cárdenas consideró insultantes y que condujeron a la ruptura de relaciones diplomáticas con Londres. Cuando estalló la segunda Guerra Mundial, las relaciones de México con Inglaterra se reanudaron, los nexos con Estados Unidos se compusieron y se acordó y pagó debidamente una compensación por la expropiación. Para entonces, Cárdenas era venerado como héroe nacionalista, sólo comparable con Cuauhtémoc y Juárez: el petróleo había pasado de recurso a símbolo.

II

México no estaba totalmente desprevenido para hacerse cargo de las compañías. Ya en 1925, el gobierno había establecido la Oficina para la Administración del Petróleo Nacional, que controlaba los precios internos del petróleo y dirigía las operaciones de unos cuantos pozos. En 1935, Petróleos Mexicanos o Petromex se hizo cargo de estas funciones y empezó a capacitar a técnicos mexicanos. Al año siguiente, Cárdenas creó la Administración General del Petróleo Nacional. Sin embargo, cuando se fundó Petróleos Mexicanos o Pemex, el 7 de junio de 1938, esta empresa heredó toda una serie de compañías diferentes que no se podían integrar de manera fácil. Gran parte de la maquinaria expropiada, además, era anticuada, prueba de que las compañías preferían invertir en Venezuela. Pero un cuerpo de ingenieros mexicanos y unos cuantos contratistas estadunidenses independientes pudieron mantener funcionando los campos y aunque la producción bajó inmediatamente, se recuperó en un año. La producción promedio de 126 250 barriles diarios de 1937 bajó a 106 350 en 1938, pero subió otra vez a 118 600 en 1939.

Pero Pemex, nacida de una decisión política, pronto quedó atrapada en un dilema que incluso hoy afecta a la empresa: ¿se debería administrar la industria petrolera como si fuera una empresa de servicios públicos o como a un organismo rentable, como si fuera un instrumento sociopolítico del estado como o una compañía privada que, por azar, pertenece al estado? Como catalizador de la expropiación, el sindicato de los trabajadores del petróleo, al parecer, tomó literalmente el lema nacionalista de "¡El petróleo es nuestro!" y exigió, con éxito, un papel dentro de la administración de Pemex. La anarquía resultante pronto convenció al gobierno de que había cometido un error. En 1942, después de largas negociaciones en las cuales se concedió a los trabajadores del petróleo incrementos salariales, prestaciones sociales y muchos privilegios más, el sindicato reconoció finalmente la autoridad absoluta del consejo directivo de Pemex. La eficiencia y la motivación de las utilidades pasaron a ser los nuevos lemas de la sociedad y, en la década siguiente, la producción se duplicó. Con el Presidente Alemán, el sindicato se hizo incluso más dócil cuando se recurrió al ejército para terminar una huelga, se permitió que volvieran algunos contratistas extranjeros e incluso se oyeron rumores ocasionales de que quizá se diese marcha atrás en la nacionalización.

Sin embargo, en los años cincuenta, el criterio cambió una vez más. El control directo del gobierno en Pemex aumentó, incrementando así su vulnerabilidad a la interferencia política y la corrupción. Pero a pesar de una oleada de inflación, que fue seguida por una devaluación del peso de un 60 por ciento en 1954, el gobierno se negó a dar el visto bueno a un aumento del precio del petróleo, sosteniendo que, según palabras del Presidente Ruiz Cortines, "el papel de Pemex no es lucrar sino prestar un servicio social". La lógica parecía válida: como las compañías extranjeras sólo se habían preocupado por las utilidades y las exportaciones, ahora, el petróleo se debía consumir internamente para provecho del país. En la práctica, por medio del "servicio social" de la energía subsidiada, el combustible barato desempeñaba un papel crucial para edificar el emergente sector industrial de México.

El costo que esta política tuvo para Pemex fue muy alto. Incapaz de generar ingresos suficientes para pagar sus impuestos, financiar la expansión o, a la larga, incluso mantener las operaciones diarias, Pemex no podía crecer. Los precios nacionales del petróleo subieron en 1959 por primera vez desde 1946, cuando Antonio Bermúdez, director general de Pemex, sostuvo que la empresa "debía aumentar su capital y utilidades". Pero, muy pronto, los beneficios fueron consumidos por la inflación, y la descapitalización de la compañía continuó: en muchos años, no pagó impuestos al gobierno federal y ya tenía deudas en el extranjero. Se trazaron ambiciosos planes para la construcción de refinerías nuevas y plantas petroquímicas, pero la exploración y la explotación del petróleo empezaron a quedarse atrás y las reservas probadas se estancaron. Se perdió el equilibrio esencial entre reservas, producción y demanda.

Mientras tanto, se esperaba que Pemex diera empleo a amigos y familiares de políticos, y se abandonaron todos los esfuerzos porque la administración siguiera lineamientos empresariales estrictos, se repartieron contratos con base en la influencia, en lugar de hacerlo por el precio o la calidad. Se otorgaron lucrativas concesiones para gasolinerías como favor o recompensa política, al tiempo que Pemex contrataba a "camioneros" privados, invariablemente políticos, para distribuir el combustible por todo el país. El sindicato de trabajadores del petróleo, tan corrupto y nepotista como el resto de la empresa, para mediados de los años cincuenta había hecho las paces con la administración, pero el precio de este arreglo fue muy alto. Pemex no sólo se obligaba a financiar la corrupción de los líderes obreros y la estructura de prestaciones de los trabajadores petroleros, sino que la contratación de obreros innecesarios y las demoras de los trabajos por indicación del sindicato estaban generalizados en todos los niveles, mereciendo a la empresa la fama de ser la compañía petrolera más ineficiente de entre las importantes del mundo. No fue sino hasta 1972 que México finalmente superó su nivel de producción de 1921, pero para entonces la demanda interna era tan elevada que el país estaba importando 100 000 barriles diarios de Venezuela, donde la producción por trabajador era cuatro veces mayor.

Sin embargo cuando la Organización de Países Exportadores de Petróleo elevó repentinamente los precios mundiales del energético, a finales de 1973, la nueva dependencia de México del petróleo importado se convirtió en un tema político. Por ende, el gobierno decretó el primer incremento interno de precios en catorce años, proporcionándole finalmente a Pemex más fondos para la exploración. Pero México no estaba preparado para los acontecimientos que vendrían. En mayo de 1972, Pemex, en forma discreta, había revelado el descubrimiento de petróleo en un punto pantanoso llamado Reforma, cerca de la ciudad de Villahermosa, en el Sureste, pero la declaración recibió poca publicidad. Después del embargo petrolero del Oriente Medio en el invierno de 1973, el gobierno de Estados Unidos, y las principales compañías petroleras empezaron a buscar fuentes de petróleo que no fueran árabes, así como formas para debilitar a la OPEP. En octubre de 1974, un memorándum, escrito en una hoja de papel ordinario sin membrete, circuló entre funcionarios, congresistas y periodistas de Washington, en el cual se estimaba que México había encontrado, cuando menos, 20 mil millones de barriles de reservas petroleras nuevas, el doble de la cantidad de la vertiente norte de Alaska y "comparable con la del golfo Pérsico". Poco después, sin atribución alguna, el artículo apareció en la prensa estadunidense. Más adelante su origen se achacó a una compañía estadunidense dedicada a estudios geofísicos que había sido contratada por Pemex y, al parecer, había comunicado sus resultados a funcionarios de Estados Unidos.

El gobierno mexicano respondió, de inmediato, con instintos nacionalistas. El hecho de que una compañía estadunidense pareciera estar mejor informada que las autoridades mexicanas despertó sospechas de la existencia de espionaje industrial. Es más, como el memorándum se presentó unos cuantos días antes de que el Presidente Echeverría se entrevistara con el presidente Ford en la frontera, la información "colada" sugería una maniobra de Estados Unidos para usar a México contra la OPEP, lo cual resultaba mucho más ofensivo dada la nueva alianza de México a las causas del Tercer Mundo. Así, más que celebrar la nueva riqueza inesperada del país, Echeverría habló del tema con Ford únicamente de manera informal, apuntando vagamente que cualquier depósito nuevo encontrado no se había cuantificado aún y evitando mencionar el petróleo en el comunicado conjunto. De hecho, la historia le advirtió a Echeverría que los nuevos descubrimientos de petróleo podían hacer simplemente que el país fuera más vulnerable a la presión de Estados Unidos, en lugar de fortalecer su independencia.

En los dos años siguientes, la posición de Echeverría se tornó más desconcertante. Los constantes descubrimientos de petróleo y el aumento de la producción en la zona de Villahermosa confirmaban las especulaciones en torno a la bonanza de México. Las importaciones de petróleo se habían terminado en 1973 y las exportaciones crecían ahora en forma constante. El gobierno canalizaba 17 por ciento de la inversión pública hacia la industria. Los proveedores extranjeros de maquinaria atascaban las oficinas de Pemex en la ciudad de México, al tiempo que en Villahermosa se construían hoteles nuevos con gran rapidez para albergar a todos los petroleros mexicanos y extranjeros que llegaban a la población. Es más, para 1975, la economía mexicana se dirigía a la crisis, pues la inseguridad empresarial alimentaba una creciente fuga de capitales. El reconocimiento oficial de las nuevas reservas petroleras incluso podía haber cambiado el clima económico y liberado crédito externo nuevo. Pero Echeverría y su director de Pemex, Antonio Dovalí Jaime, tercamente ignoraron la situación. Al parecer, el petróleo era un tema político demasiado sensible como para usarlo para provecho económico a corto plazo. Ésta era una máxima que el sucesor de Echeverría tardaría muchos años en aprender.

III

Jorge Díaz Serrano, rico contratista petrolero privado, con inversiones en México y Estados Unidos, había recibido informes técnicos secretos de amistades dentro de Pemex que le convencieron de que México, de hecho, había encontrado petróleo en abundancia. Cuando a finales de 1975 se unió a la campaña electoral presidencial de su viejo amigo José López Portillo, Díaz Serrano empezó a discutir su posición con los altos funcionarios de Pemex. "Era mucho más fácil comprobar que teníamos mucho petróleo —recordaría después—, pero ellos insistieron en que no era así.'' A punto de heredar una grave crisis financiera, López Portillo se dejó convencer gustosamente. Al ocupar la presidencia, nombró a Díaz Serrano director general de Pemex. Éste resultaría el nombramiento más importante de su gobierno.

Díaz Serrano, hombre que no tenía experiencia política previa, introdujo en cambio su talento empresarial y su experiencia en ingeniería, que habían hecho que sus compañías de perforación, dragado y transportación se convirtieran en operaciones sumamente rentables. Por primera vez en veinticinco años, introdujo a Pemex técnicas administrativas del sector privado. ''Teníamos una burocracia en que todo se hacía por escrito, cantidades de memorando, con copias a todos los departamentos. La comunicación interna era muy lenta —explicaba poco después de ocupar su puesto—. Entonces, en vez de enviar memoranda, me sentaba con mi agente, explicaba lo que necesitaba y demandaba una respuesta inmediata. Así eliminamos muchísima burocracia.'' Consciente de los costos de producción exorbitantes de Pemex, controló también las contrataciones nuevas conforme empezó a expanderse la producción y, entre 1976 y 1980, la producción por trabajador pasó de 14.9 a 26.1 barriles diarios. Por un momento, cuando menos, los criterios empresariales, en lugar de los políticos, habían retornado.

La primera medida que tomó Díaz Serrano en Pemex fue drástica: anunció abruptamente que las reservas probadas de hidrocarburos de México —aproximadamente dos terceras partes de petróleo crudo y una tercera parte de gas natural— habían aumentado de 6.3 mil millones a 11.1 mil millones de barriles. Pero, a pesar de la bonanza visible en torno a Villahermosa, la declaración fue recibida con escepticismo; los banqueros extranjeros sospechaban que era una tarea para obtener créditos nuevos en un momento de dificultad económica. Con objeto de lograr mayor credibilidad, Díaz Serrano contrató a los actuarios petroleros estadunidenses De-Goyler y MacNaughton para que verificaran las reservas. Para cuando endosaron una estimación de 11 mil millones de barriles, Pemex había elevado su cifra a 14.7 mil millones de barriles y alentaba informes semioficiales que hablaban de más de 60 mil millones de barriles. Díaz Serrano se dio personalmente a la tarea de recorrer el mundo difundiendo la noticia de los descubrimientos de México, mientras que en el país, Pemex se embarcaba en un programa de inversión de 15.5 mil millones de dólares, cuyo objetivo era aumentar la producción de 800 000 barriles diarios en 1976 a 2.25 millones para finales del sexenio de López Portillo, en 1982.

Apostando a que el petróleo podría revivir la economía postrada, López Portillo canalizó el 28 por ciento del total de la inversión pública hacia Pemex entre 1978 y 1980. Las perforaciones en la frontera de Tabasco y Chiapas, al sur de Villahermosa, revelaron que algunos pozos, que estaban a muchos kilómetros de distancia, pertenecían a la misma estructura geofísica, al tiempo que se descubrieron depósitos nuevos en otras zonas. Al norte, en el estado de Veracruz, se descubrió un gran campo de crudo pesado en la zona de Chicontepec, el cual sumó 17 mil millones al total de reservas. Cerca de la frontera con Estados Unidos, en la cuenca llamada Sabinas, en el estado de Coahuila, se encontró también gas natural, aunque no se tomó ninguna medida inmediatamente para explotar estos depósitos, puesto que el gas natural aún llameaba en los campos petroleros. Pemex declaró que sólo había explorado un 10 por ciento del territorio nacional con potencial para contener hidrocarburos, y empezó a explorar en el mar, cerca del estado de Nayarit, y encontró un campo de gas natural cerca de Baja California.

Los descubrimientos más importantes ocurrieron de manera casi accidental en la sonda de Campeche, a sólo ochenta kilómetros al norte del puerto pesquero de Ciudad del Carmen, cuando un pescador del lugar llamó la atención de Pemex hacia el petróleo que salía del mar. Por último, en mayo de 1977, el pozo Akal I, la primera perforación explorativa de la zona, reveló que había depósitos mucho mayores que los existentes en la zona de Tabasco y Chiapas. La construcción de un ducto a Tres Bocas detuvo la producción comercial, pero el petróleo empezó a fluir en junio de 1979 y, en dos años, la producción marítima aumentó a 1.5 millones de barriles diarios, y los pozos arrojaban el asombroso promedio de 30 000 barriles. Las reservas marítimas se estimaron, después, en 34.4 mil millones de barriles, pero muchos expertos pensaban que los depósitos se extendían mucho más allá de la zona de 1 300 kilómetros cuadrados tomados por la exploración inicial y podrían extenderse al occidente, hacia Tabasco y Chiapas, y al oriente, en torno a la península de Yucatán.

El ambiente eufórico del país se acrecentó con el aumento de los precios del petróleo en 1979, el cual duplicaba los ingresos de Pemex por concepto de exportación y estimulaba las exploraciones. Para marzo de 1981, las reservas probadas de hidrocarburos habían saltado a 72 mil millones de barriles, compuestos por 57 mil millones de barriles de petróleo crudo y petróleo equivalente a 75 trillones de pies cúbicos de gas natural. Más adelante, las reservas probables aumentaron de 58 mil millones a 90 mil millones de barriles y, con los depósitos probados, se incluyeron en la estimación de 250 mil millones de barriles de reservas potenciales. Se decía que México contaba con el quinto lugar del mundo en cuanto a reservas de petróleo y el decimoséptimo por sus reservas de gas. La meta de producción de 2.25 millones de barriles diarios fue alcanzada dos años antes de lo que se esperaba y el tope se aumentó a 2.75 millones, al tiempo que las exportaciones se habían incrementado de 200 mil a 1.5 millones de barriles diarios para 1982. La producción de gas natural, que captaba menos atención pero que era igualmente importante, aumentó notablemente, satisfaciendo un 23 por ciento de la demanda del energético en el país para 1982.

Las erogaciones de Pemex —en equipo para exploración y producción, remolques y buques petroleros, instalaciones portuarias, refinerías nuevas, complejos petroquímicos primarios y las nuevas oficinas centrales de 52 pisos en la ciudad de México— iban mucho más rápido de lo programado, pero el dinero no significaba un problema. Los banqueros extranjeros literalmente formaban colas ante las oficinas de Díaz Serrano esperando la oportunidad de prestar dinero. Parte de éste se gastó en subsidiar el precio interno de la gasolina, a la sazón inferior a la mitad del precio que se cobraba en Estados Unidos. Las compañías petroleras extranjeras competían por firmar para la producción futura del país, mientras que muchos gobiernos occidentales, entre ellos Suecia, Canadá y Francia, deseosos de tener un proveedor que no fuera del Oriente Medio, fueron convencidos de hacer inversiones importantes en México, a cambio de contratos con Pemex.

Lo que es más importante aún, el petróleo dio a México orgullo nuevo y confianza en sus tratos con el mundo. López Portillo no accedió a las invitaciones para unirse a la OPEP, sosteniendo públicamente que, como dueño de su petróleo, México no tenía cabida en un grupo que se había creado para proteger a los países exportadores de petróleo contra los gigantes trasnacionales. Aún así, deseoso de elevar una voz responsable en un mercado caótico, presentó un idealista Plan Mundial de Energía ante la Asamblea General de las Naciones Unidas en 1979, y el año siguiente México se unió a Venezuela en un proyecto para proporcionar petróleo barato a las economías pequeñas de la zona del Caribe, estrategia que le costaría a cada uno de los países alrededor de 180 millones de dólares al año. Es más, se enorgulleció de ayudar a Cuba, Nicaragua y Costa Rica a buscar sus propios depósitos. El petróleo reforzó también los sentimientos ambivalentes de México respecto a Estados Unidos: dio al país la confianza en sí mismo que necesitaba para enfrentarse al gobierno de Carter en una serie de cuestiones, pero su dependencia excesiva del mercado estadunidense, y el hecho de que Estados Unidos confiara cada vez más en el petróleo mexicano, crearon una nueva sensación de vulnerabilidad. En 1980, López Portillo ordenó que las exportaciones de crudo mexicano destinadas a un solo cliente no pasaran del 50 por ciento.

El auge petrolero no estaba exento de problemas. En 1977, después de que se había iniciado la construcción de un gasoducto de 1 300 kilómetros para exportar gas natural a Estados Unidos, el gobierno de Carter, repentinamente, detuvo un acuerdo negociado con los importadores de gas estadunidenses en razón de una amarga disputa en torno a los precios. México no salió perjudicado, toda vez que empleó el gas en el país y evitó los problemas que surgieron por el mismo en Estados Unidos varios años después, pero a la sazón ello despertó una oleada de nacionalismo y sirvió de recordatorio de las presiones que la riqueza de energéticos atraía. En junio de 1979, se perdió el control de un pozo nuevo que estaba perforándose en la sonda de Campeche, el Ixtoc 1, derramando al mar 30 000 barriles de crudo diarios. Cuando parte del petróleo flotó a través del Golfo hasta las playas de Texas, hubo una querella diplomática por las compensaciones con Washington. Incluso aunque contaba con costoso equipo y asesoría extranjeros, Pemex gastó 50 millones de dólares en los nueve meses que transcurrieron antes de poderse controlar la fuga.

El impacto que las actividades de Pemex tuvieron en el entorno rural de las cercanías de Villahermosa fue mucho más serio. Tradicionalmente, la industria mexicana en general —y Pemex en particular— habían manifestado poco interés por la contaminación, pero la exploración y la explotación de la zona pantanosa de Tabasco-Chiapas pronto despertó las quejas de los campesinos del lugar. Los pozos de agua habían sido envenenados por las fugas de petróleo, al tiempo que las emanaciones de azufre al ambiente perjudicaban las cosechas. Cuando los campesinos empezaron a bloquear los caminos que conducían a los pozos petroleros, el gobernador de Tabasco se puso de su parte y presionó a Pemex para que pagara una compensación y mejorara el control de la contaminación. Pero el problema persistió, y los pescadores de Campeche se unieron a un coro de quejas que llegaban más allá de la contaminación y comprendían la elevada inflación, la migración urbana descontrolada y la alteración de la vida en provincia producidas por Pemex. Después de otra oleada de protestas en 1983, Pemex le pagó nueva compensación a Tabasco y lanzó una campaña publicitaria en todo el país para demostrar su preocupación por la naturaleza aunque, en muchas zonas, ya había ocasionado daños irreversibles.

La prisa por aumentar la producción a cualquier costo también produjo desajustes en la propia compañía. Algunos de los dolores de cabeza de Pemex procedían simplemente de que trataba de administrar simultáneamente la expansión de las exploraciones, la explotación y las instalaciones de las refinerías y la petroquímica. Como gran parte del equipo nuevo procedía del extranjero, había demoras en las entregas y cuellos de botella, mientras que los remolcadores y barcos de almacenamiento, cuyo alquiler era muy costoso, en ocasiones estaban parados durante muchas semanas. La necesidad de terminar las construcciones con la mayor rapidez posible hizo que la calidad y los costos, muchas veces, no se controlaran debidamente. Los procedimientos contables oficiales, al parecer, fueron pasados por alto en nombre de la ejecución veloz de los proyectos prioritarios. Un estudio realizado por la secretaría de Programación y Presupuesto estimaba que 85 por ciento de los contratos concedidos por Pemex en 1979 y 1980 no estuvieron sujetos a las autoridades competentes.

Alentado por la falta de controles del gobierno central, este caos burocrático alimentó, a su vez, una corrupción masiva, en todos los niveles del monopolio, y muchos funcionarios destacados de la industria petrolera eran bien conocidos por estar dispuestos a cambiar contratos por comisiones. Una auditoría selectiva, que realizó la secretaría de Hacienda tan sólo del 1.3 por ciento de las cuentas de Pemex, de 1980, reveló la existencia de 130 millones de dólares por concepto de "irregularidades no justificadas", que iban desde pagos sin recibo hasta exportaciones no registradas. Parte de ello fue atribuido a la mala administración, pero durante el gobierno de López Portillo el costo que la corrupción de Pemex tuvo para el país seguramente alcanzó la cifra de miles de millones de dólares. La compra de equipo, por rutina, produjo comisiones entre un 10 y 15 por ciento, mientras que se decía que una parte de los ingresos por concepto de exportaciones se habían desviado y guardado en cuentas de bancos extranjeros. En los mercados "spot" de Europa se vendieron millones de barriles de petróleo, sin que Pemex los registrara como exportaciones. Es más, en razón de la prohibición jurídica de que los extranjeros participaran en forma directa en la industria petrolera, algunas camarillas petroleras de extranjeros fueron contratadas por medio de intermediarios mexicanos, que eran, en muchos casos, compañías propiedad de políticos, como la Permargo Company, que Díaz Serrano había fundado unos años antes.

Pero mientras el grado escandaloso de corrupción dentro de Pemex se fue conociendo gradualmente, parecía un precio relativamente bajo por el magnífico éxito logrado por la compañía al aumentar las reservas, la producción y las exportaciones. El propio

Díaz Serrano resistió varias tormentas de críticas. El hecho de que procedía del sector privado y que había sido socio comercial del vicepresidente de Estados Unidos George Bush, hizo que los izquierdistas no confiaran en sus credenciales nacionalistas, pero Díaz Serrano gastó mucho dinero en los medios de comunicación para contrarrestar esta imagen. Como petrolero profesional, también era criticado por los nacionalistas conservadores por querer producir y exportar tanto petróleo como fuera posible. Pero López Portillo respaldó a su amigo. El Presidente aplacó a los conservadores poniendo un "tope" de 2.25 millones de barriles diarios para la producción, pero lo aumentó a 2.75 millones cuando se alcanzó la meta y, para finales de 1982, la producción, ocasionalmente, pasó de 3 millones. La realidad era que Pemex estaba produciendo y exportando lo más posible.

Una circunstancia incluso más controvertida fue que el auge petrolero dio a Díaz Serrano un poder político que le ganó enemigos dentro del gobierno. José Andrés de Oteyza, que como secretario de Patrimonio y Fomento Industrial, era presidente *ex officio* del consejo de Pemex, resintió particularmente que Díaz Serrano tratara los asuntos petroleros directamente con el Presidente. Otras figuras medulares, inclusive David Ibarra, secretario de Hacienda, y Miguel de la Madrid, entonces secretario de Programación y Presupuesto, se quejaron también de que Pemex se había convertido en un estado, corrupto y mal administrado, dentro del estado. Más que eso, aunque llegado tarde al mundo de la política, Díaz Serrano usó el poder y la riqueza de Pemex para promoverse como sucesor de López Portillo. En el extranjero, muchas compañías petroleras importantes y varios gobiernos le cortejaban como si su designación estuviera asegurada. Después de que el mismo López Portillo parecía estar alentando a Díaz Serrano, eligiéndole para que hablara en nombre de todo el gobierno en una importante ocasión política, en febrero de 1981, los demás precandidatos unieron fuerzas en su contra: parecía inconcebible que, en razón del accidente del petróleo, un amigo del Presidente, sin experiencia política, fuera a llegar a la presidencia.

En la primavera de 1981, la recesión mundial dio por resultado el primer desborde del mercado del petróleo en casi una década. Los ministros del petróleo de la OPEP se reunieron en Ginebra en mayo, pero no pudieron ponerse de acuerdo sobre una reducción de precios ni una disminución de la producción. Empero, la iniciativa había pasado de vendedores a compradores y, el primero de junio, Díaz Serrano le recomendó a López Portillo que Pemex bajara su precio de exportación para conservar a sus clientes comerciales en

Estados Unidos. Su lógica era sólida: otros exportadores de petróleo ya vendían con descuento, y México se tenía que adaptar a las fuerzas del mercado. Al día siguiente, se informó a los clientes de Pemex, por télex, que el precio del crudo ligero tipo Istmo bajaría de 38.50 a 34.50 dólares por barril y el petróleo pesado tipo Maya de 32 a 28 dólares por barril. Esa misma semana, varios miembros de la OPEP hicieron lo mismo.

A pesar de la sabiduría económica de la medida, Díaz Serrano cometió varios errores políticos cruciales. No consultó a los secretarios económicos que le habían estado atacando, ni le advirtió al Presidente cuáles serían las repercusiones probables de una baja del precio. Como era el primer país que anunciara públicamente un precio más bajo, al parecer México estaba violando la solidaridad con el Tercer Mundo y socavando a la OPEP. El hecho de que la noticia de la medida llegara primero a Nueva York parecía implicar que Díaz Serrano había sucumbido a la presión de Estados Unidos. Los mexicanos, que vivían un sueño de prosperidad inminente, no estaban preparados para esta dosis de realismo. Los enemigos de Díaz Serrano vieron una oportunidad: orquestaron una campaña en los medios de comunicación donde se presentaba la baja de precios como una traición al nacionalismo mexicano y obligaron al Presidente a despedir al jefe de Pemex.

En el curso de un mes, todas las pasiones irracionales de México respecto al petróleo salieron a la superficie. Julio Rodolfo Moctezuma Cid, ex secretario de Hacienda, sucedió a Díaz Serrano, pero Oteyza pudo finalmente afirmar su autoridad en Pemex. Para deleite de los nacionalistas y asombro de los realistas, anunció que los precios del petróleo de México aumentarían 2 dólares por barril en julio. La información se presentó ante el público como un triunfo ante el mundo: en nombre del orgullo, México iría contra la tendencia del mercado. Casi de inmediato, Pemex empezó a recibir mensajes por télex que cancelaban los contratos comerciales. Cuando la Compagnie Française des Pétroles suspendió importaciones por 100 000 barriles diarios, Oteyza amenazó con cancelar los contratos que había con compañías francesas para la construcción del metro en México. Entonces, los funcionarios mexicanos trataron de rescatar los contratos existentes de gobierno a gobierno. Pero las exportaciones cayeron de 1 millón a 460 000 barriles diarios en junio, y aunque la cifra fue disfrazada al presentar los precios CIF (costo, seguro y fletes) en lugar de los precios tradicionales FOB (franco a bordo), el precio de exportación de México sólo se aumentó 10 centavos de dólar por barril en julio. En un mes, el patriotismo equivocado le había costado a México mil millones de dólares.

Pero el gobierno todavía no podía aceptar la idea de que la burbuja de esperanza inflada por los precios del petróleo que aumentaban rápidamente se pudiera reventar de repente. Por ende, Pemex seguía aumentando su producción y, en agosto de 1981, firmó un contrato a largo plazo para ser proveedor de la Reserva Estratégica de Estados Unidos. Pero para cubrir una baja de 6 mil millones de dólares que se esperaban en ingresos del petróleo y otras fuentes sin reducir el crecimiento económico, el gobierno contrató muchos préstamos en el extranjero, en el segundo semestre de 1981 —gran parte de ellos en nombre de Pemex, aumentando la deuda externa de la compañía a unos 22 mil millones de dólares para finales de 1982— y preparó los ingredientes para el derrumbe financiero que vino después. La producción y las exportaciones de petróleo llegaban a 3 millones y 1.6 millones de barriles diarios, respectivamente, para cuando López Portillo terminó su mandato en diciembre de 1982, pero para entonces Pemex era un gigante domesticado.

Apenas cuatro meses antes, en un intenso fin de semana de negociaciones en Washington, en la cumbre de la crisis financiera, Pemex había aceptado una oferta de mil millones de dólares como pago anticipado por la venta adicional de petróleo mexicano a la Reserva Estratégica de Estados Unidos. Oteyza, el fogoso nacionalista de mediados de 1981, había dado el visto bueno a términos —el precio estaba entre 25 y 30 dólares el barril, pero con una asombrosa tasa de interés del 20 por ciento— que eran tan humillantes que el gobierno prohibió que se hablara de ellos en los periódicos del país. Sin embargo, en círculos petroleros se supo del contrato y aumentó la desconfianza que la OPEP tenía de México. "Estamos sentados en un mar de petróleo", se había ufanado Díaz Serrano en 1977, pero la economía había logrado hundirse en él. México, que fue conducido por el petróleo a la peor crisis que se recordara, ahora no tenía otra opción sino depender del petróleo para su supervivencia económica.

IV

Los verdaderos jeques del petróleo mexicano son los líderes sindicales de Pemex. Ocupando sus puestos por infinidad de años, conforme los Presidentes de México y los directores generales de Pemex vienen y van, la quintaesencia de estos caciques han acumulado gran poder y riqueza, controlando a todos los empleados de Pemex salvo a un puñado, siempre recurriendo a las amenazas y la violencia para aplastar a los movimientos internos de oposición y "comprando" a los políticos que entorpecen su camino. Sin embargo, en lugar de arriesgarse al descontento de los obreros y posible sabotaje de las instalaciones petroleras enfrentándose a ellos, los sucesivos gobiernos han preferido aplacar a los líderes a cambio de su apoyo al sistema y su control de los trabajadores del petróleo. Como resultado, si Pemex se ha convertido en un estado dentro de otro, el sindicato funciona ahora como una compañía dentro de otra. Entre tanto, se ha convertido en el sindicato más fuerte de México y el más rico de América Latina.

El poder del STPRM, apenas formado, ya era evidente en los meses que condujeron a la nacionalización de 1938. Aunque el gobierno eliminó rápidamente el papel directo del sindicato en la administración y estableció que no se permitiría un liderato izquierdista, se permitió que el STPRM se convirtiera en una élite privilegiada dentro del movimiento obrero oficial. Ya en 1946, se concedió al sindicato un 2 por ciento del valor de todos los contratos entre Pemex y las compañías privadas. Pemex reconoció también que era un ente vedado y no sólo aceptó retener un 2.5 por ciento de los salarios por concepto de cuotas sindicales sino también cedió el derecho a seleccionar a todo el personal, salvo el de los puestos más altos. Más adelante, conforme el STPRM y sus líderes se convirtieron en empresarios con derecho propio, el monopolio le dio al sindicato la facultad de efectuar o asignar una parte de todos los contratos de Pemex; esta parte aumentó gradualmente con los años y, hasta hace poco, representó más del 40 por ciento de los contratos de perforación y el 50 por ciento de otros contratos. No es raro, pues, que muchas de las compañías que se llevan estos contratos sean propiedad de los líderes del sindicato.

Conforme un verdadero tesoro de prestaciones médicas, educativas y habitacionales, así como lucrativas oportunidades de negocios brotaban de Pemex, la competencia por controlar este ruedo se intensificó. El STPRM tiene veintinueve secciones, cada una de ellas capaz de repartir puestos y recibir una parte del gasto de Pemex en su jurisdicción y cada una dominada por un cacique seccional. Dependiendo de su tamaño, las secciones tienen diversas representaciones en el Comité Ejecutivo Nacional. Pero el puesto medular de secretario general se ha ido rotando, tradicionalmente, entre los candidatos de la Sección 1, con sede en Ciudad Madero, cerca de Tampico, la Sección 30 en Poza Rica, cerca de Veracruz, y la Sección 10 en Minatitlán, en el sur del estado de Veracruz. Invariablemente, una sección u otra ha pretendido dominar al sindicato entero, pero el poder nunca ha estado tan centralizado como ahora.

Desde principios de los años sesenta, la historia del STPRM ha girado en torno a un cacique, Joaquín Hernández Galicia, hombre de constitución frágil, de sesenta y tres años, conocido en todas partes por La Quina. Nacido de familia de petroleros, en Ciudad Madero, población de la costa del Golfo, en 1922, con preparación de soldador, fue luchando por ascender en las filas del sindicato, hasta que sus nexos políticos con el Presidente López Mateos le ayudaron a obtener el puesto de secretario general de la Sección 1 en 1959. A la sazón, el gobierno estaba tratando de romper el poder de Jaime J. Merino quien, mientras servía, durante dieciséis años, como superintendente de zona de Pemex en Poza Rica, había logrado controlar la Sección 30 e instalar a un colaborador leal, Pedro Vivanco García, como secretario general nacional. Entonces, López Mateos envió abruptamente a Merino a la oficina de Pemex en Los Ángeles y, en 1962, con objeto de eliminar el poder autónomo del sindicato, dio el visto bueno a la elección de La Quina como secretario general nacional, para un período de tres años.

La batalla por el control del STPRM siguió durante la década de los años sesenta. En 1965, La Quina fue sucedido por Rafael Cárdenas Lomelí de la Sección 10, y en 1968, Cárdenas lo fue por Samuel Terrazas Zozaya de la Sección 30; el director de Pemex a la sazón, Jesús Reyes Heroles, alentó a estos dos hombres a oponerse al imperio que estaba creando La Quina. No obstante, La Quina conservó ligas estrechas con el secretario de Gobernación de Díaz Ordaz, Echeverría, y cuando éste llegó a la presidencia en 1970, el patrón del sindicato recuperó su poder nominando a Salvador Barragán Camacho para nuevo secretario general del sindicato por parte de la Sección 1.

La rotación del puesto llevó a Sergio Martínez Mendoza de la Sección 10 a ocupar el mando en 1974. Pero cuando su sucesor, Heriberto Kehoe Vincent de la Sección 30 empezó a crear su propia base de poder, supuestamente alentado por el nuevo gobierno de López Portillo, fue asesinado en Poza Rica, en febrero de 1977, y reemplazado por el candidato nombrado por La Quina, Óscar Torres Pancardo. En 1980, Barragán Camacho volvió a tomar las riendas, en esta ocasión por un lapso de cinco años, extensión sin precedentes. La Quina conservó el puesto de Director de Obras Sociales y Revolucionarias dentro del sindicato, pero para entonces, su poder a nivel nacional ya era indiscutible.

Se considera que la oposición franca a La Quina y su camarilla es poco aconsejable. Existen dos pequeños grupos disidentes —el Movimiento Lázaro Cárdenas y el Movimiento Petrolero Nacional—, pero éstos siguen vivos, en gran parte, gracias a los medios de comunicación; los esfuerzos que ocasionalmente hacen por organizar a los trabajadores del petróleo son interrumpidos por los matones paramilitares del STPRM. Como es probable que cualquier amenaza contra la posición de La Quina proceda de dentro del sistema, éste gasta mucho dinero e invierte tiempo en atender sus contactos políticos en todos los puntos del país. En 1981, proporcionó la mayor parte del dinero para la construcción de un edificio nuevo de las oficinas centrales de la Confederación de Trabajadores Mexicanos (CTM). Después de la primera devaluación de la moneda mexicana, en febrero de 1982, mandó al sindicato que donara 30 millones de pesos —entonces equivalentes a 650 000 dólares—, al gobierno, para ayudar a reembolsar la deuda externa de 80 mil millones de dólares. Los gobernadores y políticos de los estados petroleros pronto contraen deudas políticas con La Quina y eluden cualquier actividad por desestabilizarlo. En fecha reciente, soñando con suceder a Fidel Velázquez como máximo líder sindical del país, La Quina ha tratado de mejorar su imagen financiando a varios sindicatos izquierdistas.

La Quina es un verdadero padrino: recompensa a aquellos de sus seguidores que manifiestan fidelidad ciega y, así, crea una red inmensa de relaciones y compromisos personales. En un país donde casi todo el poder está centralizado en la ciudad de México, es mucho más notorio que La Quina gobierne el sindicato desde Ciudad Madero, capital de una zona petrolera tradicional, que ha perdido importancia hoy día. Ocasionalmente, viaja a la ciudad de México a pasar el día y entrevistarse con el Presidente o el director de Pemex, o para asistir a alguna ceremonia política importante, pero la mayor parte del tiempo sostiene las audiencias en su casa, donde varias docenas de peticionarios invariablemente esperan para verle. Muchos de ellos son trabajadores petroleros comunes y corrientes o sus familiares, que esperan tener la oportunidad de pedir un favor; pero los contratistas petroleros, corredores de bienes raíces, políticos, embajadores extranjeros e incluso activistas políticos extranjeros también suelen estar presentes en su sala de espera. La austeridad personal de La Quina —no fuma ni bebe, es vegetariano y le ha sido "fiel" a una amante durante muchos años—, también contribuye a su mística, al tiempo que su maestría de los detalles y su memoria para recordar nombres y rostros le confieren una ventaja importante sobre todos sus ayudantes.

No obstante, el dinero es la médula de su poder. Los líderes de todas las secciones del sindicato tienen permiso de enriquecerse "vendiendo" puestos en Pemex, y ganando o subastando los contratos de construcción en sus zonas. La Quina, que se mantiene informado por medio de sus propios agentes secretos, establece claramente que todos los negocios turbios ocurren con su permiso. El sindicato mismo es inmensamente rico como institución, pues posee compañías perforadoras de petróleo, dos buques-tanque petroleros, una cadena de supermercados, una flotilla de aviones, miles de hectáreas de terrenos agrícolas, bienes raíces urbanos en muchas poblaciones petroleras y el hotel Alameda en la ciudad de México. En 1983, La Quina estimó que los bienes del STPRM sumaban 10 mil millones de pesos, o 670 millones de dólares al tipo de cambio que prevalecía entonces, aunque jamás ha habido una auditoría independiente de las cuentas del sindicato. Además de las utilidades obtenidas por el control de un 40 por ciento de todos los contratos, sólo el 2 por ciento de comisión pagado al sindicato por las inversiones de Pemex entre 1970 y 1981 sumaría más de 450 millones de dólares.

Durante el auge petrolero, el poder económico y político del sindicato aumentó dramáticamente. El número de empleados permanentes de Pemex incrementó a menos velocidad que la producción, llegando a unos 80 000 en 1982, pero entre 60 000 y 90 000 trabajadores temporales dedicados a la construcción, perforación por contrato y otros proyectos estaban también sujetos al control del sindiacto. Normalmente, se permitía que las camarillas petroleras extranjeras operaran sólo cuando se le pagaba a un equipo mexicano entero por no hacer nada. Los elevados salarios pagados por Pemex significaban que había puestos que se vendían hasta por 4 000 dólares cada uno, e incluso los trabajadores temporales tenían que alquilar sus puestos por cuotas que iban desde los 15 dólares al mes por un encargado de limpiar las oficinas hasta 100 dólares al mes en el caso de un soldador calificado.

López Portillo y Díaz Serrano se desviaron para granjearse a La Quina y a su secretario general, Barragán Camacho, dándoles costosos regalos en sus cumpleaños y surrealistamente alabando su patriotismo. ''Si algún grupo trabajador ha demostrado eficiencia en estos tiempos —les dijo López Portillo en julio de 1981—, han sido ustedes, los petroleros. Ustedes son la piedra angular del desarrollo nacional y estoy profundamente agradecido con ustedes.'' El sindicato, no menos agradecido, a su vez promovió el sueño de Díaz Serrano de convertirse en Presidente. Pero incluso después de que Díaz Serrano fue reemplazado por Moctezuma Cid, la influencia de La Quina dentro de Pemex quedó intacta. Alguien que visitó Ciudad Madero contaba que había oído a La Quinta mandar a Barragán Camacho que le informara a Moctezuma Cid que un empresario concreto debía recibir un contrato para abastecer una refinería de California. En las entrevistas, el propio Moctezuma se negaba a tocar el tema de la corrupción del STPRM. El nuevo director general llegó pronto a la conclusión de que administrar Pemex con éxito significaba aceptar el poder del sindicato.

Pero, conforme el gobierno de López Portillo tocaba a su fin, las quejas en contra del sindicato empezaron a ser públicas. Al parecer, La Quina misma usó dinero principalmente para sostener su poder político, aunque las costumbres ostentosas y extravagantes de Barragán Camacho y otros líderes sindicales captaron la atención de los periódicos del país. Barragán Camacho, hombre de complexión gruesa, explosivo, afecto a usar joyas y rodearse de guardias armados, se había convertido en una figura conocida en los casinos de Las Vegas y Atlantic City, en cierta ocasión jactándose de haber perdido 300 000 dólares. Otros líderes regionales no eran más modestos y empleaban fondos del sindicato para pagar sus lujosas fiestas, con alimentos, espectáculos e invitados traídos, con frecuencia, de la ciudad de México. Un dirigente de Coatzacoalcos incluso transportó, por avión, cientos de *smokings* para que los invitados a la fiesta de quince años de su hija estuvieran bien vestidos. De la Madrid, bombardeado con historias de este tipo durante su campaña electoral, prometió en privado que tomaría medidas contra la corrupción del STPRM. Pero al igual que sus antecesores, llegaría también a la conclusión de que era un precio pequeño a pagar por más de cuatro décadas de tranquilidad obrera en los campos petroleros. Como pilar del sistema, el STPRM tenía también que ser sostenido por el sistema.

V

Cuando el Presidente De la Madrid asumió el mando en diciembre de 1982, heredó una industria petrolera que, a la irritada vista de la opinión pública, había contribuido al derrumbe financiero del país. Por consiguiente, Pemex y su sindicato parecían el punto evidente para que De la Madrid iniciara la tan mencionada "renovación moral" de la sociedad. Al mismo tiempo, la economía de México dependía más que nunca del petróleo, que representaba casi un 75 por ciento de las exportaciones de México y proporcionaría 16 mil millones de dólares en divisas en 1983 y 1984, cantidad suficiente para cubrir las obligaciones inmediatas de la deuda del país. Así, no era la primera vez que un Presidente entrante enfrentaba un dilema al tocar el tema del petróleo: tenía que sopesar los riesgos de condonar, aparentemente, prácticas rechazadas contra los riesgos, quizá mayores, de cambiar un *modus operandi* profundamente arraigado.

Mario Ramón Beteta, ex secretario de Hacienda, con fama de gran honradez personal, fue nombrado director general de Pemex, con instrucciones de "moralizar" la empresa. Empezó por proclamar, aparentemente refiriéndose a Díaz Serrano, que: "En cuanto que sea director de Pemex, ningún negocio privado se llevará a cabo en el despacho del director general." Advirtió que los años "de gasto fácil y abundancia" se habían terminado, que se construiría "el nuevo Pemex" mediante "una administración eficiente y escrupulosa". Para evitar que Pemex resurgiera como centro semiautónomo de poder político se encargó a una secretaría nueva, la de Energía, Minas e Industria Paraestatal, que definiera la política petrolera. Y con objeto de dar fin a los negocios turbios privados dentro del monopolio, se impusieron estrechos controles nuevos sobre todas las erogaciones, las cuales, de cualquier manera, fueron mucho menores en 1983 y 1984 que en el pasado reciente.

El nuevo gobierno, habiendo despedido o jubilado a la alta gerencia de Pemex, también se embarcó en la dificilísima tarea de revisar los libros correspondientes a los años de López Portillo. (Un incendio en las oficinas generales de Pemex en septiembre de 1982 destruyó muchos archivos y despertó sospechas de haber sido intencional.) Muy pronto se presentaron cargos por peculado contra ex funcionarios de Pemex, llegando a la cúspide con la aprehensión y el proceso del propio Díaz Serrano en junio de 1983, acusado de un fraude por 34 millones de dólares en la compra de dos buques petroleros para Pemex. Habiendo establecido este fuerte precedente, sin embargo, el gobierno optó por no hacer público todo el caso de Pemex, por temor a perjudicar al sistema político en general. Muchos de los fuertes rumores del pasado, inclusive la supuesta participación de miembros de la familia López Portillo en ventas de petróleo no registradas en el mercado "spot" de Rotterdam, quedaron sin confirmación y tampoco fueron desmentidas. Pero, aparentemente, se había hecho suficiente para evitar que la nueva generación de funcionarios de Pemex siguiera el mismo camino de corrupción. Algunos contratistas extranjeros confirmaron incluso que los funcionarios de Pemex ya no estaban pidiendo retribuciones por conceder contratos.

El problema del STPRM involucraba más peligros. Los líderes del sindicato, molestos por la retórica oficial y los ataques orquestados de la prensa, presentaron una cortante respuesta de La Quina. "El Presidente De la Madrid tendrá que ser amigo de los petroleros por las buenas o por las malas —dijo en febrero de 1983—. ¿Qué importa si nuestros amigos los Presidentes empiezan oponiéndose a nosotros y acaban siendo nuestros amigos?" Después, alabó la política petrolera de López Portillo y Díaz Serrano, en un momento en que ambos gozaban de poquísima popularidad y, atacando a los tecnócratas "inexpertos" que ahora administraban a Pemex, ordenó a Barragán Camacho que amenazara con emplazamiento a huelga si las demandas salariales del sindicato no eran cumplidas. (Antes de abandonar el mando, López Portillo se había asegurado de que tanto Díaz Serrano cuanto Barragán Camacho fueran senadores federales, puestos que les concedían inmunidad ante un encausamiento. Aunque a Díaz Serrano se le privó de esta inmunidad antes de su aprehensión a mediados de 1983, Barragán Camacho encontró muy útil esta protección adicional.)

Cuando La Quina aumentó la apuesta del juego, la voluntad del nuevo gobierno pareció desvanecerse. Por ejemplo, mientras que a la mayoría de los trabajadores se les estaba dando un aumento salarial de emergencia del 15 por ciento, a Pemex se le concedió un aumento del 28 por ciento, así como diversas prestaciones para sus empleados, en junio de 1983. Es más, De la Madrid y Beteta fueron fotografiados junto a La Quina y Barragán Camacho cuando visitaban una de las granjas modelo del STPRM en una aparente reconciliación pública. "Si la dirección de Pemex ha decidido mejorar la eficiencia, honestidad y racionalidad de esta empresa —dijo Beteta—, cuenta con el apoyo creciente del sindicato." En privado, los funcionarios de la gerencia ya estaban tratando de explicar por qué no se podía tocar el STPRM.

Sin embargo, después de la aprehensión de Díaz Serrano, empezó a aumentar la presión del sector privado, los partidos de la oposición y gran parte de los medios de comunicación para que la limpieza llegara al sindicato. Esto, a su vez, produjo tensiones nuevas dentro del STPRM y, en septiembre de 1983, Barragán Camacho presentó cargos de fraude contra Héctor García Hernández, secretario de Educación del sindicato, tratando de demostrar así su participación en la "renovación moral". Los acontecimientos siguientes revelaron aún más cosas del STPRM. García huyó a su apartamento en McAllen, Texas, pero unos cuantos días después fue secuestrado por pistoleros del sindicato, introducido ilegalmente a México y presentado ante La Quina en Ciudad Madero. El gobierno no quiso aprehender a García en estas circunstancias, aunque La Quina le obligó a hacerlo. Después, García fue acusado de haber tomado 958 millones de pesos indebidamente —6.4 millones de dólares al tipo de cambio existente a la sazón— de los fondos del sindicato y fue encarcelado, convenientemente, a unas cuantas celdas de distancia de Díaz Serrano.

En realidad, García era igual que otros ricos dirigentes regionales. Operaba desde el puerto de Coatzacoalcos, donde había adquirido un periódico local, *La Tribuna*, y era dueño de varios negocios más. En un principio, se sugirió incluso que era un chivo expiatorio que se había ofrecido voluntariamente para quitar la presión a La Quina. Pero estando ya encarcelado, le escribió al Presidente sosteniendo que le había entregado todos los fondos sindicales recibidos de Pemex a La Quina y a Barragán Camacho quienes, según decía, no habían rendido cuenta de 20 mil millones de pesos —entonces equivalentes a 1.35 mil millones de dólares— en los diez años anteriores. En medio de este pleito, Óscar Torres Pancardo, ex secretario general del STPRM y secretario general de la Sección 30, así como presidente municipal de Poza Rica, murió cuando su auto chocó contra un camión, según se dijo. Se encontró que el chofer de su auto tenía una herida de bala en la cabeza y la familia de Torres Pancardo dijo que éste también había sido asesinado. En medio de rumores que decían que Torres Pancardo había empezado a colaborar con el gobierno contra La Quina, el líder sindical instaló a un sucesor leal. En privado, los funcionarios del gobierno llegaron a la conclusión de que Torres Pancardo sí había sido asesinado, pero las autoridades federales nunca siguieron el caso.

Pero esta exhibición pública de gangsterismo sindical fortaleció la intervención del gobierno para atacar el problema de las subcontrataciones de la industria del petróleo. Nuevos reglamentos presentados en enero de 1984 prohibían la reventa de los contratos del gobierno a terceras partes, aunque su blanco obvio era el STPRM y las lucrativas comisiones recibidas por sus líderes. Se permitió que el sindicato conservara el 2 por ciento para "obras sociales" cobrado sobre todos los contratos externos concedidos por Pemex, pero ahora tendría que concursar por los contratos, como cualquier otra compañía, y ejecutar los que ganara. Con tropas en estado de alerta para desalentar cualquier represalia contra esta medida, La Quina recibió el mensaje de que los tiempos estaban cambiando. Respondió con un silencio disciplinado y, poco después, fue recompensado con una visita de Miguel de la Madrid a Ciudad Madero.

La mejor oportunidad para un cambio pacífico se dio —y se perdió— a finales de 1984, cuando la Sección 10 de Minatitlán tenía que nombrar al nuevo secretario general del STPRM que reemplazaría a Barragán Camacho. Consciente de ello, La Quina tomó medidas para controlar a la Sección 10 casi dos años antes de las elecciones nacionales. En caso de que un líder sindical que no fuera totalmente dependiente de La Quina llegara a ser el líder nacional, el gobierno tendría seis años para efectuar un golpe lento antes de que la Sección 1 de Ciudad Madero volviera a asumir el control. A mediados de 1984, la posible amenaza era tan grande que La Quina empezó a "correr" la versión de que él mismo volvería a ocupar el puesto de secretario general. Y para finales de 1984, logró imponer a un leal seguidor en la Sección 1, aunque ello violara las reglas de rotación del sindicato.

El tema no era la democracia sindical, sino el poder: el gobierno necesitaba todavía líderes sindicales fuertes, incluso corruptos, para conservar la paz dentro de la industria petrolera, pero a la larga no podía tolerar la supervivencia de un cacique independiente, que había empezado a creer que era más fuerte que el sistema y había chantajeado, con éxito, cuando menos, a tres gobiernos. Empero, a corto plazo, el gobierno parecía no estar seguro en cuanto a la mejor forma para eliminarlo.

La cautela del gobierno reflejaba su total conciencia de que México no tenía otra opción que la de obtener lo más posible por su petróleo. Incluso sin un enfrentamiento con el sindicato había motivos de preocupación. Una baja de la producción de los pozos petroleros terrestres de Tabasco y Chiapas sugirió que éstos habían sido explotados en forma excesiva y descuidada a finales de los años setenta: para 1984, sólo representaban un 19 por ciento del total de las reservas. También había indicios inquietantes de que las reservas de gas natural y petróleo había sido infladas por Díaz Serrano. En octubre de 1983, Pemex redujo la estimación del contenido de los depósitos de gas seco de Sabinas de 3.5 billones a 1.1 billones de pies cúbicos, al tiempo que, en privado, se reconoció que la extracción de los 17 mil millones de barriles de Chicontepec resultaba demasiado costosa. Sólo los campos marítimos ofrecían una promesa nueva, representando ya un 48 por ciento de las reservas. En marzo de 1984, con la esperanza de callar los rumores, Pemex anunció un nuevo aumento, aunque sólo fue de 500 millones de barriles, del total de reservas probadas de hidrocarburos, a 72.5 mil millones de barriles, compuestos por 50 mil millones de barriles de petróleo crudo y el equivalente a 22.5 mil millones de barriles de gas natural y líquido. Eso sí, la atonía económica y el notable aumento de los precios internos de la gasolina sí redujeron el consumo interno y liberaron una mayor cantidad de petróleo para exportación.

Sin embargo, las condiciones del mercado externo no eran favorables. Poco después del cambio de gobierno, un nuevo exceso de petróleo en el mercado condujo a varios exportadores a reducir sus precios. En comparación con junio de 1981, cuando México unilateralmente bajó su precio, el gobierno sostuvo largas consultas con exportadores pertenecientes a la OPEP y no pertenecientes a ella antes de bajar 2 dólares el barril —a 29 dólares el barril de Istmo y 23 dólares el barril de Maya— y aceptó limitar sus exportaciones a 1.5 millones de barriles diarios. En esta ocasión, no se cancelaron contratos, se perdieron menos de 1 mil millones de dólares por concepto de ingresos esperados para 1983 y, por primera vez, México demostró su deseo de trabajar en concierto con otros productores para estabilizar el mercado internacional de energéticos. Pero, también se le recordó abruptamente al nuevo gobierno que el instrumento clave para reconstruir la economía era vulnerable a fuerzas del mercado que estaban fuera del control del país. (Y al comienzo de 1985, una nueva baja del precio internacional del petróleo sirvió para recordar al gobierno esta vulnerabilidad.)

A diferencia de López Portillo, De la Madrid no tenía la opción de aumentar simplemente las exportaciones de petróleo. Expertos del gobierno estimaron que México podría duplicar sus exportaciones a 3 millones de barriles diarios en un lapso de dieciocho meses, a un costo del orden de 10 mil millones de dólares. Pero, sin una recuperación importante de la economía mundial o una interrupción prolongada de la oferta de petróleo del Oriente Medio, las condiciones del mercado no justificaban la inversión. Era muy probable que la economía de México siguiera tan ''petrolizada'' como antes pero, cuando menos en teoría, parecía destacar una tesis más nacionalista: el crecimiento de la industria petrolera no debería ser sustituto de un desarrollo más sólido. Se dieron a conocer planes encaminados a reducir la parte del total del consumo de energía correspondiente al petróleo en México del 93 al 70 por ciento para el año 2000. Sin duda, si el objetivo del país continuaba siendo el fortalecimiento de su independencia económica, los recursos escasos se canalizarían con más prudencia hacia otros sectores de la industria, y Pemex desempeñaría un papel de apoyo dentro de la economía, en lugar de desempeñar uno dominante. El ''nuevo Pemex'' proclamado por De la Madrid debería ser un Pemex domesticado.

9. TIERRA SÍ, LIBERTAD NO

I

Cada año, en abril, el secretario de la Reforma Agraria conmemora el asesinato de Emiliano Zapata depositando una corona de flores al pie de una estatua que hay en Cuautla del héroe revolucionario y, de manera ritual, renueva la promesa del gobierno de hacer "justicia" al campesinado. Con objeto de que escuchen los discursos, siempre se acarrea en camiones a cientos de viejos campesinos, muchos de ellos sobrevivientes octogenarios de la Revolución en Morelos, que se pueden distinguir por su blanca indumentaria indígena y sus inmensos bigotes. El ánimo siempre es sombrío. Los viejos, que eran apenas adolescentes cuando se unieron a la lucha zapatista por "tierra y libertad", recuerdan todavía las esperanzas que les motivaron y las decepciones que siguieron. Habían soñado que la expropiación de las inmensas haciendas particulares del valle les daría prosperidad, pero recibieron, en cambio, pequeñas parcelas en ejidos, sin tener los medios suficientes para trabajarlas debidamente. Y conforme las nuevas oligarquías industriales fueron creciendo en las ciudades, su revolución campesina fue cayendo en el olvido y sus familias quedaron atrapadas en la pobreza.

El irremediable atraso de los pueblos de Morelos, que se repite en miles de comunidades rurales en todo México, es testimonio del fracaso del modelo agrario sostenido por los sucesivos gobiernos "revolucionarios". Este modelo prometía dar "tierra a quienes la trabajan" y, aunque alrededor de 2.7 millones de familias de campesinos han sido beneficiadas con el programa de la reforma agraria, hay todavía entre 3 y 4 millones de campesinos adultos que esperan recibir sus parcelas. Sostenía que todas las grandes haciendas particulares serían expropiadas; sin embargo, gran parte de las tierras mejor irrigadas siguen estando en manos de latifundistas, muchos de ellos políticos del partido en el gobierno. Prometía mejorar las condiciones de vida de los pobres del campo, pero la mayor parte de los treinta y pico millones de campesinos y sus familias siguen viviendo abajo del límite de pobreza definido por el gobierno mismo. Por último, establecía el objetivo nacionalista de la autosuficiencia alimentaria, pero desde el año de 1970 ha habido que gastar miles de millones de dólares en la compra de granos importados.

No obstante, en un sentido político crucial, las políticas agrarias han sido todo un éxito: donde los campesinos trabajan los ejidos o tierras comunales, el descontento político es raro; y donde los campesinos sin tierra siguen exigiendo la expropiación de los latifundios existentes, la paciencia se mantiene viva, de alguna forma, por la expectativa de recibir una pequeña parcela. Así, la reforma agraria, realidad o mito, ha inmovilizado al campesinado en forma efectiva y ha conservado una paz relativa en el campo desde 1920. Incluso en momentos de crisis nacionales graves, los campesinos no tienen el peso económico ni la organización política para significar una amenaza para el sistema gobernante.

Seguramente, esta situación sólo se puede explicar en términos históricos, o quizá también psicológicos. El descubrimiento del maíz, hace unos 6 000 años, fue el que permitió que las tribus nómadas de Mesoamérica se asentaran y, a la larga, construyeran grandes civilizaciones. Por ende, el maíz pasó a ser sinónimo de vida —la mayor parte de las leyendas prehispánicas cuentan que el hombre nació del maíz—, mientras que la religión giraba en torno a la adoración de aquellos dioses que podían proteger las cosechas de maíz y al apaciguamiento de aquellos que podían destruirlas. Asimismo, como el maíz nacía del suelo, la tierra adquirió también un significado sagrado. En consecuencia, desde mucho antes de la conquista española, la *milpa* —campo de maíz— ha sido la médula de la sociedad rural de México. A la fecha, el maíz representa, cuando menos, la mitad del alimento consumido por la familia campesina, y aun el tiempo se define de acuerdo con los ciclos de siembra y cosecha del grano. Así, el campesino, al cultivar su propio maíz en su propia tierra, asegura su supervivencia y renueva su comunión con la naturaleza.

Por el contrario, cuando se ha alterado esta relación, ha habido descontento de los campesinos. En la Guerra de Castas, a mediados del siglo XIX, por ejemplo, los mayas pelearon, casi con celo religioso, por recuperar sus tierras comunales. Cuando los latifundistas azucareros de Morelos tomaron tierras de campesinos, a finales del siglo XIX, y hubo una disminución notable en la producción local de maíz, se sembraron las semillas de la rebelión zapatista. Por tanto, la distribución de la tierra después de la Revolución restauró parte de la armonía interna del campo. Las condiciones de vida rara vez mejoraron —los niveles de educación, salubridad, nutrición y vivienda siguen siendo drásticamente inferiores en las zonas rurales que en las urbanas—, pero los campesinos estaban dispuestos a tolerar inmensas penurias antes de abandonar las tierras de sus antepasados.

En realidad, en décadas recientes, millones de campesinos sin tierra se han ido a vivir, de manera permanente, a zonas urbanas, pero gran parte del movimiento migratorio es estacional: la pobreza les empuja a salir para completar sus ingresos y la tierra les vuelve a llamar. Quizá encuentren ocupación como peones, en algunas construcciones, o para cosechar fruta, vegetales, azúcar o café, pero la mayor parte de los campesinos regresa puntualmente a su milpa, a tiempo para sembrar y cosechar su maíz y frijol. La mayor parte de los cientos de miles que se introducen ilegalmente a Estados Unidos cada año tienen también la intención de regresar: en infinidad de comunidades del centro y norte de México, las mujeres y los niños cuidan el ganado y cultivan las milpas mientras esperan los giros monetarios enviados desde los valles agrícolas del suroeste de Estados Unidos. Pero éstas meramente son estrategias de supervivencia: nunca hubo tierra suficiente para repartir ni la necesidad política de que la reforma agraria funcionara.

El Artículo 27 de la Constitución de 1917 montó el escenario para esta interminable batalla entre el principio y la realidad, pues establecía el derecho del campesino a tener un pedazo de tierra. Pero, tan pronto como Zapata fue muerto y el campo apaciguado, la presión por instrumentar este compromiso fue cediendo. De hecho, la primera distribución de tierras afectó a atractivas haciendas que tomaron los líderes de los ejércitos o bandas revolucionarias. En Morelos, el Presidente Carranza incluso echó marcha atrás en la reforma agraria improvisada por Zapata cuando recompensó a los oficiales leales con muchas de las mejores haciendas. Es más, Carranza y sus dos sucesores, Obregón y Calles, eran terratenientes del norte, de una zona seca y escasamente poblada, donde no se practicaba la agricultura comunal y donde, incluso hoy día, el control del agua y el comercio agrícola son más importantes que la posesión de la tierra. Algunas tierras fueron distribuidas para apaciguar a los campesinos ingobernables durante la depresión, pero la nueva élite "revolucionaria" no dio gran prioridad al programa. En 1930, Calles proclamó: "El agrarismo es un fracaso"; sin embargo, no se había realizado un esfuerzo real por probarlo: alrededor de 2.3 millones de campesinos continuaban sin tierra, al tiempo que sobrevivían cientos de haciendas anteriores a la Revolución.

Mientras hacía su campaña en provincia para las elecciones presidenciales de 1934, el general Cárdenas pulsó una creciente frustración entre los pobres del campo, la cual le llevó a adoptar, como propia, la causa agraria. Por consiguiente, durante su sexenio, dio un gran impulso a la reforma agraria, no sólo distribuyendo alrededor de 18 millones de hectáreas* —12 por ciento del país entero— entre 810 000 campesinos, sino también creando el Banco de Crédito Ejidal e integrando al sector rural, por medio de la Confederación Nacional Campesina (CNC), al partido. La oposición de los latifundistas supervivientes era muy fuerte, pero Cárdenas mismo sentía muchísima afinidad con los indígenas y campesinos y, con frecuencia, iba al campo a escuchar las peticiones de los campesinos, incluso despertando quejas de que estaba descuidando la administración del gobierno central.

Pero mientras Cárdenas románticamente imaginaba el surgimiento de un proletariado rural más educado y rico, el ejido, el instrumento político que había elegido, condenaba a los campesinos a la eterna pobreza del minifundismo. El estado, al adoptar la tradición indígena de la agricultura comunal, conservaba la propiedad del ejido y concedía a los campesinos el derecho a usufructuar la tierra. La intención era que, al permitir que este derecho sólo pasara de padres a hijos y al prohibir el alquiler y la venta de los ejidos, las grandes posesiones no volvieran a aparecer. Pero en la práctica, los ejidos no sólo eran alquilados y ''vendidos'', normalmente fuera de la ley, sino que los ejidatarios tampoco podían hipotecar su tierra a cambio de créditos en la banca privada. El propio Cárdenas alentó la agricultura colectiva de los ejidos, o las cooperativas, con objeto de lograr economías de escala y una mejor administración, pero, por regla general, los ejidatarios preferían subdividir las propiedades en parcelas que cultivaban individualmente. Así, las semillas del desastre social y económico estaban dentro de la solución política. Los ejidos colectivos sólo funcionaron bien en el norte de México, en las zonas del Yaqui, Mayo y La Laguna, pero los gobiernos subsiguientes los consideraron un peligro socialista y, de hecho, los sabotearon.

No es raro que la oposición conservadora que despertó el programa de Cárdenas retardara la reforma agraria una vez que éste terminó su mandato. En 1947, hubo una ''contrarreforma'' agraria cuando el Presidente Alemán enmendó el Artículo 27 de la Constitución e introdujo el amparo agrario, un recurso jurídico que servía para posponer la ejecución de los decretos de expropiación. El objetivo de Alemán era aumentar la producción de alimentos que, según él, sólo se podría efectuar a manos de los agricultores comer-

---

* Esta cantidad es el triple de la tierra que se había distribuido entre 1917 y 1934, además de que incluía más tierras irrigadas —976 866 hectáreas— de las que se habían repartido antes o se han entregado después.

ciales, empleando técnicas de capital intensivo. Por ende, ignoró los ejidos y ofreció a los terratenientes particulares mayor seguridad al ampliar la definición de pequeña propiedad, para que ésta incluyera 100 hectáreas de tierra irrigada, 200 hectáreas de tierra de temporal, 300 hectáreas de huertos, 400 hectáreas de pasturas de primera, 800 hectáreas de maleza o monte y, en las zonas desérticas, la cantidad de tierra necesaria para sostener 500 cabezas de ganado, que podía llegar hasta 50 000 hectáreas.

El efecto principal de estas reformas era proteger de la expropiación a las haciendas existentes, así como crear neolatifundios. Como los miembros individuales de una sola familia eran considerados pequeños terratenientes individuales, las grandes propiedades podían existir de acuerdo con la ley. Asimismo, un terrateniente podía poner diversas partes de su propiedad a nombre de sus empleados. En algunas zonas, se hizo costumbre alquilar ilegalmente los ejidos a agricultores particulares, mismos que después contrataban a los ejidatarios para que trabajaran la tierra. Los latifundistas poderosos, aliados con políticos locales, se dedicaron a ocupar y cercar tierras comunales propiedad de comunidades indígenas. Donde estas tierras contenían bosques importantes, las compañías madereras obtenían concesiones de diez a veinte años, a cambio de cuotas mínimas. En todos los estados sobrevivieron o surgieron caciques, dueños de grandes extensiones, que controlaban gran parte de la producción y el comercio de sus zonas. Pero la falta de democracia dentro de los ejidos convirtió también, con frecuencia, al líder electo —o comisario ejidal— en un cacique menor que administraba la tienda de la localidad, alquilaba el ejido y hacía negocios con los políticos locales.

Quizá lo más importante fue que la desaceleración de la reforma agraria coincidiera con una explosión demográfica que produjo generaciones nuevas de campesinos sin tierra, aumentó los problemas sociales en el campo y, a la larga, provocó un éxodo de masas hacia las áreas urbanas. Durante este período, era política del gobierno estimular el desarrollo industrial, dando por resultado el aumento de los salarios urbanos, al tiempo que se frenaban los precios rurales. Los ejidos eran considerados meros "estacionamientos" de campesinos en espera de que su mano de obra barata pudiera quedar incorporada al nuevo país industrial y urbano.

No obstante, los sucesores de Cárdenas mantuvieron con vida el mito agrario por medio de una encendida retórica, así como con la expropiación y distribución de algunas haciendas particulares: incluso Alemán repartió alrededor de 3 millones de hectáreas durante su gobierno. Pero todo el procedimiento adquirió un aire de surrealismo. Los ejidos se formaban, cada vez más, sobre tierras infértiles y semiáridas, donde sólo podían subsistir cabras, o sobre laderas boscosas donde se le negaban a los campesinos las concesiones madereras, aunque éstos, no obstante, cortaban árboles para abrir terreno para sus milpas. Ente 1952 y 1982, 85 por ciento de la tierra distribuida entre los campesinos no era adecuada para la agricultura con arado. Asimismo, con frecuencia, había poca relación entre la cantidad de tierra que cada gobierno decía haber expropiado y la cantidad que, de hecho, se había entregado a los campesinos. López Mateos firmó decretos para la expropiación de 11.3 millones de hectáreas, pero apenas si distribuyó una cuarta parte de ellas. Asimismo, Díaz Ordaz expropió, formalmente, 14 millones de hectáreas, pero los campesinos recibieron, de hecho, sólo 4 millones de hectáreas. Así, quizá un grupo de campesinos hiciera con éxito una campaña para obtener un decreto presidencial para la expropiación de un latifundio, pero encontraba que la ejecución de la orden quedaba detenida por la acostumbrada "mordida" o un nuevo amparo agrario.

Cualquier día de la semana, en los empolvados pasillos de la secretaría de la Reforma Agraria se pueden ver grupos patéticos de campesinos harapientos que tienen en la mano borrosas copias de órdenes de expropiación, esperando a que su derecho sea reconocido por funcionarios que, invariablemente, les aconsejan que tengan paciencia y renuevan bien versadas promesas de "justicia." Algunos de los grupos hacen el viaje dos o tres veces al año, costándole a la comunidad, tan sólo para regresar a sus alejados pueblos con el mismo mensaje de fracaso. El tiempo promedio entre la expropiación y la distribución es de más de catorce años. No es raro que los campesinos, organizados por algún movimiento político externo o simplemente movidos por la desesperación, "invadan" la propiedad que se les ha asignado y, ocasionalmente, el acto basta para conseguir una orden de distribución de manos de las autoridades locales. Sin embargo, es más frecuente que se acuda a la policía o el ejército para intimidar a los campesinos para que se vayan y, en caso necesario, para sacarlos por la fuerza. No pasa un año sin que algunos campesinos sean muertos en estas confrontaciones.

Una profunda sensación de desesperanza, perpetuada por la violencia e injusticia, atraviesa el campo. Por ejemplo, después de que su líder local fue asesinado por pistoleros de los terratenientes lugareños, en agosto de 1983, un grupo de chinantecos del sur de Veracruz le escribió al Presidente. "En Veracruz, los campesinos pagan con años de cárcel el matar una vaca de un terrateniente, aunque sólo sea con el pensamiento, y aunque demuestren su inocencia —decía la carta, publicada por un periódico de la ciudad de México—. Por eso, uno de nuestros líderes ha dicho que una vaca tiene más derechos que un campesino. Nosotros no tenemos nada contra estos animales, pero la diferencia es irónica cuando se trata de la aplicación de la Justicia a un hombre del campo, que no tiene más patrimonio que su honra y modestia, pero que, en última instancia, está dispuesto a trabajar para que otros puedan comer.'' Dos meses después, Benito Hernández, líder de ejidos cercanos a Huejutla, estado de Hidalgo, fue asesinado por dos pistoleros: los campesinos de la zona habían ganado una larga lucha por la tierra en 1980, pero los terratenientes afectados no parecían dispuestos a aceptar su derrota. Como pasa con frecuencia, no se acusó a nadie de la muerte de Hernández.

Los sucesivos gobiernos han recurrido a la corrupción, la coacción y la represión para evitar el surgimiento de cualquier organización campesina representativa realmente independiente. Desde que Cárdenas reuniera a los diferentes grupos de campesinos bajo la Confederación Nacional Campesina, ésta ha sido dirigida totalmente desde la ciudad de México, invariablemente por licenciados designados por el Presidente. La CNC sigue siendo un instrumento muy útil para controlar el campo y para transportar a campesinos para que voten por el PRI cuando hay elecciones. (Los mejores resultados los obtiene el PRI en los distritos rurales más pobres.) Pero sus líderes le deben lealtad al sistema, en lugar de a sus miembros, e incluso al nivel de ejidos individuales, los dirigentes locales de la CNC, con frecuencia, intervienen para imponer un líder ''electo'' a la comunidad.

Varias organizaciones campesinas más, entre ellas la Unión General de Obreros y Campesinos de México (UGOCM), la Confederación Campesina Independiente (CCI) y el Consejo Agrario Mexicano (CAM) han nacido alrededor de líderes individuales, que hacen sus tratos con el gobierno, pero que forman parte también del sistema de control. A principios de los años setenta, Echeverría unió a todos los grupos campesinos con el llamado Pacto de Ocampo, que sobrevivió hasta que terminó su sexenio. De igual manera, en 1983, se anunció una Alianza Nacional Campesina, que haría una campaña oficial para revocar el amparo agrario, pero que en la práctica conservaría una línea de mando única entre el gobierno y las masas campesinas. Por ejemplo, el gobierno aún se niega a autorizar un sindicato de trabajadores migrantes o jornaleros y ha observado cautelosamente cómo los ejidos de Puebla, Oaxaca, Michoacán, Veracruz y Chiapas han organizado la llamada Coordinadora Nacional Plan de Ayala, que toma su nombre de la proclamación de la reforma agraria hecha por Zapata.

Una forma tradicional de avanzar políticamente es destacar como agitador campesino indendiente. Después de reunir a un grupo de campesinos sin tierra bajo la bandera de "la lucha contra la injusticia", el aspirante a líder puede negociar con las autoridades —y, al parecer, también invariablemente se vende a ellas—. Pero, normalmente, el sistema tratará de coptarlo sin destruir su atractivo, permitiéndole por consiguiente que siga viviendo de "sus" campesinos y, cuando los funcionarios lo consideran necesario, para que divida a otros grupos de campesinos militantes.

La alternativa para quien no colabora con el sistema es el asedio permanente, los encarcelamientos frecuentes y la posibilidad de ser asesinado. En algunas zonas, las autoridades locales, al parecer complacientemente, permiten que los terratenientes se encarguen de los alborotadores campesinos. En los años cincuenta, Jacinto y Maximiliano López, dos hermanos que habían organizado a campesinos del valle del Yaqui, fueron asesinados por pistoleros a sueldo. En otras zonas, la función principal del ejército es hacer las veces de fuerza policiaca rural, controlando a los agitadores y sacando a los campesinos que han ocupado tierras privadas o disputadas. Cuando un líder adquiere fama en todo el país, su suerte es decidida en la ciudad de México. En los años cuarenta y cincuenta, en Morelos y los estados vecinos, surgió Rubén Jaramillo, el líder campesino con más influencia desde Zapata, al lado de quien peleó siendo joven. Pero en marzo de 1962, él y varios miembros de su familia fueron secuestrados y asesinados por soldados. Danzós Palomino, organizador comunista de la Confederación Campesina Independiente, fue encarcelado durante cinco años, en los setenta, y después, ya liberado, encontró a su grupo gravemente dividido, y a una fracción coptada por el gobierno. Francisco Medrano, por otra parte, trató de organizar la ocupación masiva de tierras en Oaxaca, a finales de los años setenta, y al no tener éxito huyó al monte con un grupo de hombres armados hasta que fue muerto por los soldados en pocas semanas.

Irónicamente, el descontento campesino más serio del que que se tenga memoria fue orquestado por el propio gobierno. Desde el momento en que asumió el poder en 1970, el Presidente Echeverría pretendió emular a Cárdenas, hablando a favor de los campesinos pobres del país y en contra de los latifundistas poderosos que se habían librado de la expropiación. La retórica del Presidente produjo muy pronto una disminución de la inversión de los preocupados agricultores particulares, pero Echeverría ordenó a Augusto Gómez Villanueva, secretario de la Reforma Agraria, que movilizara a los campesinos para que exigieran sus derechos. En algunas zonas, los campesinos se sintieron respaldados para ocupar fincas privadas, y estalló más violencia. Echeverría también expropió 11.5 millones de hectáreas y distribuyó 6.5 millones de hectáreas, más que cualquier presidente desde Cárdenas. Pero en la práctica, parecía estar más interesado en debilitar el poder político de los terratenientes privados y sus aliados empresariales que en fortalecer el de los campesinos.

En 1976, Echeverría fijó la vista en los ricos latifundistas de Ciudad Obregón, en el estado de Sonora. Éstos no sólo se contaban entre los críticos políticos más fuertes, sino que también una de las medidas agrarias más recordadas de Cárdenas había afectado esa zona. Echeverría giró instrucciones a Gómez Villanueva para que organizara una demanda popular para la expropiación de tierras y, en las siguientes semanas, miles de campesinos acamparon junto a las tierras irrigadas del valle del Yaqui. Como al principio la mano de Echeverría no era visible, la movilización desató rumores de levantamientos campesinos e incluso de bandas armadas que producían temor en el campo. En realidad, todo estaba cuidadosamente controlado, y los campesinos mismos no podían entender por qué les alimentaba la CNC y les "protegía" el ejército. Se dieron "invasiones" en otras zonas, principalmente en Sinaloa, pero éstas meramente contribuyeron a justificar la decisión de Echeverría de expropiar 90 000 hectáreas del valle del Yaqui, el 19 de noviembre, tan sólo once días antes de terminar su sexenio.

Como la agitación campesina procedía de arriba, el entrante gobierno de López Portillo no tuvo ningún problema para terminar con las ocupaciones ilegales y para restaurar la calma en el campo. Con la esperanza de alentar la inversión de los agricultores particulares, López Portillo encarceló a Félix Barra García, quien había sucedido a Gómez Villanueva en el puesto de secretario de la Reforma Agraria en los últimos meses del gobierno anterior, acusándole de corrupción. Es más, aunque manifestaba preocupación por la condición social de los campesinos, discutía la conveniencia de seguir entregando pequeñas parcelas de tierra árida. La retórica de López Portillo se centró, más bien, en la necesidad de incrementar y redistribuir la producción agrícola, y una nueva Ley de Desarrollo Agrícola se adoptó al efecto, para fomentar la unión entre ejidos y pequeños propietarios.

Pero las organizaciones campesinas y los partidos de izquierda criticaron muchísimo la reforma, pues aumentaba el control del campo a manos del sector privado. Por tanto, no surgió ninguna fórmula nueva para incrementar la productividad del ejido, pero siguió la presión para que se distribuyera la tierra. López Portillo habiendo anunciado al principio de su mandato que ya no quedaban tierras por distribuir, que "la tierra no es elástica", optó también por seguir el camino fácil, repartiendo 15.7 millones de hectáreas —91 por ciento de ellas no adecuadas para la agricultura— a unas 300 000 familias campesinas con el propósito declarado de dar trámite a los decretos de expropiación no ejecutados que se habían acumulado. En lugar de atacar el sistema de tenencia de la tierra, prefirió comprar la paz en el campo por medio de enormes subsidios y programas de beneficio social.

Cuando el Presidente De la Madrid asumió el mando en diciembre de 1982, heredó el mito agrario. Reiteró el compromiso del gobierno de repartir todas las tierras "afectables", pero concedió que la situación era caótica. "Se ha distribuido la mitad del territorio nacional y casi 27 000 ejidos han beneficiado a unos tres millones de familias —dijo en marzo de 1983—. Sin embargo, la mitad de la tierra no tiene seguridad jurídica por falta de documentos que garanticen el derecho a la posesión, lo que a su vez genera inseguridad, falta de interés en trabajar la tierra y hasta simulación, rentismo y abandono de la propiedad." ("Simulación" se refiere a los latifundios disfrazados de pequeñas propiedades.) En su informe de gobierno del primero de septiembre de 1983, De la Madrid volvió a tocar el tema, apuntando, incluso con más sobriedad, que la superficie de las tierras sujetas a expropiación "es cada vez menos y más difícil de localizar". Advirtió también: "Promoveremos los derechos agrarios, pero no daremos esperanzas demagógicas; mucho menos, permitiremos la violación de derechos legítimos." Varias docenas de líderes campesinos, por mandato del gobierno o no, fueron muertos en diferentes puntos del país tan sólo en 1984.

Así, la prioridad del nuevo gobierno era aclarar el desorden jurídico del campo, proporcionando títulos en regla de las tierras comunales y documentos oficiales de todos los ejidos, repasando cuáles eran los componentes de los ejidos para ver si podían dar cabida a otras familias de campesinos, reduciendo los pasos burocráticos necesarios para las peticiones agrarias, de cuarenta y tres a sólo ocho, y concediendo reconocimiento formal a los pequeños propietarios auténticos. Pero, según dijo, de los 101 millones de hectáreas sujetas a expropiación, todas menos 4.7 millones de hectáreas ya habían sido repartidas. Por ende, sólo esta cifra sería distribuida: alrededor de 20 000 campesinos incluidos en "unidades de producción rural" —en lugar de minifundios— recibirían 600 000 hectáreas en 1983 y el resto beneficiaría a 100 000 campesinos más, en los cinco años siguientes. Para cuando De la Madrid terminara su mandato en 1988, el reparto agrario habría terminado.

De inmediato, las organizaciones campesinas y los expertos en el tema discutieron las estadísticas oficiales, aunque entre ellos tampoco estuvieron de acuerdo en cuanto a la cantidad de tierra sujeta a expropiación. Un estudio académico sostenía que faltaban todavía por distribuir 7.6 millones de hectáreas de tierras expropiadas, 8.7 millones de hectáreas de concesiones para cría de ganado, en tierras propiedad del estado, habían expirado, y 1.5 millones de hectáreas de tierras privadas quedaban fuera del marco jurídico. En algunos casos, las tierras de pastura reconocidas también eran adecuadas para el cultivo de granos y, si se reclasificaban, pasarían a ser latifundios. La CNC argüía que 14 millones de hectáreas estaban protegidas por amparos agrarios y que se debían confiscar, mientras que Luis Martínez Villicaña, nuevo secretario de la Reforma Agraria, concedió que 10.5 millones de hectáreas de tierras del gobierno podrían ser distribuidas. El tema era tan sensible, que cuando el Congreso aceptó la enmienda de la Ley de la Reforma Agraria en diciembre de 1983, cediéndole la responsabilidad de las expropiaciones y las distribuciones a los gobernadores de los estados, todos los partidos de la oposición se salieron del recinto y, en privado, se oyeron airadas protestas de los diputados del PRI representantes de la CNC. Parte de la queja era que la reforma había pasado a la fuerza por el Congreso en sólo un día —antes de que muchos diputados la hubieran leído—, aunque también se interpretó como una ayuda a los agricultores privados y como algo que no hacía nada por proteger a los campesinos productores o a aquellos sin tierra.

La realidad era que la expropiación de 96 millones de hectáreas de territorio —alrededor de 25 millones de hectáreas de "minifundios", además de tierras en desiertos y montañas— que no estaban organizadas en ejidos o granjas comunales no podían dar cabida a entre 3 y 4 millones de campesinos que habían solicitado tierras. Pero a semejanza de sus antecesores, De la Madrid tampoco se lanzó a deshacer la ilusión que sostenía a millones de jornaleros o trabajadores migratorios en el campo. El gobierno era presa del mito agrario que había inventando: la repartición de la tierra no era la respuesta, pero los funcionarios no se atrevían a decirlo porque los campesinos no les creerían.

II

México es un lugar poco idóneo para la agricultura. Gran parte del norte es desértica, dos cordilleras de montañas corren a lo largo de todo el país, las selvas tropicales cubren la zona de Chiapas, en el Sur, mientras que el manto de la península de Yucatán es tan delgado que es difícil que ahí crezca nada. La escasez de agua es particularmente notoria: tan sólo el flujo del Mississippi es superior al de todos los ríos de México. Dicho de otra manera, 52 por ciento del territorio mexicano es árido, 32.5 por ciento es semiárido, 10.5 por ciento es semihúmedo y 7 por ciento es húmedo, mientras que cerca del 50 por ciento es demasiado inclinado para los cultivos y sólo un 15 por ciento está considerado tierra cultivable. "El agua —señaló De la Madrid en cierta ocasión— es una de los principales limitantes de nuestro desarrollo." Lo anterior puede verse con toda claridad en la agricultura: los agricultores ricos lo son, principalmente, porque tienen agua, mientras que las parcelas distribuidas por medio de la reforma agraria, por regla general, son demasiado secas, demasiado rocosas, o están demasiado erosionadas para poderse cultivar bien.

Pero éste es sólo uno de los problemas que enfrentan los campesinos agricultores. La mayoría de ellos son analfabetos funcionales, que no tienen estudios ni preparación que les ayude a romper su ciclo de pobreza. Por consiguiente, se oponen a los esfuerzos por colectivizar sus minifundios, optando por la seguridad antes que aceptar el concepto desconocido de la eficiencia. (El valle del Yaqui es una excepción, donde tanto los antiguos ejidos formados por Cárdenas, como los nuevos formados por Echeverría, funcionan comunalmente y cultivan trigo y soya, con base en las técnicas de los agricultores privados de la zona.) Es más, están obsesionados con el maíz y el frijol. Estas cosechas tienen la ventaja de que crecen en una gran variedad de suelos, con frecuencia poco fértiles, se almacenan fácilmente y proporcionan a los consumidores un mínimo de proteínas y carbohidratos. Pero aunque los vegetales, los frutos y las flores podrían llevar a los campesinos agricultores a la economía monetaria, el maíz y el frijol meramente les permiten subsistir: alrededor del 80 por ciento de los ejidos consumen prácticamente el total de los alimentos que producen. Y como ocurre con devastadora frecuencia, cuando las lluvias de primavera se retrasan y la cosecha es mala, los ejidatarios se ven obligados a migrar para encontrar los recursos complementarios que necesitan.

A diferencia de los agricultores privados, que pueden hipotecar su propiedad como garantía para los préstamos bancarios, los ejidatarios y los que trabajan tierras comunales tienen que depender francamente del gobierno. En teoría, todos están bien atendidos, pero han aprendido a esperar muy poco. Infinidad de estudios oficiales han identificado debidamente que la falta de crédito, semillas, fertilizantes y maquinaria —así como de servicios de salubridad y educación adecuados— son la causa de la baja productividad de las parcelas de los campesinos. Pero al parecer, los encargados de hacer las políticas no leen estos informes. Una enorme burocracia agraria ha crecido a partir de la Revolución: incluso después de un reajuste reciente, había unas 180 comisiones, oficinas y fideicomisos destinados a promover productos tan diversos como la cera de candelilla y el henequén. La mayoría de ellas son monumentos al populismo pasado, más eficientes tratándose de beneficiar a protegidos políticos que de ofrecer asesoría o ayuda a los campesinos.

El Banco de Crédito Rural del gobierno carga con la responsabilidad de prestar sus servicios a los ejidos. Pero con sus 38 000 empleados, es una burocracia abultada e ineficiente, agobiada por la corrupción. Como cada año debe asentar entre un 15 a un 25 por ciento de los créditos como deudas insolutas también se ha descapitalizado gravemente. En la práctica, dice que sólo se encarga de unos 19 000 de los 27 000 ejidos, ofreciéndoles el crédito necesario para la compra de semillas, plaguicidas, fertilizantes y maquinaria. Sin embargo, cada primavera, cuando estos ejidos se dirigen al Banrural, como se le llama, sólo alrededor del 40 por ciento salen satisfechos.

De igual manera, las investigaciones agrícolas del gobierno y sus servicios de extensión no contribuyen con mucho a los ejidos. Miles de agrónomos y extensionistas se gradúan año con año, pero la mayor parte prefiere trabajar en oficinas en lugar del campo. Las estaciones de investigación que existen con frecuencia desconocen las necesidades locales de los agricultores, dando por resultado una comunicación mínima entre el investigador, el agente de extensión y el campesino. Sin un sistema de apoyo constante, los experimentos agrícolas centrales de un gobierno, como por ejemplo las actividades para la agricultura tropical conocida como el Plan Chontalpa durante el sexenio de Echeverría, con frecuencia fallan en el siguiente mandato.

Una vez levantada la cosecha, el mercadeo de cualquier superávit es una odisea más. La Compañía Nacional de Subsistencias Populares (CONASUPO), organismo del gobierno, tiene que comprar todos los alimentos básicos que se le ofrecen. Pero los ejidos distantes que no tienen medios de transporte propios, con frecuencia deben vender a precios desfavorables a intermediarios. Un motivo de la creación del Instituto Mexicano del Café, en 1971, fue eliminar a los intermediarios u obligarles a pagar los precios oficiales. Pero muchas veces se acusa a los agentes de compras del gobierno de exigir un soborno para aceptar productos que, supuestamente, no cumplen con las normas de calidad, o de pesar indebidamente las cosechas que entregan los agricultores. Incluso los productores de frutos y vegetales que pueden transportar sus productos a la ciudad de México se encuentran a merced de la Policía Federal de Caminos y de los compradores y distribuidores de la ciudad. Con la excepción del maíz y el frijol, que están subsidiados por el gobierno en todas las etapas, el gran diferencial entre el costo de producción y el precio de venta al menudeo sostiene a una vasta red comercial.

Sin embargo, el mayor obstáculo para una productividad mayor quizá sea el sistema de propiedad de la tierra existente en el campo. Poco después de subir a la presidencia, De la Madrid ofreció organizar los 27 000 ejidos y los 400 000 y pico minifundios —donde las parcelas individuales tienen un promedio de menos de cinco hectáreas— convirtiéndolos en "unidades eficientes y productivas que puedan absorber la tecnología moderna y la inversión en infraestructura". Pero eran palabras de tecnócratas urbanos, respuestas económicas a problemas políticos. Los riesgos políticos de meterse con el sistema ejidal seguían pesando mucho más que las ventajas de atacar las desigualdades e injusticias que incluía. Cualquier medida por modernizar el sector, mediante la sustitución del ejido por una unidad de producción más eficiente, encontraría la fuerte oposición —y probablemente la violencia— de los campesinos mismos. Además, la agricultura de capital intensivo obligaría a millones de campesinos más a abandonar el campo y a aumentar la población y las presiones políticas de las zonas urbanas. Así, pues, los sucesivos gobiernos han optado por sacrificar la productividad de los ejidos con objeto de conservar la paz social.

La agricultura mexicana tiene un aspecto rentable, pero éste no está relacionado con los campesinos o los ejidos, el maíz o el frijol. La mayoría de los agricultores privados —los grandes "pequeños propietarios—" se concentran en cosechas que o bien pueden exportar o están dirigidas a los consumidores internos más ricos. Incluso esta empresa no está exenta de riesgos. Los exportadores son vulnerables no sólo a las políticas cambiarias internas, sino también a las fluctuaciones del proteccionismo y los precios mundiales de los bienes de primera necesidad. Quienes producen para el mercado nacional quizá encuentren que sus productos están sujetos a controles de precios o, por el contrario, se vean afectados por bajas repentinas de la demanda. Y todos los agricultores comerciales —incluso aquellos que no son considerados latifundistas—, en diferentes momentos, han temido la expropiación a manos de gobiernos que buscan calmar el descontento campesino.

Pero, tradicionalmente, les ha ido bien a los agricultores privados. Éstos tienen acceso a técnicas agrícolas modernas, al mismo tiempo que pueden aprovechar la mano de obra barata y combustible, créditos y fertilizantes subsidiados. Pueden elegir entre vender en los mercados más ricos del mundo, al norte de la frontera, o en las zonas urbanas del mismo México, que crecen rápidamente. Su riqueza e influencia política invariablemente les protegen del ámbito de la reforma agraria. Fuera de los principales centros industriales del país, los agricultores privados —los productores de café de Chiapas, los ganaderos de Tabasco, los exportadores de tomate de Sinaloa y los productores de fresa de Guanajuato, entre otros— forman las camarillas locales más poderosas. Por ejemplo, es raro encontrar a algún gobernador de estado que no sea también un terrateniente importante. En comparación con estos agricultores comerciales, la CNC y otras organizaciones campesinas tienen muy poco peso.

Los terratenientes privados, naturalmente, atribuyen su éxito a su mayor eficiencia. Como tienen acceso a todos los insumos vitales, por ejemplo semillas, fertilizantes y agua, así como a la tecnología moderna, su productividad, inevitablemente, es superior a la de los ejidos. (Cabe destacar que en Sonora, en los valles del Yaqui y Mayo, donde los ejidos colectivos emplean la misma tierra, irrigación y tecnología que los agricultores comerciales, se obtienen rendimientos similares.) Es más, controlan gran parte de las mejores tierras del país, inclusive un 50 por ciento del total de las tierras irrigadas. Como producen un 70 por ciento de todos los alimentos comercializables en sólo un 20 por ciento de la tierra, se han convertido en un elemento indispensable para el país, seguramente contribuyendo más a la estabilidad política como aberraciones de la reforma agraria, de lo que lo harían siendo víctimas de expropiaciones arbitrarias.

Muchos ranchos ganaderos privados, así como plantaciones de azúcar y café, sobrevivieron después de la Revolución, pero el Presidente Alemán los protegió contra la expropiación cuando redefinió los límites de las pequeñas propiedades y creó el amparo agrario. Asimismo, dio gran impulso a las exportaciones agrícolas, principalmente al algodón y los frutos y vegetales de invierno, cuando canalizó la inversión del gobierno a presas y canales de irrigación en las planicies áridas de la costa noroccidental de México. Al mismo tiempo, muchas compañías estadunidenses del ramo de la maquinaria agrícola, las semillas, los insecticidas y los alimentos establecieron operaciones en México, trabajando muy bien con la nueva clase de agricultores comerciales, para desarrollar, procesar y comercializar sus productos.

Desde los años cincuenta, Sinaloa y Sonora, seguros de la irrigación y los créditos internos y de la maquinaria y fertilizantes importados, disfrutaron de un auge agrícola sin precedentes. Ambos estados se beneficiaron con acontecimientos políticos externos: el boicot comercial impuesto por Estados Unidos a China, a finales de los años cuarenta, estimuló la producción de algodón en Sonora, mientras que el embargo estadunidense que siguió a la Revolución cubana de 1959, le permitió a Sinaloa quedarse con el mercado de productos de invierno, como lo son los tomates, pepinos, melones y pimientos. Más adelante, Sonora se diversificó al campo del frijol de soya, al tiempo que las exportaciones de vegetales de invierno de Sinaloa a Estados Unidos, ocasionalmente interrumpidas por las "guerras del tomate" con los productores de Florida, aumentaron constantemente, y los productores mexicanos se diversificaron a la distribución en California. Las utilidades eran grandes y muchas de las familias ricas se expandieron al campo de la industria, la banca y el comercio, con frecuencia controlando lucrativas distribuciones de productos fertilizantes y plaguicidas estadunidenses. El ejemplo de Sinaloa fue seguido por Guanajuato, donde el cultivo de fresas de invierno para el mercado estadunidense empezó a mediados de los años sesenta.

Tradicionalmente, las principales exportaciones agrícolas de México eran café, azúcar y algodón, pero dicho perfil empezó a cambiar. El control de precios gubernamental, a la larga, llevó a la industria azucarera a una crisis —y a los brazos del estado— a principios de los años setenta y, hoy día, México es un importador considerable de azúcar. Las exportaciones de algodón y café, aunque son todavía importantes, dependen de los precios mundiales de estos bienes y de cuotas fijas, amén de que no han subido. Por otra parte, las exportaciones de frutos y vegetales de invierno, que aumentaron de sólo 26 millones de dólares en 1962 a más de 300 millones en 1983, llegaron a proporcionar a México divisas que le eran vitales cuando aumentaron las importaciones de granos. La proximidad de México y Estados Unidos era medular: Estados Unidos era el mercado principal para todos sus productos agrícolas, salvo el algodón, mientras que México era el principal proveedor externo de Estados Unidos, en cuanto a naranjas, fresas, melones, pepinos y tomates.

El rápido crecimiento de las clases medias urbanas a partir de los años cuarenta intensificó también la demanda de alimentos de mejor calidad en México mismo. Aunque millones de mexicanos siguen padeciendo desnutrición, el consumo de carne, fruta, vegetales, huevos y leche ha aumentado a mayor velocidad que la población. Especialmente en los estados centrales en torno a la ciudad de México, los agricultores comerciales han aprendido a aprovechar un mercado prácticamente cautivo. Muchos programas experimentales ejidales pretenden también enseñarles a cultivar productos que no son tradicionales y que tienen demanda en las zonas urbanas.

Pero las utilidades más importantes derivadas de esta nueva experiencia agrícola han ido a manos de compañías alimentarias, sobre todo sociedades trasnacionales estadunidenses y europeas. Estas compañías compran productos mexicanos, les suman tecnología extranjera en el procesamiento, empacado y mercadeo y, después, se los revenden a los consumidores mexicanos. El dominio de estas compañías en el mercado mexicano de alimentos procesados es evidente en cualquier supermercado, donde los cereales para el desayuno, los alimentos para niños, las mermeladas, las frutas y los vegetales en lata, diversos refrescos e infinidad de alimentos más ostentan conocidas marcas registradas. Estas compañías, al hacer las veces de puente entre los agricultores y los consumidores, han estimulado tanto la producción cuanto el consumo. Su peso económico y su influencia cultural, sin embargo, las han convertido en blanco eterno de los ataques de la izquierda mexicana que, desde hace mucho, ha pedido la nacionalización de la industria alimentaria.

III

La depresión crónica que afecta al sector rural de México es un producto natural del sistema político y del modelo económico que refleja con exactitud los extremos de riqueza y pobreza existentes en otros renglones de la sociedad. La reforma agraria ofreció una solución política parcial y la nueva generación de agricultores comerciales ofreció una solución económica parcial, pero no ha habido ningún régimen, desde los años cuarenta, que haya dado prioridad al desarrollo de una estrategia que abarque a todo el sector rural. Se hizo hincapié en la industrialización y la urbanización, mientras que la parte de la agricultrua en el producto interno bruto y en el total de la inversión nueva disminuía constantemente. Es más, al reflejar el surgimiento de la agricultura comercial, incluso la parte del total de la inversión agrícola correspondiente al gobierno bajó notoriamente en los años cincuenta y sesenta.

Así, aunque el crecimiento de la economía mexicana en general fue impresionante, la agricultura fue quedándose más atrás gradualmente. Con la salvedad de algunos años engañosos como 1981, la producción de alimentos per cápita ha disminuido constantemente desde principios de los años sesenta. Entre 1965 y 1976, aunque el crecimiento promedio del PIB fue de un 5.5 por ciento y la población aumentó más del 3.5 por ciento anualmente, el promedio del crecimiento agrícola fue tan sólo de un 1.2 por ciento. Asimismo, no obstante que el gobierno gastó una cantidad sin precedente en el sector rural, inclusive en la expansión de subsidios para los granos básicos tanto para la producción como para el consumo, desde 1970 México se ha visto en la necesidad de importar alimentos para satisfacer la demanda interna que ha ido creciendo constantemente. Sin embargo, la atonía se puede atribuir no sólo al descuido: al hacer que los precios de garantía se conservaran bajos, los gobiernos sucesivos protegieron conscientemente a los consumidores urbanos y desalentaron la producción. Por consiguiente, el gobierno subsidiaba la agricultura y el campo subsidiaba a las ciudades.

Cuando López Portillo asumió el mando en 1976, dijo que las prioridades de su gobierno serían el desarrollo de los energéticos y los alimentos. Pero en la realidad, los recursos del gobierno se canalizaron a la industria del petróleo y quedó poco más para la agricultura. En 1979, después de que el sector campesino, crónicamente débil, fue afectado por una grave sequía, México tuvo que importar de Estados Unidos la cantidad sin precedente de 12 millones de toneladas de granos básicos. Se presentaron entonces cuellos de botella en la transportación, miles de vagones de ferrocarril quedaron estacionados durante varias semanas en la frontera y se demoró la importación de equipo para la industria del petróleo en razón de la necesidad de descargar barcos que transportaban maíz, trigo y frijol. Aunque los alimentos importados a la larga llegaron a las ciudades del país y se vendieron a precios que significaron subsidios muy elevados, fue poco lo que le llegó a los campesinos, que ni siquiera pudieron satisfacer sus necesidades inmediatas. No era la primera vez que el gobierno encaraba la trágica ironía de que la peor desnutrición se diera entre los productores de alimentos del país.

Sin embargo, fue la política —la creencia de que la vulnerabilidad agrícola de México podía ser una amenaza para su independencia— lo que hizo que López Portillo reaccionara. Justo cuando México contrataba enormes importaciones de alimentos de Estados Unidos, el gobierno de Carter impuso un embargo a la venta de granos destinados a la Unión Soviética, como represalia porque ésta había invadido Afganistán, en diciembre de 1979. Después de otro aumento de los precios mundiales del petróleo, en 1979, en México se pensaba que Estados Unidos codiciaba su riqueza petrolera. La manera en que Washington acababa de usar los alimentos como arma contra la Unión Soviética hizo que Mexico se diera cuenta de que sus recursos energéticos podían ser rehenes de su dependencia alimentaria. Así, pues, el 18 de marzo de 1980, empleando la ocasión simbólica del aniversario de la nacionalización petrolera de México, López Portillo anunció la creación del Sistema Alimentario Mexicano —bautizado SAM— y estableció el objetivo patriótico de la autosuficiencia en maíz y frijol para 1982, y de la mayor parte de los demás granos y semillas oleaginosas para 1985.

Aunque el SAM se inspiró en motivos políticos, su instrumento principal era económico. En lugar de atacar la crisis de la agricultura en sus raíces campesinas y burocráticas, el gobierno optó por sofocar la crisis con dinero, fundándose en la premisa de que era mejor enriquecer a los campesinos mexicanos que a los agricultores estadunidenses. En esencia, la estrategia consistía en elevar el precio de "garantía" que se pagaba a los productores de granos, al tiempo que se mantenía bajo el precio minorista que pagaban los consumidores, se incrementaba la asistencia técnica y otros apoyos a los campesinos agricultores y se subsidiaba el costo de las semillas mejoradas, los fertilizantes, los transportes y los seguros y créditos para las cosechas. El gobierno, consciente de lo inestable del clima mexicano, creó también un mecanismo de "riesgo compartido", mediante el cual los campesinos quedaban protegidos, en términos financieros, contra una cosecha mala. En teoría, la producción, la productividad y los ingresos de los pequeños agricultores aumentarían, mejorando así su nivel de vida y, gradualmente, integrándolos a la economía monetaria.

De inmediato surgieron innumerables obstáculos para esta metamorfosis. Antes de presentar el SAM, el Presidente no consultó a los funcionarios agrarios principales del gobierno ni a los gobernadores de los estados. Después, la administración del programa fue puesta en manos de un coordinador general, Cassio Luiselli Fernández, economista que había estudiado en Wisconsin y que se rodeó de asesores que tenían impresionantes credenciales académicas, pero muy poca experiencia práctica. Elaboraron planes grandiosos, pero como no eran ni campesinos ni latifundistas, sabían muy poco de los detalles operativos y, por ende, les prestaron muy poca atención a los mismos. Es más, aunque Luiselli gozaba del poder de cualquier funcionario de alta jerarquía, con acceso directo al Presidente, los organismos federales y los gobiernos estatales encargados de ejecutar el SAM no parecían estar convencidos de su viabilidad y se comportaron en forma muy poco cooperativa. Asimismo, una parte importante del dinero invertido en el programa se abrió camino a los bolsillos de los burócratas de niveles bajos. Empero, aunque estos problemas administrativos no hubieran existido, siendo que 1980 se destinó a la preparación del programa, la idea de transformar a un sector campesino, atrasado y desorganizado, antes de que López Portillo terminara su sexenio en diciembre de 1982, resultaba francamente ilusoria.

Sin embargo, el país fue bendecido con la mejor temporada de lluvias habida en seis años y el gobierno pudo proclamar el éxito del SAM a finales de 1981. La producción de alimentos básicos, que sólo había sido de 18.2 millones de toneladas en la cosecha desastrosa de 1979, aumentó de 23.4 millones de toneladas en 1980 a la cifra sin paralelo de 28.6 millones de toneladas en 1981. Esta cifra incluía un incremento del 19 por ciento en el caso de la producción de maíz, a 14.7 millones de toneladas, y un aumento del 57 por ciento en el de la producción de frijol a 1.5 millones de toneladas, monto que, aunque resultaba todavía insuficiente para cubrir la demanda interna, convenció al gobierno de que la autosuficiencia estaba al alcance. El hecho de que se tratara del maíz más caro del mundo parecía no tener mucha importancia política.

No obstante, en 1982, las dos variables medulares del SAM —el clima y el dinero— fallaron. Aunque se prepararon más tierras de sembradío que en la primavera anterior, las lluvias llegaron tarde y produjeron una disminución del 20 por ciento en la zona cultivada. Es más, en febrero de 1982, el auge económico que había permitido que el gobierno se diera lujos como el SAM terminó abruptamente con la devaluación del peso. En consecuencia, la producción de granos de ese año disminuyó un 12 por ciento a 25 millones de toneladas, y la producción de maíz bajó a 12.2 millones de toneladas. En 1983, las importaciones de granos de Estados Unidos volvieron a subir a cerca de 8.5 millones de toneladas.

Cuando De la Madrid subió a la presidencia, el SAM fue desmantelado inmediatamente, su personal fue distribuido entre otras secretarías o universidades y el controvertido acrónimo pasó tranquilamente al olvido. El gobierno no sólo carecía de los recursos necesarios para financiar este programa, sino que era moda echarle la culpa de la mayor parte de los problemas económicos a los subsidios irracionales: incluso los 6 mil millones de dólares adicionales erogados por el SAM en 1982 no habían podido proteger a los campesinos agricultores del mal tiempo. En cambio, si hubiera precios de garantía más atractivos, los campesinos producirían más y, como los subsidios disponibles para granos básicos serían menores, los consumidores urbanos tendrían simplemente que pagar más por la comida. Se estimularían las exportaciones de frutos y vegetales de invierno y cualquier escasez de granos básicos sería cubierta con importaciones de Estados Unidos y garantizada por la Commodity Credit Corporation de dicho país. Después del fracaso del SAM, la mera sugerencia de una autosuficiencia en granos resultaba demagógica.

Pronto se vio que este enfoque era también inadecuado. Se evitó un problema más grande porque en 1983 y 1984 las lluvias de verano fueron excepcionalmente buenas, y no sólo llenaron las presas del país sino que también aseguraron cosechas tope de maíz y frijol, que reducían la necesidad de importar alimentos en 1984 y 1985. Pero el problema de la administración de los precios de alimentos, en una época de crisis económica y elevada inflación, resultó abrumador: dicho en otras palabras, el gobierno tenía que aumentar los precios de garantía para estimular la producción y, por consiguiente, lograr que la inflación mejorara un poco a la larga; y tenía que mantener bajos los precios al menudeo para controlar la inflación y apaciguar a los iracundos consumidores urbanos. El resultado no satisfizo a nadie. Se aumentaron los precios de garantía, pero no lo suficiente para que los campesinos estuvieran interesados en sembrar mucho más que la cantidad necesaria para cubrir sus necesidades inmediatas, ni para disuadirlos de que sacrificaran ganado y aves de corral ni, de hecho, para suprimir el subsidio anual de mil millones de dólares que permitía sostener el precio que tenían en el mercado tortillas, pan, frijol y aceite comestible. No obstante, los consumidores estaban furiosos.

Lo que es más revelador aún, en octubre de 1983, De la Madrid tomó medidas para revivir la estrategia del SAM que, sin ceremonia alguna, se había enterrado unos meses antes. El Nuevo Programa Alimentario Nacional, o PRONAL, como es típico, no mencionaba al SAM para nada y prometía "elaborar nuevas estrategias, políticas y acciones" para la agricultura, como si este enfoque fuera nuevo. Aunque los funcionarios reconocían, en privado, que México seguiría importando de Estados Unidos entre 8 y 10 millones de toneladas de alimentos al año para cuando De la Madrid terminara su mandato en 1988, el Presidente revivió el concepto de la autosuficiencia, hablando vagamente de la "soberanía alimentaria" y haciendo una advertencia en cuanto a los peligros de la dependencia de alimentos. Dijo que esto sólo se podía lograr con un esfuerzo de producción masivo, respaldado con "energía, claridad, creatividad, eficiencia y honestidad". Más concretamente, requería que se cambiaran las "relaciones comerciales" entre el sector urbano y el campesino. "Si no pagamos un precio justo a los productores de alimentos —prosiguió De la Madrid—, enfrentaremos el riesgo de que la producción caerá, que se gastarán los escasos recursos en importaciones y tendremos escaseces."

Eso sí, definir el problema distaba mucho de encontrarle una solución. Por ejemplo, la presentación del PRONAL coincidió con un mayor deterioro de las "relaciones comerciales" entre el campo y la ciudad. En términos estrictamente políticos, todavía resultaba preferible importar granos y subsidiar los precios al consumidor que correr el riesgo de provocar a las clases trabajadoras y medias urbanas con una mayor inflación. En realidad, el PRONAL nació como un SAM sin dinero, concentrándose en cómo mejorar la distribución de los alimentos, pero haciendo poco por estimular la producción. Incluso se sostenía el argumento de que el aumento de los precios de garantía sólo beneficiaría a los agricultores privados eficientes y que produciría más penurias para los más de 3 millones de campesinos sin tierra, que se veían obligados a comprar su maíz en el mercado.

Así, De la Madrid, heredero de una crisis que afectaba a todos los renglones de la economía mexicana, no estaba en posición —política o económica— de iniciar una reforma fundamental del sector agrícola. Como ocurrió con tantos de sus antecesores, sus prioridades principales siguieron siendo mantener la paz en el campo y proporcionar alimentos en las ciudades. Se terminaría el "reparto agrario", pero no cambiaría el sistema de tenencia de la tierra. Se alentaría la agricultura comercial y campesina, sobre todo mediante la disminución de la corrupción y el desperdicio de la burocracia agraria del gobierno, pero los consumidores urbanos seguirían necesitando la protección de los alimentos subsidiados. Al igual que el SAM y tantos otros planes oficiales más, el PRONAL era un ideal meritorio, pero era poco probable que la década de 1980 mejorara la suerte de los campesinos o produjera la autosuficiencia alimentaria del país en general.

10. INDÍGENAS DE CUERPO Y ALMA

I

México, orgulloso de su pasado indígena, parece avergonzarse de su presente indígena. Los edificios del gobierno están cubiertos con pinturas murales y esculturas que loan el heroísmo de los aztecas, mientras que los museos albergan exquisitas joyas, cerámica y artefactos encontrados en las ruinas prehispánicas. Pero los indios mismos, los descendientes directos de ese "glorioso pasado", siguen siendo una raza conquistada, víctimas de la peor pobreza y discriminación que se pueda encontrar en México hoy día. Han perdido la mayor parte de sus tierras comunales, su cultura ha sido asediada y erosionada por la "civilización" e incluso se les ha robado su pasado. El México moderno, que ha desenterrado sus raíces indígenas y elevado el indigenismo a símbolo de identidad nacional, tiene poco espacio para los indígenas del presente.

Sin embargo, la fuerza y resistencia de su visión religiosa y cultural del mundo han contribuido a conservar una identidad indígena independiente. México cuenta todavía con cerca de 8 a 10 millones de indígenas, divididos entre cincuenta y seis grupos étnicos y lingüísticos que hablan más de cien dialectos diferentes. Algunos grupos, como los nahuas, mayas, zapotecas y mixtecas suman cientos de miles y dominan la población de zonas enteras del país, aunque con frecuencia están fragmentados en pequeñas comunidades. Otros, como los lacandones, kiliwas, cucapas y pais-pais han quedado reducidos tan sólo a unas cuantas docenas de familias. Algunos continúan viviendo totalmente aislados y han conservado la "pureza" de su mundo religioso, aunque la mayoría ha ido incorporando gradualmente a su vida las características del entorno mestizo más amplio. Desde la Conquista, todos ellos han estado librando una batalla contra la asimilación y la desaparición. Su mera existencia es un tributo a su decisión de sobrevivir.

Desde el siglo XVI, padecieron virtual esclavitud, conversión obligada al cristianismo y devastación de su población en razón de las nuevas enfermedades importadas por los conquistadores. Muchas tribus indígenas buscaron refugio en las montañas, selvas y desiertos, pero las comunidades indígenas más grandes fueron absorbidas gradualmente por la economía colonial, ofrecieron mano de obra gratuita o barata para las haciendas, las minas y, más adelante, las fábricas pequeñas. Hubo, ocasionalmente, rebeliones indígenas, siempre sofocadas con la pérdida de muchas vidas, pero las diferencias lingüísticas y culturales entre los grupos indígenas evitaron que surgiera cualquier movimiento nacional. Oficialmente, se consideraba que los indígenas eran menores y la ley les protegía, pero en la práctica eran tratados como inferiores, y se acostumbraron a ser tratados así. (La decisión, totalmente inefectiva, de ordenar la desaparición de las lenguas indígenas en 1770 tenía por meta acelerar la integración de los indígenas, aunque se estima que, de hecho, 43 lenguas indígenas han desaparecido desde la Conquista.) Su aceptación de la Virgen de Guadalupe como deidad indígena no sólo establecía su cristianismo formal sino también concedía a la iglesia española un instrumento más para controlar a sus distantes feligreses.

Después de la Independencia, la suerte de los indígenas se deterioró. Muchos lucharon —y murieron— en la guerra de Independencia y en los constantes levantamientos y conflictos que siguieron, pero no tenían voz alguna en las cuestiones de estado. Constituían la fuerza de trabajo necesaria, pero pocos mexicanos del siglo XIX consideraban que la nueva nación debía encontrar un lugar especial para los indígenas. El concepto más progresista era considerarlos un obstáculo para la modernización del país y buscar su integración destruyendo su "atrasada" cultura. Cuando Benito Juárez, el único indígena de sangre pura que jamás gobernara México, desmanteló el sistema tradicional de las tierras comunales para acelerar la incorporación de los indígenas, meramente los hizo más vulnerables a la explotación. "De entre los blancos que determinaron la historia del país —escribió un historiador mexicano— Juárez fue el más blanco de todos."

Durante la Revolución de 1910, los indígenas volvieron a constituir la mayor parte de los combatientes y las bajas. En muchas zonas, ni siquiera estaban seguros de por qué estaban luchando: se tomaban decisiones en su nombre, pero sin consultarles. Un reciente relato tzotzil de la Revolución, en los altos de Chiapas, recordaba recientemente la forma en que los indígenas habían sido manipulados. "El obispo de San Cristóbal, señor Orozco y Jiménez, emocionó a todos los políticos —según la versión que ahora se enseña en todas las escuelas de los pueblos tzotziles—. Pero ni el obispo ni los políticos combatieron. Sólo repartieron las armas. Los que salieron a sufrir fueron los indígenas de Jacinto Pérez Pajarito. Y para alentarles, la gente con dinero prometió tierras a los indígenas, y el obispo les dio medallas y banderas con la Virgen de Guadalupe.'' En realidad, como los indígenas seguían representando casi la mitad de la población, con frecuencia sus demandas no se podían diferenciar de las de otros campesinos. Incluso los zapatistas de Morelos y Guerrero, que hablaban principalmente náhuatl y usaban vestimentas indígenas, luchaban por sus tierras comunales y no por su identidad étnica.

Pero, después de la Revolución, la ambivalencia de México hacia su pasado y presente indígenas empezó a brotar. Una intensa búsqueda por una identidad nacional condujo a la idealización del indígena, primero a través de los murales de José Clemente Orozco, Diego Rivera y David Alfaro Siqueiros y, más adelante, en los museos y arte folklóricos. Otros intelectuales abordaron la cuestión del indigenismo dentro del contexto de la raza mestiza naciente. Manuel Gamio, antropólogo que fue el primero en excavar las ruinas prehispánicas de Teotihuacán, consideraba que la llegada de "otros hombres, otra sangre y otras ideas" de España, en el siglo XVI, había hecho añicos la unidad racial. José Vasconcelos, importante político y filósofo de la época, estaba entregado al concepto de la "raza cósmica" —la Raza— naciente en México. "Somos indígenas de cuerpo y alma —escribió—. El idioma y la civilización son españoles.''

Pero aunque los indígenas habían logrado cierto reconocimiento, su conservadora visión agraria del cambio social fue interpretada como una aberración etnocéntrica dentro del nuevo concepto de unidad nacional. En 1915, el novelista "revolucionario" Martín Luis Guzmán, escribió con franco desdén: "Desde la Conquista o incluso desde tiempos prehispánicos, el indio ha sido abnegado, sumiso, indiferente al bien y el mal, inconsciente, su alma reducida a una trama rudimentaria, incapaz siquiera de sentir esperanza. A juzgar por lo que vemos ahora, el indio no ha dado un paso adelante en siglos. Sin idealismo, esperanza o aspiraciones, sin sentir orgullo de su raza, afectado por una docilidad mortal e irritante, la masa de indígenas es para México un peso y una carga.'' Por ende, la nueva élite revolucionaria no veía una alternativa para integrar a los indígenas al resto de México. Como secretario de Educación a principios de los años veinte, Vasconcelos pensaba que la educación en español era el único instrumento para preparar a los niños indígenas para que entraran al entorno occidental. El concepto de México como una nación multiétnica tenía que nacer aún. El objetivo era hacer que el indígena, según palabras de Vasconcelos,

243

"fuera un miembro civilizado de una comunidad moderna".

A finales de los años treinta, el presidente Cárdenas reconoció que los indígenas necesitaban que se les prestara una atención especial y, siendo de extracción tarasca, sentía una preocupación intensa y paternalista por su situación social. Al acelerar la reforma agraria, indirectamente fortaleció la base territorial y la identidad cultural de muchos grupos. Pero el objetivo del régimen, a largo plazo, siguió siendo la integración. "El programa para emancipar a los indígenas es, en esencia, igual que el de la emancipación del proletariado en cualquier país, pero no se puede ignorar que las circunstancias especiales de su clima, sus antecedentes y sus necesidades le confieren una fisonomía social peculiar —explicaba Cárdenas en cierta ocasión—. Nuestro problema indígena no está en mantener al indio como indio, ni en 'indigenizar' a México, sino que radica en cómo 'mexicanizar' al indígena al mismo tiempo que se respeta su sangre, se conservan sus sentimientos, su amor por la tierra y su inquebrantable tenacidad."

En 1936, se formó un Departamento para Asuntos Indígenas con objeto de que supervisara este proceso. El primer Congreso Indigenista Interamericano, que tuvo lugar en 1940, en Pátzcuaro, ciudad de Michoacán, estado natal de Cárdenas, permitió a México promover la idea de que los indígenas en otros puntos de América Latina recibieran también atención especial. Después, en 1948, se creó el Instituto Nacional Indigenista (INI) que haría las veces de banda transmisora del resto de la sociedad a las comunidades indígenas. En los años cincuenta y sesenta, el INI estableció doce centros coordinadores en zonas indígenas, principalmente en Chiapas y Oaxaca, por medio de los cuales promovía la enseñanza del español, los programas de vacunación, las técnicas agrícolas modernas y los nexos económicos más estrechos con las poblaciones mestizas vecinas. "Durante mucho tiempo —recordaba pertinentemente una publicación del INI en 1981— se consideraba que ello era benéfico, en el sentido de que modernizaba a los indígenas, quienes, supuestamente, eran pobres porque estaban atrasados, o porque su cultura impedía que avanzaran. Se pensaba que el contacto con la sociedad moderna les ayudaría, pero no fue así."

En la realidad, en lugar de verse fortalecidos por la asimilación, los indígenas simplemente quedaron expuestos a una situación conocida con el nombre de "colonialismo interno". La nueva pérdida de sus tierras comunales, su explotación como mano de obra barata para la época de cosechas y la construcción de caminos facilitaron tanto la migración de indígenas jóvenes inquietos como la penetración de un estilo de vida mestizo más consumista. Sí hubo un crudo proceso de integración en el sentido de que, mientras la población del país se multiplicaba por seis en las siete décadas posteriores a la Revolución, su mayor migración y mortalidad aseguraban que la cantidad de indígenas aumentara con más lentitud, y su parte del total de la población disminuyó del 45 al 10 por ciento. Sin embargo, durante este proceso, no se salvaguardó la situación cultural ni física de los indígenas.

Con el Presidente Echeverría, a principios de los años setenta, el tema indigenista fue planteado nuevamente por una nueva ola de populismo. Echeverría no sólo estaba ansioso de emular el ejemplo de Cárdenas, en este sentido al igual que en otros, sino que sentía también más presión por incorporar a los indígenas a la vida del país. Sin embargo, siendo los más pobres entre los pobres, se seguía pensando que los indígenas eran víctimas del sistema socioeconómico del país, en lugar de ser herederos de una identidad cultural propia. "Mientras los indígenas de México no participen en la vida cívica, intelectual y productiva del país serán extranjeros en su propia tierra, expuestos al abuso de aquellos que tienen más y excluidos de los beneficios de la civilización —comentó Echeverría en cierta ocasión, y haciendo eco de Cárdenas dijo—: Hablamos de mexicanizar nuestros recursos naturales, sin darnos cuenta que también es necesario mexicanizar nuestros recursos humanos."

En consecuencia las inversiones nuevas se destinaron a construir escuelas, clínicas de salud y caminos en zonas indígenas, mientras que el INI expandía su red de centros coordinadores, pasando de doce en 1970 a setenta en 1976. Se tomaron medidas para proporcionar a los indígenas los títulos jurídicos de propiedad de sus tierras comunales: se reconoció que más de 600 000 hectáreas de las selvas de Chiapas pertenecían a los lacandones, mientras que los seris recuperaron sus derechos sobre la isla de Tiburón en el mar de Cortés. En octubre de 1975, el gobierno organizó el primer Congreso Nacional de Pueblos Indígenas en Pátzcuaro, donde, a su vez, se creó el Consejo Nacional de Pueblos Indígenas. Inevitablemente, el Congreso se dedicó a alabar las políticas indigenistas de Echeverría, mientras que el nuevo consejo fue coptado inmediatamente por la Confederación Nacional Campesina, que forma parte del partido gobernante. Pero fue un experimento atrevido en el sentido de que los indígenas, que estaban separados por lenguaje, geografía, tradiciones y niveles de desarrollo, pudieron comunicarse —aunque fuera en español— e identificar sus problemas en común.

Echeverría, con la esperanza de cambiar el tradicional desdén de los mestizos por la cultura indígena, creó también un departamento nuevo para promover las artesanías indígenas, y mandó que la residencia presidencial de Los Pinos fuera redecorada con un estilo mexicano "típico", y los jarrones chinos y las alfombras persas fueron reemplazados por tejidos, pinturas y cerámica indígenas. Para descontento de la élite de México orientada a lo europeo, se recomendaba a las mujeres que asistían a cenas oficiales, ofrecidas a visitantes como la reina Isabel de Inglaterra y el Sha de Irán, que portaran trajes indígenas en lugar de la última creación de Dior. Echeverría tenía un propósito nacionalista mayor al promover el respeto por los indígenas, considerando incluso que la campaña era un símbolo de la nueva identificación del gobierno con el Tercer Mundo. Sin embargo, la cultura y el folklore indígenas se hicieron más visibles y fueron aceptados por las clases medias urbanas.

En los mundos académicos y burocráticos relacionados con los indígenas se ventilaron ideas nuevas. Los antropólogos tradicionales que contemplaban la cuestión indígena en términos estrictamente culturales solían favorecer el aislamiento de los indígenas, y el gobierno —específicamente el INI— actuó como su protector e interlocutor principal. Los sociólogos marxistas, que denunciaron esta actitud como una posición "zoologista" destinada a conservar a los indígenas como objeto de investigación, sostenían que una cultura separada entorpecía la "proletarización" de los indígenas. La única política viable, según pensaban los marxistas, implicaba introducir a los indígenas a la economía monetaria, proporcionándoles servicios de salubridad, educación, técnicas agrícolas modernas y trabajo. Surgió también una tercera corriente: algunos antropólogos liberales insistían en que la supervivencia de los grupos indígenas enriquecía a México en general y que el enfoque integracionista del pasado estaba equivocado. El gobierno debería proporcionar ayuda esencial, pero sin paternalismo o manipulación. Debería reconocer a México como una sociedad multiétnica y conceder a los indígenas mayor autonomía para dirigir sus propios asuntos. En otras palabras, el desarrollo social no tenía por qué implicar integración cultural.

Algunas de estas ideas fueron probadas durante el sexenio de López Portillo. Se iniciaron programas para llevar agua potable, clínicas de salud y granos subsidiados a las zonas más marginadas, donde se incluían la mayoría de las comunidades indígenas. Al mismo tiempo, se abrieron otros veintiún centros coordinadores del INI, se dio más importancia a la educación bilingüe, con idea de conservar las lenguas autóctonas y la cultura local, al mismo tiempo que se ofrecían conocimientos básicos del español. Como parte de estas actividades biculturales, se abrieron estaciones de radio que transmitían en lenguas indígenas en zonas donde ya llegaban las transmisiones en español, y se publicaron libros de texto en cuarenta lenguas y ochenta dialectos. Además, con alrededor de 25 000 maestros bilingües trabajando en poblaciones remotas en 1982, nació una nueva generación de líderes de las comunidades: algunos de ellos explotaron su influencia para hacerse caciques, pero otros pudieron tener tratos de mayor confianza con los vecinos centros de poder mestizos.

López Portillo, aunque criollo, parecía sentir una fascinación paternalista por las raíces indígenas de México. "México se distingue del resto del mundo por nuestros grupos étnicos —le dijo en cierta ocasión a un grupo de indígenas que le visitaban—. ¿Qué sería México de no ser por lo que ustedes significan y representan? ¡Casi nada!" En otra ocasión apuntó: "Es muy doloroso ver, conforme uno va subiendo por la sierra, que se pueden encontrar grupos de indígenas, ahí donde han huido de la injusticia y la esclavitud. —Y añadió—: Hermanos indios, si en este país hay una causa evidente, es la causa indígena. Y si debemos justicia a alguien —justicia del tamaño de su olvido, justicia del tamaño de su dolor— la debemos precisamente a ustedes." La idea que López Portillo tenía de la integración de los indígenas era que éstos debían contribuir a la cultura nacional —en lugar de rendirse a ella— y, por consiguiente, ayudar en la lucha por "la identidad nacional y la independencia nacional."

Pero este lenguaje más sensible no podía transformar la condición de los indígenas. En una reunión, Espiridión López, líder de los mayo de Sonora, preguntó frustrado al Presidente: "¿Qué sentido hay en tener un presidente dedicado a resolver nuestros problemas y a integrarnos al resto de la población si aquellos funcionarios a cargo de llevar a cabo las soluciones son los mismísimos que nos están explotando?" Cuando Miguel de la Madrid efectuaba su campaña para la presidencia en 1982, volvió a escuchar una letanía de quejas, no sólo en torno a la pérdida de tierras comunales, el sistema de justicia discriminatorio, la escasez de agua y el peso opresivo de los caciques en zonas indígenas, sino también respecto de la política del gobierno. "El paternalismo del gobierno, de los antropólogos, de los partidos políticos y de las iglesias nos ha quitado la iniciativa —dijo a De la Madrid Apolinar de la Cruz, vocero del Consejo Nacional de Pueblos Indígenas—. Ha corrompido a generaciones, ha opacado nuestra conciencia étnica y de clase. En razón del paternalismo, incluso las obras y los servicios públicos nos empobrecen y endeudan más de lo que nos benefician. Y si ello no fuera suficiente, el paternalismo se convierte en un círculo vicioso: pretende protegernos hasta que estemos listos para actuar por cuenta propia, pero evita que desarrollemos la capacidad para cuidarnos solos.''

De la Madrid prometió acabar con esta tradición y adoptar ''una política indigenista con los indígenas en lugar de hacerla para los indígenas'', y también él habló de la importancia que tenía preservar la cultura indígena. ''Debemos respetar su cultura y su forma de vida —le dijo a un grupo de huicholes—. Crear una cultura nacional no significa imponer la uniformidad. Más bien, significa reconocer la diversidad y riqueza de las expresiones que componen la cultura mexicana. Ustedes son parte de la cultura mexicana. Si perdemos algo de la cultura huichol, no sólo perderán los huicholes, perderemos todos.'' Además del objetivo tradicional de la asimilación, De la Madrid apuntó: ''Debemos reconocer una verdadera federación de nacionalidades dentro de la nacionalidad mexicana.''

La consolidación de esta tesis conservatista revivió una acalorada controversia sobre el papel desempeñado por los antropólogos y misioneros extranjeros que trabajaban en las comunidades indígenas. Desde hacía mucho tiempo, México se había sentido avergonzado de que los mejores trabajos académicos sobre las culturas indígenas del país hubieran sido efectuados por científicos extranjeros y, casi como mecanismo de defensa, los académicos izquierdistas de México, con frecuencia, les acusaban de ser agentes de la CIA o saqueadores de las ruinas prehispánicas del país. Conforme el nacionalismo cultural aumentó en los años setenta, cada vez fue resultando más difícil que las universidades y los arqueólogos extranjeros —particularmente estadunidenses— obtuvieran permiso para efectuar excavaciones en México. Es más, empezó a aumentar la preocupación por las actividades de los evangelistas protestantes estadunidenses en las comunidades indígenas.

El blanco principal de las críticas era el Instituto Lingüístico de Verano, rama de los Traductores de la Biblia de Wycliffe, que estaba dedicado a traducir la Biblia a lenguas indígenas y a convertir a los indígenas al protestantismo. Paradójicamente, el Instituto fue invitado a México en 1936 por Cárdenas, quien pensaba que el protestantismo podía abrir una brecha en las barreras impuestas por el catolicismo para llegar a la modernización de los indígenas. De hecho, sus misioneros fueron los primeros en escribir muchas de las lenguas indígenas y, así, efectuaron una importante contribución lingüística. Pero en las pequeñas comunidades indígenas, donde las creencias religiosas católicas y semipaganas forman parte esencial de toda una concepción de la vida, las conversiones dividieron a los pueblos y erosionaron su estabilidad cultural. En San Juan Chamula, Chiapas, cientos de nuevos conversos y varios misioneros fueron sacados de la comunidad y huyeron a la población vecina de San Cristóbal, después de haber dado la espalda a los dioses y rituales tradicionales.

Cuando el gobierno abandonó su objetivo de integrar a los indígenas, se consideró que el Instituto Lingüístico de Verano estaba, según las palabras de un documento del INI de 1981, "cometiendo etnocidio y expropiación cultural". Por presiones de antropólogos y del Consejo de Pueblos Indígenas, en 1979 se revocó un convenio con el Instituto que tenía cuarenta años de existir. A principios de 1983, el gobierno de Miguel de la Madrid anunció que el Instituto debía salir de México. Pero, en realidad, no pasó nada. Algunos de los principales misioneros se habían casado con mexicanas y tenían hijos mexicanos y, como personas físicas, no podían ser expulsados del país. La embajada de Estados Unidos intervino y aconsejó que no se tomara una medida precipitada que pudiera ser interpretada como persecución religiosa. Por último, algunos funcionarios conservadores de la secretaría de Gobernación pensaban que el Instituto realizaba una labor útil al neutralizar las actividades de sacerdotes católicos de tendencias izquierdistas. En consecuencia, el Instituto continúa trabajando conforme aumentan las peticiones para su expulsión.

A finales de 1983, hubo mayor inquietud cuando el nuevo director general del INI, Salomón Nahmad Sitton, fue encarcelado, supuestamente, por haber aceptado una comisión, por el equivalente a 30 000 dólares, en la compra de tela que sería donada por la viuda de Cárdenas a las comunidades indígenas de Oaxaca. Nahmad no sólo era muy respetado por sus compañeros antropólogos, por su honradez y dedicación, sino que también se había ganado el afecto de muchos grupos indígenas. Cada vez eran más los indicios de que había sido víctima de intrigas políticas dentro del gobierno. Nahmad pertenecía a la nueva escuela de antropólogos que se oponían, según sus propias palabras, a "políticas paternalistas, incorporativistas e integracionistas" que tratan a los indígenas "como si fueran niños". Pero sus esfuerzos por instrumentar una política nueva (ya había transferido el control de los centros del INI distribuidos entre los yaquis y chontales a las comunidades locales) fueron interpretados como una amenaza por los intereses burocráticos atrincherados. Muchos intelectuales de primera línea protestaron por la aprehensión de Nahmad, mientras que los líderes de las comunidades indígenas se presentaron ante las oficinas centrales del INI exigiendo su liberación así como que se nombrara a un indígena para sucederle.

En cambio, en su lugar, Miguel Limón Rojas, político sin experiencia en asuntos indígenas, fue nombrado para el puesto, heredando una organización que había perdido el apoyo de los antropólogos más progresistas, así como de los grupos indígenas más activos. De la Madrid insistía en que la política indigenista seguiría buscando "el equilibrio entre la integración del indígena al desarrollo y el respeto por su identidad cultural, equilibrio que evite el paternalismo degradante y promueva su digna participación en la sociedad." Pero había un profundo escepticismo. Después de seis meses en la cárcel, Nahmad fue liberado. "Se teme que los indígenas y los campesinos puedan alcanzar condiciones de vida justas, pero es mayor el temor a que se rebelen —dijo—. No es que sea partidario de la violencia, pero los indígenas no tienen otra alternativa cuando su camino está entorpecido por la falta de comprensión y los obstáculos burocráticos." Después de su aprehensión, el INI se encargó de recuperar el control directo de las estaciones de radio que transmitían en maya, tarahumara, mixteco y náhuatl, que se consideraban demasiado independientes. Y no fue la primera vez en que muchos líderes indígenas llegaron a la conclusión de que las políticas "indigenistas" les eran más importantes a los funcionarios que los propios indígenas.

II

"Los indígenas son los campesinos que viven en las peores tierras de un país de tierras pobres —apuntó, en cierta ocasión, Fernando Benítez, escritor que ha dedicado mucho tiempo a registrar el legado indígena de México—. Pero el verdadero problema no es el indígena mismo. Más bien lo es su relación con el sistema: el indígena y algo más —el indígena y la tierra, el indígena y los bosques, el indígena y el café, el indígena y el maíz y así sucesivamente. Todo lo que posee o produce es sujeto de rapiña o fraude."

En realidad, en México, no hay consenso sobre la definición correcta de un indígena, pues la sangre, la lengua, la vestimenta, el territorio y el nivel económico se usan indistintamente como indicadores. Quizá resulte raro, pero la sangre es la prueba menos confiable, toda vez que la mayoría de los mexicanos tiene algo de sangre indígena y muchos indígenas "de sangre pura" forman parte ahora de la sociedad mestiza. Por otra parte, las lenguas y vestimentas tradicionales identifican, con claridad, al indígena, aunque existen algunos que hablan español y usan ropa occidental, pero que conservan las tradiciones y creencias de sus antepasados. "Un indígena es cualquier individuo que siente que pertenece a una comunidad indígena, que se considera indígena —explicaba Alfonso Caso, fundador del INI, en cierta ocasión—. Esta conciencia de grupo sólo puede existir cuando su cultura es plenamente aceptada, cuando se comparten los mismos ideales éticos, estéticos, sociales y políticos, cuando el individuo participa en las simpatías y antipatías del sistema colectivo y colabora en sus acciones y reacciones."

Pero, al parecer, el factor más importante es si la sociedad le trata —y le explota— como indígena: puede ser rechazado por su comunidad y no ser aceptado por el mundo exterior; puede padecer el racismo incluso en un país donde no hay una línea étnica. Como le dijo Carmen Borja, joven indígena, a De la Madrid durante su campaña electoral: "Los ojos de los mestizos y de la gente común y corriente de la ciudad están llenos de desdén y curiosidad o lástima cuando nos ven." No es raro que el indígena haya definido al mestizo como su peor enemigo. "La peor peste que nos asuela son los mestizos —dijo en cierta ocasión un líder tarahumara—. Nadie puede hacer nada contra ellos porque son fuertes. Roban, matan a nuestra gente, esclavizan y violan a nuestras hijas, usan nuestras tierras para cultivar mariguana, nos emborrachan." El mestizo meramente personifica el mundo exterior en su totalidad, con el cual el indígena teme tener contacto aunque, con frecuencia, no lo pueda evitar.

Los nahuas, otomíes y mazahuas de los altiplanos centrales, los zapotecas y mixtecas de Oaxaca y los mayas de Yucatán y Chiapas son demasiado numerosos y están demasiado dispersos como para permanecer aislados. Desde tiempos de la Colonia, sus mundos se vieron obligados a relacionarse con los centros de poder de las nuevas ciudades coloniales. Conservan sus lenguas y su identidad cultural, pero también viajan en autobuses, trabajan en fincas privadas, dependen de los mercados de las poblaciones vecinas y efectúan transacciones comerciales con los mestizos. Incluso aunque los indígenas de estas zonas semiáridas ya no controlan recursos que valga la pena quitarles, como muchos otros campesinos siguen siendo el blanco permanente de la explotación. Si la comunidad indígena tiene un superávit de maíz, frijol o legumbres, casi automáticamente es presa de un intermediario que puede comprar la cosecha a crédito, incluso antes de que esté sembrada, o quizá cobre una tarifa exorbitante por transportar los bienes al mercado. Las indígenas que llevan sus tejidos a la población más cercana encuentran que tienen que pagarle sobornos a la policía de la localidad para "alquilar" una esquina en la calle.

De igual manera, sus culturas son asediadas por influencias nuevas. A muchos poblados indígenas sólo se puede llegar por caminos de terracería, aunque, de alguna manera, los camiones logran pasar para entregar en sus tienditas Coca-Cola, alimentos enlatados, cerveza, aguardiente barato y otros productos de la civilización, todos ellos vendidos a precios mucho más altos que en las zonas urbanas. La publicidad radiofónica y en algunos casos la televisada, sirven para reforzar este nuevo consumo, mostrando asimismo un mundo que está al alcance. Inevitablemente, los nahuas, otomíes y mazahuas, que viven más cerca de la ciudad de México, están siendo absorbidos por el estilo de vida mestizo a mayor velocidad que la mayoría de los grupos indígenas. Se dice que hay 1.5 millones de indígenas que viven en zonas urbanas, la mitad de ellos en la ciudad de México. En algunos casos, los poblados nahuas situados en las afueras de la capital han sido virtualmente invadidos por la metrópoli creciente. En otros casos, los indígenas llegan a la ciudad de México en busca de trabajo y, aunque regularmente vuelven a sus pueblos, adquieren algo de español y adoptan costumbres diferentes. Como muchos indígenas ya no usan su vestimenta tradicional, difícilmente se les puede distinguir de otros campesinos migrantes que trabajan en la construcción de edificios o barriendo las calles. Las indígenas —principalmente mazahuas y otomíes— envueltas en sus rebozos y cargando a niños pequeños deambulan por las calles vendiendo fruta o chicles en las abigarradas aceras, o simplemente piden una limosna al que pasa por ahí. Su necesidad de sobrevivir físicamente representa una amenaza inevitable contra la supervivencia de su cultura.

En el caso de los mayas, el aumento del turismo en la península de Yucatán ha llevado otro tipo de liberación de la esclavitud al henequén. Su cultivo se introdujo después de la Guerra de Castas de mediados del siglo XIX como solución agrícola al delgado manto de esas tierras y, después de que las grandes haciendas henequeneras fueron divididas en los años treinta, los indígenas siguieron cultivándolo en pequeñas parcelas. Pero desde la segunda Guerra Mundial, las fibras sintéticas han destrozado la demanda mundial de henequén. Como no se ha encontrado ningún otro cultivo idóneo para la zona, el gobierno sigue subsidiando su producción, procesamiento y mercadeo, así como la supervivencia de unos 57 000 ejidatarios mayas y sus familias. Este subsidio —30 millones de dólares en 1983— ha sido el precio pagado por la paz social de la zona, pero no ha aliviado la grave pobreza y la desnutrición crónica. Cuando se inició la construcción de Cancún en las costas del Caribe en los años setenta, miles de mayas encontraron empleos nuevos, primero en la construcción de los edificios y después en los hoteles. Dejaron atrás a mujeres e hijos para que cuidaran sus parcelas y pasaron, abruptamente, a un mundo nuevo, extraño para ellos, donde incluso el lenguaje y las costumbres de los mestizos estaban dominados por los del turista "gringo".

En la costa del Pacífico, en Acapulco, se ha dado un fenómeno similar. Desde los años cincuenta ha atraído a cientos de miles de indígenas, que hablan náhuatl, de las míseras poblaciones del estado de Guerrero. Algunos simplemente llevan sus frutos al mercado local, otros venden sus artesanías por las playas y después, al cabo de algunos días, vuelven a sus comunidades. Pero otros se han asentado en los barrios pobres de las colinas y, expuestos a la televisión y otras presiones culturales, gradualmente han ido dándole la espalda a su pasado. Una vez que sus hijos asisten a una escuela urbana, se niegan a hablar la lengua de sus padres y crecen como si fueran mestizos.

No obstante, los indígenas sólo abandonan sus hogares ancestrales, sea temporal o permanentemente, cuando las condiciones locales verdaderamente les llevan a hacerlo. Los 20 000 mazatecos de Oaxaca fueron desalojados físicamente por el progreso cuando sus tierras comunales fueron inundadas por la presa Alemán en los años sesenta. Una presa nueva, en el río Balsas, amenaza con inundar los pueblos de Guerrero que producen la mayor parte del *amate*, o pinturas sobre corteza de árbol, que se venden en todo México. En 1981, después de que el volcán Chichonal hizo erupción y cubrió la zona con lava y cenizas, los zoques de Chiapas occidental fueron dispersados sobre una amplia extensión y perdieron su identidad territorial como cultura. Las sequías frecuentes diezman también la producción local de maíz y obligan a los indígenas a migrar en busca del dinero necesario para comprar el maíz de sus familias. Pero no puede haber alteración mayor que la pérdida de tierras comunales: los grupos étnicos de mayor tamaño que están más expuestos a la explotación a manos del mundo occidental, por consiguiente, también son aquellos que seguramente migrarán.

En muchas zonas, las comunidades indígenas siguen atrapadas en un sistema colonial que encuentra su expresión en la figura de un cacique, el líder local que controla su relación política y económica con el resto de México. El cacique puede ser el mayor terrateniente de la localidad, quizá sea dueño de todo el comercio de la población que domina una zona indígena o quizá compre todas las cosechas que producen los indígenas. (En cierta ocasión, se describió al cacique de la zona chamula de Chiapas como "el dueño de las velas, del incienso, del licor, de la Coca-Cola y de las vidas de los indios".)

En algunos lugares, el cacique es indígena también. Sea cual fuere el caso, la médula del problema son las deudas crónicas contraídas por los indígenas con el cacique, el hecho de que trabajen constantemente para pagarle sus deudas. Para prevenir cualquier desafío contra su poder, el cacique mantiene su cuerpo de pistoleros y nexos políticos fuertes con el gobierno del estado. Es la persona que durante las elecciones puede ofrecer el apoyo abrumador de los indígenas al partido gobernante y puede asegurar que los "agitadores" de los partidos de la oposición salgan de la zona.

En el caso de los triquis del occidente de Oaxaca, los caciques locales, dedicados a explotar las reservas madereras de las tierras comunales, han estimulado décadas de violencia entre las tribus, entregando armas a diferentes comunidades. Mientras los triquis riñen a causa de sus diferencias internas, los caciques no sólo se enriquecen, sino también conservan un control político efectivo. A principios de los años ochenta, respaldados por grupos izquierdistas y defensores de los derechos civiles en otros puntos de México, se formó el Movimiento de Unificación y Lucha Triqui, pero varios líderes triquis fueron asesinados cuando el movimiento pretendió lanzar candidatos para las elecciones municipales. "Con poder político —explicaba el líder indígena Apolinar de la Cruz, refiriéndose al fenómeno del país— los caciques pueden evitar que les lleguen a nuestras comunidades alimentos, salud, educación y comunicaciones porque evidentemente es más fácil controlar a un pueblo hambriento, enfermo e ignorante."

Al igual que gran parte de la población rural de México, los indígenas padecen parasitosis, males respiratorios y enfermedades tropicales como el paludismo, todos ellos agravados por la desnutrición crónica. Pero el alcoholismo, seguramente, es su aflicción más grave. En algunas zonas de Guerrero, el emborracharse forma parte esencial de muchas ceremonias tradicionales. En las regiones áridas del estado de Hidalgo, por ejemplo, los niños otomíes empiezan a beber pulque —el nutritivo jugo fermentado del maguey— desde muy temprana edad. En Oaxaca y otras zonas, los indígenas gastan sus pocos ahorros en mezcal, con frecuencia contrayendo deudas con el cacique local por ello. En otras partes, infinidad de versiones de alcoholes fuertes se pueden conseguir con toda facilidad. El cuadro de un indígena borracho, incluso inconsciente, en las poblaciones mestizas más cercanas a su hogar, por consiguiente, es trágicamente común. Y cuando se les pasa la borrachera, los indígenas son vulnerables a la extorsión, se les acusa de tener cuentas muy elevadas, de haber comprado animales e incluso de haber cometido crímenes mientras estaban ebrios.

Fuera de sus comunidades, los indígenas no tienen muchos lugares donde acudir en busca de ayuda. Algunos obispos católicos, entre ellos Samuel Ruiz García, de San Cristóbal, Arturo Lona Reyes, de Tehuantepec y José Llaguno, de la zona tarahumara, se han identificado desde hace mucho con los intereses de los indígenas, haciendo que les llegue ayuda del exterior y denunciando, ante el resto del país, la represión y la explotación a la que están sujetos. Algunos representantes locales del INI ganan también la confianza de los grupos indígenas demostrando su disposición a enfrentarse al resto de la burocracia oficial en nombre de ellos. Quienes ayudan a los indígenas, sin embargo, generalmente son tildados de revolucionarios: por ejemplo, el general Absalón Castellanos, después de tomar posesión como gobernador de Chiapas, en diciembre de 1982, identificó sus tres problemas más importantes señalando "al INI, a los médicos de Comitán y a la diócesis de San Cristóbal". (Los médicos estaban ayudando a los refugiados guatemaltecos que habían cruzado la frontera, introduciéndose en Chiapas para huir de la represión del ejército en los altiplanos guatemaltecos.) Asimismo, el obispo Lona, que en su diócesis de Oaxaca hablaba contra la represión a manos de los caciques respaldados por el gobierno, fue acusado de respaldar una coalición izquierdista que ganó las elecciones municipales en la zona zapoteca de Juchitán, en 1980.

Pero no es raro que los resentimientos de un líder indígena contra el mundo mestizo sean avivados por su primer contacto con el INI, cuando descubre que las decisiones que afectan a su comunidad ya han sido tomadas por los burócratas locales. En comparación con otros centros de poder, el INI es demasiado débil para proteger a los indígenas de los actos de la policía estatal o municipal o para ayudar a defenderlos en tribunales, ante jueces vulnerables a la corrupción y las presiones políticas. En ocasiones, funcionarios del INI han tratado de integrar a los poblados indígenas al sistema judicial del país, lo cual sólo socava más su autonomía. Es frecuente que los líderes indígenas se quejen de que a los indígenas monolingües se les juzga en español y sin intérpretes y de que, normalmente, se les encuentra culpables, para después dejarles en las cárceles durante meses o años, sin el recurso de la apelación.

Son pocas las zonas donde este colonialismo interno ha sobrevivido con más crueldad que en Chiapas, limítrofe con una estructura social similar en Guatemala. Muchos de los "colonialistas" son descendientes de migrantes alemanes, pero las familias Luttmann, Gissemann, Bernsroff y Pohlenz, del valle del Soconusco, se aliaron, desde hace mucho, con los ricos políticos mestizos cuyas haciendas dominan las zonas más montañosas del estado. Hoy día, alrededor de un 35 por ciento de los agricultores del estado son dueños de sólo un uno por ciento de la tierra, mientras que un uno por ciento de los terratenientes controla un 45 por ciento del territorio. Pero la creciente presión de la población ejercida en los catorce grupos indígenas de Chiapas ha producido nuevas tensiones. En algunos casos, los caciques han robado las tierras comunales. En otros casos, los indígenas han podido alquilar tierras con maleza, pero una vez que las han desmontado para sembrar, la tierra ha sido recuperada por su propietario, quien la usa para pastura de ganado, provocando así violentos enfrentamientos. Como ya no se pueden mantener con las parcelas restantes, los tzeltales, tzotziles, tojolabales, chamulas y otros indígenas se ven obligados a convertirse en la mano de obra barata que necesitan las plantaciones de algodón y café, a las cuales son transportados, en apiñados camiones, para ganar el equivalente a un dólar diario y dormir en antihigiénicos galerones de madera.

En Chiapas existe la tradición de las insurrecciones indígenas y, aunque el levantamiento de tzotziles y tzeltales de 1712 y el sitio de San Cristóbal a manos de los chamulas en 1869 no podrían repetirse hoy día, los problemas políticos y de la tierra con frecuencia conducen a la violencia, y las víctimas son, en su mayoría, los indígenas. Como el ejército, la policía del estado y los caciques han conservado un estrecho control de la entidad, con objeto de evitar el surgimiento de un movimiento indígena organizado, la marcha convocada en octubre de 1983, en la cual unos quinientos indígenas de diferentes poblados de Chiapas se dirigieron a la ciudad de México y que recibió muchísima publicidad, fue toda una sorpresa. Sus demandas —que se aprehendiera a los asesinos de indígenas, que se liberara a los indígenas encarcelados y que se les dieran salarios más elevados— eran conocidas, pero en términos políticos resultaba inconcebible que el gobernador del estado hubiera "permitido" que los indígenas llevaran sus peticiones hasta las puertas de Palacio Nacional. Las autoridades federales intervinieron, haciéndoles nuevas promesas, y convencieron a los indígenas de que volvieran a sus casas pacíficamente. Sin embargo, la presencia de estos indígenas, miserables pero orgullosos, en la capital fue para el resto de la sociedad como un golpe momentáneo de conciencia.

Los indígenas que después de la Conquista huyeron a "zonas de refugio" en selvas, montes y desiertos, lo hicieron con objeto de conservar el derecho de ser dueños de sus tierras y de trabajarlas. La tierra —el concepto de una base territorial— es parte esencial de cualquier grupo indígena. Pero, a la larga, incluso estos reductos seguros fueron penetrados por la civilización. En las selvas de la

Sierra Madre, al occidente de Chihuahua, el mundo secularmente aislado de unos 70 000 tarahumaras se ha visto alterado por compañías madereras que no tienen interés alguno en el futuro de la población nativa. En Nayarit y Jalisco, los nuevos caminos han logrado que, repentinamente, las remotas tierras de cultivo y ganadería en las montañas, propiedad de los huicholes, les resulten accesibles a los mestizos y, por ende, sean codiciadas por los mismos. Incluso los bosques de Chiapas, cedidos a los lacandones por Echeverría en los años setenta, están siendo explotados por extraños. Conforme se va perdiendo la tierra, también la identidad cultural se erosiona inevitablemente.

En los desiertos de Sonora, el agua era el recurso que daba valor a la tierra de los yaquis. Desde la época de la Conquista, los guerreros yaquis se habían negado, tercamente, a aceptar la derrota y durante gran parte del siglo XIX pelearon contra los colonizadores blancos, atrincherándose en sus tierras junto al río Yaqui. Hubo un momento en que la mitad de la tribu había huido a Arizona y muchos otros fueron deportados a Yucatán, pero los yaquis restantes organizaban levantamientos con frecuencia, muchas veces sangrientos, contra los *yoris* o blancos. Finalmente, en 1936, tan sólo una década después de la última revuelta, el presidente Cárdenas les dio el título de posesión de 750 hectáreas de tierra —una parte mínima de la cantidad que habían tenido— y reconoció su derecho de autogobernarse. Pero después de que el gobierno de Alemán construyó presas en el río Yaqui y desvió su agua hacia canales de irrigación, los indígenas perdieron el acceso al elemento más vital de su supervivencia. Hoy día, los yaquis, rodeados por la tierra más productiva de México, viven en una miseria lastimosa. "¿Es ésa la Revolución?", le preguntó un viejo yaqui al general Cárdenas, treinta años después de que había reconocido las tierras comunales de la tribu. Se cuenta que el general Cárdenas no pudo contener las lágrimas.

Desde los cucapas, cerca de la frontera con Estados Unidos, hasta los mames en la frontera con Guatemala, los relatos de la situación de los indígenas tienen un tono casi monótono: las tribus indígenas hablan lenguas diferentes, tienen tradiciones diferentes, adoran a dioses diferentes y usan vestimentas diferentes; sin embargo, comparten una suerte económica y social en común. En cierta ocasión, De la Madrid se refirió a "su condición intolerable y vergonzosa", pero sus buenas intenciones no podían hacer gran cosa para cambiarla. Los indígenas siguen presos, no sólo de la miseria sino de todo un sistema de explotación del cual, al parecer, sólo pueden escapar rindiéndose a la forma de vida de los mestizos.

III

Quizá lo único que no se le ha robado a los indígenas sea su espíritu, su mundo inaccesible de lenguas y dialectos extraños, de orgullo oculto y sólidas jerarquías, de profunda sensibilidad religiosa e intensos rituales, de misterio y magia. La continuidad de su comunión con este pasado —no el pasado de museos y estatuas, sino el pasado de espíritus y creencias— es lo que ha evitado la destrucción de la cultura indígena. El destino está predeterminado por los dioses, las costumbres son establecidas por los antepasados y dirigidas por sus espíritus, los problemas son contestados por los chamanes o sacerdotes tradicionales y la disciplina es mantenida por los viejos. La vida, dominada por el fatalismo, implica seguir las huellas del pasado. "Los innovadores son desconocidos en este mundo que se reproduce indefinidamente y casi automáticamente", escribió a este respecto Fernando Benítez. Y es un mundo donde el sufrimiento material se compensa ampliamente con las recompensas espirituales.

La fuerza de esta cultura es notoria en la influencia que tiene en el resto de la sociedad mestiza, visible no sólo en los alimentos, los colores y el lenguaje, sino también en las tradiciones, las creencias y el comportamiento. Incluso en el caso de los grupos indígenas diseminados a lo largo de todo el país hay poderosos temas y actitudes que les unen. La religión y la naturaleza siempre están entrelazadas, la expresión artística es esencial para su identidad, la lealtad a la comunidad no se cuestiona y la riqueza se comparte. Sus leyendas, pasadas de boca en boca, cuentan de los orígenes de la Tierra, el Sol y la Luna y del nacimiento y la muerte de dioses antiguos. Su etnocentricidad es total; sus mitos y creencias religiosas les aseguran que son el centro del mundo.

Por el contrario, la dispersión de las comunidades indígenas asegura una gran variedad de expresiones culturales y religiosas. Muchos grupos, de sólo unos cuantos miles de componentes, conservan su lengua y sus vestimentas, así como toda una serie de dioses, mientras que hasta las tribus de mayor tamaño están divididas en estados-pueblos, con su propia visión de la vida. Por ejemplo, los zapotecas de Oaxaca hablan cuarenta y dos dialectos diferentes, y comunidades que sólo están a un monte de distancia prácticamente no se pueden entender entre sí. Los aproximadamente 800 000 nahuas, por otra parte, están diseminados por dieciséis estados diferentes, desde Guerrero, Puebla y Veracruz hasta tan al norte como Jalisco y San Luis Potosí, y comparten una lengua común, pero pocas costumbres y creencias.

Esta variedad se manifiesta también en las prendas de vestir tejidas a mano y en el trabajo artesanal de los indígenas de todo el país. Hoy día, en muchas zonas, los indígenas sólo se ponen las vestimentas tradicionales para los festivales religiosos, pero sus esposas e hijas lo hacen, orgullosamente, todos los días, considerando que su ropa es una extensión de su identidad. Sus tejidos no sólo distinguen a una comunidad específica dentro de cualquier grupo étnico, sino que están también imbuidos de significados religiosos. De igual manera, las pinturas, las tallas en madera y, sobre todo, las máscaras hechas por muchos grupos indígenas están ligadas a ciclos similares de acontecimientos religiosos o de la naturaleza, si bien su estilo varía notoriamente de una zona a otra.

No obstante, las comunidades indígenas han sobrevivido en razón de su unión interna, religiosa y política. Estas comunidades, que funcionan casi como si fueran sociedades teocráticas, sujetan a sus miembros a las reglas estrictas y las creencias dictadas o interpretadas por los ancianos y los chamanes. La mayoría de los grupos indígenas fueron convertidos al cristianismo por misioneros dominicos, jesuitas o franciscanos en los siglos XVI y XVII, pero las capillas de piedra abandonadas en puntos remotos del país atestiguan el descuido que hubo después. A la larga, incluso la Iglesia aceptó el sincretismo indígena del cristianismo y el paganismo, donde los antiguos dioses muchas veces asumieron la identidad formal de los santos católicos, pero conservaron sus poderes tradicionales, invariablemente relacionados con el clima, las cosechas, la salud, la defensa contra enemigos externos y la devoción por los muertos. La variedad de dioses es inmensa, aunque la veneración de la Virgen "India" de Guadalupe ofrece una poderosa trama unificadora entre la mayoría de los grupos indígenas. Así, el mundo aparentemente gris de caminos de barro y casuchas de adobe, adquiere vida con las leyendas mágicas que refuerzan la filosofía, la religión y las costumbres sociales de las personas.

En el caso de los yaquis, no sólo la autoridad religiosa, sino también el gobierno interno y los contactos externos están, normalmente, en manos de los ancianos. Los yaquis, aunque sólo suman 22 000, están divididos en ocho comunidades, cada una de ellas dirigida por un gobernador, que es elegido por un año, y cuatro ancianos, que son nombrados de por vida. El gobernador no tiene que ser un anciano necesariamente, pero debe ser conocido por su honradez y moralidad porque controla el agua y la tierra de la comunidad y hace las veces de juez. Es más, todos los tratos con los *yori* deben ser aceptados por la asamblea de ocho gobernadores y treinta y dos ancianos, que se reúnen todos los sábados bajo un árbol en Pueblo Vicam, la capital tradicional de la tribu. En cierta ocasión, en 1983, el enviado personal del gobernador de Sonora no obtuvo permiso para dirigirse a los líderes yaqui porque el gobernador no había ido en persona. En este grupo existe una acumulación de sabiduría nativa y costumbres antiguas que mantienen unida a la sociedad.

La comunidad indígena es, a su vez, proyección de la estructura familiar. La mujer rara vez tiene un papel religioso y, por ende, con la excepción de la sociedad matriarcal de la zona de Juchitán, es considerada inferior socialmente. Su tarea es trabajar, cocinar, tener hijos y soportar calladamente las palizas que le propina su marido cuando está borracho, mientras que es raro que se permita a sus hijas asistir a la escuela, incluso aunque haya una en la comunidad. Las mujeres desempeñan también un papel medular en la economía familiar, asisten a los mercados vecinos mientras sus hombres están en los campos y son responsables de la venta de tejidos o vegetales. Lo que es más importante aún, muchas creencias y tradiciones son mantenidas vivas por las mujeres y entre ellas destacan las relacionadas con su propia pureza y humildad. Un estudio realizado por el INI en 1981, recogía los consejos que una madre nahua, de la sierra de Puebla, daba a su hija: "Cuando mires el mundo, piensa que todo te está mirando. Te miran los árboles, las piedras del camino. Los ojos del Sol muy bien que se fijan en ti. Por eso debes estar limpia. Debes caminar con elegancia, que tu paso sea suavecito sin lastimar el suelo. Mantén la cabeza alta y lleva tu enredo bien hecho. Si te miran los hombres, baja los ojos pero no te encorves nunca, ni aun cuando seas anciana. Si te encorvas, te achicas y afeas. Todo te está mirando. Por eso que sea buena tu imagen."

La familia está dominada por el hombre más viejo, generalmente el abuelo o el bisabuelo, que es dueño de toda la riqueza y ejerce toda la autoridad. Los matrimonios entre adolescentes los siguen arreglando, con frecuencia, los padres de los futuros esposos —se dan matrimonios fuera de la comunidad, pero rara vez son aprobados— y son confirmados mediante un intercambio de regalos. En algunos casos, la esposa debe ser robada, literalmente, por su joven galán, y entonces las negociaciones intensas entre las dos familias preceden a la boda formal. En el caso de los seris, el padre de la novia recibe normalmente un arco y flechas, pieles y carne, así como la promesa de que su futuro yerno le cuidará cuando sea viejo. Lógicamente, se espera que los jóvenes emulen a sus padres como cazadores, pescadores o agricultores y no es raro que se les desanime para ir a la escuela, puesto que los conocimientos "innecesarios", a la larga, serán una tentación que les llevará a migrar a otra zona. Empero, las actitudes varían dependiendo de la experiencia: un maestro bilingüe que ha sido leal a su comunidad, generalmente, logra que su aula se llene de estudiantes.

No hay mundo que contenga más magia que el de los huicholes, que viven en distantes pueblos de las montañas de Jalisco y Nayarit y cuyas creencias religiosas forman una visión cósmica de la vida donde toda la naturaleza desempeña un papel. Cultivan maíz y tienen ganado, pero una parte importante de su tiempo está dedicada a la conservación ritualista de su fe que, desde que lograran sacar a las misiones franciscanas en el siglo XVII, comprende restos tan extraños del cristianismo como sus dos cristos. En la panoplia de deidades, Nacawe, la diosa de la fertilidad, es la más importante. Para dar cabida a Cristo en su cultura, le dieron el papel de supervisor que vino a medir la tierra y a contar las montañas y los ríos. Todo detalle de su vestimenta, incluso las plumas de sus sombreros de ala ancha, tienen un significado especial. Todo lo relacionado con sus cinco centros religiosos, que los extraños consideran una triste colección de barracas con piso de tierra, tiene una significación importante. Para ellos, incluso los animales, las plantas, las rocas y los ríos son sagrados.

Cada primavera, los huicholes hacen una peregrinación de más de 160 kilómetros a las colinas desérticas de San Luis Potosí, punto que consideran su tierra sagrada. Ahí reúnen plantas de peyote, alucinógenas, que son esenciales para las fiestas religiosas que realizan después de que vuelven a sus hogares. Su artesanía —"pinturas" de colores brillantes hechas con lana— refleja los tres símbolos de la vida: el peyote, dios de los pueblos recolectores de alimentos; el venado, dios de los pueblos cazadores; y el maíz, dios de los pueblos agricultores. La visión del origen y el significado de la vida pasa de padres a hijos por medio de la poesía de las leyendas. Los huicholes son un pueblo gentil y con sentido del humor, pero por naturaleza sospechan de todos los extraños que, en caso de presentarse sin invitación, automáticamente son rechazados.

Todo grupo indígena, como vive en la pobreza, ha inventado y conservado su propio paraíso que es iluminado por colores, velas y fuegos de artificio que parecen inseparables de las fiestas religiosas. El uso generalizado de máscaras, que pueden representar a animales, espíritus o figuras históricas, religiosas o míticas, subraya la importancia de símbolos que pueden ser amenazadores o protectores. De igual manera, las danzas ostensiblemente centradas en la imagen de un santo católico adquieren significados adicionales indescifrables para los extraños. Con frecuencia, el alcohol es un vehículo esencial

261

para la comunión con los espíritus, aunque las plantas alucinógenas, como el peyote y los hongos "mágicos" de Oaxaca que se pusieron de moda entre los *hippies* de Estados Unidos a finales de los años sesenta, desempeñan también el mismo papel.

Como la buena salud es un regalo de los dioses, la medicina, la magia y la religión son inseparables y, lógicamente, sólo están ligadas al curandero, que con frecuencia es también el chamán. Los conocimientos heredados de la medicina herbolaria que tienen los curanderos les permiten curar muchos males, pero con frecuencia la practican dentro de un contexto de creencias y rituales mágicos. Males tan generalizados como el "espanto" y el "mal de ojo" sólo se pueden curar por medio de una limpia ceremonial, cuya técnica varía de acuerdo con cada uno de los grupos indígenas. Algunos curanderos emplean un huevo crudo para sacar al espíritu maligno, otros parecen extraer animales de los estómagos de los pacientes. La magia, blanca y negra, contribuye considerablemente a sostener todo un sistema de vida. En este mundo introspectivo que sólo ellos pueden entender, los indígenas encuentran la libertad y las recompensas que les han sido negadas en el mundo exterior.

Así, la identidad de los indígenas subsistirá en la medida que su cultura pueda resistir los ataques del individualismo, materialismo y consumismo inherentes al desarrollo moderno. Como está, sitiada, va cediendo lentamente. Cada nueva generación incluye más niños indígenas que, a la larga, se pasarán al bando mestizo. Los festivales religiosos se celebran con menos dedicación que hace veinte o treinta años. "Prefieren ver televisión —se quejaba Jacinto Gasparillo Anica, presidente del Consejo Supremo de los nahuas, refiriéndose a los indígenas de Guerrero— que participar en la ceremonia del 2 de mayo pidiendo la lluvia."

Pero la cultura indígena, que resistió la conquista militar y religiosa de principios del siglo XVI, la desganada protección de la Corona española durante más de trescientos años, la pérdida de gran parte de su base territorial en el siglo XIX, las actividades integracionistas que hubo después de la Revolución e incluso el comercialismo más agresivo de las últimas cuatro décadas, ha demostrado su flexibilidad. Mientras se llora por las tradiciones perdidas, hay otras muchas que sobreviven. Si el concepto de una nación multiétnica es aceptado en forma más general, quizá se permita a los indígenas tener una voz política más fuerte. Pero incluso si la sociedad mestiza no llega a reconocer el patrimonio nacional que representa la cultura indígena, la identidad singular de los indígenas existirá durante muchas décadas todavía, manteniendo viva una parte esencial de México que ha sido más reconocida una vez muerta.

11. LA CRISIS SOCIAL: AL RITMO DE LA POBLACIÓN

I

México, más que la mayoría de los países de América Latina, está formalmente entregado a mejorar la suerte de su población. Los ideales sociales de la Revolución de 1910 han quedado sacralizados por la Constitución y por un vasto conjunto de leyes, mientras que la necesidad de invertir en estabilidad política ha gestado una inmensa burocracia para el bienestar social que gasta miles de millones de dólares anualmente. En este nivel formal, se ha logrado un gran avance: el objetivo enunciado es acabar con la desigualdad y la injusticia, que la gente entienda sus derechos y que el gobierno acepte sus obligaciones.

Pero la realidad es tristemente otra. Más de sesenta años después de la Revolución, el perfil social de México apenas si se puede distinguir del de países de la zona que no han tenido una revolución. La salud de los pobres del campo y de las ciudades está muy por debajo de las normas mínimas del gobierno y más del 30 por ciento de la población queda fuera del alcance de la atención médica del estado. Un 60 por ciento de los mexicanos están afectados por diversos grados de desnutrición, inclusive por la desnutrición aguda. El promedio de escolaridad del país es de unos cinco años, y un 15 por ciento de los adultos siguen siendo analfabetos, mientras que las condiciones habitacionales de dos terceras partes de la población son francamente insatisfactorias.

El legado de muchos siglos de retraso heredado por la Revolución ofrecía un desafío que ningún sistema político podía superar rápidamente. Incluso las actitudes conservadoras de gran parte de la población campesina e indígena sumaban obstáculos al proceso del cambio social. Empero, la mejoría de los servicios de salud pública, sobre todo los programas de vacunación masiva, introducidos desde los años treinta, era la que significaba un problema mayor: las tasas de mortalidad infantil se desplomaron repentinamente, las tasas de natalidad continuaron siendo altas y el país quedó anegado por el aumento de la población. Al propio tiempo que México iniciaba un período de rápido crecimiento económico, después de la segunda Guerra Mundial, su población empezó a aumentar velozmente: de 13 millones en 1900 a sólo 20 millones en 1940, pero después a 51 millones en 1970 y 77 millones en 1984. Hoy día, 56 por ciento de la población tiene menos de veinte años. Era imposible que las erogaciones para salubridad, educación y otros servicios sociales siguieran el ritmo de la demanda.

Hubo variables más controlables que contribuyeron también a esta situación. Los sucesivos gobiernos fueron hábiles al manejar las presiones políticas y evitar que la demanda de una acción social más radical aumentara y se convirtiera en descontento. Su prioridad inmediata era la estabilidad social, en lugar de la justicia social, y aunque construyeron escuelas, hospitales y una gran red de subsidios para apaciguar a la mayoría pobre, aquellos sectores con más influencia fueron los que recibieron mayor atención. Si los sindicatos obreros, los movimientos campesinos y las organizaciones urbanas de ''paracaidistas'' hubieran sido más fuertes, el estado se habría sentido obligado a hacer más. Incluso en el caso de las erogaciones que se efectuaron, los resultados han sido empañados por la ineficiencia crónica, la corrupción y la politización de la burocracia social.

No obstante, los programas sociales en sí no pueden alterar la estructura económica de un país, independientemente de cuán importante sea el compromiso político del régimen para combatir la pobreza atrincherada. En el caso de México, la estrategia económica elegida parece obrar contra la mejoría social. La economía no sólo no ha podido crear el número suficiente de empleos —el instrumento más efectivo para la mejoría social— sino que también ha permitido, e incluso alentado, la concentración de la riqueza. No puede ser coincidencia que México y Brasil, los dos países latinoamericanos que han registrado el crecimiento económico más rápido desde el decenio de 1950, tengan la distribución más desigual de los ingresos y la riqueza de toda América.

Durante el crecimiento constante de los años sesenta, el poder adquisitivo del salario mínimo de México aumentó un 8 por ciento anual, pero se crearon relativamente pocos empleos y, por ende, los ingresos familiares aumentaron con mayor lentitud. Durante el crecimiento más volátil que hubo en el régimen de López Portillo, se creó la cifra, sin precedente, de 800 000 empleos nuevos cada año, pero la inflación erosionó un 35 por ciento los salarios reales de quienes devengaban el salario mínimo entre 1976 y 1982. El hecho de que muchos de estos empleos nuevos superaran el trauma económico de 1983 y 1984 contribuyó notablemente a conservar la estabilidad política, aunque el costo para la población en general fue notorio en una marcada reducción de los niveles de vida. Si bien el desempleo abierto se mantuvo en cerca del 12 por ciento en 1984, alrededor de un 40 por ciento más de la fuerza de trabajo cayó fuera de la economía formal, quedando en la vaga categoría del "subempleo."

La asignación de recursos dentro de la economía que se industrializaba concedió también escasa prioridad a la creación de empleos permanentes, y los bienes industriales y comerciales se concentraron en una pequeña cantidad de empresas que empleaban a relativamente pocos trabajadores. Un estudio indicaba que alrededor de un 5 por ciento de los productos comerciales controlaban más del 80 por ciento de las ventas, pero empleaban tan sólo a un 40 por ciento de los trabajadores del sector. De igual manera, por definición, en las industrias de capital intensivo cada empleo nuevo costaba entre 250 000 y 500 000 dólares. Los dos auges y crisis registrados entre 1970 y 1982 fortalecieron incluso más a las grandes sociedades, en detrimento de la industria y el comercio pequeño y mediano: con objeto de crecer y, posteriormente, de evitar la quiebra, éstos absorbieron relativamente más crédito, sin crear o conservar un número conmensurable de empleos. Durante la última recesión, la capacidad que tuvieron las pequeñas empresas familiares y la economía informal o paralela en general fue la que proporcionó un colchón de seguridad social. Así, las recompensas de la expansión les tocaron a los ricos, mientras que el peso de la recesión lo cargaron los pobres.

En un país donde el ingreso anual per cápita, alrededor de 2 000 dólares, es la cuarta parte del de Estados Unidos, los privilegios que disfrutan unos cuantos deben ser financiados, inevitablemente, por las mayorías. Según cálculos del gobierno en 1977, el 20 por ciento de la población más rica controlaba el 54.4 por ciento del total de ingresos. En los últimos treinta años ha habido algunos cambios, principalmente la expansión de la clase media que ha captado una parte mayor de los ingresos a expensas tanto de la élite de la cumbre cuanto de los crónicamente pobres: entre 1968 y 1977, la parte de los ingresos correspondientes al 5 por ciento superior bajó del 27.7 por ciento al 23.9 por ciento y la del 50 por ciento de la base, pasó del 18.3 por ciento al 16.2 por ciento. Pero, en la realidad, incluso las clases medias —profesionales, burócratas bien colocados, ejecutivos de nivel medio en las compañías, propietarios de pequeñas empresas— continúan perteneciendo al 30 por ciento rico que obtiene el 73 por ciento del total de ingresos del país. Así, mientras que los grandes ricos de México llevan una vida que dejaría pálida a la de la mayoría de los millonarios estadunidenses, y las clases medias tienen los mismos niveles que los estadunidenses de las zonas suburbanas, la mayor parte del país vive dentro de niveles de pobreza que van desde la mera subsistencia hasta la franca miseria.

Los mexicanos que trabajan en los sectores marginados del país pronto llegan a la conclusión de que sus esfuerzos son neutralizados por el modelo económico existente. Si una persona está desempleada no recibe ninguna paga por desempleo de manos del estado y tiene que improvisar un trabajo o depender de sus familiares. Si es tan afortunado de ganar el salario mínimo, que la mayoría de los campesinos y muchos trabajadores no reciben, no puede alimentar a su familia convenientemente, ni proporcionarle un alojamiento adecuado. Si vive en abigarrados jacales sin drenaje y bebe agua contaminada, inevitablemente está condenado a tener problemas de salud. Empero, aunque la crisis social es producto del modelo económico, desde Cárdenas ningún Presidente ha pretendido atacar la raíz del problema, ninguno ha fijado la redistribución de la riqueza como pieza central de su política. En cambio, la injusticia social ha sido aceptada como el precio a pagar por el desarrollo económico: el pastel tiene que crecer antes de que se pueda cortar en muchas rebanadas.

A juzgar por la retórica, el problema de la pobreza crónica, aparentemente, ha preocupado a todos los gobiernos. En su discurso de toma de posesión, en 1970, Echeverría apuntaba: "Existen aún graves deficiencias e injusticias que ponen en peligro nuestros logros. La excesiva concentración de los ingresos y la marginación de grandes grupos humanos son una amenaza para la continuidad armoniosa del desarrollo." Seis años después, López Portillo dijo: "Si pudiera pedir algo a los grupos desposeídos y marginados, sería pedirles perdón por no haberlos sacado aún de su miseria. Pero también les digo a estas personas que todo el país conoce y se avergüenza de su atraso en este sentido y, por este motivo, nos uniremos para lograr la justicia a través de la ley." En diciembre de 1982, tocó el turno a Miguel de la Madrid que dijo: "La desigualdad social sigue siendo uno de los problemas más graves de México." Y en medio de la peor crisis económica habida desde la Revolución, se sintió obligado a añadir: "Mientras la crisis continúe no podemos avanzar en el proceso de la justicia social. El peligro inmediato es el deterioro diario de la situación."

Incluso antes de estos tres Presidentes, el estado había respondido institucionalmente a la dimensión social del desarrollo. En los años veinte y treinta se concedió gran importancia a la creación de un sistema de educación nacional. En 1943, se dio un paso medular para mejorar los servicios médicos para los trabajadores urbanos, cuando se creó el Instituto Mexicano del Seguro Social (IMSS). En 1961, se fundó la Compañía Nacional de Subsistencias Populares (CONASUPO) para garantizar que los sectores pobres recibieran alimentos subsidiados y, más adelante, ropa y muebles sencillos. A partir de 1970, han ido apareciendo más instrumentos del gobierno. Echeverría formó el Instituto Nacional de Fomento para la Vivienda de los Trabajadores (INFONAVIT), cuyo propósito principal era el financiamiento de la construcción de casas para los trabajadores sindicalizados. A finales de los años setenta, López Portillo destinó recursos a un programa para las zonas deprimidas y los grupos marginados, llamado COPLAMAR. Siguiendo la tradición política, De la Madrid desmanteló este monumento a su antecesor y las funciones del COPLAMAR fueron transferidas a ocho secretarías diferentes.

Además de estas instituciones centrales, existen cientos de oficinas, fideicomisos y programas menores —inclusive rarezas como la casa nacional de empeño, existente desde hace siglos, conocida como Nacional Monte de Piedad—, que atacan problemas sociales específicos. Muchos de ellos se ocupan del campo deprimido, tratando de promover la producción de diversos tipos de cactos, henequén y demás flora nativa que tenga posibilidades comerciales. En fecha más reciente, una serie de proyectos para "el desarrollo rural integrado" —conocidos como programas PIDER— ha sido financiada por el Banco Mundial, y las comunidades que son blanco de tales proyectos reciben ayuda para cultivar nuevas cosechas fáciles de vender, para aumentar la productividad y para mejorar la calidad de vida. Al igual que sus antecesores, De la Madrid también lanzó un programa para el desarrollo de zonas áridas, en este caso empleando un préstamo de 95 millones de dólares concedido por el Banco Mundial, para detener el crecimiento del desierto y para mejorar las oportunidades económicas y las condiciones sociales de 10 millones de personas que habitan en dichas zonas. Analizados aisladamente, muchos de estos programas son, cuando menos, símbolo de esperanza.

Lo que es más importante aún, los subsidios se han usado como forma indirecta para la distribución de los ingresos. El precio de las tortillas de maíz, el frijol y el aceite comestible, desde hace mucho, ha sido controlado por el gobierno, ayudando así a aquellos cuya dieta depende de estos productos básicos. Los transportes públicos de la ciudad de México y de la mayor parte de las zonas urbanas están subsidiados, mientras que la educación y los servicios de salubridad gratuitos implican una transferencia de recursos de manos del gobierno a las de los pobres. Con un 25 por ciento del presupuesto federal dedicado al "desarrollo social", y gastándose diez veces más en educación que en defensa, la amplia respuesta del gobierno resulta impresionante.

En la realidad, la burocracia social ha mostrado muchos de los males que afectan al resto del gobierno. Como los recursos son limitados, invariablemente son asignados ahí donde las presiones políticas —y no las necesidades objetivas— son mayores. Aunque el ingreso per cápita en la ciudad de México es cinco veces mayor que en Oaxaca, por ejemplo, la erogación social per cápita, no obstante, es mayor en la capital. De igual manera, como los trabajadores organizados son un pilar medular del sistema gobernante, los trabajadores sindicalizados reciben más atención que los campesinos del país. Los empleados federales y de los gobiernos estatales, que ahora suman alrededor de 3 millones, tienen también gran éxito cuando presionan para obtener privilegios especiales en el campo de la salud, el comercio y otros más. Hasta las tiendas de la CONASUPO están establecidas en distritos urbanos de clase media, proporcionándole bienes subsidiados a sectores que podrían pagar los precios comerciales.

No es raro que ambiciosos programas gubernamentales se vean entorpecidos por la mala coordinación existente entre oficinas diferentes. Además de la medicina privada, los servicios de salud son proporcionados por tres grandes organismos y docenas de institutos semiautónomos. Los gobiernos de los estados tienen sus propios programas de prestaciones sociales que, en ocasiones, duplican las actividades de la burocracia federal. Y cuando un Presidente se compromete con un programa específico, muchas veces los recursos se asignan de nueva cuenta y en forma arbitraria, quitándoselos a otros programas para satisfacer el requisito político inmediato. Lo más deprimente de todo es quizá que los programas de prestaciones sociales del gobierno están plenos de corrupción. Es preciso que medien influencias o sobornos antes de que los trabajadores puedan obtener créditos del INFONAVIT para la adquisición de sus viviendas. Los granos básicos que se deberían distribuir en las zonas marginadas, con frecuencia, son revendidos por los funcionarios antes de llegar a su destino. La selección de medicamentos empleados por los hospitales del gobierno puede ser objeto de la influencia de las compensaciones que ofrezcan las compañías farmacéuticas. Y en razón del riesgo de caer en una mayor corrupción, no se ha elaborado un sistema de cupones para alimentos, que excluiría a los más ricos de los beneficios de los subsidios.

A pesar del esfuerzo considerable realizado por el gobierno en una época de aumento de las tasas de natalidad, el veredicto final sobre sus logros sociales lo debe pronunciar la existencia —y en la última crisis económica, el crecimiento— de una pobreza inaceptable. En 1970, se consideraba que un 11.2 por ciento de la población era extremadamente pobre, mientras que un 53.9 por ciento vivía abajo de los niveles mínimos fijados por el gobierno mismo. 64 por ciento de la población no recibía atención médica, casi 50 por ciento no consumía carne o huevos regularmente, 75 por ciento vivía en casas sin drenaje y 70 por ciento de los adultos no habían terminado los seis años de educación primaria requeridos por ley. En la realidad, en el campo de la salubridad y la educación, estos resultados arrojaban una ligera mejoría en comparación con la situación de 1960, y se esperaba que los resultados del censo de 1980* arrojaran mayor avance. No obstante, la gradual disminución del porcentaje de mexicanos que vive abajo de la línea de pobreza no podía disfrazar el hecho de que, en términos absolutos, su cantidad seguía aumentando.

Los obstáculos para resolver los problemas sociales más importantes por medio del modelo económico existente quedan ilustrados en el déficit crónico de viviendas en México. El derecho a una "vivienda digna" está incluido ahora en la Constitución, pero el gobierno se funda, principalmente, en las fuerzas del mercado para satisfacerlo. A diferencia de los países donde la construcción de vivienda es un factor clave de la actividad económica, México ha desarrollado pocos mecanismos para alentar este sector. Mientras que los campesinos más pobres y los nuevos habitantes de los barrios deben construir cosas de adobe o casuchas de tablas, no hay ningún programa tipo CONASUPO para aconsejarles sobre el diseño básico o para proporcionarles las materias primas a bajo costo. Asimismo, las parejas jóvenes de clase media no pueden comprar casa o departamento, no sólo porque las hipotecas, por regla general, sólo cubren el 50 por ciento del precio, sino también porque los pagos de intereses, que pueden llegar hasta un 60 por ciento anual, no son deducibles de impuestos. A su vez, esto aplica una mayor presión sobre los precios de las propiedades alquiladas y fomenta la especulación. Las compañías constructoras no obtienen estímulos fiscales para construir viviendas de bajo costo y, por consiguiente,

* Las estadísticas en México son poco exactas, pero el mal manejo del Censo de 1980 no tiene precedente: aparte de las cifras generales sobre la población, en 1984 aún no se habían publicado resultados, obligando a que diferentes departamentos elaboraran sus propios indicadores sociales paralelos.

se concentran en proyectos gubernamentales importantes o en viviendas para los grupos de mayores ingresos.

Diversos estudios han ofrecido estimaciones muy distintas de la dimensión del problema. A principios de los años ochenta, la secretaría de Programación y Presupuesto calculó que el déficit era de 4 millones de viviendas, el Instituto Nacional del Consumidor lo calculó en 6 millones y el COPLAMAR en 7.8 millones. Es más, en 1979, el ahora desaparecido Programa Nacional para la Vivienda estimó que se necesitarían alrededor de 10.9 millones de viviendas nuevas entre 1978 y 2000. No cabe duda que la construcción de viviendas nuevas está quedándose muy atrás de la demanda y las necesidades. El INFONAVIT, el programa de viviendas para los trabajadores más importante del gobierno, terminó 316 000 viviendas de mediano y bajo costo entre 1972 y 1982 y, para mediados de los años ochenta, continuaba financiando la construcción de sólo unas 60 000 viviendas al año. En el país, los ciudadanos particulares y otros organismos del gobierno construyeron, además, alrededor de 100 000 viviendas nuevas —excluyendo las viviendas miserables en el campo y los barrios pobres— al año. Pero el déficit —y por ende el apiñamiento de todas las clases— continuó aumentando. Este problema, olvidado por los programas sociales y que, al parecer, resiste incluso el crecimiento económico, ha amenazado con convertirse en una causa primordial de irritación política entre las clases medias y bajas urbanas.

Un factor clave de la crisis de la vivienda, al igual que en el caso de otros problemas sociales, ha sido la presión demográfica. Con una tasa de crecimiento poblacional que saltó del 1.1 por ciento en 1940 al 3.5 por ciento en 1970, y una población total que aumentó más del 150 por ciento en el mismo período, el gobierno sencillamente no podía seguir el ritmo: cada año era mayor el número de personas que recibían servicios sociales y más las personas que no los recibían. Sucesivos gobiernos se negaron a atacar la cuestión de la población. En 1970, con 2 millones de mexicanos que nacían cada año, Echeverría hizo campaña con el lema "gobernar es poblar" y, en su discurso de toma de posesión, declaró que "el crecimiento demográfico no es una amenaza sino un reto". Pero sólo tres años después, los dilemas que enfrentó su gobierno para aliviar los problemas sociales le convencieron de cambiar su punto de vista. Hilando delgado para sortear susceptibilidades políticas y religiosas, finalmente lanzó un programa eufemísticamente calificado de "paternidad responsable."

Pero, para 1976, la idea de la planificación familiar había captado más aceptación, permitiendo a López Portillo canalizar recursos nuevos a la campaña, así como establecer la meta de reducir la tasa de crecimiento de la población a 2.5 por ciento para 1982, y uno por ciento para el año 2 000. El gobierno contempló el problema de la población en términos globales, pero sabiamente evitó la coacción o incluso los incentivos indirectos, optando por una estrategia persuasiva que giraba en torno al lema "la familia pequeña vive mejor". Aunque las clases altas y medias practicaban el control natal desde hacía mucho tiempo, el programa del gobierno satisfizo rápidamente una demanda latente en los sectores urbanos pobres. En particular, las mujeres conocían el problema de alimentar, vestir y educar a las familias numerosas y mientras las mujeres mayores descubrieron que ahora podían evitar su sexto o séptimo hijo, muchas mujeres jóvenes empezaron a planificar sus familias desde el momento en que se casaron. En cambio, en el campo, no sólo era físicamente más difícil ofrecer servicio a cientos de miles de pequeñas comunidades, sino que el machismo de los campesinos y las creencias religiosas de las mujeres impusieron otros obstáculos.

No obstante, para 1984 la tasa de crecimiento había bajado de su máxima de 1977 de casi 3.7 a 2.3 por ciento, y se proclamó que el programa era uno de los más exitosos, hasta el momento, en el Tercer Mundo. El gobierno de Miguel de la Madrid ratificó la meta de un crecimiento del uno por ciento para finales de siglo, apuntando que "el control de la población es clave para nuestro desarrollo económico". Se usaron novelas radiofónicas, telenovelas, libros, folletos y carteles para difundir información, dando prioridad a la difusión de la planificación familiar hacia zonas rurales donde, al igual que en la mayoría de los países en desarrollo, las parejas más pobres siguen teniendo las familias más numerosas.

Sin embargo, incluso la notable disminución de las tasas de natalidad produjo poco alivio inmediato para el gobierno. Con la población del país que pasaba de los 77 millones en 1984, y se dirigía hacia unos 100 ó 110 millones para el año 2000, el número de nacimientos anuales prácticamente siguió igual que en 1970. Es más, el gobierno continuaba luchando por proporcionar servicios de salud, educación y vivienda para cerca de cuarenta millones de mexicanos nacidos en las dos décadas anteriores. Así, aunque la planificación familiar disminuyera la demanda de servicios sociales para finales de siglo, a corto y mediano plazo el gobierno sigue enfrentando inmensos obstáculos al tratar de mejorar la calidad de vida. El comportamiento y el diseño futuros de la economía tendrán un impacto medular en variables como las de los niveles de empleo, el consumo de alimentos y la construcción de viviendas, campos todos que hasta ahora no han podido seguir el ritmo de la población. Pero en los renglones extraordinariamente complejos de la salubridad y la educación, el gobierno seguirá siendo el principal responsable de encontrar soluciones.

II

El hecho de que las causas principales de muerte en México —pulmonía y disentería— quepan dentro de la categoría de las enfermedades curables subraya la dificultad que implica separar las cuestiones de salud de los problemas socioeconómicos más generales. "La mayoría de los problemas de salud tienen su origen en la pobreza, ignorancia e insalubridad que existe en el campo y los barrios pobres urbanos —decía un estudio del COPLAMAR en 1979—. Gran parte de la población vive en condiciones insalubres y en un estado de desnutrición que hace que sean especialmente vulnerables a enfermedades infecciosas y parasitarias." Aunque los programas de vacunación, en gran medida, han eliminado el paludismo, la fiebre tifoidea y el sarampión como causas importantes de mortalidad, la pulmonía y la disentería persisten en razón de la desnutrición y las malas condiciones higiénicas. Por ejemplo, a principios de los años setenta, la tasa de mortalidad debida a infecciones intestinales en México fue diez veces mayor que en Cuba y cien veces mayor que en Estados Unidos.

No es raro que las tasas de mortalidad más elevadas —dramáticamente superiores en el caso de niños de menos de cinco años, que siguen representando un 29 por ciento de las muertes en México— se encuentren en los estados de Oaxaca, Chiapas, Guerrero y Puebla, primordialmente indígenas y sumamente pobres. Los funcionarios del gobierno admiten que los datos estadísticos son malos, aunque sólo sea porque muchos de los nacimientos y las muertes de los distritos rurales no son registrados, pero estiman que la mortalidad infantil en dichos estados está próxima al 100 por millar, más del doble de la media nacional. Además de los problemas producidos por las dietas inadecuadas, el agua contaminada y los drenajes abiertos, el número de camas de hospital y médicos per cápita es mucho menor que en otras partes del país. En 1983, los 2.5 millones de habitantes de Chiapas tenían acceso a sólo 253 camas de hospital y 521 médicos. El círculo conocido se cierra así: estos campesinos son los menos sanos porque son los más pobres y, como son los más pobres, no pueden presionar para obtener mejores servicios de salud.

Los indicadores socioeconómicos generales de México ocultan las marcadas diferencias existentes entre regiones y clases del país. Aunque las estadísticas actuales arrojan que más del 20 por ciento de la población total no come huevos o carne y que 40 por ciento no consume leche, en algunos estados los huevos, la carne y la leche están ausentes de la dieta de entre 80 y 90 por ciento de los habitantes. Y aunque se considera que 40 por ciento de los niños de edad preescolar son sanos, sólo 10 por ciento caben en esta categoría en el Sureste. El impacto de las crisis económicas —sean las sequías locales o la inflación nacional— muchas veces se puede medir con base en la ingestión de alimentos, o incluso con las tasas de mortalidad de ciertos sectores de la población. En algunos distritos lejanos, llamados técnicamente "supermarginados", expertos del Instituto Nacional de Nutrición han identificado "hoyos generacionales": la composición por edades de una comunidad arroja brechas que indican períodos de crisis durante los cuales murieron, virtualmente, todos los infantes.

La desnutrición, como rompe la resistencia ante las enfermedades curables, probablemente sea, de manera indirecta, la causa principal de la muerte y de la salud deficiente. En este caso, las estadísticas varían también: en 1983, el Instituto Nacional de Nutrición estimó que 66 por ciento de la población consumía menos de la cantidad requerida de 2 000 calorías diarias, mientras que la secretaría de Programación y Presupuesto colocó la cifra en un 40 por ciento; el Instituto estimaba que 21 por ciento de los mexicanos comía bien, mientras que la secretaría calculaba que sólo lo hacía un 18 por ciento. Lo que es más alarmante aún, el Programa Nacional de Alimentación (PRONAL) en 1983 informaba que, después de aumentar lentamente entre 1956 y 1966, las normas nutricionales del país en general disminuyeron en la década siguiente, se recuperaron a finales de los años setenta, pero estaban deteriorándose nuevamente, como lo demostraban dramáticamente la baja de la demanda de alimentos en una población creciente, y la eliminación de proteínas de las dietas de muchos mexicanos. Incluso basándose en la suposición optimista de que el crecimiento económico se reanude en 1985, los niveles nutricionales de 1982 no se recuperarán hasta 1988, fecha para la cual el número de mexicanos mal nutridos habrá pasado de 30.5 a 33 millones.

En este caso también, la crisis nutricional no se puede separar de las políticas económicas generales que se han seguido desde los años cuarenta. El estancamiento perenne de la agricultura ha limitado la dieta de la mayoría de los campesinos a las tortillas de maíz y los frijoles y, después de la sequía de 1981, los niveles de consumo

273

bajaron incluso más. Sin embargo, dos terceras partes de la población mal nutrida vive en zonas marginadas urbanas. La publicidad ha convencido a millones de campesinos migrantes para que reemplacen sus dietas tradicionales —y subsidiadas— por alimentos "chatarra", más caros y menos nutritivos todavía, como los refrescos, los pastelillos y las papas fritas. De hecho, México es el mercado de la Coca-Cola y Pepsi-Cola que sigue a Estados Unidos en orden de importancia. Según el gobierno, los habitantes de los barrios pobres de las afueras de la ciudad de México quizá están tan desnutridos como los campesinos de, por ejemplo, Oaxaca. Por otra parte, en las zonas costeras tropicales, donde crecen frutos silvestres, los niveles nutricionales son más altos.

El propio proceso de la industrialización, por consiguiente, ha obligado al gobierno a tratar simultáneamente con los síntomas de la pobreza antigua y la nueva, con el atraso campesino y el crecimiento urbano excesivo. Aunque las enfermedades más identificadas con el subdesarrollo aún no han sido erradicadas, los últimos cuarenta años han producido también un marcado aumento en males ligados normalmente a sociedades desarrolladas. Los males cardiacos, que ocupaban el décimo lugar entre las causas de muerte en 1940, habían pasado a ocupar el tercero en 1975, mientras que el cáncer pasó del decimoquinto al sexto lugar en el mismo período. Otros problemas de salud han sido ocasionados por la contaminación del aire, el agua y el suelo producida por vehículos e industrias. La migración del campo ha acelerado la desintegración del núcleo familiar, lo que a su vez ha estimulado el alcoholismo —el cual se dice que afecta a 6.5 millones de mexicanos hoy día— y el fenómeno de los niños abandonados, muchos de los cuales se hacen adictos a los narcóticos o bien, con más frecuencia, a la inhalación de tíner, pegamentos y otras substancias que producen lesiones cerebrales.

El notable aumento en la esperanza de vida —de 37.5 años en 1930 a 64.4 años en 1980— y la baja consecuente del total de las tasas de mortalidad —de 230 por 10 000 en 1940 a 72 por 10 000 en 1975—, no obstante, reflejan el gran esfuerzo realizado por el gobierno para mejorar los niveles de salud a partir de la segunda Guerra Mundial. Después de la Revolución nacieron nuevas instituciones de salubridad y se llevaron a cabo importantes campañas contra la fiebre amarilla, la tuberculosis y el paludismo en las décadas de los veinte y los treinta, pero no fue sino hasta los años cuarenta cuando se fundó una estructura de seguridad social. El avance medular fue la creación del Instituto Mexicano del Seguro Social (IMSS) en 1943, como gesto a favor de los trabajadores organizados, si bien, coincidentemente, el gobierno estableció la secretaría de Salubridad y Asistencia Pública para incluir a quienes no estaban cubiertos por el IMSS. Más adelante, los trabajadores del gobierno obtuvieron su instituto de seguridad social (ISSSTE) y se formó un instituto para ayuda a la niñez al tiempo que Petróleos Mexicanos, la Comisión Federal de Electricidad, los Ferrocarriles Nacionales, la secretaría de la Defensa, así como la de Marina Nacional organizaron servicios especiales de salubridad para sus empleados.

La población urbana fue el principal beneficiario de dichos servicios. El IMSS, en particular, financiado por las contribuciones de los trabajadores, patrones y estado nació como organización poderosa y rica, proporcionando no sólo servicios médicos sino también numerosos beneficios más, tales como instalaciones recreativas, para cerca del 32 por ciento del país. En cambio, la secretaría de Salubridad y Asistencia, que depende totalmente del presupuesto federal, contaba con recursos insuficientes para atacar los problemas endémicos de una parte de la población más numerosa y pobre. Por ejemplo, en 1975, mientras que el IMSS contaba con un médico por cada 375 posibles pacientes, cada médico de la secretaría de Salubridad, en teoría, era responsable de 4 087 personas. De igual manera el IMSS tenía una cama por cada 776 miembros, comparado con una cama por cada 2 695 personas en los hospitales de la secretaría de Salubridad. Se calculaba que, en 1983, 58.5 por ciento de los médicos residentes estaban ligados al IMSS, 26.1 por ciento al ISSSTE y sólo 25.4 por ciento a la secretaría de Salubridad.

La necesidad de coordinar las actividades, en muchas ocasiones duplicadas, de estas instituciones así como las de otras más, condujo a la creación, en 1983, del llamado Gabinete de Salud, encabezado por el secretario de Salubridad, pero el IMSS siguió siendo la fuerza dominante. Cuando el gobierno decidió ampliar la campaña de la planificación familiar al campo, el IMSS fue la institución elegida. Y cuando, con el programa de salubridad rural más importante hasta la fecha, el COPLAMAR montó cientos de pequeñas clínicas de salud en las zonas marginadas, en 1979 el programa fue financiado y ejecutado por el IMSS. Para 1983, el IMSS era el responsable de la salud no sólo de sus 5.8 millones de afiliados y sus familias —que sumaban alrededor de 27 millones de personas— sino también de cerca de 10 millones de no afiliados.

No obstante, la planificación deficiente ha asolado al sector salud. En un país donde casi la mitad de la población nunca consulta a un médico, alrededor de 20 000 doctores no pueden encontrar trabajo. En los años sesenta y setenta, muchos estudiantes se sintieron atraídos por la carrera de medicina por el sueño de un ejercicio particular lucrativo. Más adelante, incapaces de financiar la formación de sus propias clínicas, se vieron obligados, por la escasez de puestos en los hospitales del gobierno, a trabajar como ayudantes de laboratorio o como vendedores de compañías farmacéuticas. El gobierno compartió la responsabilidad, puesto que subsidió a las universidades estatales para producir médicos que no podían ser absorbidos. Por último, a finales de los años setenta, se tomaron medidas para restringir la admisión de estudiantes de medicina. En 1983, en cincuenta y siete facultades de medicina, doce de ellas particulares, se recibieron 14 000 médicos, pero sólo una cuarta parte de ellos encontró lugar en las instituciones del gobierno. Al mismo tiempo, había tres veces más estudiantes de medicina que de enfermería.

Al igual que en el caso de la mayoría de los países en desarrollo, las grandes compañías multinacionales —principalmente estadunidenses y suizas— dominan la industria farmacéutica de México. Hasta ahora, han estado prácticamente fuera del control del gobierno. En teoría, la secretaría de Salubridad probaba todas las medicinas antes de dar el permiso necesario para su venta en México; en la práctica, se podían conseguir medicinas que en Estados Unidos continuaban en sus etapas experimentales o que habían sido retiradas del mercado por haberse identificado peligrosos efectos secundarios. Asimismo, se dio a la secretaría de Comercio el control del precio al menudeo de las medicinas, aunque las compañías farmacéuticas encontraron formas para empacar los productos de manera diferente o para darles otros nombres, con objeto de aumentar los márgenes de utilidades. Sin embargo, en 1984, el gobierno tomó medidas para reorganizar la industria, para desconsuelo de las compañías extranjeras. Los nuevos reglamentos imponían que los fabricantes de 400 medicamentos ''prioritarios'' mostraran el nombre genérico de un producto en forma tan destacada como su nombre registrado, y todas las medicinas similares tendrían precios iguales, marcados por el gobierno. La burocracia de la salud daría también preferencia a la compra de bienes producidos por compañías mexicanas, que en la actualidad controlan sólo el 28 por ciento del mercado. No obstante, un total de cerca de 24 200 medicamentos han sido aprobados para su venta, y alrededor de 5 000 de los mismos se pueden conseguir fácilmente.

Para agravar el problema, los mexicanos son afectos a automedicarse sin consultar a un médico. La costumbre tiene su origen en los sectores rurales donde, ante la ausencia de médicos y medicamentos, las mujeres heredan los conocimientos de la curación con hierbas, que les permiten tratar muchos males. Pero la burocracia médica ha desalentado el uso de hierbas medicinales. En las zonas urbanas, donde se pueden encontrar farmacias por doquier, es común que los amigos, familiares o, simplemente, el propio farmacéutico recomienden medicamentos, inclusive antibióticos, que se pueden comprar en el mostrador sin receta médica. Así, pues, los pobres de las ciudades consumen demasiados medicamentos para su bienestar físico o económico.

El rápido crecimiento de la burocracia de la salud se ha combinado con la creciente demanda de atención médica y ha producido un servicio de calidad disímbola. Los hospitales especializados del gobierno tienen elevadas normas y proporcionan una estupenda atención a quienes tienen amigos influyentes, aunque el mexicano común y corriente sólo se dirige al IMSS o a la secretaría de Salubridad cuando no puede pagar un tratamiento particular. Las quejas que se oyen con más frecuencia son que los pacientes externos deben esperar muchas horas, en clínicas atestadas, antes de que los reciban médicos "autoritarios", que han trabajado en exceso, y abundan los relatos de peores tratos. Hay muchas clínicas particulares que explotan este desagrado por los servicios oficiales, incluso en las zonas urbanas pobres, que proclaman una mejor y más rápida atención. Empero, la mayor parte de la medicina particular la ejercen médicos caros, con estudios en el extranjero, en los distritos residenciales más ricos, como en la colonia Polanco de la capital, donde pisos enteros de altos edificios están ocupados por clínicas privadas. Por otra parte, los ricos vuelan a Houston para revisiones regulares y tratamientos de emergencia. En el país hay más hospitales particulares que del gobierno, si bien la mayoría de ellos son pequeños y su capacidad está limitada, aproximadamente, al 20 por ciento de la población.

En las zonas marginadas, donde los problemas médicos son más graves, el gobierno debe cargar solo con el peso. Tradicionalmente, los pasantes de medicina han ofrecido atención médica, pues tienen la obligación de prestar sus servicios activos durante un año antes de recibir su título formal. Pero los problemas concomitantes son enormes. Las clínicas rurales, con frecuencia, se encuentran a varias horas o incluso días de los poblados campesinos y no es raro que cuenten con pocos medicamentos. Muchos médicos jóvenes enfrentan también la oposición de los campesinos de la localidad, que están acostumbrados a que les traten los hierbateros o curanderos, quienes previenen a sus pacientes en contra de las clínicas que les hacen la competencia.

Cuando el COPLAMAR lanzó su programa para proporcionar alimentos básicos, mejorar las viviendas, agua potable y atención médica básica a los 18 millones de habitantes más pobres de México, en 1979, enfrentó muchos de estos problemas. Aunque las normas alimentarias y de vivienda permanecieron prácticamente iguales, la construcción de unas 2 000 pequeñas clínicas del IMSS en las más remotas comunidades de México puso la asistencia médica por vez primera al alcance de muchos campesinos pobres. Claramente, el entorno socioeconómico —la contaminación del agua, la ignorancia y la desnutrición— siguió condenando a la población a una mala salud; pero ahí donde las clínicas eran dirigidas por médicos entusiastas o paramédicos, que además tenían cantidad suficiente de medicamentos, las tasas de mortalidad disminuyeron. Fue por medio de esta nueva estructura, conservada incluso después de que el COPLAMAR fuera desmantelado formalmente en 1983, como el gobierno decidió ofrecer la planificación familiar a los pobres del campo.

La lucha por elevar los niveles de salud de México a los de un país desarrollado, sin embargo, seguirá hasta bien entrado el siglo XXI. La pobreza del campo, sin duda el principal problema médico, forma parte tan importante de cuestiones más complejas que muy probablemente no podrá ser erradicada durante varios decenios más. El gobierno tiene también que atacar los nuevos riesgos de salud que presenta la destrucción del entorno urbano y la falta de controles para la contaminación industrial: existe una burocracia dedicada a la protección del ambiente, pero es políticamente débil y técnicamente ineficiente. Y a pesar del éxito de las campañas de vacunación pasadas, el gobierno tiene aún que cambiar el punto focal de su asistencia médica, del aspecto curativo al preventivo.

III

La educación implica también atacar el pasado y el futuro en forma simultánea, cargando con la obligación social de eliminar el analfabetismo y la ignorancia, así como de enfrentar el desafío de preparar a los jóvenes para desarrollar la economía del país y salvaguardar su identidad nacional. Por consiguiente, interesa tanto a los economistas y políticos que se preocupan del futuro del país como a los padres deseosos de ver que sus hijos llevan bien sus carreras. Al igual que en otros campos sociales, aunque se ha logrado un gran avance en los últimos cuarenta años, evidente en los 25 millones de estudiantes que participaron en los diferentes niveles del sistema educativo en 1984, la educación en México dista mucho de ser satisfactoria.

Al parecer, el fondo del problema es la presión conflictiva de cantidad contra calidad. Después de la Conquista, la educación quedó, totalmente, en manos de la Iglesia católica, y si bien el clero no pudo seguir el ritmo de la demanda de la población del país cuando ésta empezó a crecer, los sacerdotes y monjas siguieron ofreciendo a los hijos de la élite del país una buena preparación escolar. Benito Juárez, que reconoció en el papel que desempeñaba la Iglesia en la educación un instrumento clave para su influencia política, estableció el principio de la educación "gratuita, obligatoria y laica" en la Constitución de 1857, aunque subsistieron las escuelas dirigidas por la Iglesia. Conforme se acercaba el fin del siglo XIX, la mayor conciencia de la necesidad de un sistema educativo nacional derivó en una ley que declaraba que la educación primaria era obligatoria en la capital. Sin embargo, en todo el país, seguramente eran menos de 20 por ciento los niños que asistían a la escuela cuando estalló la revolución de 1910.

La Constitución de 1917 reafirmó el monopolio de la educación laica ofrecida por el estado, y se prohibió, concretamente, a sacerdotes y monjas que dirigieran escuelas. Cuando José Vasconcelos, el destacado intelectual, fue secretario de Educación con Obregón, entre 1920 y 1924, se fundó una estructura nacional de escuelas primarias estables. No obstante, la cuestión de la calidad siguió siendo controvertida, y los esfuerzos por suprimir la educación cristiana coadyuvaron a producir el levantamiento cristero, en el Occidente de México, a finales de los años veinte. Sin embargo, mientras seguía habiendo escuelas dirigidas por la Iglesia en la ciudad de México y otras ciudades grandes, el gobierno reafirmó el principio de la educación universal. En 1934, se enmendó incluso la Constitución para definir una educación "socialista", destinada a proporcionar a los estudiantes "un concepto racional y exacto del universo y de la vida social". A fin de cuentas, las airadas protestas produjeron su revocación en los años cuarenta, pero en 1960 el gobierno dio un paso crucial cuando introdujo los libros de texto "obligatorios y gratuitos", lo cual no sólo ayudó a los pobres, sino que impuso cierto grado de uniformidad en la educación.

A pesar de la inversión sin precedentes y el aumento casi geométrico de la cantidad de escuelas, maestros y estudiantes, los arquitectos del nuevo sistema educativo de México no podían haber previsto la explosión demográfica que empezó en los años cuarenta. En consecuencia, México tiene que resolver todavía el problema cuantitativo de la educación básica. En 1983, más de 15 millones de niños —87 por ciento de los que estaban en edad— eran atendidos por unos 400 000 maestros en 76 200 escuelas primarias. Sin embargo, 47 por ciento —75 por ciento en zonas rurales— desertaban antes de terminar los seis años de instrucción obligatorios. Asimismo, aunque la asistencia escolar ha mejorado constantemente, y se dice que el promedio de escolaridad ha pasado de 3.3 a 5 años entre 1970 y 1982, aún hay 15 por ciento de analfabetismo total y 25 por ciento de analfabetismo funcional.

No obstante, la educación ha sido vehículo para la movilidad y la superación sociales. Muchos padres hacen grandes sacrificios para asegurarse de que sus hijos asistan a las escuelas secundarias o incluso a la universidad. Pero las presiones socioeconómicas vuelven a trabajar contra la educación. La asistencia escolar es más baja en el caso de los indígenas, campesinos, migrantes y habitantes de barrios pobres. Hay menos escuelas per cápita en las regiones pobres: algunas pasan años sin profesores, mientras que otras sólo cuentan con jóvenes que tienen pocos estudios y dan clases a los seis grados de primaria. Muchos padres sin estudios consideran también que la instrucción no es necesaria, y presionan a sus hijos para que desde edad temprana se ganen la vida o trabajen en el campo. Los maestros de escuelas primarias, especialmente en el campo y los barrios populares, señalan que los niños preadolescentes, con frecuencia, están demasiado mal alimentados para estudiar, quedándose dormidos en clase debido al hambre y repitiendo cursos hasta que abandonan la escuela por aburrimiento o frustración. Con raras excepciones, el estado no persigue a los niños que no asisten a la escuela, no les obliga a hacerlo, ni ofrece leche gratuita u otros otros alimentos básicos para mejorar los niveles nutricionales.

Sucesivos gobiernos han sostenido —y financiado a gran costo— el principio de que la educación está al alcance de quien la busque. En los años setenta, mientras el crecimiento poblacional era de un promedio del 3.1 por ciento anual, las inscripciones en escuelas primarias aumentaban un 10 por ciento anual, y se hacía un esfuerzo especial por incorporar a los niños campesinos de las pequeñas comunidades rurales. Entre 1970 y 1983, el número de estudiantes que asistía a bachillerato se triplicó a 3.3 millones, mientras que el número de estudiantes universitarios se cuadruplicó a casi un millón, en el mismo lapso. En 1960, uno de cada cuarenta y tres estudiantes que ingresaban en la escuela primaria se graduaba en alguna universidad, pero veinte años después la proporción había pasado a uno de cada diecinueve. La Universidad Nacional Autónoma de México (UNAM) en la capital, que dio cabida a unos 320 000 estudiantes preparatorianos y universitarios durante el año lectivo de 1983-1984, es un monumento a este ideal igualitario. Aunque muchos jóvenes consideran que tienen derecho a una educación universitaria, el gobierno prefiere que estos jóvenes ambiciosos —aunque poco calificados académicamente— luchen por espacio en los terrenos universitarios a que se unan al enorme ejército de desempleados. En la ciudad de México, sin embargo, la tasa de deserciones de la UNAM, así como la de otras universidades estatales, es del 69 por ciento.

Hay problemas administrativos, económicos y políticos ligados a esta dramática expansión de la educación. Los 950 000 empleados de la secretaría de Educación —principalmente maestros de todos niveles— representan casi las tres cuartas partes del total de empleados del gobierno central, y todo lo referente a ellos, desde su capacitación y el control de su rendimiento hasta su asignación y su pago de sueldos, es una pesadilla burocrática. Los aproximadamente seiscientos mil maestros de primaria y secundaria pertenecen también a un poderoso y conservador Sindicato Nacional de Trabajadores de la Educación (SNTE) que, desde principios de los años setenta, ha sido dirigido por Carlos Jongitud Barrios, líder político al viejo estilo. El SNTE forma parte del movimiento obrero partidario del gobierno —Jongitud mismo ha sido gobernador del estado de San Luis Potosí entre 1979 y 1985—, pero defiende sus intereses decididamente y se ha opuesto a los esfuerzos por mejorar los niveles de enseñanza. Por el contrario, algunos profesores y trabajadores universitarios pertenecen a la coalición de sindicatos izquierdistas del SUNTU, que ha paralizado diversas instituciones, en varias ocasiones, con objeto de presionar para obtener mejores salarios.

Aunque el estado ha logrado muchas de sus metas cuantitativas, la calidad académica ha sufrido en todos los niveles y, desde un punto de vista político, incluso la educación primaria ha dejado de ser un instrumento efectivo para inculcar en los niños los valores morales y nacionales básicos. Entre los propósitos declarados de la educación gubernamental se cuentan la promoción de la honradez, el trabajo arduo, el espíritu de servicio, la no violencia y el nacionalismo, así como el respeto por la familia, las autoridades y la ley. Pero como estos ideales muchas veces chocan con los propagados en el hogar o por la televisión, se piensa que las escuelas no están cumpliendo con su responsabilidad. Siempre que el gobierno va más allá de enseñar a leer, a escribir y a contar, se enfrenta a las airadas protestas de las asociaciones de padres. En 1974, el gobierno de Echeverría provocó un estallido cuando modernizó los libros de texto de las escuelas primarias para que incluyeran un análisis somero del "capitalismo" y el "imperialismo", así como cálidas referencias a la revolución cubana. Un decenio después, seguían oyéndose solicitudes para que se revisara el tan controvertido libro de texto de ciencias sociales y para que se restaurara la educación religiosa en las escuelas públicas.

El problema de la calidad es más urgente aún en el caso de la educación superior. Las investigaciones tienen pocos recursos financieros y, por regla general, no están orientadas a elaborar "tecnologías alternativas" idóneas para el grado de desarrollo de México. Se hace poco esfuerzo por guiar a los estudiantes hacia los cursos que más necesita la economía, dando por resultado un exceso de médicos, abogados, economistas y arquitectos y una escasez crónica de químicos, físicos, matemáticos y otros científicos. El ingreso relativamente fácil a las universidades y el exceso de estudiantes en las aulas, a su vez, han erosionado los niveles de enseñanza. Muchas compañías se quejan de que tienen que volver a capacitar a economistas, ingenieros y agrónomos que se han recibido en una universidad. El gobierno mismo es un inmenso contratista de profesionales y, aunque la ineficiencia se puede disfrazar, los funcionarios de alta jerarquía sienten también la mala calidad de sus equipos.

Pero es difícil encontrar a profesores calificados. De los 26 000 profesores titulares y suplentes de la UNAM, un tercio tiene menos de dos años de experiencia. El ausentismo, problema crónico, se agravó a raíz de la última crisis económica, puesto que muchos profesores —quien poseía un doctorado ganaba entre 400 y 600 dólares al mes en 1984— se vieron obligados a trabajar también en el sector público o privado para poder sostener a sus familias. La mayoría de las universidades, que son centros potenciales de disensión, están expuestas también, permanentemente, a la manipulación política a manos del gobierno y los partidos de izquierda. A partir del brutal sofocamiento del movimiento estudiantil de 1968, el gobierno ha ido estrechando el control en la UNAM. Algunos grupos izquierdistas han podido dominar el sindicato de trabajadores de la universidad y las clases se suspenden con frecuencia porque hay mítines de "solidaridad" con toda suerte de causas, pero el activismo estudiantil no ha significado un desafío para el gobierno. Cuando las universidades de provincia —por ejemplo las de Sinaloa, Puebla y Guerrero—, han quedado bajo la influencia del Partido Socialista Unificado de México (PSUM), la reducción "punitiva" de los subsidios proporcionados por las autoridades federales y estatales, de inmediato, se ha reflejado en una educación de más baja calidad.

Uno de los resultados de este fenómeno ha sido la expansión paralela de la educación particular. La élite del país ha seguido enviando a sus hijos a escuelas particulares —con frecuencia dirigidas por la Iglesia— sin interrupción a lo largo del presente siglo, pero en los últimos treinta años, las clases medias urbanas han seguido el mismo ejemplo. Hoy día, son pocos los burócratas de mediano nivel que considerarían la posibilidad de inscribir a sus hijos en una escuela del gobierno. Así, pues, las escuelas particulares se han multiplicado en los barrios residenciales, mientras que las universidades particulares —entre ellas el Instituto Tecnológico Autónomo de México (ITAM) y las universidades Iberoamericana, Anáhuac y La Salle en la ciudad de México, así como la Universidad Autónoma de Guadalajara y el Instituto Tecnológico de Monterrey— han crecido, particularmente, a partir de los años setenta. Aunque estos centros de educación superior siguen incluyendo apenas al 14 por ciento de los estudiantes universitarios, actualmente de los 260 planteles de educación superior de México, 120 se encuentran en manos particulares. Es más, el estado ha reconocido la necesidad de ofrecer becas a los estudiantes excelentes para que asistan a universidades de Estados Unidos y Europa y, cuando éstos vuelven al país con maestrías y doctorados, tratan de captarlos para que laboren en el gobierno.

Este enfoque educativo, a su vez, ha tenido una consecuencia "desnacionalizante" en un sector influyente de la juventud urbana. Por ejemplo, los niños de clase media que asisten a escuelas donde se da gran importancia al dominio del inglés, no reciben el tipo de educación nacionalista que se sigue subrayando en las escuelas administradas por el gobierno. En algunas instituciones dirigidas por estadunidenses y personal de otras nacionalidades, quizá se dé más importancia a la historia de Estados Unidos o del Imperio Británico que a la de México. Es cada vez más frecuente que los funcionarios de alta jerarquía del gobierno sean personas que estudiaron primero en escuelas particulares y después en el extranjero y que, por consiguiente, tienen un mínimo de experiencia directa en los problemas sociales más agudos del país. Así, mientras el enfoque cuantitativo tenía el meritorio objetivo de "democratizar" la educación, la necesidad de encontrar una educación de calidad en las escuelas particulares ha derivado en el ensanchamiento de la distancia cultural entre la élite y las mayorías.

La crisis económica que se presentó después de 1982 complicó las cosas. Las colegiaturas de las escuelas particulares saltaron mucho más allá de los medios de muchos padres de clase media con dos o tres hijos en edad escolar, mientras que el costo que le significaba al gobierno enviar a estudiantes al extranjero para realizar cursos de posgrado era exorbitante. Por ende, el gobierno sintió una gran presión por elevar el nivel de la educación estatal a grados aceptables para las clases medias, así como para encontrar caminos que permitieran que las universidades estatales produjeran estudiantes de primer orden, que antes se graduaban en el extranjero. Por primera vez, la búsqueda de la excelencia se convirtió en la principal prioridad educativa del régimen.

Como respuesta, el gobierno de Miguel de la Madrid grandilocuentemente proclamó una "revolución educativa", incluso aunque las limitaciones económicas y políticas sólo permitían poco más que una reforma gradual. El primer paso fue la descentralización de la educación, transfiriendo recursos y responsabilidad a los gobiernos de los estados, inicialmente para los niveles primarios y de estudios normalistas. Al reducirse los obstáculos burocráticos, la educación se podría diseñar para adaptarla a las diversas necesidades de las diferentes regiones. Como ello debilitaría también el poder centralizado del sindicato de maestros, los líderes del SNTE se opusieron decididamente al plan. En caso de instrumentarse, podría hacer que la educación se convirtiera en un asunto político medular para las elecciones en provincia, sobre todo en los estados desarrollados del Norte, donde el PRI ya enfrentaba cada vez mayor oposición. La descentralización podría aumentar las diferencias educativas de las diversas regiones, al dejar a los estados más pobres el papel de encargarse de los sectores más atrasados de la población.

En el campo de la educación superior, los problemas eran más graves. En 1984, el gobierno central proporcionó 91 por ciento de los recursos de las universidades federales y 61 por ciento de los fondos para las universidades de provincia administradas por el estado, pero era un monto insuficiente para satisfacer la demanda. Tan sólo la UNAM recibió 360 millones de dólares, aunque rechazó a 60 000 aspirantes de nuevo ingreso. El gobierno, limitado por sus restricciones presupuestarias, pidió a las universidades que generaran más ingresos propios, fuera por medio de colegiaturas más elevadas o por medio de contratos de investigación. Pero aunque el ingreso a las escuelas primarias llegará a su cúspide a finales de los años ochenta, el número de estudiantes que reciban educación superior se duplicará —para sumar casi dos millones— en 1990 y seguirá aumentando después. El gobierno, que actualmente gasta cinco veces más en educación primaria que en educación superior, quizá pueda reasignar algunos recursos para entonces. Pero la presión política para que se satisfagan las metas cuantitativas seguirá

284

siendo fuerte. El entonces rector de la UNAM, Octavio Rivero Serrano, advirtió a finales de 1983: "No podemos renunciar a la educación universitaria para las masas porque ésa es una de las conquistas sociales del país."

Sin embargo, el tema de la calidad no se puede posponer más. A la fecha, el gobierno apenas si ha explorado las posibilidades educativas de la televisión y ha prestado muy poca atención a la orientación vocacional que podría preparar mejor a los jóvenes para ingresar al mercado de trabajo. En la actualidad, México produce cinco profesionales por cada técnico, siendo que, idealmente, la razón debería ser la contraria. Al tratar de mejorar el nivel de la educación superior, sus opciones también son limitadas: puede seguir enviando estudiantes al extranjero para que obtengan maestrías y doctorados, aunque se arriesgue al aumento de "fugas de cerebros" a causa de las escalas salariales devaluadas de México; o puede estimular y expander universidades elitistas más pequeñas o las instituciones de investigación existentes, como El Colegio de México y el Centro de Investigación y Docencia Económica (CIDE). Pero si no se decide por alguna de las dos, el vacío será llenado por las universidades particulares que propagarán valores políticos que el estado no comparte.

Las políticas educativas adoptadas en los años venideros tendrán un impacto fundamental en la forma que adquiera México en el futuro. El gobierno no puede olvidar que la mitad de los niños del país todavía no terminan el mínimo obligatorio de seis años de instrucción, pero debe preparar también a los diseñadores, ingenieros, técnicos en computación, economistas e incluso políticos de la próxima generación. Aunque en el pasado la importancia concedida a la cantidad fuera en detrimento de la calidad, el gobierno no puede permitir que un enfoque nuevo hacia la calidad descuide las necesidades cuantitativas que aún no han sido satisfechas.

12. LA FAMILIA: RED DE SEGURIDAD

I

El hecho de que la familia haya subsistido como una institución fuerte y profundamente conservadora ha sido vital para mantener la estabilidad política de México. Hoy día es el motivo individual más fuerte para explicar por qué la crisis no ha desembocado en inquietud social. Es por medio de la familia como se transmiten las tradiciones, los valores y las creencias religiosas. Gran parte de la economía informal que sostiene a millones de mexicanos gira en torno a granjas, tiendas, talleres mecánicos, restaurantes y otro tipo de negocios familiares pequeños. La familia extendida ofrece una estructura de apoyo para los jóvenes, los viejos, los huérfanos y los familiares visitantes, así como mayor seguridad —una comida, un techo, incluso un trabajo— que la que proporciona el estado. En realidad, la sociedad refleja a la familia. Pero la estructura paternalista y autoritaria de la familia parece preparar también a los mexicanos para aceptar los arreglos sociales jerárquicos que prevalecen en el país en general.

La fuerza constante de la familia es más notable en un país que se ha visto convulsionado por el cambio social en los últimos cuarenta años. La explosión demográfica y la consecuente ola migratoria desmembraron a muchas familias campesinas cuando los hijos e hijas salieron a buscar trabajo, dejando a los padres y abuelos viejos en el campo. Los hijos de familias de clase media y rica empezaron a viajar y a estudiar en el extranjero, a aprender otros idiomas y a adoptar modas estadunidenses. La industrialización y la urbanización hicieron añicos también la forma de vida de provincia que dominara antes, generando actitudes y conductas nuevas. El papel de la Iglesia y la religión disminuyó entre las nuevas clases medias. La libertad sexual aumentó y el fácil acceso a métodos anticonceptivos liberó a muchas mujeres pobres de los embarazos "permanentes", alterando gradualmente la relación entre hombre y mujer. Todos los días hay más mujeres profesionales, divorcios, madres solteras, abortos e hijos abandonados.

Sin embargo, la familia ha cambiado menos que el país. Para la mayoría de los mexicanos la familia sigue siendo el eje de su vida. No es cuestión de elección: sencillamente se trata de la forma en que está organizada la sociedad. Más del 90 por ciento de los mexicanos continúan viviendo en una familia nuclear, y aunque las tradiciones y presiones sociales varían dependiendo de las regiones y las clases, están unidos por su adhesión a las reglas tribales de cada familia extendida. La familia, cerrada a los extraños, es inmensamente autosuficiente. La mezcla de actitudes ante el sexo, rituales sociales y religión se define en el hogar. Toda la gama de pasiones —amor, odio, celos, devoción y violencia— se puede vivir en la familia. La vida social se lleva a cabo alrededor de los parientes, los niños no tienen por qué jugar con otros que no sean hermanos o primos y los cónyuges nuevos son considerados intrusos. Los mexicanos necesitan pocos amigos porque tienen muchos parientes.

En cumpleaños y santos, los fines de semana o las vacaciones, los grupos familiares se reúnen de forma casi instintiva. Vagan por los parques de la ciudad con su retahíla de hijos, viajan en caravanas de automóviles, peligrosamente atestados, para salir a días de campo o se congregan en casa de algún abuelo; nunca hay motivo ni pretexto para estar solo. En el caso de los pobres, toda una familia, inclusive primos y sobrinos que han llegado del campo, viven bajo un solo techo. Las familias más ricas construyen con frecuencia casas para los hijos casados en el jardín de sus propiedades o compran las casas adyacentes en la misma manzana. El único sustituto de un familiar es el compadre —el padrino de algún hijo—, pero incluso éste es aceptado porque espiritualmente se ha unido a la familia.

Quienes tienen un empleo se mueven para colocar a los parientes desempleados: en las casas que tienen muchos sirvientes domésticos, la criada, el chofer y el jardinero suelen pertenecer a la misma familia; los obreros de las fábricas pequeñas, con frecuencia, están emparentados entre sí; en las oficinas, las primas o las cuñadas de las secretarias son las que tienen más posibilidad de ocupar las vacantes. En el gobierno quizá se le haga mala cara al nepotismo de los niveles más altos, pero cualquier pariente con influencia introduce a la burocracia a toda su familia. Muchos de los principales grupos económicos del país siguen siendo empresas familiares, legadas de padres a hijos como si fueran una hacienda y muchos familiares tienen asegurado un lugar en la alta gerencia. Pero ello implica algo más que la simple obligación de cuidar a un pariente: el propio aislamiento de la familia enseña a los mexicanos a desconfiar de la sociedad en general y se sienten más seguros —menos vulnerables a la traición— cuando están rodeados de parientes.

En el centro de los fuertes sentimientos y las encendidas neurosis que conservan la cohesión de la familia está la relación entre hombres y mujeres. Y, en muchos sentidos, ésta no ha cambiado nada desde los tiempos prehispánicos. Con los aztecas, las mujeres tenían infinidad de obligaciones, pero pocos derechos: preparaban la comida, iban al mercado, traían agua y leña y tejían la ropa; cuidaban a los niños, les enseñaban su identidad sexual, los valores sociales y morales y la forma en que se adoraba a los dioses. No podían elegir a sus maridos —por regla general, esto lo hacían sus padres—, aunque se esperaba que tuvieran muchos hijos y, en caso de ser estériles, podían ser devueltas a sus familias. La importancia religiosa de la procreación era evidente en la forma en que los aztecas concebían el nacimiento, pues lo consideraban una batalla y las mujeres que morían durante el parto se convertían en diosas guerreras llamadas *cihuateteo*. Así como se consideraba que la infidelidad femenina era una aberración que merecía una ejecución pública, a los hombres se les permitía tener varias esposas y amantes. Incluso existían las prostitutas, llamadas *ahuianime*, o "donadoras de felicidad", que estaban protegidas por la diosa del placer, Tlazoltéotl.

En la época de la Conquista, a diferencia de los peregrinos británicos, los españoles llegaron al Nuevo Mundo sin esposas, lo cual les condujo a tomar como amantes —frecuentemente secuestrándolas— a mujeres indígenas, perpetuando así en la Colonia el papel sumiso que desempeñaban las mujeres con los aztecas. Pero los españoles contribuyeron también con sus propios prejuicios religiosos y ambivalencias sexuales: se requería que las mujeres formaran un hogar y procrearan, al tiempo que proporcionaban placer a los hombres, pero no se esperaba que la misma mujer hiciera ambas cosas. Cuando llegaron mujeres de España para casarse con los colonizadores más importantes, las amantes siguieron siendo esenciales, y la infidelidad se institucionalizó. Así, el concepto profundamente enraizado de que las mujeres son inferiores, de que su objeto es servir a los hombres, se reforzó a lo largo de toda la época colonial.

Durante la Revolución, las mujeres acompañaban lealmente a sus hombres, de batalla en batalla, cocinando, cuidando sus heridas y, con frecuencia, enterrando a los muertos. Pero incluso esta alteración social no liberó a las mujeres de su papel de esposas y madres abnegadas. Para los hombres, la mera idea de que las mujeres pudieran desempeñar un papel más público era considerada una amenaza. En 1938, el coronel Crescencio Treviño Adame, veterano de la Revolución, aconsejó al Presidente Cárdenas que no diera el derecho de voto a las mujeres. "Las mujeres están en este mundo para cuidar del hogar y no para involucrarse en política, ni para inmiscuirse en los asuntos de hombres, ni para trabajar en oficinas, mucho menos las del gobierno —escribió en una carta—. Esta cosa de que están hablando, eso del voto de la mujer, sería una locura." Finalmente, en 1953 se concedió el derecho al voto a las mujeres, pero, con contadas excepciones, votaban de acuerdo con lo que les decían sus maridos, y la reforma no tuvo ningún impacto en la estructura familiar.

Hoy día, en las ceremonias de matrimonio civil, el juez, con frecuencia, lee parte de una epístola escrita en el siglo XIX por el político Melchor Ocampo, donde definió los papeles respectivos del marido y la mujer: "El hombre, cuyas dotes sexuales son principalmente el valor y la fuerza, debe dar y dará a la mujer protección, alimento y dirección, tratándola siempre como a la parte más delicada, sensible y fina de sí mismo, y con la magnanimidad y benevolencia generosa que el fuerte debe al débil. La mujer, cuyas principales dotes son la abnegación, la belleza, la compasión, la perspicacia y la ternura, debe dar y dará al marido obediencia, agrado, asistencia, consuelo y consejo, tratándolo siempre con la veneración que se debe a la persona que nos apoya y defiende." Este texto ya no es parte obligatoria de la ceremonia, aunque por regla general sólo se omite a petición especial que, cuando sólo lo solicita la novia, es en sí causa de sospechas.

La inspiración de estos preceptos era religiosa, un eco de la epístola de San Pablo leída en las bodas, en la cual se insta al novio a amar a su esposa por ser "santa e inmaculada", mientras que se pide a la novia que respete y obedezca a su marido. Incluso aunque Melchor Ocampo era un liberal anticlerical, reconocía que muchas de las actitudes de la familia mexicana se fundan en la religión. Como fuerza política, la Iglesia ha perdido gran parte de su influencia, aunque la Conferencia Episcopal sostiene que 93 por ciento de los mexianos han sido bautizados en la Iglesia católica. En razón de la separación de Iglesia y estado, legalmente solo son válidos los matrimonios civiles, pero más del 70 por ciento de las parejas se casan también por la Iglesia— "por las dos leyes", como se dice— y el 9 por ciento se casan sólo por la Iglesia. De hecho, muchas parejas pobres se casan sólo por la ley común, pero las clases medias consideran que no está bien cohabitar sino hasta después de la ceremonia religiosa. Los sacerdotes, invariablemente, tienen parte también en los funerales, incluso en el caso de los de funcionarios importantes del gobierno que pertenecieron al sistema político anticlerical. Varios Presidentes —entre ellos Ávila Camacho, Alemán y Díaz Ordaz— están enterrados en suelo consagrado.

En general, los mexicanos no son devotos. La asistencia a las iglesias, especialmente en las zonas urbanas, está disminuyendo, al igual que la proporción entre sacerdotes y población. La actitud ante el divorcio está cambiando: hace treinta años, una mujer de clase media que abandonaba a su esposo por otro hombre se encontraba excluida de su propia familia, pero hoy día es raro que se piense que el divorcio sea pecado. El mayor empleo de métodos anticonceptivos también sugiere indiferencia ante las disposiciones específicas de la Iglesia. Incluso el aborto es común entre las mujeres pobres que se consideran buenas católicas, aunque la resistencia por parte de la Iglesia ha entorpecido las actividades por legalizar su práctica.

Sin embargo, las creencias, costumbres y supersticiones religiosas —más que la propia institución de la Iglesia— forman parte intrínseca de la cultura familiar. En el campo, el sacerdote local —llamado cariñosamente *padrecito*— es un poderoso líder de la comunidad, que influye en las mujeres, quienes se dirigen a él en busca de consejos y apoyo, y que asigna a los hombres la responsabilidad de comprar fuegos artificiales, flores y alimentos para los festivales religiosos populares. Es más, tanto la Biblia como la Iglesia fomentan la relación tradicional entre hombres y mujeres, respaldando el dominio de los hombres, al tiempo que esperan que la mujer emule la abnegación, modestia y ternura de la virgen María, representada en México poderosamente, por la virgen de Guadalupe. Así las líneas de autoridad adquieren una calidad moral: una mujer obediente es una mujer buena, mientras que una mujer independiente, de alguna manera, debe estar movida por alguna intención pecaminosa.

Corriendo el riesgo de caer en una caricatura, la familia mexicana típica todavía se puede estereotipar. El padre es la figura indiscutible de autoridad, que tiene poco respeto o poca comunicación con su esposa. Espera que en su hogar se le atienda como a un rey, pero pasa gran parte de su tiempo —y gasta mucho dinero— bebiendo con sus amigos o visitando a su amante. Les presta poquísima atención a sus hijos, aunque concede gran importancia a tener un primogénito varón que lleve su nombre. La madre, rechazada como esposa y amante por su esposo, trata de aliviar todas sus frustraciones por medio de sus hijos, sobre todo mimando a los varones, en búsqueda de aliados contra el padre y de sustitutos de su afecto. Cuando sus hijos se casan y abandonan el hogar, lucha por mantener su autoridad, puesto que el único papel que puede desempeñar es el de madre.

A su vez, los hijos varones pronto aprenden que tanto madre como hermanas cumplen sus deseos, pero resienten que el padre reprima y descuide a la familia por lo que llegan a venerar a su madre como figura beatífica que sufre permanentemente. Conforme van creciendo, estas actitudes se reflejan en su vida sexual. Su primera experiencia sexual, invariablemente, es con una prostituta o sirvienta, pero para esposa buscan a una figura maternal. Pero ésta no sólo no llega a la "perfección" de su madre, sino que como desempeña el papel de "mera" procreadora también es rechazada como compañera sexual satisfactoria. Por ende, el esposo joven busca una mujer "mala" —diferente de su madre— para su disfrute sexual. Y el ciclo se repite.

La idea de una familia sólida es inseparable de la de una familia controlada por una figura paternalista de autoridad. A la cabeza está la figura del abuelo, o incluso el bisabuelo, que hace las veces de defensor de las tradiciones y valores, así como de árbitro en las disputas internas, y que es el principal dueño de las propiedades, por lo cual puede emplear su relativo poder económico para conservar su autoridad. Conforme envejecen, los abuelos pueden esperar que sus hijos y nietos los cuiden y, en el caso de las abuelas que sobreviven, ser tratadas con reverencia especial. No obstante, la cadena de mando pasa por las manos de los hombres de la familia, y quizá llega a haber hasta cuatro generaciones que tienen el mismo nombre de pila en un momento dado, cada uno de ellos controlando a su propia familia, pero aceptando su lugar dentro de la estructura familiar general. Así, el mexicano nace dentro de una institución sumamente estratificada, dominada por el poder, la jerarquía, la lealtad y la sumisión, y sabe que, con el tiempo, irá subiendo dentro de ella.

Empero, en muchos sentidos, todo esto es una máscara también. La verdadera fuerza y estabilidad de la familia la proporcionan las mujeres. En razón de la gran cantidad de madres solteras y esposas e hijos abandonados, alrededor de la mitad de las familias nucleares del país están encabezadas por mujeres. Incluso en los hogares que no se han roto, las mujeres resuelven la mayor parte de los problemas: son responsables y confiables, proporcionan continuidad y controlan el entorno emocional. Sobre todo, una madre determina la conducta y las actitudes de su hijo. Le pide que "sea macho como su padre". Aunque este machismo implica conceptos como la defensa del honor y el valor físico destinados a impresionar a los hombres, está acompañado por un claro sentido de inseguridad sexual que es superado tan sólo cuando se trata a las mujeres con una combinación de desconfianza y represión. Así, pues, el mexicano continúa siendo subdesarrollado emocionalmente, incapaz de librarse de una unión de dependencia con su madre, culpable por sus impulsos sexuales y obsesionado por el temor de ser traicionado.

No obstante, las mujeres oscilan entre los papeles conflictivos —la madre y la amante— que les han sido asignados. Las hijas descubren pronto que pueden manipular a sus padres seductoramente, mientras que la cultura popular —las revistas femeninas, las telenovelas y las películas mexicanas— presentan a las mujeres como sumisas proveedoras de placer. Asimismo, sus inevitablemente celosas madres les enseñan las virtudes de la obediencia, la modestia, la represión sexual y la virginidad. En sus propias familias ven que se espera que ellas —y no sus hermanos— sean cumplidas y responsables. Por consiguiente, deben conquistar a su hombre con una sugerencia de seducción que resulte visible a través de una imagen de respetabilidad: por medio del coqueteo pueden controlar la relación hasta el momento de la conquista. Después del matrimonio se les enseña a tolerar las fallas de los maridos que antes idealizaron. Como dice un dicho popular: "Este hombre no es perfecto, pero es tuyo." Sobre estas imperfecciones, precisamente, podrán construir a la larga su base de poder dentro de la nueva familia.

II

En el caso de los indígenas y campesinos de México, las costumbres familiares prácticamente no han cambiado en siglos, y el ciclo de vida queda casi reducido a un ritual donde los papeles están predeterminados. Las familias son numerosas, no sólo porque prácticamente no existe el control de la natalidad y los descendientes tienen que ser "los que Dios mande", sino también porque los niños representan mayor número de manos para trabajar la tierra y mayor seguridad para los padres cuando envejecen. La vida es dura, y desde temprana edad todo el mundo desempeña un trabajo en el hogar, los hijos ayudan al padre en el campo y las hijas comparten las obligaciones del hogar. Las niñas mayores cuidan a sus hermanitos: desde los siete u ocho años los llevan cargados a la espalda. La disciplina es rígida, la mala conducta se castiga físicamente y la comunicación dentro de la familia es mínima: la discusión sugeriría opciones, y las opciones implicarían el cuestionamiento de la autoridad paterna.

Sin embargo, el papel de la mujer es crucial, no sólo porque trabaja incesantemente, sino también porque transmite a los hijos las creencias, leyendas y costumbres religiosas que coadyuvan a conservar la vida familiar y comunal. En unas cuantas zonas de México, principalmente en torno a Juchitán, las mujeres dominan el comercio e incluso tienen influencia política, pero por regla general, la mujer campesina aprende las virtudes del silencio y el recato. Evita hablar con extraños, y no se sienta a la mesa con el marido cuando hay algún visitante. En el caso de ciertos grupos indígenas, los matrimonios siguen siendo arreglados y se espera que la familia de la novia proporcione una dote. En el sureste campesino, como los miembros varones de una familia deben oponerse a que una hija se vaya del hogar, en algunos casos el novio tiene que raptarla, y la paz se restaura en las familias hasta después de que nace el primer hijo. Si una hija soltera se embaraza, normalmente se puede obligar a que el muchacho responsable se case con ella. Por regla general, los muchachos se casan antes de los veinte años, las muchachas entre los catorce y los dieciséis, y siguen teniendo hijos cuando ya son abuelos.

La pobreza del sector rural ha llevado a muchos padres a aceptar la migración de sus hijos adolescentes como forma para completar los ingresos de la familia. Algunos jóvenes salen de sus hogares para recoger cosechas en Estados Unidos o en zonas agrícolas más prósperas de México, primero tras los pasos de algún familiar que se ha establecido en Estados Unidos o que tiene experiencia en seguir las cosechas. Muchos de ellos regresan en otoño para recolectar el maíz de la familia. Hay otros que se dirigen a zonas urbanas, generalmente siguiendo el ejemplo del "éxito" de algún familiar que les dará acomodo, inicialmente buscando trabajos temporales en la construcción y, más adelante, tratando de hallar un empleo más estable.

Los padres dudan más cuando se trata de que la hija abandone el campo, no sólo porque ella resulta necesaria en el hogar, sino también porque se considera que las ciudades son centros de pecado. No obstante, las presiones económicas son fuertes. Si una tía o prima ya está establecida en la ciudad, y promete vigilarla, si la hija promete volver al hogar regularmente con parte de sus ingresos, muchas veces se le concede el permiso. No obstante, los trabajos existentes para una adolescente que apenas sabe leer son muy pocos: quizá encuentre trabajo en una fábrica de textiles o en la línea de ensamblaje de alguna planta, pero lo más seguro es que acabe trabajando de sirvienta.

El impacto que produce la vida de la ciudad en los jóvenes migrantes es sorprendente. Muchos experimentan una sensación de liberación cuando se escapan de los dictados autoritarios de sus padres, pero confrontan una nueva sensación de inseguridad con el ruido, el tamaño y el anonimato de las ciudades grandes. En un día cualquiera, se pueden ver grupos de hombres, que llevan huaraches y sombreros de paja, caminando en fila india a lo largo de las calles como si lo hicieran a lo largo de una estrecha vereda en la montaña, o se les puede ver horrorizados intentando cruzar una transitada avenida del centro. Los fines de semana, las sirvientas que salen a pasear se pueden distinguir inmediatamente mientras caminan nerviosamente, del brazo, por el parque de Chapultepec en la ciudad de México, con la vista tímidamente baja para evitar sugerir cualquier insinuación a los muchachos que pasan.

El cambio es difícil. Muchos patrones pagan cantidades inferiores al salario mínimo legal y despiden a los trabajadores que se quejan. Las muchachas se encuentran trabajando tanto como lo hacían en su casa y, en ocasiones, incluso son objeto de ataques sexuales por parte de los hijos adolescentes de sus patrones. Pese a todo, con el tiempo, aprenden a manejarse en la ciudad y adquieren fluidez en la jerga que usan los pobres al hablar, prueban alimentos diferentes y, a la larga, compran zapatos y ropa baratos en la ciudad. La televisión hace de puente entre la cultura antigua y la nueva, introduciendo el mundo del consumismo y exponiéndoles, por medio de las interminables pasiones de las telenovelas, a normas morales diferentes. (A finales de los años sesenta una revista ilustrada sentimental, publicada semanalmente, *Lágrimas y Risas*, tenía una serie sobre una muchacha indígena, María Isabel, cuyas simples virtudes fueron recompensadas cuando se casó con el patrón rico de la casa donde trabajaba de sirvienta. Más adelante, la historia se proyectó como telenovela y película, y se dice que hizo que muchas campesinas jóvenes migraran.) En el caso de las muchachas, una etapa clave es superada cuando se cortan las trenzas y empiezan a usar maquillaje. Siguen desconfiando de los hombres, pero sueñan románticamente con el matrimonio. Cuando visitan sus hogares, de inmediato se nota y critica el cambio en su forma de vida: los padres cuestionan su moral, mientras que las madres insisten en que necesitan que se queden para ayudarles en el trabajo de la casa. Pronto encuentran pretextos para no seguir yendo a visitar a sus padres.

El riesgo mayor que enfrentan es el embarazo. Atrapadas entre los modelos femeninos contrarios de la mujer tentadora y la madre, muchas de ellas, a la larga, llegan a tener relaciones sexuales con el novio que les promete matrimonio. Pocas emplean métodos anticonceptivos porque consideran que es pecado enfocar el sexo con esta premeditación, al tiempo que justifican la pasión espontánea del sexo premarital. Pero cuando resultan embarazadas, invariablemente, son abandonadas, y se quedan solas para optar entre alguien que les practique un aborto clandestino o, las más de las veces, tener a su hijo. Cuando el embarazo es evidente, muchas veces pierden su trabajo y, entonces, tienen que hacer otra elección: pueden regresar a sus pueblos, enfrentar la ira de los padres y dejar al hijo para que lo eduquen los abuelos, o pueden irse a vivir con parientes de la ciudad hasta el alumbramiento para después buscar trabajo en una casa donde acepten a una sirvienta con niño. El número de familias uniparentales suma cientos de miles.

El problema de la irresponsabilidad de los hombres es especialmente notorio en los barrios pobres urbanos. Es frecuente que se beban el salario mínimo, y el alcoholismo desemboca en golpizas a las mujeres y reduce las relaciones sexuales a un acto cercano a la violencia, siendo las dos acciones expresión de la autoridad del macho. El embarazo es un instrumento más de control: una mujer embarazada es prueba de virilidad y protección contra la infidelidad. Por ende, muchos hombres se oponen francamente al uso de métodos anticonceptivos y, con frecuencia, las mujeres se ven obligadas a asistir a las clínicas para la planificación familiar en secreto. "Los hombres nomás piensan en sí mismos —cuenta Guadalupe, una mujer de cuarenta y dos años y madre de nueve hijos—. Si te embarazas, es tu problema. Pero es demasiado estar esperando, cuidar de los niños, cuidar del marido, manejar el dinero, trabajar y, nomás tienes un bebé y allí viene otro. Eso era mi vida. Uno tras otro. Dios mío, gritaba, ¿por qué me mandas otro cuando sabes que no lo puedo cuidar?" El lenguaje que usan las mujeres pobres, popularmente ilustra con claridad su punto de vista: hacer el amor es ser "usadas" por su hombre, estar "enfermas" es estar embarazadas y "aliviarse" es dar a luz.

Es considerable la incidencia de hombres que abandonan a sus esposas y familias y se van a vivir con otra mujer, lo que deriva en que tanto hombres como mujeres, con frecuencia, tienen varios hijos de diferentes parejas. Con igual frecuencia, muchos hombres siguen a la cabeza de su hogar, pero mantienen también a una amante y a otra camada de hijos. El adulterio está tan generalizado que los sociólogos lo consideran una norma en el caso de los hombres. Es raro que una mujer pobre se arriesgue a ser infiel o a abandonar a su marido, incluso aunque sea abandonada o maltratada. De hecho, algunas mujeres prefieren estar embarazadas, creyendo que así podrán retener a sus hombres. También hay casos en que las muchachas emplean el embarazo para obligar a sus novios a casarse con ellas. Pero son excepciones. El ejemplo de los hombres que abusan de las mujeres impunemente pronto enseña a los jóvenes a considerar baratijas a las mujeres.

La proliferación de clínicas para la planificación familiar en las zonas urbanas ha dado cierto alivio a las mujeres, pero la elevada tasa de abortos ilegales existente ilustra la laguna educativa que aún debe superarse. Las estadísticas no son fidedignas, pero los expertos en población estiman que, al año, se practican entre 1 y 2 millones de abortos. Como sólo alrededor de un 15 por ciento de las mujeres pueden pagar los 100 ó 150 dólares que cuesta un aborto supervisado por un médico, la mayor parte de ellos se llevan a cabo en ambientes poco higiénicos o son inducidos por las interesadas: se calcula que unas 140 000 mujeres mueren anualmente a causa de las complicaciones derivadas de los abortos. Un estudio médico presentado ante el Congreso de México en 1983 indicaba que 60 por ciento de las camas de las unidades de ginecología y obstetricia de los hospitales del gobierno eran ocupadas por víctimas de abortos improvisados, mientras que el aborto ocupaba el cuarto lugar entre las causas de mortalidad entre las madres. El estudio señalaba también que, de las mujeres que habían abortado, 86 por ciento eran católicas practicantes, 65 por ciento estaban casadas o vivían con el hombre responsable de la concepción y 70 por ciento tenían más hijos. A diferencia de los países más desarrollados, la mayoría de las mujeres que abortaban no eran solteras que trataban de "corregir" un error, sino mujeres maduras movidas por la desesperación de su entorno familiar existente.

El problema de los hijos abandonados es más agudo en las grandes ciudades. En teoría, las leyes protegen a los hijos tanto de matrimonios legales como de los hombres que abandonan a sus mujeres, pero rara vez se puede obligar a los hombres a que contribuyan al mantenimiento de su primer hogar. En el campo, el problema es menos grave porque algún miembro de la familia siempre aceptará a un niño huérfano o no deseado para criarlo como si fuera propio. En los barrios pobres, un niño abandonado, descuidado o maltratado por sus padres quizá elija la libertad de la vida callejera y aprenda los trucos necesarios para mendigar, robar o ganar unos cuantos pesos para mantenerse vivo. Cuando queda a su suerte, se unirá con frecuencia a una de las pandillas de niños como él —principalmente varones, muchos de ellos preadolescentes— que viven en los *ghettos* del centro de la ciudad de México. Desde temprana edad se vuelven adictos a pegamentos, solventes y otros inhalantes tóxicos así como al alcohol. Estos *Olvidados* —título que Luis Buñuel, el finado director español de cine, diera a una película sobre ellos— están condenados a llevar una vida de miseria y delincuencia. Existen programas del gobierno para su rehabilitación, pero sólo incluyen a una parte mínima de los niños afectados, mismos que, a no ser que se les reintegre con éxito a una familia estable, no tienen otra opción sino retornar a sus comunidades callejeras una vez terminado el tratamiento.

Sin embargo, incluso en las ciudades, el instinto tribal es fuerte. Los migrantes del mismo estado, o incluso de la misma población, se agrupan en el refugio del mismo barrio, mientras que en las abigarradas casuchas de los barrios pobres viven varios miembros de la misma familia numerosa. La escasez de una vivienda alternativa y el elevado costo de los alquileres contribuye a perpetuar esta situación, aunque ofrece la estructura de seguridad y autoridad a la cual están acostumbrados muchos migrantes. La precaria economía de los pobres gira también en torno a las empresas familiares, desde los niños que de alguna manera contribuyen al presupuesto familiar, hasta los primos que se ayudan unos a otros para atender un puesto en un mercado.

Las dificultades de la vida urbana y las crisis económicas de años recientes han fortalecido incluso la importancia que tiene la familia. Cientos de miles de pequeños negocios familiares —desde zapateros remendones hasta vendedores de jugos de fruta, desde mecánicos hasta floricultores— se han formado o ampliado a efecto de absorber a los desempleados recientemente. En épocas de penuria, la familia cierra filas para asegurar su supervivencia. Cuando la cabeza de una familia pierde su trabajo, o una pareja no puede seguir pagando la renta, cabe esperar que algún miembro de la familia les proporcione un préstamo sin intereses, o haga lugar para más personas en la atestada habitación. "Donde come uno, comen dos", dice el proverbio. López Portillo, tratando de restarle importancia al impacto de la crisis económica de 1977, dijo que se podía contar con las familias mexicanas pues "le echarán más agua a los frijoles", para alimentar al pariente necesitado. Así, incluso el gobierno considera que la familia es el sistema de seguridad social más importante.

III

La riqueza transforma la conducta social. La drástica expansión de las clases medias, sobre todo desde 1970, ha llevado a que sean cada vez más los mexicanos de las ciudades que adoptan un estilo de vida más liberal. Los problemas económicos y las expectativas materiales han propiciado que más mujeres de clase media trabajen, situación que, a su vez, les ha dado libertad para solicitar el divorcio en el caso de matrimonios desafortunados que antes quizá habrían continuado. Al mismo tiempo, se ha registrado un aumento constante en el nivel educativo de las mujeres urbanas, y es mayor el número de mujeres que asisten a las universidades y que, a la larga, encuentran también puestos de gran responsabilidad en los sectores público y privado. "Yo fui criada en el siglo XIX y mi hija en el siglo XXI", explicaba una mujer rica que, hace dos décadas, "descubrió" la liberación femenina. Incluso en el caso de los hombres de esta clase, se ha dado una aceptación gradual, muchas veces a disgusto, de la mayor independencia de las mujeres.

En el orden político, las mujeres también se dejan ver más. Aunque sólo una mujer formó parte del gabinete de Miguel de la Madrid —Victoria Adato de Ibarra, procuradora general del Distrito Federal—, y de los treintaiún gobernadores sólo uno es mujer —Griselda Álvarez, de Colima—, el gobierno se siente obligado a estar de acuerdo, cuando menos en apariencia, con la idea de la igualdad de los sexos. En 1975, una enmienda de igualdad de derechos fue añadida a la Constitución mexicana. Las mujeres empiezan a votar de manera diferente a la de sus esposos y, con frecuencia, lo hacen contra el gobierno porque tienen más conciencia del impacto que produce la inflación en los presupuestos familiares. En 1982, Rosario Ibarra de Piedra fue la primera mujer candidato a la presidencia, obteniendo casi medio millón de votos con su pequeño partido de izquierda. En 1984, el PRI eligió por secretaria general, el segundo puesto del partido por orden de importancia, a Irma Cué de Duarte.

En círculos de clase media, la fácil asequibilidad de métodos para la planificación familiar, desde mediados de los años setenta, ha terminado también el nexo tradicional entre el sexo y la procreación y, en este proceso, ha reducido la dependencia de las mujeres de los hombres. Ahora, las parejas de clase media tienen un promedio de dos hijos, en comparación con los cinco que tienen las familias de escasos recursos, mientras que las mujeres solteras ya no se sienten presas del temor al embarazo o de la institución de la virginidad. Hace dos décadas, algunos médicos adoctrinaban a las mujeres sobre la moral cuando les pedían consejos para la planificación familiar. Hace una década, unos cuantos médicos tenían todavía el lucrativo negocio de reparar los hímenes de las muchachas ricas que supuestamente debían ser "puras" en su noche de bodas. Hoy día, las muchachas de esta misma clase inician con frecuencia sus relaciones sexuales antes de cumplir los veinte años.

La revolución sexual que se ha dado en Estados Unidos ha producido un gran impacto en las clases medias inclinadas a copiar la forma de vida estadunidense. Los hijos de las familias ricas de

México, por norma, asisten a campamentos de verano, bachilleratos o universidades de Estados Unidos, mientras que la mayoría de las familias de clase media han pasado cuando menos unas vacaciones al norte de la frontera. No deja de tener importancia el hecho de que los centros turísticos de México se hayan adaptado a los gustos de los visitantes estadunidenses, mismos que los jóvenes mexicanos gustosamente adoptan, mientras que los programas de televisión y las películas estadunidenses han contribuido a que el divorcio, la libertad sexual, la rebeldía de los jóvenes y el consumo de drogas resulten más aceptados. De igual manera, tradiciones familiares mexicanas como los altares del día de Muertos, la entrega de regalos en Nochebuena y en el día de Reyes están siendo reemplazadas por Halloween y Santa Claus.

Los movimientos feministas militantes en Estados Unidos y Europa han generado también grupos similares, si bien más pequeños, en México. Desde principios de los años setenta, han surgido infinidad de corrientes feministas, y aunque todavía se hace burla de ellas, tildándolas muchos hombres de locas, las feministas se han convertido en una camarilla permanente, sumamente política y que deja escuchar su voz. En fecha más reciente, la actitud menos represiva ante el sexo en general ha conducido a una mayor tolerancia de la homosexualidad masculina y femenina, que en el pasado era considerada una amenaza directa al machismo y, por consiguiente, era despreciada. En la práctica, la policía sigue llevando a cabo redadas frecuentes de prostitutos, pero la mayor tolerancia en los círculos intelectuales y ricos de las ciudades grandes ha permitido que muchos hombres y mujeres acepten su homosexualidad públicamente por primera vez, en ocasiones incluso en televisión, grado de apertura que resultaba inconcebible hace sólo algunos años.

Aunque las actitudes han cambiado, el funcionamiento interno de la mayor parte de las casas de familia de clase media cuenta con una sirvienta, mientras que una residencia más rica llega a tener hasta cuatro sirvientas, así como jardinero, uno o dos choferes y quizá un velador. En consecuencia, el papel de la esposa muchas veces se limita a administrar el personal, en lugar de desempeñar personalmente las tareas domésticas de limpiar, lavar y planchar. En el caso de las mujeres que trabajan, las sirvientas hacen también las veces de cuidadoras de niños y muchas veces tienen más que ver en la crianza de los niños que las madres mismas. Incluso las feministas activistas se pueden concentrar en cuestiones ideológicas importantes, dado que las sirvientas se hacen cargo de las obligaciones domésticas que muchas veces ocasionan fricciones entre los hombres y las mujeres en Estados Unidos. Por otra parte, las mujeres que no trabajan tienen más tiempo para dedicar a labores y relaciones sociales, así como para cuidar de sus hijos. Y en el caso de muchas mujeres, la vida sigue girando en torno a su madre, quien con frecuencia las visita, les ofrece consejos y refugio en tiempos de crisis conyugales.

La existencia del servicio doméstico determina también la conducta de muchos niños de clase media. Las presiones sociales y económicas imponen que la mayoría de los hombres y mujeres jóvenes vivan en sus hogares —y, de hecho, que duerman en su casa todas las noches— hasta que se casan. (No existen departamentos tipo estudio ni de soltero en México: los primeros no son necesarios y los segundos son considerados impropios.) Mucho antes de esa edad, los hombres y mujeres jóvenes se han acostumbrado a ser servidos y, por tanto, no aprenden ninguna de las actividades —comprar, cocinar, limpiar, cuidar el jardín o incluso hacer la cama— que les permitirían vivir solos. Esto, a su vez, produce tensiones inesperadas en los matrimonios nuevos: la recién casada no tiene mucha idea de cómo administrar el nuevo hogar, mientras que el marido espera que su esposa le cuide con igual devoción que la que le dedicaba su madre unos cuantos días antes. Así, incluso aunque la recién casada sea una profesional atractiva, en breve siente la presión de convertirse en un ama de casa y, a su vez, presiona al marido para que le proporcione el sistema de apoyo necesario compuesto por sirvientas y chofer.

Muchas hijas de familias ricas consideran que sus vidas deben seguir los patrones tradicionales. A diferencia de la generación de su madre, quizá vivan y estudien en el extranjero algún tiempo, se vean obligadas a cuidarse solas y tengan libertad para llevar una conducta sexual más libre que en su hogar. Pero, al regresar a México, invariablemente vuelven a vivir con sus padres, aceptan una disciplina más rígida y sólo salen con muchachos de otras familias ricas. Muchas de las muchachas que asisten a universidades particulares estudian, como dicen ellas, "M.M.C." —mientras me caso— y, de hecho, manifiestan cierta desesperación si aún no se han casado a los veinticinco años. Hace una generación, se advertía a las muchachas ricas que "el exceso de conocimientos" sería un estigma cuando buscaran marido. Incluso hoy día, las muchachas de esta clase rara vez estudian sino cursos de comunicaciones, arqueología y antropología. Una vez casadas, la mayoría de ellas pretende "realizarse como mujer" teniendo hijos casi de inmediato.

Al igual que en el caso de los pobres de las ciudades, el dominio del padre es la norma en las familias de clase media y alta. Aunque

300

las palizas propinadas a la esposa son menos frecuentes, la institución de la amante —llamada de diferentes maneras: casa chica, segundo frente, o querida— está más formalizada. No es raro que la relación con una amante dure muchos años o toda la vida, institucionalizándose tanto como un matrimonio, y que no sólo los amigos del hombre sepan de ella, sino también la esposa y los hijos. Muchas veces, la vida secreta de un hombre no se conoce sino hasta su muerte, cuando la amante o las amantes, así como los hijos que las acompañan, aparecen en el entierro o son nombrados en el testamento. Sin embargo, es raro que un matrimonio mexicano termine como resultado de la infidelidad del hombre, y ciertamente no ocurre antes de que los hijos de la pareja hayan crecido. Después de un divorcio, como fiel reflejo de las actitudes que prevalecen, los hijos están más dispuestos a aceptar a la nueva compañera del padre que cualquier sugerencia de una mácula en la "pureza" de su madre por su nuevo matrimonio. De igual forma, se espera que las viudas continúen siendo fieles al finado, mientras que los viudos no tienen esta limitación.

La propensión al adulterio que tiene el mexicano sólo es superada por su temor a ser engañado. El mexicano, criado en la creencia de que prácticamente es el dueño de su esposa, es ferozmente celoso: en el caso de los ricos, sosteniendo que se trata de amenazas contra su seguridad, el hombre prohíbe a su esposa que maneje sola e insiste que siempre vaya acompañada por un chofer. Pocos hombres de cierto nivel económico tienen el interés de alentar a una esposa que quiere trabajar. Antes, una mujer que trabajaba implicaba, humillantemente, que su esposo no la podía mantener. Hoy día, la resistencia deriva de la preocupación de que las mujeres no sólo se pueden sentir atraídas hacia otros hombres, sino de que serán menos dependientes de sus maridos y, a la larga, deberán lealtad a una organización que no es el hogar. En el caso de las clases más adineradas, es probable que un mayor número de problemas conyugales se deriven de los intereses profesionales de la mujer que de los coqueteos del esposo.

Es raro, incluso en el caso de las mujeres mexicanas de clase alta, que haya instituciones extramaritales comparables con las de los hombres, no sólo por temor a represalias violentas, sino también por el impacto que el rompimiento del matrimonio puede tener en sus hijos y padres. Pero es menos raro que estas mujeres rompan la soledad, el aburrimiento y la frustración de sus vidas por medio de aventuras ocasionales, muchas veces con hombres jóvenes o gigolós. Éstas se dan con total discreción, y muchas veces sólo una amiga íntima hace las veces de cómplice para guardar el secreto. De cualquier suerte, los valores dobles tradicionales se aplican en este caso: la sociedad considera que la infidelidad del hombre es "normal", mientras que la de la mujer es una aberración moral. Cuando un proyecto de reforma del código penal propuso la despenalización del adulterio a finales de 1983, las protestas principales procedieron de hombres que sostuvieron que ello constituía un atentado contra la sagrada institución del matrimonio. A pesar de que las sanciones existentes —hasta dos años de cárcel y seis años de suspensión de los derechos civiles— no se aplican jamás, la reforma propuesta fue abandonada por el gobierno.

Las tradiciones conservadoras de las clases medias mexicanas son más fuertes en las ciudades pequeñas de provincia, donde el peso de la opinión pública sigue sintiéndose y las apariencias siguen contando. Ahí se descuida particularmente la educación de las muchachas: se educa a las mujeres para ser esposas y madres. Los noviazgos incluyen un largo ritual romántico donde los pretendientes, debidamente trajeados y con regalos en mano, deben ir ganando gradualmente a sus futuros padres políticos, y donde se asigna a chaperonas para que acompañen a las parejas jóvenes cuando salen a pasear. Si varios hijos se van a la ciudad de México a estudiar, es probable que la madre vaya también para conservar el ambiente del hogar. Los matrimonios generalmente se dan entre hijos e hijas de familias "decentes" y "conocidas" —de "personas como nosotros", comentan las madres— y con un racismo oculto, que se puede ver en la preocupación de que el producto de la unión no tenga aspecto mestizo. Después del matrimonio, las nuevas esposas gustosamente abandonan su apellido de solteras, adoptan el posesivo *señora de* fulano o mengano y vuelven a vivir la vida de sus madres. En esta burguesía de provincia no son frecuentes las relaciones sexuales premaritales ni el divorcio; la familia numerosa sigue siendo una institución poderosamente autoritaria, ligada a la tierra y las tradiciones, con una fuerza interna que perpetúa su influencia externa en la sociedad local.

Sólo en el caso de algunas mujeres de clase media que cumplieron la mayoría de edad a finales de los años setenta y principios de los ochenta, en las ciudades grandes, especialmente la capital, se han dado cambios importantes en la forma de vida. Las mujeres con estudios y las profesionales siguen siendo una minoría, pero representan una generación que se ha visto obligada a trabajar por la necesidad económica y la inquietud intelectual, no sólo como secretarias, sino muchas veces como periodistas, profesoras, economistas e incluso políticas. Por ende, estudian carreras para toda la vida. Su actitud ante el matrimonio también es diferente. Como han viajado o estudiado en el extranjero y logrado la independencia económica en el hogar, muchas están dispuestas a encontrar un marido que quiera compartir las responsabilidades domésticas y aceptar a una mujer que trabaje. En caso de que no haya posibilidad de tal marido, están dispuestas a soportar la presión social y familiar de casarse con "cualquiera" antes de los veinticinco años. Y si se casan con el hombre equivocado, es probable que busquen un divorcio pronto. Hay quienes abandonan el hogar y comparten su habitación con otras amigas que trabajan, incluso a riesgo de enfadar a los padres. Pero como los jóvenes desconfían de las mujeres liberales, la cantidad de parejas que cohabitan antes del matrimonio sigue siendo muy reducida.

El ruidoso activismo de los pequeños grupos de feministas organizadas —seguramente menos de 1 000 mujeres, la mayoría de ellas intelectuales izquierdistas— ha ayudado a la sociedad a aceptar el papel cambiante de las mujeres de clase media. La mayor parte de estas mujeres, de hecho, no se identifican con las feministas militantes, empero el hecho de que prefieran trabajar en lugar de quedarse en el hogar les da la categoría de feministas a los ojos de muchos hombres. Las propias feministas, aunque invariablemente pertenecen a las clases medias preparadas, le prestan menos atención a cuestiones como "una remuneración igual por un trabajo igual" y una representación adecuada dentro del gobierno, que a la explotación socioeconómica padecida por la gran mayoría de las mujeres pobres. Han establecido el Centro de Asesoría para Mujeres Violadas y han encabezado una campaña para la legalización del aborto y, prácticamente solas, han realizado estudios sobre la suerte de las obreras de fábricas, sirvientas y mujeres indígenas. Pero, en la práctica, por medio de su revista trimestral, *Fem*, presentaciones en televisión y manifestaciones ocasionales en la calle, su proselitismo ha ido dirigido principalmente hacia el gobierno y la élite gobernante.

El gobierno mismo es sensible a la función estabilizadora que desempeña la familia dentro de la sociedad y ha buscado conservar símbolos medulares de la integración familiar. En 1983, el gobierno de Miguel de la Madrid propuso que se despenalizara el aborto como primer paso lógico para enfrentar el problema. La oleada de críticas que despertó la medida hizo que el gobierno retirara su plan. No se atrevió a enfrentarse a la Iglesia católica que, por medio de diversos grupos militantes defensores de las costumbres, se vio obligada a emprender una campaña en contra de la reforma. Pero también respondió a las quejas que decían que la legalización del aborto constituía un paso peligroso más hacia la destrucción de los valores tradicionales. Al igual que con la proposición para la despenalización del adulterio, la oposición más ruidosa procedió de los hombres, quienes claramente reconocieron que eran los que más perderían con el cambio de las costumbres familiares.

El tema de que la familia se desintegraría si el autoritarismo masculino disminuyera no deja de ser en gran medida académico. Aunque algunos hombres aceptan ahora el principio de la igualdad formal de los sexos, simbolizado por el mayor número de mujeres que ocupan puestos públicos "que no representan una amenaza", éstos siguen oponiéndose decididamente a los cambios en el papel que desempeña la mujer dentro de la familia. Y si bien algunas mujeres están decididas a afirmar su identidad personal y profesional, la mayoría sigue aceptando, inconscientemente, los dictados de sus padres, hermanos, maridos e incluso hijos. El dominio del hombre está considerado el precio a pagar por conservar las tradiciones, la moral y la seguridad. Así, pues, por medio de la estructura familiar conservadora, gran parte de lo bueno y lo malo del México antiguo sigue apareciendo en el México nuevo, más moderno.

13. LA CIUDAD DE MÉXICO: IMÁN Y MONSTRUO

I

Para ser el centro urbano más grande del mundo, la ciudad de México se encuentra en el lugar menos práctico de todos. Está situada a 2 255 metros sobre el nivel del mar, rodeada por montañas y volcanes, asentada en una zona sísmica, hundiéndose gradualmente en su subsuelo blando, lejos de fuentes de abastecimiento de agua, alimentos y energía y, literalmente, con poco oxígeno. Sin embargo, el tradicional dominio del país desde el altiplano central ha sido tan fuerte —de Teotihuacán, pasando por Tenochtitlán, hasta la propia ciudad de México— que la capital ha seguido creciendo más allá de su capacidad para funcionar. Hoy día, no sólo es la capital política del país, sino también es la capital industrial, financiera, comercial, cultural, de los espectáculos, e incluso religiosa. Con una población de 17 millones en 1984, se ha convertido en caso de estudio del caos que les espera a otros países en desarrollo, donde el afán por industrializarse ha estimulado un éxodo masivo de las zonas rurales deprimidas a las urbanas de crecimiento rápido, donde lo peor del subdesarrollo se ha combinado con lo peor del exceso de desarrollo.

La gente llegaba en tropel a la ciudad de México, porque la estrategia económica seguida por el país desde los años cuarenta le obligaba a hacerlo. Se destinaron muchos recursos a la industria, el comercio y la construcción urbana, mientras que se descuidaba la agricultura. Los problemas se agravaron debido a la planificación deficiente en todos los órdenes —desde la ubicación de las industrias hasta el abastecimiento de agua—, así como por el costo prohibitivo de seguir el ritmo de la población. No obstante, la gente seguía llegando —incluso después de que ya no se podían conseguir empleos en la industria en forma automática— porque la ciudad seguía resolviendo muchos de sus problemas. Era posible encontrar trabajo, las escuelas estaban en puntos cercanos y los servicios de salubridad resultaban accesibles. La migración a la capital creaba la opción de una movilidad social que no podía existir en el campo.

Sin embargo, el crecimiento caótico no ha oscurecido el carácter y encanto de la ciudad de México. Su propio crecimiento es reflejo de su hospitalidad, siempre dando cabida a una persona más por su puerta, para que encuentre un lugarcito y se gane la vida. Su energía y espíritu, de alguna manera, aíslan el placer de vivir ahí, separándolo del dolor de su ruido, tránsito y contaminación. El humanismo de la ciudad destaca constantemente sobre la fachada de problemas aparentemente insolubles: han sobrevivido joyas arquitectónicas del pasado prehispánico y del colonial; los museos, teatros y salas de concierto están siempre pletóricos, las élites sociales e intelectuales florecen, los contrastes sorprendentes y los descubrimientos deliciosos alimentan la sensación contradictoria de la desesperación y la esperanza. Y en todas partes se puede sentir el cabal poderío de la gran Tenochtitlán, como se llamó la ciudad, no sólo en el control de su inmensa población sino también en que mantiene unido al resto del país.

Pero esta dimensión más poética no explica dos fenómenos incomprensibles: que los sucesivos gobiernos hayan hecho tan poco por disminuir el crecimiento de la ciudad y que la población haya podido aceptar el constante deterioro de la calidad de la vida urbana sin mayor queja. Una especie de hipnosis colectiva parece haber abrazado al gobierno y a los habitantes conforme la población de la ciudad se ha ido multiplicando, su entorno se ha ido destruyendo, sus servicios se han atascado, sus finanzas han sido diezmadas y sus recursos naturales se han agotado. En 1960, todos los ingredientes socioeconómicos necesarios para un crecimiento urbano veloz estaban a punto; para 1970, tanto los funcionarios como los ciudadanos podían ya reconocer los síntomas de la macrocefalia urbana; y en 1980, la ciudad estaba saturada por los problemas y la gente. Pero en ningún momento se prohibieron industrias nuevas, programas de construcción o asentamientos de paracaidistas para evitar este desastre. El descontento tampoco se manifestó en algaradas o protestas. A no ser que se presente un desmoronamiento total de los servicios públicos, sobre todo del abastecimiento de agua, no hay estrategia alguna que ahora pueda evitar que la población de la capital se duplique, para llegar a 30 millones en las últimas dos décadas del presente siglo.

Lo que distingue a la ciudad de México de otros desastres urbanos del Tercer Mundo no es la causa inmediata ni la naturaleza de sus problemas: la industrialización ha estimulado la migración en muchos países, y son muchas las ciudades afectadas por la contaminación, los problemas de tránsito y los barrios pobres. La ciudad de

México destaca porque la secular tradición del poder centralizado fue seguida por una explosión demográfica sin precedentes a partir de 1940. Es diferente, porque no hay ninguna ciudad del mundo que, hoy día, sea mayor.

Hubo tribus nómadas que llegaron a la región cuando menos hace 20 000 años, pero no fue sino hasta alrededor del año 200 a.C. cuando Teotihuacán convirtió el altiplano central en el punto focal de la cultura política mexicana. En los siguientes mil años, la migración a la zona se incrementó, y para cuando los aztecas fundaron Tenochtitlán en una isla del lago de Texcoco en 1325, el valle de México contaba con muchos asentamientos de pueblos y ciudades. Los aztecas fueron más allá, y obligaron a una gran parte de Mesoamérica a reconocer a Tenochtitlán como capital militar, política, religiosa y comercial y, después de la Conquista, en 1521, este solo hecho convenció a los españoles de construir la ciudad de México en el mismo punto. Como todas las transacciones comerciales se realizaban en Tenochtitlán y todas las peregrinaciones y, literalmente, todos los caminos pasaban por ella, los conquistadores heredaron todo un sistema de control. Esta decisión política estuvo respaldada por los recursos naturales de la zona. En la época de la Conquista, alrededor de 60 000 personas estaban apiñadas en las islas de Tenochtitlán y Tlatelolco, pero el valle de México ya sostenía una población que se ha calculado del orden de 1.5 millones.

A un siglo de la Conquista, la dispersión de los indígenas y, sobre todo, su disminución en razón de las enfermedades, habían diezmado la población del valle a sólo 70 000 habitantes. Pero la ciudad de México siguió siendo el hogar de virreyes, arzobispos y de toda la aristocracia española, y la extensa colonia de la Nueva España era bien administrada desde ahí. En México quedaba suficiente oro y plata como para convertir a la capital en una elegante ciudad colonial. "Sin duda, México debe ser una de las ciudades más bellas fundadas por los europeos en cualquier hemisferio", escribió Alexander von Humboldt en 1803, maravillado ante los edificios de piedra, las amplias avenidas y las grandiosas plazas, y escribió también que el lago de Texcoco y los pueblos que lo rodeaban le recordaban "los más bellos lagos de las montañas suizas".

Después de la Independencia, a principios del siglo XIX, cuando el valle sólo contaba con unos 350 000 habitantes, aproximadamente la décima parte de la población del país, el concepto del poder centralizado se vio reforzado cuando se declaró Distrito Federal a la ciudad de México. En las siguientes décadas, México fue ocupado, en dos ocasiones, por potencias extranjeras —Estados Unidos y Francia— y no fue sino hasta la segunda mitad del siglo XIX cuando

se reanudó su crecimiento, primero cuando se construyó el magnífico Paseo de la Reforma, desde el centro de la ciudad al castillo de
Chapultepec y más adelante cuando se resolvieron problemas crónicos del drenaje. Al mismo tiempo, la dictadura del general Porfirio Díaz reafirmó la influencia política de la ciudad de México, asegurando, por primera vez desde la Colonia, que todas las decisiones
importantes que afectaran a cualquier parte del país, nuevamente,
se tomaran en Palacio Nacional.

El cambio urbano se dio primero con la Revolución. Hasta 1910,
la ciudad de México, con menos de 500 000 habitantes, fue una capital
neocolonial tranquila, dominada por iglesias y palacios y rodeada de
pintorescos pueblos indígenas, donde los ricos tenían casas para pasar
el fin de semana. Pero durante el conflicto, tanto campesinos
migrantes como ricos terratenientes empezaron a dirigirse a la capital, huyendo de la violencia en otros puntos del país. Los pobres
se apiñaron en los edificios de alquiler del centro, al tiempo que
surgieron elegantes barrios nuevos donde vivían los ricos. En 1930,
la población llegó a un millón y aunque la resurrección del programa de la reforma agraria disminuyó la migración a la ciudad durante esa década, la ciudad de México llegó al millón y medio allá por
1940. Entonces, ya exudaba el bullicio y la emoción de una gran
metrópoli, pero el tránsito fluía tranquilamente por sus amplias
avenidas flanqueadas por árboles y los problemas sociales resultaban menos visibles que hoy día. Muchos viejos "chilangos", nombre
que se da a los habitantes de la capital, recuerdan todavía cómo ca-
minaban todos los días en una ciudad con aire limpio y fresco y
cielo azul, viendo los volcanes, el Popocatépetl y el Iztaccíhuatl, co-
ronados de nieve detrás de los bosques de pinos que rodeaban la
ciudad. Después, en el curso de las cuatro décadas siguientes, la ciudad
se transformó.

En realidad, el crecimiento y la destrucción simultáneos de la capital mexicana sólo fueron consecuencia de un cambio económico
más importante producido por la segunda Guerra Mundial. La escasez de bienes manufacturados que antes se importaban de Estados Unidos y Europa estimuló a las empresas nacionales, creando
fuentes de trabajo nuevas que "jalaban" a los campesinos hacia la
ciudad. Al mismo tiempo, el deterioro de las condiciones en el campo "impulsaba" a los campesinos a salir de la provincia. Después
de la guerra, la industrialización para la "sustitución de importaciones" era la política oficial y ésta alentaba la constante migración
de campesinos hacia las ciudades. Conforme la ciudad de México se
expandía, su fuerza magnética aumentaba: tanto la inversión nacional cuanto la extranjera se veían atraídas hacia el mercado más

grande y los migrantes se dirigían al punto donde encontrarían empleos. Entre 1940 y 1970, cuando la población de la ciudad saltó a 8.3 millones de habitantes, la mitad del crecimiento procedió de la migración, al tiempo que la mitad de los migrantes de todo el país se dirigieron hacia la ciudad de México.

En comparación con el impulso por el desarrollo, la planificación urbana y la preocupación por la ecología resultaban poco importantes: los proyectos de viviendas para la clase media y los barrios pobres de los migrantes se desparramaron caóticamente en todas direcciones, al tiempo que las fábricas vertían los desechos industriales a los ríos y a la atmósfera con total impunidad. La naciente preocupación en los países desarrollados en torno a la necesidad del control de la natalidad y la protección ambiental en el Tercer Mundo se veía con suspicacia, interpretándose como un esfuerzo por retardar la expansión económica de México. Así, conforme crecía la capital, se destruía su sistema natural de sostén: entre 1950 y 1970 las zonas boscosas de la ciudad se redujeron un 20 por ciento y sus zonas agrícolas un 50 por ciento.

Para el decenio de 1960, como la ciudad crecía horizontalmente en lugar de hacerlo de manera vertical, la población ya no cabía dentro de los límites del Distrito Federal y se desparramó hacia el vecino estado de México. Muy pronto, la población urbana del estado de México crecía a mayor velocidad que la del Distrito Federal. Esto produjo más problemas administrativos. Aunque la metrópoli seguía funcionando como una sola unidad urbana, estaba ahora gobernada —sin coordinación— por dos administraciones y dos presupuestos. El Distrito Federal quedó dividido en dieciséis "delegaciones", pero la ciudad de México entera también incluía cincuenta y tres municipios, semiautónomos, del estado de México. Como el gobernador del estado de México es elegido, éste soportaba mayor presión para equilibrar su presupuesto y aumentar más los impuestos que el regente de la ciudad de México, que es designado por el Presidente y puede subsidiar los servicios públicos con fondos federales.

En los años setenta, la metrópoli continuó creciendo un 7 por ciento al año, y su población pasaba de los 14 millones en 1980. La concentración de todas las manifestaciones de poder también se agravó. No sólo había un 21 por ciento de la población que ocupaba sólo un 0.1 por ciento del territorio nacional, sino que la ciudad de México entera también representaba un 38 por ciento del producto interno bruto (PIB), 48 por ciento de la industria manufacturera, 45 por ciento de la actividad comercial, 52 por ciento de los servicios, 60 por ciento de los transportes y 69 por ciento del activo ban-

309

cario. La mitad de los estudiantes universitarios del país estaban en la capital, la mayoría de los programas de televisión se transmitían desde la ciudad de México y todas las carreras políticas con éxito pasaban por la burocracia federal.

Aunque los gobiernos de Echeverría y López Portillo predicaron las virtudes de la descentralización, en la práctica ninguno de los dos redujo el atractivo magnético de la capital ni detuvo el deterioro de su entorno. A finales de los años setenta, la preocupación central del regente Carlos Hank González fue apaciguar las quejas de la clase media respecto a los problemas de tránsito y embarcarse en un inmenso programa de erogaciones que comprendía la construcción de ejes viales y la expansión del sistema del metro. Pero los empleos que se derivaron de tal programa solo sirvieron para atraer a cientos de miles de campesinos más a la ciudad. En lugar de elevar el impuesto predial y el impuesto sobre el uso de agua, las fuentes de ingresos tradicionales de la ciudad, Hank González pagó el programa mediante préstamos. Así, mientras que en 1970 los ingresos de la ciudad cubrían el 61 por ciento de su presupuesto, para 1982 sólo un 21 por ciento de su presupuesto no era proporcionado por el gobierno federal y la ciudad debía 2.3 mil millones de dólares al extranjero. Cuando el nuevo regente, Ramón Aguirre, ocupó su puesto en diciembre de 1982, la capital estaba en total bancarrota y hubo que posponer, por tiempo indefinido, los sueños de atacar la crisis urbana con programas nuevos y costosos.

II

Una grisácea nube de contaminación cubre el valle de México la mayor parte de los días del año. Como la ciudad está rodeada por montañas, la inversión térmica con frecuencia atrapa la contaminación dentro de la cuenca urbana, al tiempo que la luz solar y la poca densidad del aire de la zona generan un *smog* fotoquímico especialmente nocivo. Diariamente se lanzan a la atmósfera alrededor de 11 000 toneladas de metales, sustancias químicas, bacterias y polvo que oscurecen el aire antes de volver a la tierra, en ocasiones en forma de "lluvia ácida". Los visitantes se quejan de que les arden los ojos o les duele la garganta, o cavilan nerviosamente sobre las innumerables sustancias tóxicas que están inhalando. Sin embargo, los habitantes locales han llegado a aceptar la contaminación del aire como rasgo inevitable de la vida en la ciudad. En estos momentos, las medidas necesarias para combatirlo parecen estar más allá de recursos políticos y económicos del gobierno. El enfrentar cada una de las causas principales de la contaminación ambiental implicaría la solución de problemas mucho más complejos relacionados con ella.

En los primeros meses de cada año, la ciudad es invadida en forma regular por tormentas de polvo procedentes del este y del noreste. En parte, éstas son resultado de la deforestación de más del 70 por ciento del valle, pero, lo que es más serio, también proceden del lecho seco del lago de Texcoco. Hace unas décadas, la desecación del lago parecía necesaria para evitar las inundaciones y para permitir la expansión de la ciudad, pero ello alteró todo el equilibrio ecológico del valle. Como algunos de los sistemas de aguas negras de la ciudad fluyen a esa zona, y los excusados improvisados al aire libre son frecuentes, muchas veces el polvo contiene excrementos secos y bacterias. Pero poco se puede hacer para evitar las tolvaneras. El "lago", seco durante el invierno y cenagoso durante la temporada de lluvias de verano, es poco idóneo para la urbanización (aunque ahora hay algunos barrios pobres que se han extendido hasta ahí), al tiempo que el suelo, sumamente salino, evita que la superficie se utilice para la agricultura o sea reforestada.

La recolección de basura es insuficiente, y las instalaciones para deshacerse de las 8 000 toneladas de desechos producidas diariamente en la ciudad se suman a la contaminación del aire. En las zonas pobres de la capital, donde los camiones recolectores de basura pasan ocasionalmente, los habitantes se ven obligados a quemar la basura con la esperanza de acabar con las ratas y moscas. En los siete grandes vertederos al aire libre de la ciudad, las emanaciones bioquímicas en ocasiones encienden humeantes fuegos lentos que llegan a durar varias semanas, obligando a veces a la evacuación de los vecindarios cercanos. Más que el inmenso costo que implicaría la compra de más camiones y la construcción de nuevos vertederos, que a la larga se financiarían a sí mismos, el mayor obstáculo para resolver el problema de la basura es la cantidad de dinero que se obtiene con el funcionamiento existente.

Los recolectores de basura de la ciudad pertenecen a una poderosa organización que controla la reventa de cualquier cosa de valor que se tira, principalmente metales, madera, plásticos y botellas. Si hubiera más camiones, éstos seguirían concentrándose en las zonas residenciales ricas que tienen desperdicios más "valiosos" y que ofrecen generosas gratificaciones para que se retire la basura. Una vez retirados todos los objetos "valiosos", las tripulaciones de los camiones transportan sus cargas a los vertederos de la ciudad, donde hay otra organización que se hace cargo de las cosas. (Los camiones de basura particulares no tienen acceso a estos vertederos y, con frecuencia, arrojan sus cargas en el Ajusco u otras zonas boscosas próximas a la capital.) Bajo el control de un rudo y rico jefe y sus "caporales", los *pepenadores*, nombre que se les da a los recogedores de basura profesionales, vuelven a revisar la basura, separando cualquier cosa que tenga un valor mínimo. Miles de personas se ganan la vida en los vertederos —y construyen sus casas dentro de éstos—, mientras que algunos de los jefes llegan a tener [t] suficiente poder como para ser elegidos diputados federales por el PRI gobernante. La oposición de estos intereses atrincherados ante una solución más industrial para el problema de la basura, por ende, es considerable y, en nombre de la paz política, se permite que el entorno sufra.

Más grave que el polvo o la basura quemada lo son las emisiones de las alrededor de 60 000 fábricas de todos tamaños que están asentadas en el valle. En el suburbio de Azcapotzalco, al norte de la ciudad, por ejemplo, una refinería propiedad de Petróleos Mexicanos, el monopolio petrolero del estado, despide humos de azufre. Junto a la vía rápida que circunda a la ciudad, llamada Anillo Periférico, las fábricas de cemento trabajan de forma ininterrumpida. En los distritos de Vallejo y Naucalpan, también al norte, donde se concentra la mayor parte de las fábricas de la ciudad, la visibilidad se reduce, muchas veces, a un kilómetro y medio. En el extremo sur de la ciudad, una fábrica de papel produce un olor penetrante que muchas veces llega a la zona cercana de hospitales del gobierno. Hay leyes contra la contaminación que obligan a los propietarios de las fábricas a instalar filtros, pero de inmediato surgen problemas nuevos: o los industriales les pasan el costo de estos controles a los consumidores o sobornan a los inspectores del gobierno para que pasen por alto las violaciones a las normas ambientales.

Sin embargo, el principal culpable es el motor de combustión interna. En 1984, el gobierno calculó que había 2.5 millones de vehículos circulando en el valle de México, los cuales representaban un 75 por ciento de la contaminación ambiental. La industria automotriz local se ha opuesto a las presiones para que se instalen dispositivos anticontaminantes en los modelos nuevos, al tiempo que el gobierno no se ha decidido a invertir en gasolina de mayor octanaje, más "limpia". Azufre, monóxido de carbono y plomo son lanzados al ambiente por vehículos que, muchas veces, son viejos y no han recibido el mantenimiento debido. Estudios realizados por las Naciones Unidas indican que la contaminación supera entre tres y seis veces los niveles de seguridad aconsejables. Sin embargo, también en este caso la verdadera causa del problema radica en otro lugar, concretamente en el sistema público de transportes y en la distribución de la población urbana.

La mayoría de los trabajadores industriales viven en el oriente de la ciudad, en Netzahualcóyotl y otros barrios populares incipientes próximos al lago de Texcoco, mientras que la mayoría de los trabajos de la industria están en los suburbios de Vallejo, Naucalpan y Azcapotzalco, en el norte. Las clases medias y altas, por regla general, viven en el noroeste, oeste y sur, pero trabajan en edificios del gobierno u oficinas particulares en el centro o cerca de éste. Por consiguiente, la mayoría de las personas atraviesan gran parte de la zona urbana de 800 kilómetros cuadrados todos los días para ir de su casa al trabajo y viceversa. En 1983, en la capital se registraban alrededor de 22 millones de viajes diarios.

Inexplicablemente, los problemas de la transportación no han sido atacados debidamente jamás. A mediados de los años sesenta, un sistema de transportación subterránea fue iniciado por el Presidente Díaz Ordaz, se reanudó a la mitad del mandato de López Portillo y siguió adelante con De la Madrid. Pero los ciento cinco kilómetros de sus líneas están diseñados de tal suerte que incluso aunque se dirijan del este al norte, los pasajeros, muchas veces, tienen que pasar por el centro de la ciudad. El metro apenas representa como un 20 por ciento de los viajes diarios y la mayoría de los viajeros dependen de los autobuses, de los que sólo hay alrededor de 6 000 unidades funcionando: la mitad de la cantidad que se estima necesaria, y menos de la tercera parte de los que se necesitarán para 1988. Muchos de ellos están en malas condiciones y emiten espesas nubes de humo negro de dísel. En septiembre de 1981, cuando el control del precio de los pasajes desalentaba a los propietarios a invertir en unidades nuevas, y ante el aumento de quejas por el servicio que prestaban, el gobierno se hizo cargo de los autobuses, pero pronto se vio abrumado también por el costo de su administración.

Quienes dependen de los transportes públicos cada día deben pasar por una odisea que incluye cuatro o cinco horas de hacer colas o de colgarse peligrosamente de los costados de los camiones, o de ser aplastados en el metro. En 1982, durante su campaña electoral, De la Madrid escuchó el testimonio de obreros que salían de su hogar a las 4:30 A.M. para poder llegar a las puertas de la fábrica a las 7 A.M. En un momento aceptó: "El capitalino está cada vez más irritado, frustrado y desesperado por las condiciones del transporte." La única compensación es que tanto el metro como los autobuses son sumamente baratos: en 1984, 180 personas podían viajar en metro o 60 personas en camión por el equivalente a un dólar y, en ambos casos, las autoridades gastaban más en cobrar el dinero que el monto que recibían.

El descontento con los transportes públicos es tan grande que, en la primera oportunidad que tienen, los mexicanos se compran un auto viejo para transportarse al trabajo o salir los fines de semana a pasear. Las clases medias y altas ni siquiera contemplan la posibilidad de usar los transportes públicos y con frecuencia tienen dos automóviles o más para satisfacer las necesidades de la familia. El número de vehículos, por ende, ha superado toda proporción con el espacio disponible en las vías de la ciudad. Agravado por el hecho de que con frecuencia los autos sólo transportan a una persona, el tránsito se mueve a un promedio de quince kilómetros por hora durante gran parte del día. Incluso los ricos, con autos conducidos por chofer, pueden tardar noventa minutos o más en llegar a su trabajo. En la temporada de lluvias, los pasos subterráneos inundados, los apagones de los semáforos y los policías poco capacitados producen atorones de tránsito que tardan muchas horas en dispersarse. Las manifestaciones políticas —como la protesta de los estudiantes normalistas que se sentaron en la intersección crítica del Paseo de la Reforma y la avenida de los Insurgentes un día de 1983— pueden paralizar enormes zonas de la ciudad. Encontrar un lugar para estacionarse es otra pesadilla más. Como los estacionamientos son caros y escasos los conductores buscan el lugar que pueden. A cambio de una propina, muchos policías ''cuidan'' y acomodan los automóviles que muchas veces forman una segunda y tercera fila en el arroyo, y hacen más difícil el tránsito.

La contaminación del aire está en función, principalmente, de la enorme cantidad y la poca velocidad de los autos de la ciudad, y a ella se suma la contaminación del ruido, de 90 decibeles, producida por los autobuses, los camiones y no pocos autos viejos. Por ende, lo primero sería atacar el problema global de tránsito. Incluso sin contaminación se ha convertido en un factor de tensión entre el gobierno y la población: en promedio, los transportes consumen 15 por ciento de los ingresos y 30 por ciento de las horas activas de una persona. En caso de seguir las tendencias presentes, el número de vehículos en la ciudad pasará de los 5 millones para 1990. Entonces, la contaminación ambiental será intolerable y las horas perdidas diariamente por los pasajeros serán incluso más costosas.

Pero, al construir ejes viales y estacionamientos y subsidiar el costo de la gasolina, el gobierno trató de resolver el problema por medio de los autos, cuando la respuesta estaba en otra parte: en 1984, el 5 por ciento de los vehículos —autobuses, trolebuses, taxis y ''peseros'' colectivos— transportaban al 84 por ciento del total de pasajeros, mientras que el 95 por ciento restante —automóviles particulares— representaban sólo un 16 por ciento de los viajes diarios. La ironía es que los sucesivos gobiernos han aceptado el principio de subsidiar los transportes, aunque al parecer no se han atrevido a enfrentarse a los dueños de autos particulares. Ahora, los funcionarios piensan que la respuesta está en duplicar primero el número de autobuses en servicio así como ampliar el metro a ciento treinta kilómetros para 1988, y después "sancionar" el uso de automóviles en la ciudad durante la semana, sea mediante tarifas exorbitantes en los estacionamientos o mediante impuestos especiales. A corto plazo, esta política implicaría el costo político de irritar a las clases medias. Sin embargo, a largo plazo, de no tomarse alguna medida, el resultado sería una ciudad que no se puede comunicar entre sí.

III

En 1982, un informe oficial estimaba que 10.3 por ciento de la población metropolitana vivía en la miseria y que otro 22.6 por ciento no podía satisfacer sus necesidades básicas. Otros estudios indicaban que 40 por ciento no tenía servicios de salubridad, 51 por ciento no tenía agua potable en sus casas y 49 por ciento de los trabajadores ganaban cantidades inferiores al salario mínimo legal. A su vez, estas estadísticas pueden representar una descripción prácticamente estereotipada de la pobreza urbana de cualquier país en desarrollo.

En la mayoría de los casos, los afectados son migrantes que tienen un mínimo de estudios y viven al margen de la economía monetaria, trabajan ocasionalmente en la construcción o improvisan una forma de vida limpiando zapatos, vendiendo periódicos, lavando automóviles, haciendo de tragafuegos en las calles o inventando formas para ganarse unos cuantos pesos. Tanto ellos como sus numerosas familias subsisten a base de frijoles y tortillas de maíz y viven en barracas de madera o cartón, de una sola habitación, sin agua corriente o drenaje. Su entorno inmediato es polvoriento o fangoso y está siempre lleno de basura, drenajes abiertos y charcos estancados que agravan los problemas respiratorios y gastrointestinales crónicos. Por regla general hay escuelas cerca, pero muchos niños son enviados a mendigar o trabajar desde muy pequeños. La delincuencia está muy difundida, pero es raro que la policía se moleste en combatirla.

Empero, incluso ante la falta de casi todos los servicios públicos, la demanda básica de cerca de 5 millones de pobres urbanos en la ciudad de México es poseer un pedazo de tierra, como si fueran portadores de su sueño frustrado de tener una pequeña parcela en el campo. Al igual que en éste, los problemas de tenencia de la tierra en la ciudad son muy graves. En un país donde el gobierno interviene en casi todos los renglones de la vida pública, las fuerzas del mercado han definido las políticas de la tierra. La desforestación se ha dado con impunidad, zonas rurales de la ciudad han sido ocupadas por fraccionadores particulares y, en todas partes, la especulación con la tierra ha elevado los precios reales de los bienes raíces. La escasez de viviendas de bajo costo —las autoridades de la ciudad estiman un déficit de unas 800 000 unidades— ha inflado los alquileres mucho más allá de los presupuestos de los pobres, al tiempo que las elevadas tasas de interés y el temor a que se congelen los alquileres han desalentado la elaboración de proyectos particulares para la construcción de viviendas para los grupos de ingresos bajos.

Los migrantes a la ciudad sólo tienen la opción de invadir y asentarse en tierras del gobierno o particulares y construir ahí sus viviendas. Netzahualcóyotl, situada dentro del estado de México pero que forma parte de la ciudad de México, fue ''invadida'' por vez primera en los años sesenta y cuenta ahora con una población que pasa de los dos millones. Otros asentamientos improvisados cubren gran parte del noreste y el este de la capital, así como sectores en barrios más ricos de la capital. En fecha reciente, como la tierra disponible en las zonas de migración tradicionales ya estaba ocupada, los paracaidistas han empezado a diseminarse por los montes al occidente de la capital, donde empresas constructoras particulares habían proyectado viviendas más costosas.

El mero acto de las invasiones es conflictivo. En algunos casos, los paracaidistas son expulsados de las tierras particulares por la fuerza, por policías fuertemente armados, poco tiempo después de su llegada. Con más frecuencia, las invasiones las hacen antes del amanecer grupos organizados y dirigidos por un activista experto, con influencia o dinero suficiente para mantener a raya a la policía. La larga lucha por convencer a las autoridades de que ''regularicen'' la tierra y proporcionen servicios empieza entonces, aunque pueden estar por delante muchos años de peticiones. Con frecuencia, la instalación de servicios se demora hasta que se distribuyen los títulos legales; mientras tanto, los paracaidistas roban energía eléctrica tomándola de la línea más cercana, cargan agua en cubetas, sacándola de una llave pública, y cavan hoyos para hacer sus necesidades. Sin embargo, el afán de superación es grande. Después de que los primeros ahorros se invierten en un televisor, las casuchas de madera gradualmente van sustituyéndose por muros de piedra o ladrillo mientras la campaña por obtener la propiedad del terreno sigue adelante.

Como quizá se requiera que el gobierno expropie terrenos particulares, la variable medular es la presión que pueda ejercer cada comunidad. Al hacerlo, debe seguir la tenue línea entre ser ignorados y reprimidos: no es preciso prestar atención a las colonias de paracaidistas mal organizadas, pero aquellos que son muy militantes están considerados una amenaza. La experiencia en el Campamento 2 de Octubre ilustra el dilema. En 1975, alrededor de unas 500 familias ocuparon unos terrenos baldíos en la zona de Ixtacalco en la ciudad, bajo el mando de Francisco de la Cruz, indígena oaxaqueño que había migrado a la capital veinte años antes y, con el tiempo, había obtenido la licenciatura en derecho en la UNAM. Era un buen organizador y, pronto, los paracaidistas habían construido su propia fábrica de bloques de cemento, una clínica de salud y un edificio de tres pisos para la comunidad, donde se imprimía un boletín semanal. De la Cruz tenía ambiciones políticas propias, y después de que trató de unir a varias colonias de paracaidistas con una demanda solicitando títulos de propiedad de la tierra, la policía tomó medidas para aprehenderlo. Logró huir, pero varias casuchas fueron quemadas como advertencia.

Después del cambio de gobierno en 1976, De la Cruz volvió y encontró que su liderato tenía contrincantes y que las autoridades explotaban esta división. De la Cruz se la jugó entonces. Como presintió las diferencias políticas entre el regente de la ciudad, Hank González, y el presidente del PRI a la sazón, Gustavo Carvajal, invitó a Carvajal a visitar la comunidad, e incluso consideró la posibilidad de lanzarse como candidato del PRI para las elecciones de diputados en 1979. Pero la alianza terminó muy pronto y De la Cruz perdió su protección. Al año siguiente, fue candidato para la gubernatura de Oaxaca por el Partido Socialista de los Trabajadores (PST), aunque no tuvo éxito y, cuando empezó a usar la organización de paracaidistas para proteger una flotilla de taxis "piratas" a cambio de tarifas normales, pasó de los límites que se toleran para el poder independiente. En abril de 1981, De la Cruz fue aprehendido, 3 000 policías, inclusive unos 500 montados, entraron al campo seguidos por los *bulldozers*. A una semana de esto, el Campamento 2 de Octubre había desaparecido y De la Cruz empezaba a cumplir una larga condena.

A pesar de que el gobierno está decidido a evitar que los paracaidistas se conviertan en un problema político, un movimiento urbano, conocido por el acrónimo CONAMUP, ha sido formado por numerosas organizaciones de militantes de los barrios populares. Al centrarse en demandas específicas y evitar una identificación estrecha con partidos de izquierda ansiosos de coptarlos, con frecuencia han tenido éxito. Sus demandas son espejo de sus necesidades: agua potable, drenaje, electricidad, calles pavimentadas, recolección de basura, más seguridad y, con más insistencia, la distribución de los títulos de propiedad. Muchos líderes de paracaidistas son miembros del PRI y, plenamente conscientes del potencial represivo del régimen, buscan patrocinadores y protectores entre los diputados y políticos del partido gobernante.

No obstante, con la salvedad de algunos de los problemas derivados del incremento de las tarifas de los autobuses en Netzahualcóyotl en 1981, el cinturón de miseria de la ciudad de México no ha visto algaradas ni saqueos. Inevitablemente se presenta la interrogante de si el gobierno atacará las necesidades de los pobres de la ciudad sin que haya amenaza de una explosión política. Los recursos del Distrito Federal están más limitados que nunca, pero en su pasado más rico las prioridades tampoco estuvieron debidamente enfocadas. Por ejemplo, en un momento en que la escasez de agua en la ciudad impedía el rápido aumento de abastecimiento a los barrios pobres, el regente Hank González mandó que se construyeran elegantes fuentes nuevas cerca de su casa, en un barrio residencial. Mientras posponía los programas para pavimentar las calles de asentamientos nuevos de migrantes, gastaba cantidades exorbitantes en vías rápidas nuevas en otros puntos de la capital. Incluso el argumento de que los programas para la mejora de los barrios pobres meramente alientan a los paracaidistas perdía su fuerza ante la realidad de la constante migración hacia la ciudad. Mientras la ciudad de México ofrezca más esperanzas que el campo —o, de hecho, que otras zonas urbanas— los migrantes seguirán llegando.

IV

La ciudad de México ha perdido mucha de su añeja elegancia de principios de siglo, pero su espíritu ha superado la metamorfosis. Esto no se puede ver fácilmente porque ha huido del tránsito estruendoso, las calles apiñadas y los crecientes barrios de consumidores de clase media. Sin embargo, se puede encontrar todavía en un puñado de comunidades antiguas y, sobre todo, en la vida de los capitalinos comunes y corrientes, generalmente pobres. Las tradiciones que diferencian a la ciudad de México de otras grandes ciudades —la arquitectura colonial, los mercados, la comida, la música, la dedicación a la familia y el tiempo de ocio, la formalidad estilizada, incluso la preferencia por un ritmo de vida lento— mantienen vivos su cuerpo y espíritu.

En medio de la ciudad más grande del mundo, muchas comunidades manifiestan las características —y el aislamiento— de pequeños pueblos. En parte, ello está en función de las dificultades para viajar dentro de la capital: una afortunada minoría de capitalinos viven, trabajan y tienen relaciones sociales dentro de sus barrios y, por tanto, dan estabilidad e identidad a su colonia. Pero el fenómeno refleja también el patrón de desarrollo de la ciudad. Durante muchos siglos, la zona en torno al asiento del gobierno, en el Zócalo, exudaba una fuerte personalidad propia, mientras que un tipo de vida rural proseguía inmutable a diez o veinte kilómetros de distancia, en poblados coloniales como Coyoacán, San Ángel, San Jerónimo y Xochimilco. Cuando la metrópoli se expandió y sitió a estas comunidades con suburbios modernos y amplias vías rápidas, estos pueblos conservaron su individualidad.

Coyoacán y San Ángel existían ambos antes de la Conquista y, hasta los años treinta, estuvieron separados del centro de la ciudad de México por campos; los mexicanos viejos recuerdan aún que un viaje a la capital era todo un paseo. Hoy día, los pueblos sobreviven como joyas de la arquitectura colonial española, con sombreadas plazas, iglesias del siglo XVI, calles empedradas e inmensas mansiones ocultas tras muros de adobe de más de un metro de grosor. San Ángel ha sido más invadido por el mundo moderno, aunque sólo sea porque la especulación con los bienes raíces ha obligado a muchos capitalinos pobres a abandonar el distrito. Pero Coyoacán conserva un ambiente casi de provincia, con sus dos plazas, mercado, kiosko, bancas de hierro y paseos arbolados que le dan un ambiente de tranquila autosuficiencia. Ahí viven, lado a lado, los ricos y los pobres, la casa de un millonario puerta con puerta con una taquería o tortillería. Muchos artistas y escritores se sienten atraídos por Coyoacán, pues ahí pueden tener contacto con el México antiguo de gustos, olores y colores fuertes, sin tener que abandonar la capital.

Otros pueblos prehispánicos, como Tacuba, Ixtapalapa, Azcapotzalco, Tlanepantla y Tlalpan han salido menos bien librados del ataque de vías rápidas, fábricas y paracaidistas, aunque Texcoco, separado de la ciudad por la extensión del lecho seco del lago, sigue conservando algunos rasgos coloniales. Al sur, las grandes plazas e iglesias del siglo XVI de Xochimilco recuerdan su pasado independiente y, a la fecha, miles de visitantes alquilan barcas todos los fines de semana para recorrer los canales que dividen los jardines "flotantes" que fueron construidos mucho antes de que llegaran los aztecas. Familias enteras llevan comida y bebidas que consumen mientras los músicos, fotógrafos, floristas, cocineros y vendedores de todo tipo de cosas, desde globos hasta chales, flotan a su lado buscando hacer negocio. Pero incluso ahí, el agua contaminada de los canales es otro recordatorio de la falta de atención que le prestan al entorno muchos mexicanos.

Un espíritu más rudo de *ghetto* sobrevive en las comunidades de Guerrero y Tepito, en el centro de la ciudad. Las condiciones de vida son miserables y la mayoría de las personas viven apiñadas en vecindades, en habitaciones únicas que dan a un patio interior. (Éste fue el marco del estudio sociológico de Oscar Lewis, *Los hijos de Sánchez*.) Pero la pobreza crónica también les ha enseñado a los moradores a vivir de su ingenio, y estas colonias producen gran parte de los mejores boxeadores y artistas del país. Tepito es también el centro tradicional de los contrabandistas de México y todo artículo imaginable de ''fayuca'', o contrabando, desde relojes japoneses hasta tela de Yorkshire, se puede conseguir ahí. Pero el fuerte sentido de orgullo local es lo que hace que estas dos colonias sean tan diferentes de otros barrios pobres. Al igual que los clanes de todas partes, hablan su propia jerga, y la influencia familiar y la lealtad a la comunidad están profundamente enraizadas, obligando a las autoridades a tratarlos con un respeto poco común. Por ejemplo, cualquier muchacho de la localidad que sea perseguido por la policía, con seguridad encontrará un lugar para esconderse en el laberinto de vecindades semejantes a una *Casbah*. Los extraños pueden entrar a gastar su dinero, pero automáticamente se les mira con desconfianza.

A unas cuantas calles de distancia está la plaza de Garibaldi, que noche a noche es invadida por cientos de mariachis, vendedores ambulantes, turistas extranjeros, policías, carteristas y mexicanos jóvenes y viejos que tienen intención de caer en el sentimentalismo. El marco en sí no tiene nada de especial, con edificios del siglo XIX desmoronándose, aunque sostenidos por fachadas recién pintadas; sin embargo, el ambiente es intenso, como si oscilara constantemente entre la risa y el llanto, los abrazos y la violencia. Los mexicanos se sienten atraídos por la plaza, no sólo en los cumpleaños y días de paga y otras ocasiones especiales, sino también cuando se presenta la necesidad de liberarse, cuando hay que recurrir a la música y al alcohol para enfrentar un problema personal o un dilema existencial. Los hombres llegan para llevarle serenata a una novia o para emborracharse con un grupo de amigos, vagan por la plaza o se sientan en los bares, pero para todos, el propósito catártico es el mismo. Los extraños quizá piensen que la plaza es un atractivo turístico, pero sirve para un objeto más importante en el caso de aquellos que buscan un escape espiritual —por no decir que físico— de sus fatigas en la ciudad.

La zona en torno al Zócalo es un mundo en sí. México ha sido gobernado desde la inmensa plaza desde que los aztecas fundaron Tenochtitlán y, hoy día, incluso en medio del ruido y el tránsito, conserva mucha de su grandeza como símbolo de poder. Junto a la Catedral Metropolitana del siglo XVI y el Palacio Nacional del XVII están las ruinas excavadas del prehispánico Templo Mayor que son recordatorio constante del pasado. En el centro del Zócalo ondea una inmensa bandera de México, y en infinidad de ocasiones políticas o patrióticas, cada año, el Presidente, desde el balcón de Palacio, preside desfiles o reuniones de un millón de personas o más. En septiembre —coincidiendo con las celebraciones del día de la Independencia— y en Navidad, los edificios coloniales que circundan la plaza quedan transformados con retratos y diseños hechos con luces de color. Las estrechas calles que salen de la plaza recuerdan al México de hace cincuenta años, donde las sastrerías, joyerías, librerías y restaurantes españoles luchan por tener espacio. Por todas partes hay iglesias construidas con la piedra de los templos aztecas arrasados, y maravillosos palacios coloniales que han sido convertidos en bancos u oficinas del gobierno sin sacrificar sus ornamentados exteriores.

La moderna ciudad de México tiene menos personalidad. La avenida más elegante de la capital, el paseo de la Reforma, está transformándose, pues las antiguas mansiones de piedra abren paso a elevados edificios con ventanas reflectoras. La Zona Rosa, con restaurantes, discotecas y clubes nocturnos, es punto de reunión elegido por los jóvenes ricos que buscan reminiscencias de Chelsea o Greenwich Village, y sólo los mendigos indígenas le recuerdan a uno que está en México. La zona de Polanco, plena de tiendas caras y modernos conjuntos de edificios, podría encontrarse en cualquier ciudad de occidente. Cuando la capital se expandió en los años cuarenta, los ricos se fueron a vivir al pie de unas colinas, a una zona llamada las Lomas de Chapultepec, donde construyeron arboladas casas arabescas en tranquilas calles sombreadas. Conforme la economía prosperó y la ciudad se extendió, todas las laderas occidentales, inclusive muchas de sus barrancas, fueron cubriéndose con casas nuevas. A finales de los años setenta, un símbolo del auge económico fue la fiebre de construcción que hubo en la sección de Bosques de las Lomas, donde cada nueva casa extravagante costó, cuando menos, 500 000 dólares.

Probablemente ningún sector de la capital resulte menos característicamente mexicano que los interminables barrios que se extienden al norte, con casas de la clase media sin carácter alguno, en Ciudad Satélite. La zona es un monumento tanto al deseo de la clase media mexicana por tener una casa propia cuanto a su fascinación ante el estilo de vida estadunidense. Junto a vías rápidas con muchos carriles se encuentran centros comerciales a los cuales sólo se puede llegar en automóvil. La arquitectura de la mayoría de las casas podría ser descrita como utilitaria moderna, aunque las familias más ricas han seguido el ejemplo estadunidense de construir casas en torno a los campos de golf de clubes particulares. Incluso la concentración de escuelas bilingües —donde se enseña tanto inglés como español— subraya el ánimo de una clase media ascendente que está empeñada en superarse.

En cambio, el verdadero espíritu de la ciudad de México se manifiesta todos los domingos en el bosque de Chapultepec. En una ciudad con pocas zonas verdes, el parque es zona de diversión para 1.5 millones de personas todos los fines de semana, muchas de ellas en búsqueda de un respiro de sus hogares en los barrios pobres. Llegan suficientes automóviles como para atascar todo el espacio de estacionamiento de la zona, pero la mayor parte de la gente llega en metro, con bolsas de comida en una mano y tirando de sus hijos con la otra. Muchas veces, los grupos familiares apartan un espacio colgando globos multicolores de un árbol a otro, y mientras calientan la comida en fuegos improvisados juegan un partido de futbol o de beisbol. Pero el parque es para todos. Las parejas jóvenes van a él para huir de la mirada intrusa de sus parientes, las sirvientas adolescentes, en su día de salida, buscan esperanzadamente un posible marido y miles de niños corren libremente. Visitan el zoológico, reman en alguno de los tres lagos donde hay botes, asisten a conciertos u obras de teatro en un teatro al aire libre, gastan dinero en los juegos mecánicos, dormitan a la sombra o se inscriben en clases al aire libre, desde carpintería a peluquería, de pintura a fabricación de muñecas. A cada paso hay vendedores, mujeres indígenas que ofrecen fruta o tacos, viejos fotógrafos con cámaras de cajón, jóvenes que agitan helicópteros de plástico o sombreros de paja. A pesar de la cantidad de gente y el bullicio, el ambiente es relajado, como si la ocasión entera fuera un ritual.

En esta misma zona se concentran los principales museos de la capital. El más importante es el Museo Nacional de Antropología, porque contiene el pasado oficial que los mexicanos luchan por asimilar. A sólo unos pasos están el Museo de Arte Moderno, el Museo Rufino Tamayo, el Museo Nacional de Historia en el castillo de Chapultepec y el Museo de Historia Natural, todos ellos con tarifas de entrada que cuestan menos que un helado. La proliferación de museos que registran todo, desde el arte popular hasta las intervenciones extranjeras, parece también simbolizar la grandeza con la que la ciudad de México se sigue viendo a sí misma: ha sido atacada salvajemente por un crecimiento caótico, aplastada por muchísimas personas, intoxicada por la contaminación, pero insiste en conservar la dignidad cultural de una gran ciudad.

V

El gobierno, que monopoliza el poder político, es el principal responsable de lo que ocurre en las cercanías de la ciudad de México, pero sus opciones están limitadas. No puede hacer retroceder el tiempo y rectificar la estrategia de desarrollo que estimulaba la migración urbana, concentrándose en la industria y descuidando la agricultura. Ni siquiera puede detener el reloj y ganar tiempo para enfrentarse a la escalada de problemas acumulados. Ahora reconoce los errores cometidos por los gobiernos anteriores, pero enfrenta problemas a corto plazo tan agudos que no están a su alcance ni las ideas ni los recursos para un enfoque a largo plazo. En el mejor de los casos, el gobierno de Miguel de la Madrid sólo puede esperar legar una capital, en 1988, que no se haya deteriorado más que aquella que heredó seis años antes. Pero los planificadores más optimistas han evitado avanzar soluciones para cualquiera de los problemas fundamentales que tendrá la ciudad para el año 2 000.

El déficit más serio, de entre los muchos que tiene la extensa ciudad de México, es de agua. Casi todo aquello que necesita la ciudad —alimentos, energía y materias primas para la industria y la construcción— se transporta, a gran costo, hasta el valle entre montañas donde está situada la capital, pero la escasez de agua se acerca velozmente al punto crítico. En realidad, el problema es nacional: México no sólo tiene pocos ríos grandes, sino que 80 por ciento de su población vive a más de 1 200 metros sobre el nivel del mar, donde sólo hay un 20 por ciento del total de suministros de agua; y de esta población, 28 por ciento vive en la ciudad de México.

Tradicionalmente, la ciudad obtenía su agua del subsuelo, pero ello dio por resultado que barrios enteros se hundieran hasta 25 centímetros al año. Se inventaron técnicas nuevas y costosas para resolver el problema: muchas iglesias antiguas empezaron a inclinarse peligrosamente y fueron enderezadas, los nuevos edificios altos se construyeron sobre cimentaciones especiales que les permitirían hundirse a la par que la ciudad; y las líneas del metro fueron colocadas dentro de tubos metálicos que "flotan" en el subsuelo blando. Cuando las fuentes subterráneas empezaron a agotarse seriamente, el agua fue bombeada, desde cientos de kilómetros de distancia, de los ríos Lerma y Cutzamala. Para seguir el ritmo del aumento de la población y reabastecer los depósitos del subsuelo, se precisa que el gobierno incremente el abastecimiento externo de agua un 40 por ciento entre 1984 y 1988. Y para satisfacer el aumento estimado de la demanda de agua, que será de un 60 por ciento para finales de siglo, se elaboraron planes de muchos miles de millones de dólares para aprovechar los ríos Tecolutla y Amacuzac.

Alrededor de dos millones de personas que no tienen agua corriente, obligadas a llenar cubetas en grifos comunales y transportarlas a sus casuchas que llegan a estar a un par de kilómetros, han conocido la precariedad de esta forma de vida desde hace mucho tiempo. En cambio, en los barrios ricos, se siguen lavando los coches y regando los jardines todos los días, y se estima que el consumo per cápita es cuarenta veces mayor que en las zonas pobres de la ciudad. Pero a pesar de las campañas publicitarias del gobierno pidiendo que se conserve el agua, e incluso un notable aumento de las tarifas de agua en 1983, no se ha logrado disminuir el desperdicio. La constante suspensión del abastecimiento de agua a los distritos ricos en los meses anteriores a la temporada de lluvias de 1984, produjo gran alarma. Las familias empezaron a comprar más tinacos; las pipas de agua particulares, que normalmente sólo trabajaban en barrios pobres, aparecieron a las puertas de mansiones, y las parejas interesadas en comprar una casa preguntaban primero si ahí no faltaba el agua. El gobierno reparó rápidamente las tuberías que tenían fuga, pero el déficit de agua no pudo ser cubierto. En privado, algunos funcionarios advirtieron que la falta de agua sería más efectiva para detener el crecimiento de la capital que cualquier otra estrategia del gobierno.

El problema del drenaje de la metrópoli plantea nuevos riesgos para la salud. En los barrios pobres, donde el alcantarillado está al aire, las elevadas tasas de mortalidad infantil son atribuidas, principalmente, a la contaminación del agua. En algunos casos, los productos químicos se han infiltrado al suelo y han envenenado depósitos del subsuelo que fueran puros antes. El inmenso sistema de drenaje construido a finales de los años setenta lleva gran parte de los desperdicios de la ciudad al río Salado, a unos ciento veinte kilómetros de distancia, pero éste fluye al río Tula y sus aguas son empleadas para irrigar tierras que abastecen de legumbres a la capital.

Como estos desperdicios no son tratados, incluyen también sustancias químicas que se encuentran en los alimentos de los mercados. Como todo el equilibrio ecológico del valle de México ha sido alterado, se requieren medidas drásticas. Un experto de las Naciones Unidas estimó que un programa de reforestación masiva haría que la capital alcanzara la autosuficencia de agua en un lapso de veinte años. Pero la mayoría de los planes contemplan inmensas plantas de tratamiento de aguas negras y el reciclaje del agua para propósitos agrícolas e industriales, aunque a corto plazo estén fuera de las posibilidades del presupuesto de la ciudad.

Antes de que el gobierno de Miguel de la Madrid pudiera soñar con inversiones nuevas, pretendió fortalecer las raídas finanzas de la ciudad, absorbiendo su deuda de 2.3 mil millones de dólares e imponiendo un notable aumento a los impuestos sobre bienes raíces y otros servicios. Aún así, en 1983, la ciudad apenas podía financiar sólo un 18 por ciento de su gasto con sus ingresos, mientras que el presupuesto de 3 mil millones de dólares para 1984 concentraba la mayor parte de los recursos en los transportes públicos y no ofrecía la esperanza de atacar problemas endémicos como la contaminación de aire y agua, las inundaciones, las interrupciones de la energía eléctrica, la eliminación de la basura y la vivienda en los barrios populares.

El notable aumento de la delincuencia urbana que se dio después de la crisis económica de 1982, sin embargo, levantó protestas de la clase media y llevó al gobierno a gastar mucho dinero en la policía de la ciudad. En el pasado, a pesar de su pobreza y exceso de población, se consideraba que la ciudad de México era una metrópoli segura para todos menos para los habitantes de los barrios bravos: eran raros los asaltos callejeros, y los robos en casas sólo se daban cuando éstas estaban vacías. Pero los delitos aumentaron un 37 por ciento en 1983 y, mientras las charlas de sobremesa iban siendo acaparadas, cada vez más, por el tema, éste se convirtió en una verdadera obsesión de la clase media y alta. Éstas, con poca fe en los 27 000 efectivos de la policía de la ciudad, empezaron a adoptar sus propias medidas de seguridad, contratando guardias armados particulares para vigilar las entradas principales o bloquear calles, colocando casetas de vigilancia en ambos extremos. (El policía común y corriente gana menos de 200 dólares al mes y, por lo tanto, está más interesado en completar sus ingresos que en arriesgar la vida combatiendo a delincuentes armados.)

Ante la ausencia de una válvula de escape electoral, ha ido aumentando el temor, la ira y la frustración que sienten muchos chilangos por la vida en la ciudad de México. La mayor parte de las personas preparadas, ricas y políticamente enteradas del país están concentradas en la ciudad de México, y sin embargo no tienen voz alguna en la administración de los asuntos urbanos y ninguna influencia en la elección del regente y sus dieciséis "delegados" ni en sus políticas. Desde hace mucho, los partidos de oposición han estado pidiendo que haya elecciones directas para el gobierno de la ciudad, pero el gobierno, que no está dispuesto a que el Distrito Federal caiga en manos de la oposición, ha buscado formas de representación menos arriesgadas. Con López Portillo, el regente Hank González organizó una red de comités de manzana que eligieron a los delegados para un consejo de la ciudad. Pero, en la práctica, ni los comités ni el consejo tuvieron poder alguno. Cuando De la Madrid perpetuó el sistema en 1983, la manipulación de los comités a manos del PRI fue tan flagrante que la mayoría de las personas ignoraron las "elecciones".

El destino de la ciudad de México, a largo plazo, quizá dependa más de las políticas adoptadas fuera de la capital que de las que tome el gobierno de la ciudad. Para el año 2000, de 75 a 80 por ciento de los mexicanos vivirán en pueblos y ciudades. Si el programa de planificación familiar tiene éxito, la población total del país quizá sume cerca de 110 millones y, como se espera que la población rural permanezca relativamente estática, nacerán 40 millones de personas en zonas urbanas —o migrarán a éstas— en las últimas dos décadas del siglo. La cuestión apremiante es dónde vivirán y cómo satisfarán sus necesidades básicas. En 1977, el Plan Nacional de Desarrollo Urbano proyectaba, optimistamente, que para finales de siglo la ciudad de México tendría 20 millones de habitantes, Guadalajara y Monterrey tendrían 5 millones cada una, once ciudades tendrían una población aproximada de un millón, mientras que habría setenta y cinco poblaciones más pequeñas de entre 100 000 y 500 000 habitantes cada una. Para 1984, con una población en la capital que ya era de 17 millones, estos cálculos resultaban poco realistas.

La idea de desconcentrar y dispersar a la población seguía siendo válida, pero los nuevos asentamientos urbanos tendrían que seguir al gobierno y la industria que, en el pasado, se han opuesto a la descentralización. Nadie ha sugerido que se rete a la tradición y se cambie la capital de lugar, e incluso los esfuerzos por despachar a algunas oficinas de gobierno a la provincia han fracasado. Cuando el Instituto Nacional del Café fue enviado a Jalapa en 1977 a manera de experimento, sus ejecutivos conservaron sus casas y oficinas en la capital: la mayoría de los políticos ambiciosos también son burócratas ascendentes, que se sienten perdidos cuando están lejos del centro de poder. En 1980, el monopolio petrolero del estado, Petróleos Mexicanos, no vio contradicción alguna cuando construyó oficinas nuevas en un edificio de 52 pisos en el centro de la ciudad de México, a miles de kilómetros del pozo petrolero más cercano. De igual manera, a pesar de los incentivos fiscales para invertir en zonas "nuevas", muchas compañías grandes han seguido, hasta fecha reciente, expandiendo sus operaciones en la ciudad de México, atraídas por el agua, la energía y los transportes subsidiados, así como por la proximidad a su mercado principal.

Una de las primeras medidas de Miguel de la Madrid fue anunciar que no se autorizaría ninguna industria nueva en la capital. Más adelante, el gobierno advirtió que las fábricas que envenenaran el entorno serían expulsadas de la ciudad, aunque no reveló cuáles eran las industrias que se verían afectadas, cuándo tendría efecto la medida y qué incentivos se ofrecerían. Asimismo, se elaboró un amplio plan de desarrollo para la llamada Región Central, que abarca aquellos estados —México, Hidalgo, Morelos, Querétaro, Puebla y Tlaxcala— que tradicionalmente envían más migrantes a la capital. En teoría, al establecer industrias nuevas en estos estados, el entorno de la ciudad de México quedaría protegido contra más daños, al tiempo que los empleos nuevos harían que los migrantes permanecieran en sus estados natales. Pero, en la realidad, la mayoría de los migrantes ahora se ven atraídos por el sector de servicios, que necesita muchos trabajadores, y representa el 50 por ciento de la actividad económica de la ciudad de México.

Quizá la única forma de moderar el crecimiento de la capital es hacer que la ciudad les resulte menos atractiva a los migrantes y más incómoda a sus habitantes. En los próximos años, los limitados recursos disponibles del gobierno quizá se destinen cada vez más a inversiones en agricultura, industria y urbanización en zonas distantes. Pero ello implicaría un riesgo político considerable. Todo el sistema de alianzas y grupos de interés gira en torno al concepto del poder centralizado. La concentración más grande de ricos, clase media y pobres está en la ciudad de México, todos ellos con potencial para desestabilizar a la sociedad si sus expectativas fueran decepcionadas en forma permanente. Pero si en el pasado la capital fue el producto natural de una estrategia de desarrollo específica, en el futuro su crecimiento constante y caótico se deberá a una decisión política que impida detenerlo.

14. L O S O T R O S MEXICOS

I

Si no hubiera habido gobiernos centrales sólidos, no se habría forjado una nación estable con las tribus indígenas, los jefes guerreros regionales, los generales rebeldes y los empresarios que se hicieron a sí mismos, diseminados a lo largo de montañas, desiertos y distantes ciudades de este vasto territorio. Pero, desde el imperio azteca a la fecha, las provincias se han opuesto al dominio del centro y lo han resentido. Si bien la política, las empresas y la cultura se concentran en la capital, e incluso la imagen del mexicano "típico" es reflejo de la idiosincrasia del chilango, las diferentes regiones han conservado, tercamente, fuertes personalidades independientes. Quizá el verdadero federalismo sólo existe en el nombre oficial del país —Estados Unidos Mexicanos— y en la Constitución, pero historia, religión, cultura y economía han permitido que una sola nación abrace infinidad de identidades diferentes. De hecho, la mera mención de una ciudad o región de provincia despierta una clara imagen que, de alguna forma, deberá encajar dentro del mosaico general.

La lucha entre centralismo y regionalismo ha sido y será una constante de la historia de México: el centralismo ha dominado porque es más eficiente políticamente, pero el regionalismo ha subsistido porque es culturalmente más natural. Así, aunque el imperio azteca y la colonia española exigían sumisión a Tenochtitlán y a la ciudad de México, ninguno de los dos tuvo éxito pleno tratándose de subyugar a las provincias. Por el contrario, la extrema debilidad de los gobiernos posteriores a la Independencia facilitó la pérdida de la mitad del territorio mexicano a manos de Estados Unidos, la casi secesión de Yucatán y Baja California y la ocupación del país por parte de tropas francesas. A su vez, esto llevó incluso a los provincianos a reconocer que sólo un gobierno fuerte podría conservar la "intregridad territorial" de México.

A finales del siglo XIX, dos oaxaqueños, Benito Juárez y Porfirio Díaz, iniciaron el proceso de formación de la nación, y los conceptos de Presidente, gobierno, estado y nación se fueron mezclando gradualmente en una columna de estabilidad central. Aunque el descontento regional contribuyó después a la revolución contra el general Díaz, los norteños victoriosos —Carranza, Obregón y Calles— que controlaron a México de 1915 a 1935 toleraron también muy pocos desafíos a su autoridad. Se formuló una cómoda justificación: dado que el regionalismo se podía interpretar como amenaza contra la unidad nacional, había que sofocar la oposición presentada por la provincia contra el grupo gobernante de la ciudad de México.

Desde entonces, el control central se ha perpetuado por medio de toda una gama de instrumentos. Desde finales de los años treinta, el propósito del gobierno al debilitar al ejército fue prevenir rebeliones militares regionales y, a la fecha, los comandantes de zona son rotados en forma regular, con objeto de evitar que establezcan bases de poder locales. De igual manera, los gobernadores de los estados son escogidos por el presidente, y dependen considerablemente de las instrucciones del secretario de Gobernación quien, en caso necesario, puede orquestar su impugnación y exclusión. El aparato de seguridad federal, que también está dirigido por la secretaría de Gobernación, ignora las fronteras estatales y, con frecuencia, actúa sin informar a las autoridades locales. Incluso el PRI, en teoría un partido nacional, es dirigido en gran medida desde la capital, dando por resultado que todas las carreras políticas con éxito deban pasar por la ciudad de México.

La burocracia federal conserva también amplias y arbitrarias facultades administrativas. Los hombres de negocios de la provincia se quejan de que favorece a los empresarios de la capital, mientras que los estados protestan porque el presupuesto federal tradicionalmente ha tomado más de lo que devuelve. La mayor parte de los gobiernos estatales y municipales cuenta con recursos que no alcanzan para enfrentar los problemas —caminos, transporte público, vivienda, abastecimiento de agua y sistemas de drenaje— y son de interés inmediato para las poblaciones locales. Los gobiernos estatales, a diferencia del gobierno federal, que ha fortalecido su papel en la economía por medio del gasto deficitario financiado en el exterior, no pueden solicitar créditos externos sin permiso de la secretaría de Hacienda. Durante muchos años la mayoría de las carreteras y rutas aéreas empezaban y terminaban en la ciudad de México, como si se tratara de evitar que las regiones tuvieran comunicación directa.

En el orden cultural, la oposición de las provincias a la fuerza homogeneizante del centro ha salido mejor librada. A largo plazo quizá sea una batalla también perdida: la televisión proyecta, cada vez más, la visión y los gustos de la ciudad de México a todo el país, al tiempo que la mayor parte de los artistas e intelectuales, antes o después, son coptados por la capital. Pero en gran parte y en razón de los fuertes legados culturales heredados y conservados por los diferentes grupos indígenas, los estados y las regiones se pueden identificar todavía por sus vestimentas, bailes, música, poesía y comida tradicionales. Sólo un experto podría reconocer el origen geográfico de cada traje, máscara y baile, pero todo chilango puede distinguir los diferentes tonos o variantes del español, por decir algo, hablado en Mérida, Veracruz o Chihuahua. De hecho, no sólo la personalidad, sino también las características físicas —fisonomía, estatura y mezcla racial— varían de una región a otra.

En términos sentimentales, la fuerza emotiva de olores, gustos, paisajes y sonidos ha mantenido vivo el regionalismo. Incluso en la ciudad de México, a pesar de la ignorancia general sobre la provincia y la indiferencia a los acontecimientos políticos que ocurren en ella, millones de capitalinos guardan nostálgicos nexos con algún hogar distante: los migrantes, de todas las clases, se jactan abiertamente de las virtudes de su tierra y regresan a ella siempre que pueden; algunos eligen a sus amigos de entre otros migrantes del mismo estado; unos cuantos importan sus tradiciones regionales a través de asociaciones especiales, reuniéndose los fines de semana a comer, bailar, charlar e incluso portar los trajes típicos como lo habrían hecho años antes en su tierra natal. Hay restaurantes de comida típica, tiendas con artesanías regionales y clubes nocturnos con música regional. Algunos estados organizan también festivales anuales en la ciudad de México, lo mismo para captar turistas que para conservar una presencia simbólica en la capital.

Las lealtades políticas muchas veces se encauzan por vías regionales. La primera medida que toma un político de provincia con aspiraciones es la de encontrar a alguien de su estado natal que ocupe un peldaño más alto en la escalera federal y que además esté dispuesto a ser su padrino. Hay grupos de funcionarios del mismo estado que, sin que los extraños se den cuenta, monopolizan calladamente diferentes recovecos de la burocracia. Los nexos regionales de los Presidentes también son importantes. Por ejemplo, después de los Presidentes "norteños", Portes Gil se identificó con Tamaulipas, Cárdenas con Michoacán, Alemán y Ruiz Cortines con Veracruz y Díaz Ordaz con Puebla y, en cada uno de los casos, todos se rodearon de provincianos de su estado. Los últimos tres Presidentes han sido burócratas chilangos, aunque la perspectiva de Echeverría cambió al casarse con un miembro de la poderosa familia Zuno de Jalisco, mientras que López Portillo se enorgullecía de su abuelo, que fue gobernador de Jalisco. Incluso De la Madrid, que llegó a vivir a la ciudad de México a los tres años, ha subrayado los nexos que tiene con su estado natal, Colima, el cual ha sido favorecido durante su mandato.

Sin embargo, en la provincia se sigue pensando que la ciudad de México ejerce un control sofocante y una imposición indiscriminada. La excesiva centralización de la política, si bien estuvo justificada en los años siguientes a la Revolución, ahora es fuente de inestabilidad en época de elecciones. En las elecciones para gobernadores de los estados, con frecuencia, el Presidente escoge, de entre sus viejos amigos o políticos, a candidatos del PRI que han hecho sus carreras en el gobierno federal y que tienen poco prestigio o partidarios en su localidad. Algunos gobernadores lastiman más la sensibilidad local al rodearse de funcionarios que, aunque nacidos en esa entidad, son más conocidos en la ciudad de México, dónde proyectan reanudar su ascenso político una vez terminada su temporada en provincia. En cambio, los partidos de la oposición invariablemente eligen por candidato a alguien bien conocido en la localidad, y pueden explotar el orgullo regional en su campaña contra el PRI. A la fecha, el PRI no ha reconocido nunca una derrota en las elecciones para gobernadores, pero se han dado muchas protestas violentas a causa de posibles fraudes. En las elecciones para presidentes municipales de varias ciudades grandes de provincia, donde se ha elegido a los candidatos de manera similar, sí se han reconocido algunas victorias de la oposición.

A pesar del creciente costo político de esta práctica, ningún Presidente ha estado dispuesto a ceder la facultad de nombrar a sus procónsules. En cambio, los últimos gobiernos han buscado vías menos políticas para calmar a la provincia. Los caminos y las comunicaciones telefónicas entre los diferentes estados han mejorado muchísimo, y los pasajeros de líneas aéreas pueden volar ahora, por decir algo, de Monterrey a Guadalajara sin pasar por la capital. Las secretarías más importantes han abierto oficinas regionales que tienen autoridad para manejar problemas fiscales y de otros órdenes y que antes requerían que se viajara a la ciudad de México. El control de algunos programas de desarrollo rural, con fondos federales, ha pasado a manos de los gobiernos estatales, al tiempo que algunos estados han atraído la inversión industrial sin que medie la ciudad de México. De la Madrid, argumentando que la administración eficiente requería una mayor descentralización, propuso que los estados administraran el presupuesto federal para educación, lo que, en varios casos, implicó que se duplicaran o incluso triplicaran los recursos manejados por un gobernador. Sin embargo, descentralización administrativa no es sinónimo de descentralización del poder.

Los problemas y peligros que implica transferir autoridad tanto de la ciudad de México cuanto de las capitales de los estados quedan bien ilustrados en la reforma municipal que iniciara el gobierno de Miguel de la Madrid en 1983. Como la democracia sólo existe si funciona al nivel de las masas, la idea era fortalecer la autonomía política y económica de los municipios, garantizando a los partidos de oposición una voz en los consejos municipales y, lo que es más importante, autorizando a los municipios a cobrar y a conservar los impuestos sobre las tierra del lugar. Los inmensos contrastes existentes entre los 2 377 municipios del país hacían que una sola política uniforme resultara poco práctica: éstos van desde poblados de apenas 500 habitantes hasta prósperas ciudades como Guadalajara y Monterrey, cada una con una población del orden de los 3 millones; y mientras algunos de los estados grandes del norte tienen media docena de municipios, Oaxaca tiene 570.

Desde el punto de vista administrativo, algunos de los municipios pequeños son tan pobres que tienen que seguir dependiendo de los gobiernos estatales y los programas federales para obtener sus servicios básicos. Pero, desde el punto de vista político, tanto los gobiernos estatales como la ciudad de México están interesados en conservar el control del gasto de los municipios grandes por si éstos llegaran a caer en manos de la oposición. De hecho, algunos de los triunfos del PAN, partido de tendencia conservadora, en varias capitales de los estados del norte, coincidieron con la reforma municipal, y el gobierno tuvo que recurrir al fraude para impedir otras victorias de la oposición en ciudades de la frontera con Estados Unidos y próximas a la capital.

Por tanto, todo gobierno federal debe encontrar un equilibrio entre rendir el control político y alentar el resentimiento en la provincia y entre defender el interés nacional y adaptarse a las características y personalidad, drásticamente diferentes, de cada región. La tarea dista mucho de ser sencilla. Algunos antropólogos sociales han reconocido cerca de doscientas regiones en los treinta y un estados de México. Otros, que sostienen que el regionalismo trasciende el folklore local y refleja las características culturales, económicas, políticas y religiosas generales de zonas más amplias, han identificado ocho regiones diferentes: los estados que están alrededor de la ciudad de México; los del occidente del país que quedan dentro del ámbito de influencia de Guadalajara; los estados de la costa del Golfo, principalmente Veracruz; los estados agrícolas del noroeste; los centros industriales del noreste; las ciudades de la frontera con Estados Unidos; la península de Yucatán; y al sur los estados de Chiapas y Oaxaca. Pero, incluso la oteada más general revela, cuando menos, tres Méxicos diferentes: el centro, mestizo y colonial; el norte, moderno y con gran influjo de Estados Unidos, y el antiguo sur, indígena.

II

El altiplano central de México, controlado por los aztecas y después conquistado y convertido por los españoles, ha estado dominado por la capital desde hace mucho. Proporciona a la ciudad de México alimentos, mano de obra barata y, cada vez más, productos industriales, acepta el liderato cultural y político de la capital y se beneficia con la proximidad al mercado más grande del país. No es una zona homogénea. Se siguen hablando varias lenguas, ininteligibles entre sí —entre otras náhuatl, otomí y mazahua— al tiempo que las inmensas mansiones de la ciudad de México y las depauperadas comunidades del Guerrero rural son reflejo de los contrastes económicos que abarca el altiplano. Algunas ciudades conservan su personalidad: Cuernavaca, rincón apacible; Puebla, fortaleza de ultracatólicos; Pachuca, austera ciudad minera; Toluca, nuevo centro industrial. Pero, diseminados en una zona muy vasta, estos estados montañosos y semiáridos —Hidalgo, Tlaxcala, Puebla, Morelos, Guerrero, México y Querétaro— componen una zona claramente mestiza.

El desarrollo industrial y los mejores medios de comunicación han acelerado el proceso de absorción de estos estados por la ciudad de México. La congestión de la capital ha dado origen a una generación de fábricas nuevas en las zonas industriales de Toluca, Querétaro, Puebla y Cuernavaca, aunque las oficinas centrales de las sociedades, invariablemente, siguen estando en la ciudad de México. La construcción de carreteras ha integrado más a las zonas rurales cercanas, facilitando la migración, temporal o permanente, de campesinos a los nuevos barrios urbanos. Hay algunos grupos de empresarios locales, particularmente en el estado de México, pero ejercen su influencia directamente en la ciudad de México, en lugar de hacerlo en forma independiente. De igual manera, con la salvedad de los zapatistas de Morelos en el decenio de 1910, dichos estados no han mostrado intención alguna de rebelarse contra la capital. El gobierno federal conserva un control estrecho: así como el regente de la ciudad de México es nombrado por el presidente, no se ha permitido que ningún partido de oposición gane el control político de alguna ciudad importante de esta zona.

La huella de la historia es igualmente visible en las otras dos zonas centrales de México. En cierto sentido, Guadalajara y Veracruz tienen poco en común entre sí o, de hecho, con la ciudad de México. Pero fueron las ciudades más importantes del país en los siglos XVIII y XIX y, como tales, su destino económico y político estuvo entrelazado con el de la capital. Con sus diferencias, por consiguiente, Guadalajara y Veracruz son ciudades muy "mexicanas", orgullosamente regionalistas, aunque rara vez cuestionen su identificación con el gobierno central. Ninguna de las dos ciudades cuenta con grupos industriales de talla nacional que pudieran significar un desafío para los gigantes empresariales de la ciudad de México. (Incluso la industria más importante de Veracruz, el complejo siderúrgico TAMSA, tiene sus oficinas generales en la capital.) Aunque ambas ciudades tienen fama de producir políticos hábiles, han preferido infiltrarse en el gobierno central y ejercer su influencia desde dentro.

Desde hace muchos años, Guadalajara ha sido la segunda ciudad del país por número de habitantes, y su ámbito de influencia comprende al estado de Jalisco, al cual pertenece, así como a los estados vecinos de Colima, Nayarit y Michoacán, aunque estas zonas rurales, a su vez, han contribuido a alimentar la identidad y las actitudes provinciales de la propia Guadalajara. Sin duda, los demás mexicanos manejan una imagen esteroetipada del tapatío o nativo de Guadalajara. Éste es criado en una familia decididamente católica, está dominado por tradiciones conservadoras y es criollo orgulloso de sus antecedentes españoles; es creyente franco en la empresa privada y rápido en defender su honor o machismo con una pistola. Considera esencial, en términos sociales, casarse con alguien de familia "conocida", vivir al occidente de la ciudad y estar bien versado en la obra de otros tapatíos, como el pintor José Clemente Orozco y los escritores Juan Rulfo y Agustín Yáñez. Los extraños —mestizos, judíos y árabes—, por regla general, no son aceptados en los círculos aristocráticos, pero los migrantes franceses y españoles sí lo son porque contribuyen a la "blancura" de la ciudad. En términos políticos, tolera poco las ideas socialistas y, en los culturales, desdeña el relajamiento moral del liberalismo estadunidense. La sociedad de Guadalajara ha tratado de oponerse a influencias modernizantes.

La ciudad ha sido conservadora, incluso en los negocios ha mantenido una estructura de empresas familiares y, en contadas ocasiones, ha entrado en sociedad con empresas trasnacionales, formado grandes conglomerados o asumido los riesgos de los empréstitos externos. Así, durante el auge de finales de los setenta, ninguno de los nuevos grupos industriales que cambió el perfil económico de México surgió de esta zona. Pero, en la crisis económica siguiente, la cautela anterior de la misma ayudó a amortiguar el impacto de la caída. De hecho, en el caso de las familias añejas, la riqueza es como la buena crianza: no se debe mostrar abiertamente ni explotar políticamente. Incluso los empresarios más jóvenes tienden a ser poco aventureros, y prefieren la seguridad que ofrece el desarrollo de los bienes ríces a la de la inversión en la industria. La fábrica de zapatos Canadá es una excepción al ser una empresa empezada por una familia de zapateros pobres que se convirtió en el grupo más grande de la ciudad.

Guadalajara no trata de competir con la capital; su orgullo regional queda bastante satisfecho con ver que productos claramente tapatíos, como lo son el tequila y la música de mariachi, son adoptados como símbolos populares del nacionalismo mexicano, y con sus pintores y escritores que han dado mayor realce a la cultura de la nación. En términos políticos, la región ha reaccionado contra el centro sólo cuando ha percibido la existencia de una amenaza contra su forma de vida católica y conservadora. Desempeñó un papel marginal en la guerra de Independencia y la Revolución, pero los esfuerzos del gobierno por restringir la libertad de culto e imponer una educación laica en los años veinte, provocaron el sangriento levantamiento cristero en toda la zona. Guadalajara en sí no fue escenario del conflicto abierto, pero proporcionó armas, dinero y asilo a los rebeldes y su obispo se fue al monte, en lugar de obedecer el mandato del gobierno de que abandonara el país, mientras que los aristócratas católicos de la ciudad se vieron obligados a celebrar la misa a escondidos. A finales de los años treinta, los conservadores locales, desconfiando del radicalismo del gobierno de Cárdenas, fundaron la Universidad Autónoma de Guadalajara (UAG), de tendencia ultracatólica, y desempeñaron un papel medular en la formación del Partido Acción Nacional (PAN), de la oposición, movimiento que aún conserva fuertes nexos, aunque informales, con la Iglesia católica. No obstante, el PAN nunca ha ganado la presidencia municipal de Guadalajara ni la gubernatura de Jalisco.

A principios de los años setenta, Guadalajara volvió a sentirse asediada por la izquierda, aunque la amenaza procedía de extremistas desencantados que estaban dentro de sus universidades, y la élite local inmediatamente echó la culpa a la ciudad de México. En el pasado, los líderes de la Federación Estudiantil de Guadalajara

(FEG) habían colaborado con los políticos locales para controlar el activismo estudiantil, pero después de los levantamientos de 1968 apareció un nuevo Frente Estudiantil Revolucionario (FER), que pronto formó unidades guerrilleras urbanas. Este movimiento no sólo coincidió con la nueva retórica izquierdista de Echeverría, sino que también había indicios de que la familia política del presidente, que vivía en la localidad, la poderosa familia Zuno, de alguna manera tuvo parte en la agitación. El resultado fue una grave crisis en las relaciones entre Guadalajara y el gobierno central, y los líderes empresariales locales pidieron incluso que el Ejército restaurara el orden en la ciudad. Aunque las guerrillas fueron eliminadas por la Policía Federal de Seguridad, el episodio fortaleció muchísimo a la extrema derecha y a las fuerzas neofascistas de Guadalajara, muchos de cuyos miembros estaban estrechamente ligados a la UAG y a su movimiento de estudiantes y ex alumnos, conocidos con el nombre de Los Tecos.

Sin embargo, el cambio físico ha llegado a Guadalajara. Un palio permanente de *smog* y una gran cantidad de barrios nuevos son testimonio de la industrialización y la consecuente migración que han duplicado el número de habitantes de la población a unos 3 millones desde 1970. Para los visitantes de la capital, Guadalajara parece llevar aún una vida lenta, pero su elegante centro está ahora repleto de automóviles, mientras que amplias avenidas nuevas han extendido los suburbios y, gradualmente, absorbido poblaciones vecinas como Tlaquepaque, Zapopan y Tonalá. Los tapatíos advierten que no quieren seguir el ejemplo de la ciudad de México, pero ya han aparecido muchos indicios del infortunio urbano. No obstante, la ciudad sigue conservando gran parte de su formalidad provinciana, cierra sus puertas durante varias horas al medio día, como se hacía en la ciudad de México hace cuarenta años. Este ritmo, así como el clima templado de la región, es el que ha atraído, durante muchos años, a miles de estadunidenses jubilados que se asientan en Guadalajara y comunidades vecinas, cerca del lago de Chapala. Éstos viven virtualmente aislados de los tapatíos, pero se les tolera porque son tranquilos y respetables y, en última instancia, quieren compartir la forma de ser tradicional de Guadalajara y no cambiarla.

En cambio, en un país casi obsesionado con la introspección, Veracruz y la costa del Golfo son las ventanas de México al mundo, a través de las cuales han pasado una gran variedad de influencias. El propio Cortés fundó Veracruz cuando llegó al país procedente de Cuba en 1519, y, más adelante, el oro y la plata salían hacia España por el puerto, y los colonizadores que llegaban de Europa entraban por ahí. Posteriormente, los migrantes —negros del Caribe, árabes, españoles y otros europeos— se asentaron en la zona, dando a la ciudad el aire cosmopolita y plurirracial que conserva hasta la fecha. La influencia de Cuba, donde se detenían los barcos en su ruta de España a México, se siente claramente. La vegetación, el clima e incluso la conformación geográfica de Cuba, así como la mezcla racial iberoafricana de la isla se repiten en el estado de Veracruz. Cuba también está presente en la forma en que los lugareños hablan español, en el cargado café y los fuertes puros, en la música y la comida y en la tradición de su ruidoso carnaval antes de cuaresma.

Sin embargo, Veracruz no es un puerto muy activo. Flotando en el sofocante calor del nivel del mar, al parecer, gustosamente ha cedido el trabajo duro al entorno más competitivo del altiplano central. Los jarochos —nombre que se da a los nativos de Veracruz— se jactan de darse "buena vida", rara vez se quitan sus deportivas guayaberas blancas para ponerse de traje y pasan muchas horas comiendo mariscos bajo los encalados arcos de la plaza central o en Mandinga, que fue población de esclavos, escuchando música de arpas y guitarras de trovadores. Cuando los chilangos llegan de la capital, se sienten fuera de lugar: su acento suena extraño, su ritmo es demasiado acelerado y no pueden bailar como los jarochos.

Una serie de visitantes menos deseables que llegaron a Veracruz ha convertido al puerto en símbolo de nacionalismo y ha fortalecido sus nexos con el gobierno central. Después de Cortés llegó sir Francis Drake con otros piratas dispuestos a robar el oro y la plata destinados a la corte española, pero hubo además otros invasores después de la Independencia: los franceses ocuparon el puerto durante la Guerra de los Pasteles en 1837; las tropas estadunidenses desembarcaron ahí, en 1847, en su ruta hacia la ciudad de México; los franceses, británicos y españoles ocuparon Veracruz en 1861; los franceses se quedaron para imponer al emperador Maximiliano; y, en 1914, en la cresta de la Revolución, los *marines* estadunidenses volvieron a tomar la ciudad. Así, en la lucha de México por defender su existencia como nación, la "Cuatro Veces Heroica Veracruz", nombre que se le da, siempre ha estado presente, lo mismo como puesto de avanzada que como primera línea de combate.

Aunque la ciudad de Veracruz ha cambiado muy poco, la zona de la costa del Golfo se ha transformado, en la última década, en razón de la industria del petróleo. La zona, que durante siglos tuvo por capital a Veracruz, tiene ahora otros centros de poder económico repartidos a lo largo de unos mil seiscientos kilómetros. Tampico y Poza Rica han sido poblaciones petroleras importantes durante varias décadas, pero los nuevos hallazgos de petróleo, a mediados de los setenta, cambiaron el punto focal del desarrollo hacia el sur, hacia Coatzacoalcos, Villahermosa y Ciudad del Carmen y atrajeron migrantes —campesinos que buscaban trabajo y empresarios que buscaban fortunas— de todo el país. No obstante, la zona del Golfo tiene importancia política porque el sindicato de los petroleros sigue estando dirigido desde Ciudad Madero, cerca de Tampico. La mayoría de las otras decisiones que afectan a la zona petrolera se toman en las oficinas centrales de Petróleos Mexicanos, en la ciudad de México, mientras que cualquier residuo de tradición local y orgullo cultural fuera de la ciudad de Veracruz ha sido envenenado por la fiebre caótica y codiciosa del auge petrolero.

El gobierno federal tiene la vista puesta en la zona de la costa del Golfo con cierto interés de propietario, no sólo porque se beneficia con su riqueza petrolera, sino también porque piensa que su energía, agua, territorio y agricultura son recursos que ofrecen una respuesta, a largo plazo, al problema del altiplano sobrepoblado. Aunque la descentralización de la población no se ha dado aún, todos los estudios para la ubicación ideal de las "ciudades nuevas" del siglo XXI señalan a Veracruz y otros estados del Golfo. A principios de los años setenta se hizo un esfuerzo especial por atraer a industrias nuevas hacia la zona y se construyó un ducto de gas natural a lo largo de la costa del Golfo, desde Villahermosa, y se diseñaron puertos industriales nuevos en Tampico y Coatzacoalcos. Aunque la resistencia a abandonar la ciudad de México siguió siendo intensa, Veracruz y el Golfo empezaron a simbolizar una importante opción de desarrollo para México: explotar la nueva "frontera" de las tierras bajas de la costa.

III

En la época de la Conquista, en las inhóspitas montañas y desiertos del norte de México, no había ninguna civilización prehispánica importante. Así, pues, la zona fue colonizada —primero por misioneros y mineros, después por agricultores e industriales— y no conquistada. Por lo tanto, es la única zona de México que no está hipotecada por el pasado. Subsisten algunas tribus indígenas —entre ellas los yaquis en las tierras bajas del Pacífico y los tarahumaras, en la Sierra Madre—, pero la mayor parte del vasto norte vacío ha sido poblada y se ha desarrollado en los últimos cien años.

A partir de entonces, ha aparecido un país diferente, donde las personas son más audaces y eficientes, más francas y menos ceremoniosas, incluso más blancas y altas que la mayoría de los mexicanos. Su lucha por sobrevivir se refleja en su carácter rudo. Son hombres luchadores, que se han hecho a sí mismos y han domado a la naturaleza, convirtiendo rocas en ciudades y desiertos en campos fértiles, muy orgullosos de sus logros y celosos de su independencia. Mientras que la mayoría de los mexicanos siguen hipnotizados por lo antiguo, los norteños buscan lo nuevo, adoptan técnicas y actitudes de Estados Unidos, sin tener crisis de identidad. Sienten que representan al México nuevo, y más que resentir la intromisión de la ciudad de México, desprecian el estilo político y burocrático de los chilangos.

Las antiguas misiones son testimonio de los esfuerzos realizados por la corona de España para colonizar esta zona que, en una época, incluía Texas, Arizona, Nuevo México y California. Pero no fue sino hasta la pérdida de estos territorios, a mediados del siglo XIX, cuando el norte empezó a desarrollarse, primero en torno a antiguas poblaciones mineras como Durango, y más adelante con la cría de ganado. A principios de siglo, Porfirio Díaz ya veía que la relativa autonomía del norte representaba una amenaza, y se empeñó en destruir los feudos de la familia Pesqueira en Sonora y la familia Terrazas en Chihuahua. Los grandes terratenientes del norte pronto estuvieron dispuestos a dirigir su poder político y económico contra la dictadura de Díaz, y en la Revolución que se dio, el cambio procedió, por primera vez, del norte. La familia de Madero tenía tierras en Coahuila, el hijo más notorio de Durango fue Francisco "Pancho" Villa, Carranza fue gobernador de Chihuahua y, por último, la "dinastía" de Sonora, compuesta por Obregón, Calles y De la Huerta, tomó el mando. Empero, incluso estos norteños nunca integraron el norte, en términos políticos. A la fecha, pocos norteños se sienten atraídos por hacer una carrera en el PRI o en la burocracia federal, mientras que el centro conserva un respeto especial por la terca independencia de los estados del norte.

El poder principal del norte es económico, y sus enfrentamientos recientes con la ciudad de México han sido en este campo. En el noroeste, los llanos irrigados de la costa de Sonora y Sinaloa representan gran parte de la producción de frutos y legumbres de invierno, y de arroz, trigo y sorgo. Ciudades como Culiacán, Los Mochis, Ciudad Obregón y Hermosillo son bastiones de agricultores ricos y conservadores que creen fervientemente en la ética del trabajo y la motivación de las utilidades, y que no tienen tiempo para el populismo agrarista que emana cíclicamente de la capital. A principios de los años setenta, su oposición al programa acelerado de reforma agraria de Echeverría provocó una ola de agitación por parte de organizaciones campesinas semioficiales, que llegó a la culminación con la expropiación de unas 90 000 hectáreas de tierras particulares irrigadas en las afueras de Ciudad Obregón. Evidentemente, Echeverría ansiaba demostrar su lealtad a la causa del campesino, pero estaba igualmente decidido a castigar la "insubordinación" de los norteños ricos. Éstos asimilaron el golpe y, aunque siguen todavía desconfiando mucho de la ciudad de México, los agricultores del valle del Yaqui personifican el único sector dinámico de la agricultura mexicana.

El espíritu rebelde de la frontera le creó otro problema al gobierno federal en los años setenta, cuando Culiacán se convirtió en centro de narcotráfico con valor de muchos miles de millones de dólares. Los campesinos de las montañas inaccesibles de Sinaloa alegremente multiplicaban sus ingresos cultivando mariguana y amapola, mientras que poderosas camarillas de narcotraficantes de Culiacán empacaban la mariguana y procesaban la heroína que introducían ilegalmente, por tierra, a Estados Unidos. La guerra de pandillas y la corrupción masiva que siguieron convulsionaron a esta ciudad de provincia, que antes fuera tranquila, y condujeron a la intervención directa del Ejército, el cual, finalmente, pudo controlar el problema en cierta medida. Incluso ahora, los federales siguen presentes, de manera permanente, en Culiacán y otras zonas de cultivo de narcóticos en el norte, pues piensan que no se puede confiar en que la policía local ataque el problema.

En realidad, el carácter de las diferentes ciudades refleja los intereses de sus grupos empresariales. Pero los norteños ricos, con sus sombreros Stetson y sus botas vaqueras, hasta con la defensa de la empresa privada y la oposición a la intervención del Estado, tienen mucho en común. Durante el agitado sexenio de Echeverría, se forjaron fuertes nexos políticos entre los agricultores del noroeste y los industriales del noreste. Los dos se sintieron amenazados por el extremismo verbal del Presidente y unieron fuerzas para combatir la amenaza del comunismo. Ambos grupos tenían también fuertes nexos económicos con Estados Unidos y, por temor, iniciaron la fuga de capitales que, más adelante, produjo la devaluación monetaria de 1976. Los millonarios de Monterrey fueron los que proporcionaron el liderato político.

Monterrey fue fundada en 1596, pero no fue sino hasta trescientos años después cuando inició su transformación para convertirse en el segundo centro industrial y la tercera ciudad del país. Desde entonces, la historia de Monterrey es inseparable de las familias Garza y Sada, que por medio de matrimonios entre sí, a la larga formaron un clan poderoso, estrechamente unido. Las dos familias, que empezaron con una cervecería, construyeron un inmenso imperio empresarial que no sólo incluía acero, vidrio, productos químicos y finanzas, sino que fue también el motor del crecimiento económico general de la ciudad. Es más, el Grupo Monterrey, como se le conoce, pasó a simbolizar el enfoque sensato e industrioso de los regiomontanos. Éstos subrayaron la educación, ambición, iniciativa y utilidades y prestaron poca atención a las ideas "socialistas" de sindicatos, planificación urbana y protección del ambiente. El interés por el dinero de la ciudad era tal que los regiomontanos en todo el resto del país adquirieron la fama de tacaños. Pero los resultados de su trabajo les dieron un fuerte sentido de orgullo regional, que se tradujo en desconfianza y falta de interés por todos los extraños, sobre todo políticos y burócratas enviados por la ciudad de México para intervenir en su "libertad".

Ya en 1934, su oposición a la "educación socialista" les ganó la reprimenda feroz del general Calles, que en cierta ocasión se refirió a ellos llamándolos "judíos capitalistas. . . aliados de la Iglesia", y que denunció su "voracidad y egoísmo". (Las familias Garza y Sada, aunque a la sazón eran católicas fervientes, eran de origen judío sefardita.) Entre 1940 y 1970, las políticas proempresariales de los sucesivos gobiernos aseguraron las buenas relaciones entre Monterrey y la ciudad de México, pero éstas se volvieron a estropear cuando Echeverría se dedicó a atacar al grupo como ejemplo primordial del capitalismo conservador. Al igual que en Guadalajara, el surgimiento de guerrillas urbanas en Monterrey, en 1971, fue achacado a Echeverría por la élite del lugar. Después de que la cabeza del Grupo Monterrey, Eugenio Garza Sada, fue asesinado por guerrillas izquierdistas en 1973, la comunidad empresarial de la ciudad quedó convencida de que el comunismo estaba a punto de entrar en México. Los herederos de Garza Sada se sintieron tan vulnerables que dividieron el Grupo Monterrey en el Grupo Alfa, encabezado por Bernardo Garza Sada, su sobrino, y el Grupo Visa, dirigido por Eugenio Garza Lagüera, su hijo. A su vez, Echeverría sostenía que los "fascistas" de Monterrey eran los responsables de los violentos rumores que acompañaron los últimos días de su sexenio.

López Portillo, totalmente convencido de la determinación de Monterrey de defenderse del gobierno central y ansioso de encontrar un símbolo del reacercamiento que deseaba con el sector privado en general, empezó a cortejar a los industriales regiomontanos tan pronto como asumió la presidencia. Éstos respondieron con entusiasmo y alivio, invirtiendo, expandiéndose y diversificándose de tal suerte que el Grupo Alfa, en particular, pronto portó la bandera de la confianza de los empresarios de todo el país. A la larga, cuando el Grupo Alfa contrató demasiados préstamos y gastó excesivamente hasta llegar a la bancarrota, López Portillo respondió lealmente y dio el visto bueno a préstamos del gobierno para sacar de apuros al conglomerado. Pero era demasiado tarde. Monterrey, con el desmoronamiento financiero de México que completaba el ocaso de Alfa en 1982, podía culpar nuevamente al gobierno central de sus problemas.

Monterrey había disfrazado su fealdad con bullicio y dinamismo, pero ahora muchos de sus males crónicos, sociales y urbanos, repentinamente quedaron expuestos merced a la crisis. Las sociedades más importantes de la ciudad, que no pudieron cumplir con el pago de su deuda externa de 5 mil millones de dólares cuando se evaporó la demanda interna, se vieron obligadas a cerrar fábricas y a despedir a miles de empleados, desde directivos preparados, con títulos de maestría obtenidos en Estados Unidos, hasta obreros. El gobierno de la ciudad, que tenía poquísimos recursos, quedó más atrasado tratándose de proporcionar agua, electricidad y calles pavimentadas a los barrios populares mientras que la contaminación ambiental parecía adherirse con más fuerza al árido valle. La autosuficiencia innata del regiomontano, de alguna manera, permaneció intacta: se aplicó a reconstruir la industria local, convencido de que por medio del trabajo arduo Monterrey volvería a ser la envidia de la ciudad de México.

Para 1983, parecía que un nuevo ánimo político se difundía a lo largo del norte de México. El desencanto que sentían las clases medias por el gobierno federal fue visible en el aumento de los votos contra el PRI en todo el país en los años setenta. Al principiar el decenio de 1980, la ira ante la crisis económica se agravó en el norte en razón de factores regionales. Los norteños, con mejor educación, alimentación y viviendas que el resto de la población e influidos por el panorama de la democracia activa de Estados Unidos, tan próximo, empezaron a exigir un debate político más abierto y un proceso electoral más libre. Mientras el PRI hacía campaña con anticuada retórica revolucionaria, el PAN se dirigía a las preocupaciones inmediatas de las clases medias, y el partido gobernante, repentinamente, empezó a perder. Como los sentimientos contra el gobierno resultaban indistinguibles del orgullo regional, la ciudad de México no sabía cómo responder.

No obstante, el triunfo del PAN en Ciudad Juárez, en la frontera con Estados Unidos, fue lo que más alarmó al gobierno. La perspectiva de una serie de ciudades fronterizas en manos del conservador y proestadunidense PAN parecía una amenaza a la soberanía del país y despertó tanto temores sobre la vulnerabilidad política de la frontera norte cuanto dudas latentes sobre el patriotismo de la población fronteriza. Pero, de hecho, los sucesivos gobiernos habían contribuido a este proceso de "desnacionalización": mientras que las ciudades fronterizas siempre han existido en función de su proximidad con Estados Unidos, la ciudad de México ha hecho muy poco por incorporarlas al resto del país.

Mucho tiempo después de que se fijó la frontera en 1848, poblaciones como Tijuana, Nogales, Ciudad Juárez y Matamoros siguieron siendo poco más que pasos de frontera. Conforme el lado estadunidense se desarrollaba, el lado mexicano adquiriría importancia como reducto seguro contra la ley y la moral estadunidenses, y se protegía a fugitivos y se ofrecía prostitución y juego. Durante la Prohibición, Ciudad Juárez no sólo estaba llena de bares, sino que también era centro de tráfico de alcohol para gran parte del suroeste de Estados Unidos. Hacia los años veinte, la reputación de las ciudades fronterizas mexicanas ya se había establecido: las autoridades estadunidenses se quejaban de que eran centros de delincuencia y pecado, mientras que la ciudad de México las despreciaba por ser cabezas de playa "desmexicanizadas" de la conquista pacífica del país a manos de Estados Unidos.

La fortuna de las ciudades fronterizas, sin embargo, siguió ligada a Estados Unidos. Así como la Prohibición produjo su auge y la Depresión una grave atonía, la segunda Guerra Mundial les ayudó enormemente, ya que cientos de miles de mexicanos cruzaron al norte para trabajar e igual número de estadunidenses —sobre todo militares— cruzaron hacia el sur para encontrar diversiones. En los años cincuenta y sesenta, aunque la constante demanda estadunidense de mano de obra agrícola atrajo al norte a los campesinos mexicanos, el control más estrecho de las fronteras aumentó enormemente la población fronteriza de México. Las ciudades siguieron teniendo economías de servicio, buscando siempre formas nuevas para atraer a los turistas. A la lista tradicional de prostitución, juego y espectáculos nocturnos atrevidos se sumaron corridas de toros, carreras de caballos, narcóticos, contrabando e incluso divorcios rápidos. Para disgusto de los funcionarios de la capital, éste era el único México que visitaban millones de estadunidenses.

Entre 1940 y 1980, excluyendo a los cientos de miles que buscaron ingresar ilegalmente a Estados Unidos cada año, la población permanente de las ocho ciudades más importantes de la frontera —Tijuana, Mexicali, Nogales, Piedras Negras, Ciudad Juárez, Nuevo Laredo, Reynosa y Matamoros— se multiplicó por veinte para llegar a 3.4 millones. A su vez, este crecimiento llevó a las autoridades federales a reconocer que existía ahora un fenómeno totalmente nuevo en la frontera. Desde finales de los años sesenta, por consiguiente, la ayuda federal se encauzó a atacar problemas crónicos como los de vivienda, suministro de agua, carreteras, escuelas y hospitales. Para calmar a los comerciantes locales, que veían que la mayor parte de los fronterizos gastaban su dinero del otro lado de la frontera, se les concedió permiso para importar bienes extranjeros, libres de impuestos, para venderlos en las ciudades mexicanas de la frontera. Por último, aprovechando las leyes comerciales de Estados Unidos, el gobierno empezó a fomentar el establecimiento de plantas maquiladoras en la frontera, mismas que importaban materias primas, libres de impuestos, y exportaban productos terminados, pagando las tarifas estadunidenses tan sólo sobre el valor agregado.

Estos programas mejoraron la vida en la frontera, pero, paradójicamente, no hicieron mucho por reducir la dependencia de la zona hacia Estados Unidos. El programa de las maquiladoras se expandió rápidamente conforme la promesa de mano de obra barata, no sindicalizada, atrajo a cientos de plantas de ensamblado de aparatos eléctricos, fábricas textiles e infinidad de operaciones más, que requerían mucha mano de obra. Entre tanto, fueron creados cientos de miles de empleos, en una zona que antes no tenía industria. Pero el auge trajo también problemas: estimuló la migración a las ciudades de la frontera, pero como las mujeres jóvenes componían más del 90 por ciento del personal de las maquiladoras, el desempleo de los varones aumentó. (A mediados de los años ochenta, este fenómeno condujo a las maquiladoras a buscar más trabajadores del sexo masculino, pese a que es más probable que éstos formen sindicatos.) Es más, la cantidad de plantas maquiladoras y sus niveles de empleo resultaron sumamente elásticos, reflejando los acontecimientos económicos de México: cuando el aumento de la inflación y los niveles salariales fueron seguidos por una tasa de cambio fija, en 1975 y 1981, muchas plantas cerraron sus puertas; después de las devaluaciones de 1976 y 1982 muchas más las abrieron. Hacia 1984, proporcionaban alrededor de 150 000 empleos, pero, asombrosamente, muy poca seguridad a largo plazo.

Las ciudades de la frontera, aceptando su vulnerabilidad, han aprendido a vivir de su ingenio, ajustándose a los gustos cambiantes y a los climas económicos. Desde que las leyes y actitudes más liberales al norte de la frontera hicieron que los divorcios ''al vapor'' ya no fueran negocio y se cerraran muchas zonas rojas en México, han tratado de atraer a los turistas que buscaban una comida mexicana, una artesanía barata, o simplemente un viaje de un día en otro país. Pero la frontera, escasamente vigilada, permite también todo un espectro de actividades ilícitas. Las economías de Tijuana y Ciudad Juárez están infladas por los ingresos en dólares que perciben sirvientas y trabajadores que cruzan todos los días o semanas para trabajar en San Diego o El Paso. Todas las ciudades de la frontera albergan a "coyotes" que llevan a migrantes indocumentados a Estados Unidos. A la larga, un control más estrecho de la migración ilegal por parte de las autoridades de Estados Unidos podría reducir el flujo de mexicanos pobres a las ciudades de la frontera. Pero, en un momento cualquiera, las drogas, el petróleo y el ganado también se introducen, por medio del contrabando, al norte, mientras que los bienes de consumo y las armas de fuego —algunas de ellas destinadas a movimientos revolucionarios en América Central— son enviados al sur. Al igual que las ciudades fronterizas de todo el mundo, éstas tienen un atractivo especial para quienes buscan leyes laxas y utilidades rápidas.

El problema de la absorción cultural de la zona por parte de Estados Unidos, sin embargo, continúa siendo muy marcado. Su población no tiene una personalidad clara, puesto que los migrantes proceden de todas partes del país. Una nueva generación nacida en la frontera está creciendo sin tener siquiera una unión sentimental con una tierra ubicada dentro de México. Aunque casi todos ellos han ido a Estados Unidos, pocos han visitado la ciudad de México. El inglés se habla profusamente, al tiempo que por todas partes se pueden ver carteles en inglés y los anglicismos se introducen al español que se habla ahí. Una gran parte de adultos fronterizos trabajan en compañías o con familias estadunidenses, consumen productos estadunidenses y ven programas de televisión estadunidenses. De hecho, la cultura popular mexicana —comida, música y artesanías— sigue viva más por la demanda de los turistas estadunidenses y los migrantes itinerantes, que por el gusto de los lugareños.

Los líderes de las comunidades de la frontera resienten que la zona, de alguna manera, sea percibida como algo menos mexicano que el resto del país. Piensan que están fungiendo como diques contra los ataques de la cultura estadunidense y orgullosamente se jactan de que, de hecho, están "mexicanizando" a los estados fronterizos de Estados Unidos. Si el concepto de ofrecer diversión corriente a los turistas estadunidenses es dañino para la dignidad nacional, le echan la culpa al gobierno federal que, a pesar de promesas y programas, no ha podido integrar a la zona —en términos económicos, culturales o, de hecho, políticos— al resto de México.

Los nexos con Estados Unidos son resultado de la necesidad y no de la elección: se compran productos estadunidenses porque no los hay mexicanos.

En este caso también, el gobierno ha iniciado un programa para el desarrollo de la frontera, pero tanto los recursos como las opciones están limitados: la medida más importante en 1983 fue renovar la condición de Baja California como zona libre de impuestos durante seis años más, reconociéndose con ello sus ligas económicas con Estados Unidos. El régimen está más preocupado por el aflojamiento de los nexos de la frontera con México en general. Consciente de que lo anterior conduce al rechazo del PRI gobernante, el gobierno empezó a darle prioridad a la "mexicanización" de la educación y la cultura en la frontera, subsidiando la celebración de festivales tradicionales y subrayando fechas clave en el calendario de la nación, como el día de la Independencia y el día de la Revolución. El atractivo del norte compite tanto que la "reconquista" será difícil: en la frontera, mientras México resulta más bien un concepto, Estados Unidos es una realidad.

IV

Si la ciudad de México considera que el norte es una fuerza inquietante de cambios impredecibles, el regionalismo del sur está profundamente enraizado en el pasado y, como tal, se opone decididamente a la modernización. Si el norte es dinámico y está desarrollándose, el sur es estático y pobre. Y si el norte se dirige al exterior en busca de influencia, el sur se dirige al interior en un intento por conservar el *status quo*. El perfil básico de la zona tomó su forma en épocas prehispánicas y hoy día sus actitudes y conducta no se pueden explicar dentro de otro contexto: ligados a la tierra de sus antepasados, atrapados en las antiguas tradiciones y rencillas, los sureños resistieron la imposición de los aztecas hace seiscientos años de igual forma que ahora consideran que los chilangos son extraños que intervienen en su vida.

El imperio maya se había desintegrado mucho antes de que surgieran los aztecas, debido en parte a la influencia cultural de Teotihuacán y Tula, pero los mayas nunca fueron totalmente subyugados por los ejércitos de Tenochtitlán y, en el siglo XVI, valientemente —y en vano— lucharon por detener el puño que se extendía. de los conquistadores españoles. Durante la Colonia, el aislamiento de Yucatán —estaba más cerca de Cuba que de la ciudad de México y su

346

acceso era más fácil desde ahí— reforzó la tradición de la independencia de las nuevas familias criollas de Mérida. Pero el espíritu rebelde de los mayas no murió, y a medidados del siglo XIX se levantaron en armas en la Guerra de Castas, llevando a la sitiada élite de Mérida a que propusiera convertirse en colonia de Estados Unidos o Inglaterra, a cambio de obtener protección. A la larga, los mayas fueron controlados, con la pérdida de muchas vidas, y la dictadura de Díaz convirtió a Yucatán, virtualmente, en un estado de esclavos. Hoy día, sus dolencias sociales son desconsoladoras. La zona no tiene ninguna industria y la mayoría de los campesinos mayas están reducidos a la mera agricultura de subsistencia en sus milpas o al cultivo del henequén, que el gobierno tiene que comprar a precios subsidiados.

A pesar de la profunda miseria, sobreviven el lenguaje, la cultura, la religión y el orgullo de los mayas. La población mestiza de Mérida —a la mezcla de maya y español se suma una dosis importante de sangre de migrantes árabes— tiene también un sólido sentido de regionalismo. Los yucatecos incluso se diferencian a sí mismos de los "mexicanos" y se refieren a su estado, con un dejo de ironía, llamándolo la "república de Yucatán". Físicamente se parecen mucho a sus antecesores, retratados en pinturas y grabados; anchos, con cabeza grande, frente recta y nariz aguileña, claramente mayas. Tienen un carácter digno, terco, y desconfían profundamente de los extraños. Se oponen, instintivamente, a los mandatos de la ciudad de México: el PRI perdió las elecciones municipales en Mérida, ante el PAN, en 1964; cinco años después, prefirió enfrentar algaradas y recurrir al fraude antes que aceptar su derrota en las elecciones para gobernador. En fecha más reciente, la selección de un general de la ciudad de México por parte del PRI, en lugar de un hijo nativo popular, como candidato para las elecciones a gobernador de 1982, ofendió la sensibilidad local: dos años más tarde, el gobierno se vio obligado a abandonar al general y a designar gobernador al favorito del lugar.

Sin embargo, el gobierno central y los chilangos, en general, también han desconfiado de los yucatecos. Su estado tiene una ubicación estratégica y sus antecedentes de rebeldía y oposición hacen que su nacionalismo resulte sospechoso. Hace algunos años, cuando la representante de México en una competencia de Señorita Mundo, bromeando comentó que era de la república de Yucatán, los periódicos de la capital reaccionaron con indignación, como si les complaciera ver confirmados sus prejuicios hacia los habitantes de la península. En ocasiones, la ciudad de México incluso ha parecido interesada en conservar el aislamiento de Yucatán: Mérida no quedó unida al sistema de ferrocarriles nacionales sino apenas hasta 1950.

Oaxaca, al occidente, ha sido también difícil de gobernar, entre otros motivos en razón de la enorme población indígena del estado, que está sumamente fragmentada. Con Benito Juárez y Porfirio Díaz su influencia se sintió francamente en el resto de México durante finales del siglo XIX, pero hoy día es un estado introspectivo, dominado aún por su pasado mixteca y zapoteca. Cada uno de los 570 municipios de Oaxaca representa a un pueblo o comunidad que existía ya en época de la Conquista y que, posteriormente, se negó a fundirse con su vecino. En algunas zonas rurales, cada grupo familiar numeroso tiene su propia tradición de autogobierno. Gran parte de la violencia que asuela al estado se deriva de las disputas que entablan poblados indígenas adyacentes por los derechos a tierras comunales. Así, pues, la resistencia de la Oaxaca rural no es tanto a la interferencia de la distante ciudad de México como a la aceptación del gobierno ''colonial'' del estado en la ciudad de Oaxaca. Sin embargo, su pobreza es tanta, ya que sus colinas erosionadas apenas si pueden producir una cosecha anual de maíz, que muchos campesinos se ven obligados a dirigirse a la economía más boyante de Puebla o la ciudad de México.

En el fértil Istmo de Tehuantepec se presentaron problemas más graves en los años setenta cuando la Coalición de Campesinos y Estudiantes del Istmo (COCEI) adoptó la causa de campesinos cuyas tierras comunales habían sido ocupadas por grandes terratenientes. En 1976, las algaradas en la ciudad de Oaxaca llevaron al gobierno federal a enviar al Ejército y a cambiar al gobernador local por un general, pero las tensiones en el campo persistieron. En 1980, Lepoldo de Gyves, candidato de la COCEI respaldado por el partido comunista, ganó la alcaldía de Juchitán, la población dominante del Istmo, y se le permitió que ocupara el puesto como símbolo de la nueva reforma política de López Portillo. Pero sus relaciones con el gobierno del estado se deterioraron muy pronto: De Gyves se quejaba de que a Juchitán se le negaba la parte del presupuesto del estado a la cual tenía derecho, mientras que los funcionarios del PRI sostenían que la población se había convertido en centro de subversión e incluso punto de contrabando de armas para América Central.

Finalmente, poco antes de las elecciones para el Congreso estatal de Oaxaca, en agosto de 1983, un enfrentamiento violento entre los respectivos partidiarios de los candidatos del PRI y la COCEI dio al gobierno federal la ocasión de actuar: el congreso de Oaxaca depuso a De Gyves, sustituyéndolo por un consejo municipal temporal.

No obstante el alcalde depuesto y sus partidarios se negaron a abandonar el palacio municipal, y el gobierno, quizá temeroso de que la resistencia armada podría conducir a un derramamiento de sangre y a una mancha en su imagen, decidió no desalojarlos antes de que terminara el período de tres años de De Gyves. En cambio, cuando hubo elecciones municipales en Oaxaca, en noviembre de 1983, el PRI sencillamente se aseguró de que sus candidatos ganaran en todos los pueblos y ciudades del estado, inclusive en los trece municipios donde estaban nominados candidatos fuertes de la COCEI. Unos cuantos días antes de que el nuevo alcalde del PRI asumiera la presidencia municipal en Juchitán, el Ejército sacó a la COCEI del palacio municipal.

A pesar de la intervención del gobierno central, las raíces del problema son regionales. El hecho de que los habitantes de Juchitán tengan, fundamentalmente, ascendencia zapoteca —de una tribu guerrera que nunca fue conquistada por los aztecas— es esencial para entender su militancia. Las disputas locales por la tierra incluyen pleitos entre caciques, así como cuestiones ideológicas más generales. Después de que la COCEI fue sacada violentamente del palacio municipal, incluso el Partido Socialista Unificado de México (PSUM) llegó a la conclusión de que los hechos sólo se podían explicar dentro de un contexto local y optó por no presentar una protesta contra el gobierno en la ciudad de México. Los ingredientes para que continuara la inestabilidad de las masas en Oaxaca seguían en su lugar, aunque, al parecer, no irían más allá de las zonas de fricción tradicionales, presentando un constante dolor de cabeza para el gobierno del estado, pero ningún desafío para las autoridades federales.

En Chiapas, la secular tradición del regionalismo ha adquirido de pronto mayor significación estratégica porque el estado colinda con Guatemala y hace de amortiguador entre México y América Central. Por primera vez en muchas décadas, la ciudad de México dirige la vista hacia el distante sur con gran preocupación. Hasta 1830, Chiapas formó parte de Guatemala y, a la fecha, con sus bellísimas montañas y lagos, sus inmensas plantaciones de café y algodón y sus comunidades de paupérrimos peones indígenas, tiene más en común con Guatemala que con la colindante Oaxaca. En los siglos XVIII y XIX hubo levantamientos indígenas, pero en décadas recientes el estado se ha caracterizado por una aguda explotación económica, despreocupación por lo social y un estrecho control político. A los campesinos indígenas meramente se les pide que voten por los candidatos del PRI en las elecciones, pero en todos los demás casos no tienen voz política. El gobierno federal, en la medida en que los problemas políticos se limitaran a matanzas ocasionales de indígenas que intentaban recuperar tierras comunales robadas, le prestó un mínimo de atención a Chiapas.

No obstante, a mediados de 1981, los problemas de América Central pasaron a Chiapas, cuando unos 2 000 indígenas guatemaltecos buscaron refugio en México, huyendo de una ofensiva del ejército guatemalteco. Estos primeros refugiados fueron obligados a regresar a su país, pero conforme aumentó la violencia política en Guatemala, era cada vez mayor el número de ellos que se introducía a México y se les permitió construir paupérrimos asentamientos en los campos y bosques cercanos a la frontera. A finales de 1982, alrededor de 40 000 guatemaltecos habían llegado a Chiapas. Al mismo tiempo, miles de salvadoreños ingresaban ilegalmente a México por Chiapas, aunque éstos cruzaban en grupos pequeños y seguían adelante hacia la ciudad de México o Estados Unidos. En cambio, los guatemaltecos llegaban en comunidades, algunas de las cuales habían sido "organizadas" por guerrillas izquierdistas. El gobierno, como existía un contrabando de armas de México a Guatemala, como había sacerdotes "extremistas" ayudando a los refugiados y como había patrullas militares guatemaltecas que ocasionalmente se introducían en México persiguiendo acaloradamente a las guerrillas, temía que Chiapas se contagiara del descontento político de América Central.

Así, pues, el gobierno de Miguel de la Madrid diseñó una estrategia ambivalente para el estado: mayor control de seguridad y más servicios sociales. Su objetivo era la repatriación de los refugiados guatemaltecos y, aunque no podía deportarlos sin provocar un alboroto internacional considerable, tomó medidas prontamente para aislar a los campos de refugiados de la frontera y así desanimar a otros refugiados que quisieran ingresar al país. Sin embargo, el 30 de abril de 1984, soldados guatemaltecos se introdujeron en territorio mexicano y mataron a seis refugiados. En consecuencia, México decidió reubicar a los refugiados, cuyo número oficial era de 46 000, en el estado de Campeche. En este proceso, fueron muertos otros tres refugiados, en esta ocasión a manos de tropas mexicanas que estaban a cargo del desalojo impuesto. Al mismo tiempo, con objeto de mejorar su capacidad de reacción ante un problema de seguridad fronteriza, el gobierno consiguió los fondos necesarios para terminar una carretera estratégica de 350 kilómetros a través de la selva lacandona, a lo largo de la frontera entre México y Guatemala. A la larga, la carretera acercará la zona para la exploración petrolera y la construcción de presas hidroeléctricas, pero su propósito medular fue político. Chiapas se contempla, cada vez más, a través del prisma de América Central.

En público se dio más importancia a los aspectos socioeconómicos del Plan Chiapas, aunque éste estuvo también motivado por la necesidad política de diluir las posibles fuentes de descontento. En 1983 se gastaron 900 millones de dólares, cantidad sin precedente, en escuelas, clínicas de salud, nutrición y programas para la construcción de caminos. Más adelante, un plan de desarrollo integrado que abarcaba todo el sureste —y que no sólo comprendía a Chiapas y Oaxaca, sino también a Veracruz, Tabasco, Campeche, Yucatán y Quintana Roo— fue presentado por el gobierno, en medio de promesas de mejorar los niveles de vida de la zona más pobre del país.

Sin embargo, la preocupación primordial de la ciudad de México continuó siendo Chiapas y su frontera sur. El gobierno, igual que en el caso de la frontera norte del país, nuevamente se vio atrapado entre la necesidad de fortalecer la autonomía de la región y la aparentemente contraria de asegurar la lealtad política al centro. Las dos fronteras tienen poco más en común: en el norte, una relativa prosperidad templada por una crisis económica, una gran salida de migrantes, una frontera estable y la presión política de vivir al lado de una poderosa democracia; al sur, pobreza crónica agravada por la incertidumbre política, gran flujo de refugiados, una frontera que es causa de preocupaciones y el "efecto demostración" que ofrecen las revoluciones vecinas. Pero incluso en un país construido en torno al centralismo, había una parte vital del gobierno que buscaba arreglar los problemas, acoplar las idiosincrasias y apaciguar el ánimo de las provincias con objeto de conservar el consenso nacional. Sin embargo, dado que las regiones están literalmente divididas entre sí, el gobierno central ha tenido la última palabra.

15. CULTURA PARA UNOS CUANTOS Y PARA MUCHOS

I

Los intelectuales probablemente sean la élite más privilegiada de México. Académicos, escritores, pintores y músicos de escaso renombre heredan el derecho —aun la obligación— de tomar parte en la política, dar su opinión en torno a temas alejados de su ámbito de talento, enjuiciar al régimen, incluso denunciar al sistema. A su vez, el gobierno promueve su fama, financia sus actividades culturales y tolera su disidencia política, prefiriendo el precio que ha de pagar por apaciguar o coptar a los intelectuales que el de los peligros que implica ignorarlos o alienarlos. Es una relación extrañamente incestuosa, rica en posturas y ritual, oscurecida por un lenguaje radical, con frecuencia negada por ambos bandos y que, desde hace mucho tiempo, ha demostrado ser mutuamente conveniente.

La sociedad en general no se ha beneficiado con este arreglo. Como los burócratas e intelectuales actúan en la política de la cultura en un rinconcito del escenario nacional, han entregado el desarrollo cultural de la parte amplia de la población en manos de los intereses comerciales que controlan la radio, la televisión, el cine y las revistas ilustradas. El caso de Televisa, la red de televisión, puede implicar la mayor cesión de poder por parte del estado desde la Revolución. Pero el trance no se ha roto: el gobierno pretende influir en escritores y artistas porque se fija en la calidad de los actores, en lugar de hacerlo en el tamaño de su público; y los intelectuales, que reconocen la naturaleza centralista del poder en México, consideran que es más útil influir en el gobierno que en la opinión pública.

El papel del intelectual está muy institucionalizado. A efecto de alcanzar esta condición, debe manifestar interés por los problemas de la sociedad contemporánea, debe creer que tiene la obligación de pontificar sobre una serie de temas políticos y debe albergar la ambición de ejercer el poder directamente algún día. Una definición menos elegante podría ser que se trata de alguien que firma protestas contra Estados Unidos, escribe un artículo semanal en algún periódico y sueña con ser nombrado embajador. El reconocimiento les llega más fácilmente a quienes están a la izquierda de la conciencia nacional: un escritor, con sólo contribuir al costo de la publicación de las declaraciones de un oscuro Comité de Intelectuales y Artistas para la Defensa de la Soberanía de Nuestros Pueblos, puede aparecer como signatario y titularse como intelectual. Un político que tenga credenciales académicas sólidas será respetado como intelectual si cuenta con antecedentes liberales, pero quizá se le denigre como tecnócrata si es conservador. Sí hay intelectuales de derecha, pero éstos tienen que hacerse famosos como artistas o escritores antes de que se haga caso de sus opiniones políticas. No obstante, la definición más importante de un intelectual es que debe ser reconocido como tal por el gobierno. La clase gobernante, al decidir que es lo suficientemente importante como para ser cortejado como amigo o perseguido como enemigo, perpetúa su papel en la sociedad.

En México, dicho papel, normalmente, ha sido desempeñado cerca del poder. Los artistas, escultores y músicos daban a los aztecas un marco cultural que proporcionaba cohesión a su estado militarista y teocrático. Después de la Conquista de México, la Corona de España pasó a manos de la Iglesia católica y de la Inquisición la responsabilidad de la promoción o censura de la literatura, pintura, música y arquitectura. La mayor parte de las expresiones culturales, al igual que en España, eran religiosas y la mayor parte de los escritores y artistas coloniales eran sacerdotes. No existía el concepto de libertad intelectual: se esperaba que las ideas y la creatividad fueran los pilares de la religión.

Por consiguiente, la tradición intelectual de México tuvo sus raíces en tres siglos de dogmatismo católico. A principios del presente siglo, cuando la Revolución finalmente acabó con el hechizo de la Iglesia, el cambio de lealtades al marxismo transcurrió con facilidad. "Somos hijos de rígidas sociedades eclesiásticas —se lamentó en cierta ocasión el novelista Carlos Fuentes—. Ésta es la carga de América Latina, ir de una iglesia a otra, del catolicismo al marxismo, con todo su dogma y su rito." Así, el marxismo pasó a ser el nuevo credo, los intelectuales sus nuevos sacerdotes y los disidentes los herejes.

Después de la Revolución, el estado empezó a emplear la cultura para alentar un sentido de identidad nacional y asignó una responsabilidad importante a la nueva generación de intelectuales. José Vasconcelos, destacado filósofo, fundó el sistema educativo moderno del país cuando fue secretario de Educación con Obregón. Los escritores Martín Luis Guzmán y Mariano Azuela, los compositores Silvestre Revueltas y Carlos Chávez y los muralistas Diego Rivera, José Clemente Orozco y David Alfaro Siqueiros empezaron a producir obras inspiradas directamente en la Revolución. Incluso el hecho de que Rivera, Siqueiros y docenas de artistas más pertenecieran al Partido Comunista Mexicano no fue impedimento para que pintaran murales extremistas en los edificios del gobierno. El sistema político naciente vio la necesidad de incorporar a la izquierda artística, mientras que los intelectuales no veían un conflicto de principios en trabajar para el gobierno.

En la práctica, ambos se beneficiaron. En un sistema político esencialmente autoritario, la aprobación o, cuando menos, la aceptación del régimen por parte de la élite intelectual sirvió para avalar el poder del grupo gobernante, mientras que el contenido claramente nacionalista de gran parte del arte de este período fue un sustituto efectivo de medidas revolucionarias. El gobierno aprendió que la retórica izquierdista y contra Estados Unidos apaciguaba a la izquierda intelectual y se convertía en un arma útil contra los conservadores internos. Aunque los intelectuales tenían poco interés por asociarse directamente con el partido oficial, consideraban que la promesa original de la Revolución, la justicia social, era un objetivo meritorio y preferían ser empleados o patrocinados por el gobierno —por las universidades, el Instituto Nacional de Bellas Artes o quizá el servicio diplomático— a depender del sector privado. Quienes despotricaban contra el régimen hacían las veces de inocuas válvulas de escape del descontento, pero muchos aceptaron el principio de trabajar por el cambio desde dentro del sistema.

El atractivo intelectual del marxismo tuvo mucha fuerza durante los años veinte y treinta, y el heroísmo romántico de la guerra civil española captó la imaginación de los escritores y artistas mexicanos igual que de los europeos. Muchos jóvenes intelectuales de México, entre ellos el poeta Octavio Paz, viajaron a París a la sazón, al tiempo que Cárdenas se ganó a la izquierda del país al respaldar abiertamente la causa de la república española. En el país, fue una época de búsqueda intensa de las raíces históricas, filosóficas y étnicas y produjo varios caudillos culturales que, aunque no lograron fama en el exterior, ejercieron una influencia crucial en las generaciones posteriores: Manuel Gamio y Alfonso Caso, ambos arqueólogos y escritores, contribuyeron a rescatar el pasado prehispánico y el presente indígena de México; Alfonso Reyes, Daniel Cosío Villegas y Jesús Silva Herzog (padre), filósofo, historiador y economista, respectivamente, mantuvieron vivas las ideas liberales ante la creciente presión marxista.

A principios de los años cuarenta, el mundo intelectual se vio convulsionado por las disputas internas del movimiento comunista internacional. La expulsión de Trotsky de Moscú, los juicios de Moscú y el asesinato de Trotsky en la ciudad de México produjeron violentas purgas entre los comunistas de México, mientras que el pacto soviético de no agresión con Hitler aceleró la desilusión de los intelectuales. En los años cuarenta y cincuenta, la mayoría de los escritores y artistas conservaron una inclinación vagamente socialista, pero ya no se identificaban con Moscú. Muchos de ellos eran demasiado jóvenes para acordarse de la Revolución y, partidarios de una concepción del arte menos dogmáticamente nacionalista, se abrieron a nuevas influencias externas. Muchos intelectuales republicanos españoles llegaron exiliados a México y su presencia se dejó sentir pronto en el campo educativo y editorial. El suplemento cultural del periódico *Novedades* fue importante escaparte de los nuevos escritores. México estaba regido por gobiernos conservadores partidarios de la empresa, pero las figuras culturales todavía tenían voz en los problemas del país y gozaban de la libertad intelectual de haberse librado del estalinismo y no haber adoptado un dogma nuevo.

En 1959 se llegó a un punto crítico con la revolución cubana, misma que revivió la fe en una opción política extremista para América Latina. Cuando Estados Unidos intentó derrocar al nuevo régimen, en 1961, los académicos, escritores y artistas de México inmediatamente cerraron filas junto a Cuba, declarando su apoyo al régimen de Castro y la revolución, y las críticas contra Estados Unidos fueron preceptos permanentes de la mayoría de los intelectuales mexicanos y latinoamericanos. Sin embargo, en México, su defensa de Cuba no se correspondió con el apoyo a una "lucha armada" interna. Como tampoco les interesó cambiar su relación con el estado mexicano. No obstante, el *modus vivendi* tradicional se descompuso en los años sesenta, en gran medida como resultado del temor del gobierno ante el ejemplo de Cuba.

Ya en 1960, el presidente López Mateos había marcado la diferencia entre las ideas y los actos —entre la libertad intelectual y la política— cuando encarceló a Siqueiros, muralista comunista, supuestamente por haber organizado protestas antigubernamentales. Pero la negativa de López Mateos a romper relaciones con Cuba le ganó el respaldo de los intelectuales, y liberó a Siqueiros antes de terminar su mandato. Su sucesor, Díaz Ordaz, desconfiaba del concepto mismo de intelectual, presuponiendo que todos ellos estaban enamorados de la revolución cubana y eran enemigos del estado mexicano. Mucho antes de que el movimiento estudiantil antigubernamental y de la matanza subsiguiente de Tlatelolco, el 2 de octubre de 1968, confirmaran la baja opinión que tenían los unos de los otros, la comunicación entre el gobierno y los intelectuales se había roto. Díaz Ordaz calló a los intelectuales del país, pero pagó un precio muy elevado en el extranjero: cuando Octavio Paz, que seguía una carrera diplomática, al tiempo que escribía poesía y ensayos, renunció a su puesto de embajador de México en la India como protesta, los intelectuales de todo el mundo se le unieron para enturbiar el nombre de Díaz Ordaz. Para enfado de éste, a la larga, los intelectuales —politólogos e historiadores— tuvieron la última palabra sobre su gobierno del país.

En 1970, el presidente Echeverría, consumado político, trató en seguida de volver a ganarse a los intelectuales mediante su promesa de reformas. Al hacerlo, demostró también que éstos, si bien enemigos peligrosos, podían granjearse fácilmente. Primero desarmó a la izquierda cuando adoptó su retórica, y después instaló a varios izquierdistas o nacionalistas conocidos dentro de su gobierno o cerca del mismo. Se creó la impresión de que estaba a punto de darse todo un renacimiento nacional. La obra de escritores, pintores y directores de cine que habían sido considerados enemigos por Díaz Ordaz, de repente se mostró al público. Se rehabilitó a Siqueiros, dándole condición de institución nacional antes de su muerte en 1974: Echeverría inauguró personalmente el Polyforum del artista, inmenso edificio cubierto por murales en el interior y el exterior. Asimismo, convenció a Carlos Fuentes para que aceptara la embajada de México en Francia, en 1975, marcando un claro contraste con la renuncia de Octavio Paz durante el sexenio de Díaz Ordaz.

Muchos politólogos, sociólogos y escritores de primera línea, a su vez, fueron halagados por invitaciones para "asesorar" al Presidente sobre política interna y externa, y aunque por regla general su asesoría fue ignorada, su repentina proximidad al poder fue para ellos una experiencia embriagadora. (Cosío Villegas comentó en cierta ocasión que los Presidentes de México no necesitaban a los intelectuales "para asesorarlos, sino para darles razones articuladas para las decisiones que ya tomaron".) Naturalmente, ellos negaban que habían sido domesticados o comprados. En cambio, justificaban el apoyo que daban al régimen diciendo, según palabras de un importante escritor, que el país enfrentaba la elección entre "Echeverría o el fascismo." Pero fueron bien recompensados por sus nuevas responsabilidades y, entusiastamente, aceptaron invitaciones para acompañar al Presidente en sus frecuentes viajes por el mundo. En una visita a Cuba, Echeverría señaló que viajaba con una corte de intelectuales y dijo: "En cuanto a nuestros opositores políticos, los ponemos en un avión y los llevamos con nosotros para que vean lo que estamos haciendo.'' En otra ocasión, con sólo veinticuatro horas de antelación, exigió que se llenara un avión con académicos, escritores y artistas de primera línea, para que se le unieran en Buenos Aires en una cena oficial.

A Echeverría le agradaban las alabanzas de los intelectuales, pero no fue muy tolerante ante sus críticas. A principios de los años setenta, las páginas editoriales del periódico *Excélsior* se habían convertido en un foro importante de ideas y análisis políticos, que en gran parte respaldaban la posición reformista del gobierno. Pero cuando en 1976 sus articulistas empezaron a desviarse ante el aumento de incongruencias y demagogia del gobierno, Echeverría orquestó rápidamente un motín interno contra el director del periódico, Julio Scherer García. Entre los muchos intelectuales que perdieron un foro se contaba Octavio Paz, que había sido director de *Plural*, la publicación literaria mensual de *Excélsior*. La ironía fue que Echeverría había sobrevalorado la importancia tanto de las alabanzas cuanto de las críticas de los intelectuales y, como Díaz Ordaz, había subestimado su capacidad de venganza. Antes de terminar su mandato, la élite derrocada de *Excélsior* se había reagrupado en una nueva publicación semanal política, *Proceso*, que apareció a tiempo para publicar un feroz epitafio sobre su sexenio.

López Portillo, ex profesor universitario y escritor y pintor ocasional, sentía más identidad con el mundo de la filosofía y las bellas artes y, antes de tomar el mando, les confirmó a los intelectuales ofendidos que sentía por ellos gran simpatía. Poco después, siguió el ejemplo de Echeverría llenando la cuota de intelectuales de su administración, nombrando a Víctor Flores Olea, ex director de Ciencias Políticas de la UNAM como subsecretario de Educación y más adelante embajador ante la UNESCO, y a Gastón García Cantú, historiador obsesivamente nacionalista, director del Instituto Nacional de Antropología e Historia. (Tuvo una pequeña contrariedad cuando Carlos Fuentes renunció a su puesto en París en protesta por el nombramiento del ex presidente Díaz Ordaz como embajador en España.) La elección de Jesús Reyes Heroles, historiador y político ''intelectual'' como secretario de Gobernación, fue muy aplaudida y además reconoció la necesidad de tener un nuevo vocero de los intelectuales que sustituyera a *Excélsior*. Así, pues, dio el visto bueno al financiamiento de un nuevo diario izquierdista, *Uno más Uno*, y la publicidad oficial contribuyó a sostener a varias publicaciones pequeñas, entre ellas *Nexos*, publicación cultural mensual, así como *Proceso* y *Vuelta*, la nueva revista literaria de Octavio Paz. Los intelectuales pudieron expresar de nuevo sus propias opiniones —así como leer las de otros— creyendo plenamente que tenían alguna influencia.

El dinero fue un factor clave para sellar la relación entre intelectuales y estado. Ya con Echeverría, se aumentaron enormemente los sueldos en la Universidad y toda una generación de académicos jóvenes obtuvo becas para estudiar en el extranjero. Las publicaciones aumentaron notablemente y muchos autores izquierdistas vieron su obra publicada por primera vez. El auge petrolero de finales de los años setenta liberó incluso más fondos para la cultura. El precio de ello fue que Margarita, hermana del presidente, y Carmen Romano de López Portillo, su esposa, tuvieron la posibilidad de administrar las artes tanto como quisieron y, en ocasiones, obtuvieron resultados desastrosos. Pero el mundo intelectual prosperó como nunca antes. Se exhibía la obra de pintores, se publicaba la de escritores y a los académicos se les concedían becas para investigación. Como clase, los intelectuales vivían mejor en México que en Estados Unidos o Europa Occidental, moviéndose en círculos de influencia dentro del país y, con frecuencia, efectuando viajes al extranjero.

Como los intelectuales tenían poco interés de enfrentarse al gobierno, canalizaron su energía política hacia luchas entre sí, en torno a cuestiones abstractas de política exterior. El apoyo dado por López Portillo al régimen sandinista de Nicaragua y a los revolucionarios izquierdistas de El Salvador, así como sus amistosos nexos con Cuba, fueron aplaudidos cálidamente por el grueso de la intelectualidad de México. Para la mayoría, la lealtad hacia Cuba, Nicaragua y la revolución siguieron siendo artículos de fe que resistían los argumentos de la libertad política: en términos revolucionarios, Fidel Castro gozaba de infalibilidad y los intelectuales iban en tropel a La Habana, con toda la reverencia de una peregrinación a la Santa Sede. A su vez, Cuba aprendió a explotar esta lealtad, adulando a poetas, novelistas y pintores mexicanos —así como de otros países de América Latina—, prestándoles gran atención, invitándoles a la isla para dictar conferencias y reconociendo su obra al otorgarles premios.

A principios de los años setenta, algunos escritores mexicanos, entre otros Carlos Fuentes, quedaron desencantados ante la falta de libertad cultural en Cuba. Pero no criticaron en público al régimen de Castro, y adoptaron la posición de que la hostilidad de Washington había bloqueado la adopción de políticas más liberales. Pero hacia finales de 1970, un pequeño grupo de intelectuales empezó a dejar oír su voz contra Cuba y el "mito" de la revolución. Encabezado por Octavio Paz, cuyo idealismo socialista había sido erosionado primero por Moscú y después por La Habana, sostenía que no había nada que justificara la supresión de libertades en Cuba. Optó por ignorar el impacto de la política exterior de Estados Unidos e insistía en que Cuba meramente había sustituido la dictadura política de Batista por la de Castro y la dependencia económica de Estados Unidos por la "esclavitud" a Moscú. Tildó de sofisma el conocido razonamiento de que la democracia burguesa era un obstáculo para la "liberación" social y económica en un estado revolucionario. A principios de los años ochenta, después de la radicalización de la revolución nicaragüense, aplicó el mismo criterio a los sandinistas, y advirtió, con poca popularidad, que las guerrillas marxistas de El Salvador tenían instintos estalinistas.

La polarización entre estos puntos de vista fue tanta que no se presentó una discusión seria. La mayoría y la minoría se dieron a intercambiar epítetos, claramente excluyéndose unos a otros de las páginas de sus respectivas publicaciones o de la asistencia a sus conferencias y seminarios. Asimismo, acudieron a intelectuales latinoamericanos, europeos y estadunidenses como armas para su disputa. Muchos intelectuales latinoamericanos exiliados, así como Gabriel García Márquez, el colombiano ganador del premio Nobel que tiene casa en la ciudad de México, simpatizaban francamente con Cuba e incluían sus nombres al pie de declaraciones que criticaban la política de Estados Unidos. En ocasiones, se podía ver también la mano de Cuba. En 1982, el llamado Diálogo de las Américas, en la ciudad de México, cuya supuesta intención era unir a intelectuales latinoamericanos y estadounidenses para un intercambio libre de ideas, estuvo lleno de clichés antiestadunidenses, situación que llevó a García Márquez a desligarse de la reunión. Cuando el mismo grupo de intelectuales procubanos organizó un festival poético en Michoacán en 1983, Octavio Paz y sus amigos organizaron, con éxito, un boicot internacional contra el acto, publicando una lista de nombres importantes —incluyendo a Günter Grass, Czeslaw Milosz, Allen Ginsberg, Ted Hughes y Jorge Luis Borges— que no asistirían a él.

El obstáculo principal para las buenas relaciones entre Miguel de la Madrid y la izquierda intelectual fue la crisis económica heredada. El problema no era tanto que el rígido programa de austeridad produjera más penuria para los campesinos y obreros del país, como que no había fondos disponibles para amortiguar el impacto en el nivel de vida de los intelectuales. De la Madrid reconoció la necesidad de dar al gobierno una voz entre los intelectuales, y a los intelectuales alguna identificación con el gobierno: Reyes Heroles fue

nombrado secretario de Educación, el historiador Enrique Floresca-
no se hizo cargo del Instituto de Antropología y Flores Olea pasó a ser
subsecretario de Relaciones Exteriores. Pero la atonía produjo una
clara disminución en el número de obras literarias nuevas, venta de
pinturas y presupuestos universitarios: los sueldos de los profesores
de primera línea cayeron de 2 000 a 600 dólares al mes en menos de
dos años. Los intelectuales, al quedarse repentinamente sin recursos personales e institucionales, perdían un símbolo crucial de su
importancia.

Las perennes disputas dentro de la izquierda intelectual ayudaron a De la Madrid. En diciembre de 1983, un pleito en el equipo
editorial del periódico *Uno más Uno* hizo que un grupo de destacados periodistas e intelectuales abandonara el periódico, con recri-
minaciones de sectarismo y dogmatismo. Los disidentes formaron
un diario nuevo, *La Jornada*, que sería foro de "los más diversos
sectores de la sociedad", salvo aquellos dominados por "conservadurismo ideológico, comercialismo estrecho y alianzas extrana-
cionales", así como aquellos que publicaran en *Uno más Uno*.
Confiando que la recuperación de la economía permitiría un reacercamiento a este jurado intelectual, De la Madrid siguió financiando no sólo *Uno más Uno*, sino también *La Jornada* y otras
publicaciones intelectuales. La historia reciente sugería que los gobiernos que respetan la libertad intelectual para disentir pueden
contar con su respaldo para el sistema en general. En cierta ocasión, un secretario se quejó ante un grupo de economistas de izquierda: "No pueden agitar con la mano izquierda y cobrar con la
derecha." Pero, de hecho, hasta que los intelectuales mismos no
empiecen a cuestionar la idoneidad de su posición privilegiada en la
sociedad, ningún gobierno tiene motivo para temerles.

II

Estando las artes tan ligadas a la política, hay tres períodos clave en
la historia poscolombina de México que han dejado claras huellas
culturales. Durante cuatro siglos la influencia europea fue medular.
La cultura indígena subsistió en la población en general, pero el
mundo elitista de la escritura, la pintura, la música y la arquitectura
estuvo dominado primero por la España católica y, más adelante,
en el siglo XIX, por Francia e Inglaterra. Después, pasada la Revolución de 1910, el arte se tornó sumamente nacionalista y tercamente introvertido, rescató las raíces prehispánicas del país y empleó el

360

realismo social para reflejar los conflictos políticos contemporáneos. Por último, desde los años cincuenta, el desarrollo económico de México ha abierto a las artes a una influencia exterior más amplia, con frecuencia estadunidense. La expresión artística sigue siendo peculiarmente mexicana, pero es más libre que en épocas pasadas, capaz de desarrollar técnicas nuevas y abordar temas universales sin renunciar a México como fuente de inspiración.

En la música clásica es donde ha habido menos sincretismo. Y es en este renglón de las bellas artes donde México ha contribuido menos al mundo. La tradición prehispánica de la música religiosa popular subsistió después de la Conquista y, gradualmente, absorbió las melodías y los ritmos impuestos por los misioneros católicos. Siguió siendo una música sencilla, monótona y, en ocasiones, hipnótica, dominada por las percusiones y las flautas y destinada a acompañar danzas religiosas o de adoración. El concepto europeo de que la música se podía escuchar por sí misma sólo prendió en la aristocracia colonial. Pocas composiciones de la época sobrevivieron al cierre de los monasterios durante las reformas liberales de mediados del siglo XIX. Después de la Revolución, una nueva generación de compositores "nacionalistas", principalmente Silvestre Revueltas, Carlos Chávez, Manuel M. Ponce y José Pablo Moncayo, pretendieron incorporar una "fuerza autóctona" y crear una música clásica que resultara claramente mexicana. Para los años cincuenta, una fuerte reacción contra el contenido folklórico de su obra condujo a que la música clásica, la danza y la ópera en México siguieran, de nueva cuenta, a Europa y Estados Unidos.

Quizá porque se piensa que la música clásica es un mal instrumento para la propaganda política o quizá porque es raro que los músicos sean intelectuales activistas, ningún gobierno reciente ha manifestado interés por alentar la educación y la creatividad musicales. En cambio, los gobiernos han preferido patrocinar la música autóctona y regional y proyectar la imagen del país en el exterior por medio del Ballet Folklórico de México, que dirige Amalia Hernández. A finales de los años setenta, se gastaron cuantiosas sumas para traer a México a orquestas mundiales de primera línea, y la señora López Portillo formó una nueva orquesta, la Filarmónica de la Ciudad; pero el Conservatorio Nacional de Música de la capital tuvo que luchar mucho para permanecer abierto. El director de orquesta más importante del país, Eduardo Mata, obtuvo experiencia y reconocimiento saliendo de México y, más adelante, convirtiéndose en director permanente de la Orquesta Sinfónica de Dallas. Hoy día, no hay música clásica nueva claramente mexicana, ni ningún compositor mexicano de música universal tiene nombre.

En cambio, los mexicanos siempre se han expresado con facilidad, entusiasmo e imaginación por medio de la pintura, y su talento ha sido aclamado en el exterior desde hace mucho tiempo. En la época colonial, los pintores mexicanos estuvieron limitados por la tradición europea de los temas religiosos y los retratos, pero legaron muchas obras que antes cubrieron los muros de palacios e iglesias y hoy llenan sinnúmero de museos. En el siglo XIX, llegó también a México la nueva moda europea de pintar paisajes y escenas de batallas, lo que llevó a José María Velasco y sus seguidores a dirigirse a los valles y volcanes de su país y a la reciente guerra de Independencia en busca de inspiración. Pero su estilo fue siempre totalmente europeo.

Después de la Revolución, surgió por fin una corriente pictórica realmente mexicana, no sólo en razón de la adopción de los brillantes colores de la cultura popular y la tradición muralista de las civilizaciones prehispánicas, sino también por la contemplación de la historia de México y la vida cotidiana a través de una mirada nacionalista, revolucionaria y, con frecuencia, comunista. Los líderes de esta corriente —Rivera, Siqueiros y Orozco—, que emplearon sus óleos y murales para vilipendiar la brutalidad de los conquistadores españoles y sus aliados católicos y para dar un carácter romántico a los indígenas y campesinos del país, transformaron el mundo del arte. Estos inspiraron a otros pintores —Juan O'Gorman, Frida Kahlo, Pablo O'Higgins y Gerardo Murillo, conocido como "Dr. Atl", entre otros— que adquirieron importancia por derecho propio. En los años treinta, el mundo del arte reconoció también el talento extraordinario de José Guadalupe Posada, grabador prolífico y satírico que murió en la ruina en 1913. Por primera vez, el arte de México tenía influencia fuera de las fronteras del país: Rivera, Siqueiros y Orozco tenían discípulos en Estados Unidos y los tres recibieron invitaciones para pintar murales en ciudades norteamericanas.

El dogmatismo político y artístico de este movimiento fue tal que los pintores que se sintieron atraídos por estilos abstractos o puramente estéticos quedaron aislados de los demás. Rufino Tamayo, a la sazón joven pintor, procedente de Oaxaca, se sintió obligado a irse a Nueva York en 1936 y no volvió a radicar en México sino hasta treinta años más tarde, mucho tiempo después de que se hubiera reconocido su obra en Estados Unidos y Europa. Carlos Mérida, guatemalteco que llegó a México durante la Revolución, despreció también el realismo social y, por tanto, fue ignorado por el círculo de artistas militantes. Al parecer, en esa época, los únicos temas válidos eran los sacerdotes malos y los indios heroicos, los sombreros y rifles de la Revolución, los magueyes y los volcanes. Pero tanto Tamayo como Mérida vivieron más años que los tres grandes muralistas y, así, fueron testigos de la desaparición de la "cortina de maguey" que aisló al arte mexicano de la influencia externa.

Desde los años cincuenta, los pintores jóvenes empezaron a deshacerse de las restricciones heredadas de la Revolución. A diferencia de sus colegas músicos, no se lanzaron con violencia sobre los temas mexicanos; más bien, empezaron a acercarse a las formas y los colores de México con una nueva libertad. Desde entonces, la pintura mexicana ha florecido. Tamayo y el joven Francisco Toledo, ambos de Oaxaca, dieron vuelo a un surrealismo mágico y sensual, inspirado en los frutos y los animales de su estado natal. Mérida, que finalmente logró reconocimiento en su vejez, produjo telas abstractas que recuerdan el arte precolombino. Gunther Gerzso, otro pintor abstracto de gran talento, decía también tener influencia del arte precolombino y de los espacios dramáticos de los paisajes mexicanos. Los colores mexicanos —amarillos brillantes, rosas, azules y verdes— eran también evidentes en la obra de Pedro Coronel, Ricardo Martínez y Luis López Loza. En cambio, José Luis Cuevas, que se llamara a sí mismo el *enfant terrible* del arte mexicano, logró fama en París y abordó el tema universal de "la ansiedad y soledad del hombre actual" a través de dibujos y grabados de goyescas figuras deformadas.

Tras estos nombres hay varios miles —algunos calculan que unos 15 000— de pintores, grabadores y escultores que viven del arte en México. Asimismo hay docenas de museos y cientos de galerías comerciales sostenidas por el gobierno y, de manera indirecta, por los propios artistas. Las subastas especiales de arte latinoamericano en Sotheby Parke Bernet de Nueva York contribuyeron a despertar el interés por la pintura mexicana contemporánea en el extranjero y, concretamente, a inflar el precio de las obras de los pintores más conocidos del país. El *Niño con sandías* de Tamayo se vendió en 200 000 dólares en 1981 y muchas de sus obras normalmente llegan a valer unos 100 000 dólares; además hay coleccionistas e inversionistas dispuestos a pagar cifras de cinco dígitos por la obra de Cuevas, Toledo, Mérida y Gerzso.

El ciclo seguido por la arquitectura en México, en muchos sentidos, es paralelo al de la pintura. La tradición de la grandiosidad se remonta a la época prehispánica, cuando las pirámides y los templos eran refugios, e incluso piedras de paso simbólicas, de los dioses. Cuando éstos fueron arrasados durante la Conquista, los obreros indígenas fueron empleados inmediatamente para construir las magníficas iglesias y palacios de la Colonia. La esencia de ese estilo

—fachadas churriguerescas, gruesos muros de adobe, arcos y escalinatas finísimos, elegantes balcones sobre patios interiores y jardines ocultos— se conservó hasta que, a finales del siglo XIX, el dictador Porfirio Díaz pretendió reformar su prestigio con creaciones neobarrocas como el Palacio de las Bellas Artes y el nuevo edificio del Congreso, que, como en 1910 no se había terminado, se convirtió a la larga en el Monumento a la Revolución. Desde los años veinte, la arquitectura se ajustó al ánimo político de la época, y el estado construyó enormes edificios utilitarios, decorados con murales y esculturas populistas. Así, pues, la arquitectura, igual que la pintura, inició un período de innovaciones en los años cincuenta, logrando resultados dramáticos y excitantes al combinar muchos de los colores y las formas del México tradicional con las técnicas y los estilos modernos importados del extranjero.

Pedro Ramírez Vázquez fue el primero en romper el molde con el audaz uso de concreto armado para el diseño de los edificios de la Universidad Nacional, el Museo Nacional de Antropología y el Estadio Azteca. Al mismo tiempo, Luis Barragán desarrollaba un estilo nuevo para las residencias particulares, empleando espejos de agua, jardines ocultos, muros libres y colores insospechados para crear un concepto de espacio fresco. Sus obras más conocidas son las inmensas torres multicolores triangulares a la entrada de Ciudad Satélite, al norte de la ciudad de México. Estos dos hombres crearon corrientes con muchos seguidores, pero otros arquitectos jóvenes siguieron estudiando y viajando al extranjero en busca de ideas y técnicas. Los resultados se pueden ver en los estilos desordenados, muchas veces contrastantes, de distritos residenciales nuevos de la capital, como El Pedregal y Bosques de las Lomas, donde se manifiesta todo menos temeridad. Un enfoque nuevo para los edificios públicos, en el cual se usan cemento y fragmentos de mármol blanco y se contraponen muros pesados con ángulos y espacios, fue creado por Abraham Zabludovsky y Teodoro González de León, quienes diseñaron el edificio del INFONAVIT, El Colegio de México y el Museo Tamayo. El estilo moderno tiene ecos del México antiguo y toma cosas del pasado para asimilar el futuro.

La literatura mexicana, a diferencia de la pintura y la arquitectura, tuvo más problemas para liberarse de las limitaciones intelectuales impuestas primero por la religión y después por la Revolución. Hoy, de la época colonial, sólo siguen leyéndose las comedias de Juan Ruiz de Alarcón, español nacido en México, y la poesía amorosa de Sor Juana Inés de la Cruz, monja del siglo XVII, mientras que los poetas posmodernistas Ramón López Velarde y José Juan

Tablada se cuentan entre los pocos escritores no políticos que surgieron a comienzos de siglo. No fue sino hasta después de 1910 cuando aparecieron novelas importantes, *Los de abajo* de Mariano Azuela y *El águila y la serpiente* de Martín Luis Guzmán; pero tanto ellos como sus seguidores permanecieron hipnotizados por la Revolución. Un pequeño grupo de poetas, conocidos con el nombre de Los Contemporáneos, que comprendía a Xavier Villaurrutia, José Gorostiza y Salvador Novo, reaccionaron contra este fervor político en los años treinta, aunque no fue sino hasta después de la segunda Guerra Mundial cuando la épica cedió el paso a un tratamiento más sociológico, psicológico y, en ocasiones, surrealista de los temas contemporáneos.

El tema de México no fue abandonado. En los años cincuenta, Juan Rulfo produjo la novela *Pedro Páramo* y una serie de cuentos, *El llano en llamas*, ambas obras plenas de surrealismo mágico ubicado en el marco de la provincia mexicana. Carlos Fuentes, que ha pasado la mayor parte de su vida fuera de México y que quizá sea el autor nacional más conocido en el extranjero, escribe también primordialmente sobre México. Obtuvo reconocimiento con la novela *La región más transparente*, a la que siguió *La muerte de Artemio Cruz*, alegoría de la corrupción y el abandono de los ideales de la Revolución de 1910 y, en fecha más reciente, *Terra Nostra* y *La cabeza de la hidra*. Otros autores, entre ellos los poetas Carlos Pellicer y Jaime Sabines y los prosistas José Revueltas, Vicente Leñero, Jorge Ibargüengoitia, Gustavo Sainz y Carlos Monsiváis se aventuraron en ocasiones fuera de los temas francamente mexicanos. Quizá sólo la obra de Octavio Paz, Alí Chumacero, José Emilio Pacheco, Homero Aridjis y otros poetas se pueda considerar universal, pero incluso el impacto principal de Paz procede de una serie de ensayos políticos y filosóficos, como *El laberinto de la soledad*, *Posdata* y *El ogro filantrópico*, en lugar de su poesía erudita.

El autor más leído de México, Luis Spota, fallecido en enero de 1985, trata temas mexicanos de manera tan exclusiva que prácticamente se le desconoce en el exterior. Sus novelas normalmente vendían 50 000 o más ejemplares y, a mediados de los años setenta, encontró una fórmula para novelar el funcionamiento interno del sistema político mexicano. Como calculaba sus libros para que coincidieran con los momentos clave del ciclo político sexenal del país, incluso los diplomáticos extranjeros los usaron como textos básicos para entender el funcionamiento del sistema. Los colegas de Spota no le concedían importancia literaria, pero ninguno discutía la influencia política que tenían sus novelas. Su éxito —y el de otros novelistas de primera línea— subraya la importancia fundamental que tienen las novelas en una sociedad donde dominan el secreto, la discreción y la lealtad. Como la mayoría de los académicos, analistas políticos y periodistas no quieren —o no pueden— escribir con franqueza irrestricta sobre el gobierno o el sistema, el público mexicano se dirige a las novelas para entender la realidad. Como dijera un escritor: "Los periodistas usan la verdad para decir mentiras y los novelistas usan las mentiras para decir la verdad."

III

La gran calidad del arte y la literatura contrasta drásticamente con la mediocridad de los espectáculos para masas en el México de hoy. En un país donde el adulto recibe un promedio de cinco años de instrucción escolar, las implicaciones de esta situación son ominosas. Los sucesivos gobiernos, reconociendo los nexos entre la cultura y el nacionalismo, han destinado muchos recursos a las bellas artes. No obstante, han descuidado los espectáculos para masas, dejando las mentes y los corazones de la mayor parte de la población en manos de la explotación comercial. Así, aunque la cultura mexicana está bien conservada en museos, galerías y librerías, en los hogares del país la revolución de los medios de comunicación de masas está diezmando los valores tradicionales. Los espectáculos populares, en lugar de ser ruedo para la creatividad mexicana, se han convertido en una ancha vía para la penetración cultural de Estados Unidos.

El legado de los diversos pasados de México —prehispánico, colonial y revolucionario— es tan fuerte que todavía sobrevive una cultura folklórica clara, sobre todo en la comida, los trajes, la música y las artesanías de la provincia. Este antiguo México típico es el que las nuevas clases medias y pobres urbanas están sustituyendo, cada vez más, con diversiones importadas, más agresivas y consumistas. El problema no se deriva tanto de la desaparición del folklore como de que no ha surgido una nueva cultura popular auténticamente mexicana. Tanto el gobierno como la élite cultural comparten la responsabilidad. Los intelectuales de izquierda que denuncian a la televisión comercial con presteza, desdeñan también el uso del medio para llegar a más público. Y cuando Octavio Paz celebró su septuagésimo cumpleaños en 1984 con una serie de entrevistas televisadas que tocaron toda una gama de temas, se le acusó de haberse vendido a Televisa. De igual manera, el gobierno no ve contradicción alguna en financiar periódicos y revistas leídos por una minoría elitista y permitir que los intereses comerciales ofrezcan una prensa amarillista, historietas ilustradas y fotonovelas que son leidos por millones de personas.

Lo que lee el mexicano común y corriente se dirige a su morbosidad o a su sentimentalismo, rara vez a su inteligencia. Dos publicaciones semanales, *Alarma* y *Alerta*, de las cuales se vende casi un millón de ejemplares, se concentran en la cobertura de crímenes violentos. Por los años setenta, la revista *Alarma* publicaba una fotonovela en la cual se representaban los crímenes más depravados; *Casos de Alarma*, como se llamaba, vendía 1.2 millones de ejemplares a la semana antes de que el gobierno la clausurara finalmente. Infinidad de folletines más, que tienen gran circulación, contienen relatos de violencia, drogadicción, prostitución y corrupción, que son transmitidos por medio de dibujos o fotografías y dirigidos, principalmente, a los hombres semialfabetizados de los barrios bajos urbanos. El mismo formato es empleado por las revistas románticas ilustradas, compradas por sirvientas y otras mujeres urbanas pobres. La que ha tenido más éxito durante más tiempo es *Lágrimas y risas,* pero muchas otras, que emplean un vocabulario de apenas 300 palabras, se centran en los conocidos temas del sexo, los romances, la traición y la tragedia.

Se ha sostenido el argumento de que los 70 millones de revistas ilustradas y fotonovelas que se venden al mes representan una etapa importante del paso de la población del analfabetismo al alfabetismo. El gobierno ha adoptado ese formato para difundir programas de planificación familiar y nutrición, y Eduardo del Río, talentoso caricaturista político, conocido por el seudónimo de Rius, ha empleado también la técnica de las tiras cómicas para explicar a Marx y a Lenin ''para principiantes''. Pero la gran mayoría de estos folletines tienen el efecto contrario. En lugar de despertar la conciencia, funcionan dentro de los confines de la cultura existente de los lectores, reforzando ''ideales'' como el dominio del macho, la obediencia de la mujer, la admiración por el dinero y el respeto por las autoridades y, con igual rigidez, eluden cualquier sugerencia de comentarios políticos o sociales o de disensión.

El gobierno tiene una responsabilidad más directa en el estado lamentable de la industria cinematográfica de México, ya que no sólo es dueño de los principales estudios y salas de cine del país, sino que controla también el Banco Cinematográfico, que proporciona el financiamiento de la mayoría de las producciones. La degeneración de la industria quizá sea más notoria ahora puesto que, a finales de los años treinta y parte de los cuarenta, el cine mexicano tuvo una

367

época de oro. Algunas películas eran ampliamente didácticas, relataban la aparición de la virgen de Guadalupe y las hazañas de Emiliano Zapata, Pancho Villa y otros héroes revolucionarios. Muchas eran emocionantes melodramas musicales sobre algún charro mexicano. En esta etapa, la industria produjo también infinidad de figuras que tuvieron importancia fuera de México: el conocido camarógrafo Gabriel Figueroa, quien fotografió varias películas de Luis Buñuel, que entonces vivía en México; los directores Emilio Fernández, Julio Bracho y Fernando de Fuentes; las actrices Dolores del Río y María Félix; los actores Pedro Armendáriz y Mario Moreno, conocido como Cantinflas; y los cantantes Jorge Negrete y Pedro Infante.

La industria se benefició con la escasez de películas divertidas —no de propaganda— de Estados Unidos y Europa durante la segunda Guerra Mundial, y las películas mexicanas también adquirieron popularidad en otras partes de América Latina. Pero, hacia los años cincuenta, cuando Hollywood volvía a dar forma a los gustos cinematográficos en todo el mundo, las viejas películas de charros perdieron su atractivo. Las productoras particulares enfrentaron nuevos problemas financieros y laborales y, para finales de los años cincuenta, el gobierno intervino y le compró los inmensos Estudios Churubusco a la familia Azcárraga. No hubo un renacimiento después de ello, y en los años sesenta, los equipos cinematográficos de México estuvieron ocupados, principalmente, en las películas extranjeras que se filmaron en el país, entre ellas todo un género de películas de vaqueros realizadas en el desierto de Durango. La escasa calidad de las películas exhibidas en México reflejaba también el temor que tenía el gobierno de una subversión política y moral. La censura era rígida y sólo los entretenimientos corrientes y banales eran considerados adecuados para las masas.

Con Echeverría hubo un breve resurgimiento entre 1970 y 1976. Nombró a su hermano Rodolfo, actor profesional, director del Banco Cinematográfico y le dio muchos recursos. Películas que llevaban muchos años enlatadas como *La Rosa Blanca* (que relata la expropiación de las compañías petroleras extranjeras con un tono claramente nacionalista y antiestadunidense) fueron presentadas al público y una nueva generación de directores —entre ellos Felipe Cazals, Gustavo Alatriste, Paul Leduc, Alberto Isaac, Arturo Ripstein y Alfonso Arau— pudieron abordar temas políticos y sociales que habían sido considerados sumamente delicados. El mismo Echeverría les invitó ''a producir grandes temas humanos y a participar en la crítica social'', y prometió ''decir gracias y adiós'' a los productores comerciales que habían dominado en el pasado.

La industria respondió con entusiasmo. Las películas nuevas hacían burla de la hipocresía de las costumbres familiares y ridiculizaban el paternalismo corrupto del partido en el poder. Otras trataban el tema de la vida miserable de los barrios pobres y unas cuantas llegaron a incluir escenas sexuales desusadamente francas. La versión filmográfica presentada por Leduc del libro de John Reed, *México insurgente*, era una nueva interpretación de la Revolución mexicana, presentada como un conflicto, muchas veces caótico, entre bandas, en lugar de ser una lucha épica entre el bien y el mal. Cazals fue incluso más atrevido: en *Canoa*, revivió un incidente ocurrido en 1968 cuando un sacerdote católico conservador incitó a campesinos fanáticos a que lincharan a un grupo de estudiantes izquierdistas; en *El apando* expuso la violencia de la vida dentro de Lecumberri, notoria cárcel de la capital —ahora cerrada—. La *nouvelle vague* demostró, para asombro de muchos críticos, que el estado podía hacer películas críticas y serias, evitando el esoterismo intelectual y, en muchas ocasiones, éxitos de taquilla.

Esta explosión de creatividad duró muy poco. Terminó con la instalación del gobierno de López Portillo. En 1976, la hermana del presidente, Margarita López Portillo, nombrada directora general de Radio, Televisión y Cinematografía, retiró el apoyo oficial a aquellas películas que ella consideraba disolutas, en términos morales o políticos. No ofreció ninguna política alternativa y diezmó a la industria con la contratación y el despido de seis directores del Banco Cinematográfico en igual número de años. El resultado fue que los antiguos productores particulares llenaron el vacío que dejaba el gobierno y volvieron a producir películas sumamente triviales. Una cantidad considerable —35 por ciento, según un cálculo— trataban el problema de la migración ilegal a Estados Unidos y estaban dirigidas a los públicos mexicanos y chicanos del suroeste de Estados Unidos. Otras eran meros vehículos de excitación sexual. Como los "nuevos" directores telentosos no pudieron encontr[ar] trabajo en el país, en todo el gobierno de López Portillo no se p[ro]dujo ni una sola película nacional digna de mención.

En 1982, después del cambio de gobierno, De la Madrid n[ombró] director del nuevo Instituto de Cinematografía al director[ ] Isaac, encargándole rescatar a la industria. Ésta enfrenta[ba proble]mas tanto de cantidad como de calidad. Por ley, cuand[o]por ciento de las películas exhibidas deben ser mex[icanas; en la] práctica, el promedio se acercaba más al 10 por ci[ento, la] mayoría de ellas de una categoría ínfima y sin ning[ún atractivo para] los públicos de clase media y alta. Es más, habí[a pocos recur]sos disponibles para la superación de las pelícu[las] económica. El instituto empezó por alentar a los pequeños productores independientes y por darles acceso a las salas grandes. Para demostrar la nueva preocupación por la calidad, proporcionó la mitad de los 3 millones de dólares de financiamiento para la versión fílmica dirigida por John Houston de la novela clásica de Malcolm Lowry, *Bajo el volcán*. Sin embargo, la actividad principal de la industria siguió siendo el proporcionar técnicos y estudios a los productores estadunidenses y europeos que, sólo en 1983, filmaron alrededor de veinte películas en locaciones mexicanas. En un futuro próximo, el público cinéfilo del país no tendría más opción que ver películas extranjeras, principalmente estadunidenses.

El éxito de las películas de charros de los años treinta y cuarenta se debió a la extraordinaria popularidad que tenía la música mexicana entonces: muchas películas eran meramente vehículos para los cantantes Jorge Negrete, Pedro Infante y Javier Solís. También éste fue un fenómeno nuevo. Hasta principios de siglo, la música popular mexicana había estado en gran parte en función de los festivales religiosos e indígenas y no era conocida en el extranjero. Durante la Revolución, los corridos y la música ranchera fueron empleados para cantar los acontecimientos de la vida en el frente de combate. No fue sino hasta que llegó la radio, a finales de los años veinte, cuando la música de una zona se pudo oír en todo el país. La invasión de la ciudad de México por parte de la música de mariachis de Guadalajara empezó poco tiempo después. El compositor más importante de la época, Agustín Lara, ofreció las canciones más románticas, poéticas y melódicas de Veracruz, su estado natal. En Yucatán, otro cantante y compositor, Guty Cárdenas, sumó los boleros sentimentales al acervo musical. La cultura popular de México no había tenido tanta influencia nunca antes. Aunque el país no manifestaba ningún interés político por el resto del continente, los latinoamericanos cantaban canciones mexicanas y veían películas mexicanas.

La música popular mexicana se ha estancado desde los años cincuenta: los mismos estilos e incluso las mismas canciones se han venido repitiendo durante cuatro décadas y la mayor parte de la música "nueva" imita la rumba caribeña, el *rock* estadunidense o la música de protesta de Argentina y Chile. Los músicos echan la culpa de lo anterior a las estaciones comerciales de radio y a las compañías disqueras. Desde el principio, en México, se consideró que la radio era principalmente un medio publicitario, y, una vez entrada una fórmula con éxito, al parecer no era necesario alentar innovación musical. Hoy día, las estaciones de radio, estrechamente ligadas a las compañías discográficas, transmiten música estadunidense para los públicos de clase media, y música de mariachi y tropical o salsa para los públicos pobres. El gobierno, tan sólo interesado en controlar estrechamente las transmisiones de noticias, no ha reconocido que la música popular es una expresión importante de identidad nacional para la población en general.

La incapacidad del gobierno para entender la dinámica de los espectáculos de masas es más flagrante en el manejo de la televisión que en cualquier otro aspecto. La televisión —y particularmente Televisa, el cuasimonopolio— se ha convertido en la secretaría de Cultura del país, su secretaría de Educación y su secretaría de Información. Está cambiando los patrones de consumo, los modelos sociales, el lenguaje cotidiano y las opiniones políticas. Como el niño promedio pasa más horas ante un televisor que en un aula, los gustos y los valores de las generaciones futuras están siendo conformados más por los publicistas que por el gobierno, los profesores o la familia. Se están despertando expectativas materiales entre 30 ó 40 millones de telespectadores regulares que nunca podrán ser satisfechas. Sin embargo, el estado no ha podido reconocer la revolución sociocultural que se ha iniciado.

La televisión empezó como negocio cuando el gobierno de Alemán repartió las primeras concesiones a familias adineradas establecidas y no retuvo papel alguno para el gobierno: en 1950, la familia O'Farrill, propietaria del grupo periodístico *Novedades*, inauguró el canal 4; en 1952, la familia Azcárraga, compuesta por líderes del mundo de la radio y el cine, fundó el canal 2; y ese mismo año, Alemán dio la concesión del canal 5 a su propia familia. En 1955, las tres compañías formaron Telesistema Mexicano, y cada uno de los canales se dirigió a un grupo cultural y económico diferente. El gobierno no vio ninguna amenaza política en este monopolio. Los ricos accionistas de Telesistema no estaban interesados en criticar al régimen, y Emilio Azcárraga, que llegó a dominar la compañía, evitó inicialmente los riesgos políticos de las transmisiones de noticias y contrató a *Excélsior* para que éste pasara sus noticias al aire. En 1958, el gobierno dio permiso al Instituto Politécnico Nacional, organismo semiautónomo, de inaugurar el canal 11 para transmisiones culturales, pero en la realidad a éste le faltaban los recursos necesarios para producir buenos programas e incluso para enviar su señal más allá de un pequeño radio en torno a la capital.

A principios de los años setenta, el gobierno tomó una parte más directa en la televisión. Telesistema siguió siendo políticamente leal al gobierno, pero sus valores parecían chocar con el nacionalismo cultural alentado por la administración de Echeverría. En 1972, el gobierno compró el canal 13, estación fundada tan sólo cuatro años antes por Francisco Aguirre, propietario de centros nocturnos que había quebrado tratando de competir con Telesistema. De inmediato, el canal 13 construyó costosos estudios nuevos en las afueras de la ciudad y reclutó a intelectuales de izquierda para que presentaran una programación de calidad. No obstante, pocos tenían experiencia anterior en el medio y muchos de ellos se molestaron ante la estrecha censura ejercida por la secretaría de Gobernación. Sus aburridos programas captaron poco público y, pronto, los inteletuales abandonaron el experimento.

Mientras tanto, la televisión comercial florecía. En 1973, Telesistema cambió su nombre por el de Televisa, después de absorber al canal 8, fundado por el Grupo Monterrey a finales de los sesenta. El control del mercado estaba asegurado por medio de su programación de música, deportes, telenovelas y toda una gama de series de vaqueros, comedias y policías compradas en Estados Unidos. Televisa, dirigiéndose a las clases medias, fundó Cablevisión, S.A., para introducir programas de la red de Estados Unidos a los hogares mexicanos. En el extranjero había una fuerte demanda de programas mexicanos, y Televisa exportaba sus telenovelas a toda América Latina y creó la Spanish International Network (SIN) para llevar sus programas a los públicos hispanoparlantes de Estados Unidos. Emilio Azcárraga, hijo, que sucedió a su padre a principios de los años setenta, como propietario del Estadio Azteca y principal accionista de Televisa también fue un beneficiario seguro de la decisión de México de ser anfitrión del campeonato mundial de futbol de 1986. Las cuentas de Televisa siguieron siendo un secreto celosamente guardado, pero la clave de su éxito era obvia: dar a los televidentes lo que querían y tener frecuentes cortes para comerciales.

Azcárraga no tiene ningún escrúpulo en declararse miembro del gobernante PRI y aclarar que su "único jefe es el Presidente de la República". Los programas que son demasiado explícitos en términos políticos o sexuales, automáticamente se sacan del aire; los programas de noticias son objeto de una estrecha censura y las discusiones de temas sociales se transmiten cerca de la medianoche. Pero el desastre que golpeó al canal 13 cuando cayó dentro del imperio de Margarita López Portillo entre 1976 y 1982 amenazó a Televisa indirectamente. La hermana del Presidente contrató y despidió a una serie de amigos corruptos y acólitos obsequiosos que ocuparon el puesto de director general de la estación —siete en sólo seis años— y el caos consecuente subrayó el dominio de Televisa en el mercado: sus canales captaban el 96 por ciento del público.

Las críticas a Televisa aumentaron en círculos de intelectuales y algunos del gobierno. La queja principal era que Televisa estaba "desnacionalizando" al país al presentar el estilo de vida de Estados Unidos como nuevo ideal que se podía alcanzar por medio de un consumo obsesivo. La mayoría de las telenovelas se refieren a familias irrealmente ricas; las caricaturas, series policiacas y películas exhibidas en la televisión mexicana están hechas en Estados Unidos y reflejan la vida en ese país; y hay estudios que indican que los personajes de la televisión preferidos por los niños son Superman, Spiderman y Batman, y por las niñas la Mujer Maravilla. En México el futbol americano y el beisbol tienen más tiempo de transmisión que el futbol soccer. Como están en manos de compañías publicitarias estadunidenses, alrededor de la mitad de los modelos usados para la televisión tienen aire norteamericano o europeo, inclusive hay muchas rubias de ojos azules y seductoras. En un país donde menos del 5 por ciento de la población tiene sangre caucásica pura, el mensaje es que las cosas marchan mejor para los "extranjeros" blancos, de pelo rubio, que para los chaparros y morenos mexicanos. La publicidad se concentra también en productos que no son esenciales, como las bebidas alcohólicas, la cerveza y los cosméticos y, en el caso de los niños, en dulces, pastelillos, chicles y refrescos que tienen un valor nutritivo mínimo.

En junio de 1981, el Instituto Nacional del Consumidor, organismo del gobierno, aplicó una prueba a 1 800 niños de la ciudad de México que cursaban la escuela primaria, midiendo sus conocimientos comparativos sobre la "realidad de la televisión" y la "realidad nacional" y los resultados fueron impresionantes. Los niños, que según se encontró pasaban cada año un promedio de 1 460 horas ante el televisor en comparación con 920 horas en la escuela, respondieron acertadamente al 73 por ciento de las preguntas relacionadas con la televisión y a sólo el 38 por ciento de las preguntas referentes al país. Por ejemplo, el 92 por ciento sabía que el gansito empleado para anunciar unos pastelillos de chocolate decía "recuérdame", y sólo el 64 por ciento identificó al padre Miguel Hidalgo como autor de la frase "¡Viva la Independencia!"; el 96 por ciento reconoció a los personajes de las caricaturas de la televisión, pero sólo el 19 por ciento reconoció a los últimos emperadores aztecas; el 98 por ciento identificó a Superman, mientras que sólo el 33 por ciento sabía quién era Emiliano Zapata; el 96 por ciento reconoció a un personaje de la televisión local, mientras que sólo el 74 por ciento supo el nombre del Presidente López Portillo, que gobernaba entonces; y el 77 por ciento identificó la marca de los chicles Adams, mientras que sólo el 17 por ciento reconoció el Monumento a la Revolución. Asimismo, era mayor el número de niños que sabían los horarios de los programas de televisión que las fechas de festividades religiosas, inclusive Navidad.

En la cúspide de la crisis financiera de México, en agosto de 1982, Azcárraga se enteró de que se estaba presionando a López Portillo para que nacionalizara la televisión —cancelando las concesiones de Televisa— en su último Informe Presidencial, el primero de septiembre. Se dice que Azcárraga, hombre fogoso y franco, se enfrentó a López Portillo, quien, habiendo perdido el elemento sorpresa, negó su intención. Pero después de que el Presidente empleó la ocasión para declarar la nacionalización de la banca privada, los intelectuales y políticos de izquierda desataron nuevamente una campaña para que se expropiara Televisa, sosteniendo que era el principal enemigo político y cultural del estado. A su vez, Azcárraga dividió muchas de las funciones de producción, grabación y edición de Televisa, formando compañías independientes, con objeto de protegerlas en caso de expropiación.

El propio Azcárraga piensa que la cultura y la educación son responsabilidad del gobierno, pero ha respondido a las amenazas a su imperio mediante el patrocinio de más programas educativos. A finales de los años setenta, el formato de la telenovela se empleó con gran éxito para difundir programas gubernamentales para la planificación familiar. Televisa y el Children's Theater Workshop han convertido "Sesame Street" en "Plaza Sésamo" para difundir los valores familiares tradicionales entre los niños latinoamericanos. Al tenor de un convenio con la secretaría de Hacienda, el canal 2 transmitió una serie nocturna de conciertos, óperas y obras teatrales. Después de que la crisis financiera de 1982 afectó los ingresos del Canal 8, Televisa creó un nuevo canal cultural, que no contiene publicidad, y trabaja estrechamente con la Universidad Nacional, reducto de los izquierdistas que critican a Azcárraga. Por último, cuando el tambaleante Grupo Alfa ya no podía sostener el Museo Rufino Tamayo, Televisa se hizo cargo de su administración y atrajo a multitudes sin precedente a las exposiciones de Picasso, Matisse, Diego Rivera y David Hockney, por medio de una intensa campaña publicitaria en televisión. Incluso en la empresa de llevar las bellas artes a las masas, Televisa demostró ser más eficaz que el gobierno.

La incapacidad del estado para competir con Televisa refleja su anticuada concepción del país. México se ha convertido en una nación de televidentes, e incluso los espectadores semialfabetizados más pobres son receptores de los complejos estímulos de los programas y la publicidad. La televisión es ahora la principal influencia en las actividades culturales, políticas y económicas de la población en general. La responsabilidad tradicional del gobierno para transformar la sociedad está siendo desafiada por Televisa que, en muchos casos, predica valores que están en conflicto con los proclamados por el régimen. Incluso en el estrecho campo de la política partidista y electoral, el PRI gobernante tiene todavía que aprender a usar la televisión de manera efectiva como vía para llegar a las clases medias urbanas desencantadas.

¿Cómo debe responder? El estado ha demostrado, con el canal 13, que no puede competir con Televisa y que está poco preparado para dirigir un sistema de televisión nacionalizada. Y tiene libre acceso al 12.5 por ciento del tiempo de transmisión de Televisa para programas culturales, educativos y de interés público, pero rara vez ha llenado su cuota. En privado, algunos políticos sostienen que las triviales telenovelas y programas similares contribuyen a la estabilidad, pues distraen la atención alejándola de los problemas sociales. "Es mejor sacar lágrimas con telenovelas que con gases —dijo un político, y añadió—: Si la nana mantiene a los niños tranquilos, ¿para qué cambiarla?" Pero otros funcionarios se sienten impotentes ante Televisa, como si todo el país corriera adelante del sistema. En el pasado, la élite política e intelectual podía definir el papel de la cultura en la sociedad porque no enfrentaba mucha competencia. Hoy día, aumenta la contradicción entre el compromiso que tiene el gobierno con el nacionalismo cultural en las bellas artes y su renuncia a una cultura popular que está cada vez más distanciada de México. Pero no ha encontrado ningún camino que le permita manejar el dilema.

16. "Y TAN CERCA DE ESTADOS UNIDOS"

I

La asimetría del poder determina la forma en que México y Estados Unidos se ven el uno al otro. Las diferencias de historia, religión, raza e idioma contribuyen a complicar su relación, contrastar su forma de hacer las cosas, ampliar la brecha de comprensión que los separa. Pero todas estas variables quedan eclipsadas por el singular e ineludible hecho de que un vulnerable país en desarrollo comparte una frontera de más de 3 000 kilómetros con la potencia más rica e importante del mundo. Cuando se enfrenta a su vecino del norte, la historia le ha enseñado a México que tiene pocas defensas.

La contigüidad con Estados Unidos ha producido un trauma psicológico permanente. México no puede aceptar el hecho de haber perdido la mitad de su territorio a manos de Estados Unidos, que Washington intervenga constantemente en sus asuntos políticos, que Estados Unidos tenga asida su economía y que haya cada vez una mayor penetración cultural por parte del estilo de vida estadounidense. Asimismo, no puede evitar que estas intervenciones ocurran, e incluso ocasionalmente se ve afectado por medidas que se adoptan en Washington sin tener a México en mente. Tampoco ha podido convencer a Washington de que le preste atención especial. Intencionadamente o no, México ha sido blanco del desdén y olvido de Estados Unidos y, sobre todo, ha sido víctima de la penetrante desigualdad de la relación.

El prisma emocional de derrota y resentimiento a través del cual México analiza todo problema bilateral no es meramente legado de las injusticias que no ha perdonado del pasado. Los problemas contemporáneos —migración, comercio, energéticos y créditos— implican también el choque de intereses nacionales contrarios y México se acerca a la mesa de negociaciones sintiendo profundamente ser tan dependiente del crédito estadunidense, de la inversión estadunidense, de los turistas estadunidenses e incluso de la comida estadunidense. La buena fe no podría suprimir estas contradicciones, y las tensiones subyacentes se mantienen vivas con la expectativa de México de que será tratado de manera injusta. Sus peores temores se ven confirmados con bastante regularidad como para que las relaciones estén nubladas por la suspicacia y la desconfianza. Como se dice: "¿Qué haríamos sin los gringos? Pero nunca hay que darles las gracias." México debe depender de su vecino, pero no puede confiar en él.

En cierto sentido, esta posición es una máscara mexicana más que mantienen puesta los políticos e intelectuales. El vivir junto a Estados Unidos ha dado a México oportunidades económicas y le ha permitido ahorrar en gastos de defensa. (La incapacidad de México para defenderse militarmente ante Estados Unidos es útil también políticamente: ha reducido la necesidad de que el país tenga un ejército numeroso y, por tanto, ha contribuido a la estabilidad política interna). Son pocos los mexicanos que manifiestan hostilidad hacia los estadunidenses como individuos y muchos admiran abiertamente las virtudes estadunidenses —sobre todo la honradez, la eficiencia y la democracia— que parecen faltar en México. Las clases medias de México, que van en aumento, adoptan con entusiasmo los patrones de consumo de Estados Unidos, se aseguran de que sus hijos aprendan inglés y, cuando pueden, se van de vacaciones a Estados Unidos. Los mexicanos más pobres pasan en gran cantidad por la frontera del norte, introduciéndose a una tierra extraña que les ofrece la esperanza de encontrar el trabajo que no les brinda su país. No hay consenso: no hay una imagen única que capte la forma en que los mexicanos ven a Estados Unidos.

La ambivalencia es aun más profunda. El nacionalismo e incluso el antiamericanismo también son subproductos naturales que se derivan de la relación, y le sirven a México lo mismo como respuesta agresiva contra el pasado que como escudo defensivo contra el presente. No es una reacción ideológica. Los sucesivos gobiernos, ya sea que se inclinen a la izquierda o al conservadurismo, se han sentido obligados a articular una postura nacionalista, no sólo para camuflar un sentimiento profundo de frustración e impotencia ante la dependencia de México, sino también como un modo de fortalecer el sentido de identidad nacional. El nacionalismo es un fenómeno introspectivo que no puede evitar actos poco amigables por parte de Estados Unidos, pero que permite al país soportar los golpes. Perpetúa la creencia de que Estados Unidos tiene una deuda histórica con México, lo cual le permite ignorar los "favores" y despotricar contra las ofensas estadunidenses sin que haya represalias costosas.

No obstante, el nacionalismo emocional de México está también templado por el realismo. Éste reconoce que necesita tener buenas relaciones con Estados Unidos y que no puede correr el riesgo de las repercusiones económicas y políticas que podrían surgir de la alienación de Washington. Sabe que un México estable y próspero sirve a los mejores intereses de Estados Unidos, pero también entiende que su autonomía está limitada: en términos económicos, caería en el caos si Estados Unidos, aunque fuera de manera indirecta y extraoficial, alentara un boicot de créditos, comercio o inversiones; y, en términos políticos, podría quedar desestabilizado si Washington definiera a algún régimen mexicano como amenaza para la seguridad nacional de Estados Unidos. En la práctica, su nacionalismo debe ser un ritual controlado, en gran medida limitado a la retórica y a manifestaciones ocasionales de independencia en la política exterior.

Conscientes de las reglas básicas de su relación, de la necesidad de tener tratos el uno con el otro, todos los días, sobre infinidad de temas diferentes, a diversos niveles, y de su interés común por conservar una relación estable, los dos gobiernos —o incluso los dos países— siguen sin poder comunicarse en forma efectiva. México quizá llegara a aceptar su dependencia de Estados Unidos si sintiera que era respetado. Como Estados Unidos es poderoso, no puede entender la obsesión de México por el respeto. Con demasiada frecuencia, los dos gobiernos hablan sin tomar en cuenta al otro. Cuando los Presidentes o políticos mexicanos se dirigen a públicos estadunidenses, hablan invariablemente empleando términos conceptuales y filosóficos, casi implorando respeto y comprensión, en lugar de exigir concesiones en asuntos específicos. Por otra parte, los funcionarios estadunidenses rara vez captan la dimensión psicológica de la relación e ignoran los gritos nacionalistas de México que piden atención y, en cambio, prefieren centrarse en los asuntos concretos que, según ellos, definen el estado de las relaciones. Ambos países comparten la sensación de que están condenados a vivir lado a lado.

II

La relación siempre ha sido unilateral. Estados Unidos obtuvo su independencia casi cincuenta años antes que México y, con ello, ayudó a que los mexicanos se concibieran a sí mismos como nación a finales del siglo XVIII. En la confusión política que siguió a la independencia de México en 1821, la nueva república era demasiado débil para evitar que Estados Unidos tomara Texas, Nuevo México, Arizona y California en 1848. Pero, a menos de dos decenios de que Estados Unidos hubiera definido así la forma de su vecino, México se dirigió a Washington en busca del apoyo militar y político que necesitaba para derrocar al emperador Maximiliano y para sacar del país a las fuerzas francesas. La sensación de que el destino de México estaba en manos de Estados Unidos alimentó profundas inseguridades. Incluso el general Porfirio Díaz, dictador conservador, históricamente considerado pro estadounidense porque les abrió la puerta a los empresarios yanquis, más adelante alentó la inversión de Francia e Inglaterra para contrarrestar el control de la economía por parte de Estados Unidos. (Muchos adjudican a Díaz el lapidario comentario: ''¡Pobre México, tan lejos de Dios y tan cerca de Estados Unidos!'') Hace un siglo, el gobierno aprendió a hacer juegos malabares con las ventajas y los peligros que implica vivir junto a Estados Unidos. Desde entonces, las relaciones de México con el mundo —y muchas veces las relaciones internas— han estado en función de sus relaciones con Estados Unidos.

La Revolución no le resolvió estas dudas sobre sí mismo, pero la idea de que Estados Unidos planteaba una amenaza permanente para la independencia política, económica y cultural de México pasó a ser un ingrediente importante en una identidad nacional nueva y más fuerte. En el norte, no hubo mayor reconocimiento de este hecho. El papel desempeñado por el embajador de Estados Unidos, Henry Lane Wilson, en el derrocamiento del primer gobierno revolucionario de Francisco I. Madero en 1912, dejó un profundo resentimiento. Cuando en 1914 el Presidente Wilson envió tropas para ocupar el puerto de Veracruz, creyendo que ayudaba a los contrincantes de la dictadura de Huerta, los rebeldes bajo el mando de Carranza exigieron que se retiraran por considerar que la ''ayuda'' estadunidense era simplemente una intervención más. Sólo dos años después, las tropas estadunidenses retornaron para perseguir a Pancho Villa. La disputa con las compañías petroleras extranjeras fue una llaga abierta en las relaciones durante las dos décadas siguientes, si bien el motivo principal para su expropiación en 1938 no fue un conflicto salarial, sino la forma insultante y arrogante en que ellas negociaron con el Presidente Cárdenas. La suposición de que México no podía esperar respeto por parte de Estados Unidos vino a ofrecer una justificación permanente —aunque implícita— del nacionalismo.

Durante el cuarto de siglo que siguió a la segunda Guerra Mundial, México reprimió sus sentimientos hacia Estados Unidos en aras de alentar el desarrollo económico interno y de evitar cualquier apariencia de participación en la guerra fría. Pero mantuvo vivo un sentido de orgullo siguiendo una política exterior simbólicamente independiente en América Latina. En una época en que su dependencia económica de Estados Unidos aumentaba en razón de la inversión, el comercio y el turismo, México fue el único país de América Latina que se negó a firmar un pacto de ayuda militar con Estados Unidos. Asimismo, México rechazó la ayuda económica directa a causa de las condiciones políticas que generalmente van unidas a ese tipo de ayuda y nunca aceptó a los voluntarios del cuerpo de paz ofrecidos al tenor de la Alianza para el Progreso. Incluso Díaz Ordaz, que quizá fue el Presidente más anticomunista desde la Revolución, se vio obligado a templar su proamericanismo instintivo.

Cuando, en 1970, el Presidente Echeverría alentó el nacionalismo, como respuesta a problemas políticos y económicos internos, volvieron a surgir los sentimientos latentes de México por Estados Unidos. Había motivos específicos —la sobretasa del 10 por ciento sobre las importaciones impuesta por el gobierno de Nixon en agosto de 1971 fue un serio golpe para las exportaciones mexicanas—, pero Echeverría, al igual que muchos Presidentes mexicanos entrantes, buscaba también una relación diferente. "Resulta inexplicable, de todas formas, que la audacia e imaginación de Estados Unidos para resolver complejos problemas con sus enemigos no sea empleada para solucionar sencillos problemas con sus amigos", dijo ante el Congreso de Estados Unidos en 1972. En privado, trató de convencer a Washington de que su retórica reformista pretendía neutralizar a los izquierdistas del país y, por consiguiente, era para bien de Estados Unidos. Incluso los esfuerzos de México por disminuir su dependencia de Estados Unidos por medio de un acercamiento más estrecho al Tercer Mundo y otros bloques de poder, al parecer, pretendían requerir que Washington prestara más atención a México. Pero no se logró ningún avance psicológico. La frustración de Echeverría y la impaciencia de Washington aumentaron constantemente y las sospechas mutuas vinieron a quedar intactas.

Cuando México descubrió su impresionante riqueza petrolera, a mediados de los años setenta, el gobierno parecía estar seguro de que Estados Unidos cambiaría de actitud. Como no fue así, el nuevo Presidente, José López Portillo, no ocultó sus sentimientos. En cierta ocasión, en octubre de 1978, se le hizo esperar una hora para una reunión con un grupo de editores de periódicos estadunidenses, en Tijuana. "Represento a 63 millones de seres humanos —les dijo López Portillo, visiblemente irritado—. Tenemos tres mil kilómetros de frontera y muchos problemas en común. Quizá uno de los problemas es que no se nos concede prioridad ni respeto. Esperaba que esta reunión transcurriera auspiciada por la amistad, el respeto y la consideración. Es posible que el problema sea que no nos conocemos suficientemente bien."

Esta histórica falta de comprensión estuvo claramente representada en la difícil relación personal de López Portillo y el Presidente Carter. Cuando Carter, el ingeniero, vetó la compra de gas natural mexicano en 1977, por la mundana razón de que el precio era demasiado alto, López Portillo, el intelectual, pensó que se le había humillado —según sus propias palabras "que se le había dejado colgado de la brocha". La ofensa no estuvo en la decisión en sí, sino más bien en la forma, aparentemente ofensiva, en que Washington había manejado la desavenencia, sobre todo el secretario de Energía, James Schlesinger, quien públicamente había pronosticado que México se vería obligado a bajar su precio. En cambio, México usó parte del superávit de gas para su propia industria y, por terquedad, quemó el resto. Dos años después, México se sintió vengado cuando un nuevo convenio para la exportación de gas, aunque por una cantidad menor, fue firmado al doble del precio original rechazado por Washington.

López Portillo, que recibió a Carter en la ciudad de México, en febrero de 1979, teniendo claramente en mente que la disputa del gas no estaba resuelta aún, trató de explicar los sentimientos de México: "Entre vecinos permanentes, y no ocasionales, el engaño y el abuso repentinos son frutos venenosos que, tarde o temprano, revierten. Por ende, hemos de mirarnos a largo plazo. No puede prevalecer injusticia alguna sin que se afrente la decencia o la dignidad. Es difícil, especialmente en el caso de vecinos, mantener relaciones cordiales y mutuamente provechosas en un ambiente de desconfianza o franca hostilidad. . . Una política de buen vecino presupone un clima de opinión general donde el respeto prevalece sobre el prejuicio y la inteligencia sobre el sectarismo." Al referirse a los nuevos hallazgos petroleros de México, añadió: "México, repentinamente, ha encontrado que es centro de atención de Estados Unidos, atención que es una asombrosa mezcla de interés, desdén y temor, muy parecida a los vagos temores recurrentes que ustedes mismos inspiran en ciertos terrenos de nuestro subconsciente nacional. Busquemos sólo soluciones duraderas —buena fe y juego limpio—, nada que nos haga perder el respeto de nuestros hijos."

El contingente visitante de Washington no pudo reconocer la profunda ansiedad que motivó el discurso. En cambio, el grupo de prensa de la Casa Blanca se centró en el comentario poco diplomático de Carter de que se había visto afectado por la "revancha de

Moctezuma'' (diarrea) en otra visita que había hecho a la ciudad de México, y los ayudantes de Carter se quejaron de que López Portillo había aprovechado la ocasión para regañar a su invitado. El Presidente mexicano se asombró de que el propósito subyacente de su discurso no se hubiera entendido debidamente y, una vez que Carter partió para Whasington, convocó a una conferencia de prensa para ahondar en el tema. "Afirmamos que porque somos amigos podemos ser francos —explicó—. Porque estamos dispuestos a soportar la verdad, tenemos el derecho a decir la verdad, nuestra verdad." Pero la brecha psicológica entre estos dos hombres siguió ampliándose y, más que cualquiera de los muchos problemas bilaterales que discutieron, ella definió el ánimo de las relaciones durante los cuatro años en que ambos coincidieron en el cargo.

Para entonces, poco quedaba de la relación especial que los dos gobiernos habían pretendido proyectar en los años cincuenta y sesenta. "Nuestra relación es especial porque somos vecinos —dijo Jorge Castañeda, secretario de Relaciones Exteriores, antes de que López Portillo visitara Washington en septiembre de 1979—. Pero esto no significa que haya una relación más cercana o que el ingrediente moral o de simpatía sea más poderoso." En otra ocasión Castañeda fue aún más franco: "Descarto la posibilidad de cualquier repentina o redescubierta buena voluntad, simpatía o consideración moral, de parte de Estados Unidos, que pudiera cambiar su actitud de base hacia México. La historia pasada de la política estadunidense, su prepotencia actual, y el clima egoísta y conservador que impera hoy, impiden un cambio de esa naturaleza." No es raro que Washington considerara a Castañeda un izquierdista antiestadunidense, pero el punto central estaba en otra parte: el nacionalismo se había avivado debido a que Washington se había negado a unirse a una hueste de naciones industrializadas más que reconocieron la nueva importancia de México.

La obsesión mexicana por los símbolos fue rápidamente captada por Ronald Reagan. (Los mexicanos recuerdan todavía que el Presidente Truman depositó una corona de flores en el Monumento a los Niños Héroes en 1948, en el centenario de su muerte durante la resistencia a la ocupación estadunidense de la ciudad de México, mientras que el Presidente Kennedy fue también muy efectivo para ganarse a los mexicanos, arrodillándose ante la imagen de la virgen de Guadalupe en su visita, en 1962.) Al parecer, la entrada de un conservador en la Casa Blanca auguraba choques con un México nacionalista que simpatizaba abiertamente con los movimientos revolucionarios izquierdistas de América Central. Pero, cuando López Portillo se entrevistó con Reagan en Ciudad Juárez, sólo tres semanas antes de que el segundo subiera a la presidencia, los dos hombres se llevaron bien de inmediato. Quizá los años que Reagan pasó en California le hicieron más sensible a México, quizá Reagan entendió que los errores de Carter eran más de forma que de fondo o quizá Reagan simplemente se sintió a sus anchas con un compañero "macho y simpático" —López Portillo le regaló un garañón árabe a su invitado y Reagan obsequió a su anfitrión un rifle de caza—, pero, de alguna forma, la química entre los dos hombres funcionó bien. Desde el momento en que Reagan subió a la presidencia, dio instrucciones a los miembros de su gabinete de que trataran a México con una deferencia especial. En consecuencia, a pesar de graves desavenencias sobre América Central y toda una serie de problemas bilaterales sin resolver, las relaciones entre México y Estados Unidos parecieron haber mejorado.

Después de su visita a Camp David en junio de 1981, una de las cuatro ocasiones en que se reunieron en sólo un año, López Portillo rindió tributo a la comprensión de Reagan: "Confieso mi emoción. Confieso que habiendo hablado en este sitio tres veces, nunca lo había hecho conmovido. . . Confieso que por la primera vez me he sentido relajado, por primera vez un Presidente de los Estados Unidos ha usado esta fórmula generosa de amistad: su casa es mi casa. . . —y prosiguió en un tono rara vez escuchado en un presidente mexicano—: Si todos los poderosos entendieran lo que es el respeto para los que somos débiles, el mundo cambiaría. . . La primera palabra que aprendemos los mexicanos de nuestro comportamiento cívico es el respeto. Y aquí, señores, hemos sido tratados con respeto y amistad. Y eso para nosotros es fundamental."

Pero la asombrosa luna de miel entre los presidentes no podía acabar con la tradición de desconfianza entre los dos gobiernos ni las diferencias inherentes en sus perspectivas y objetivos políticos. En el caso de los veteranos del departamento de Estado, representantes de la memoria institucional, quedaba un profundo residuo de irritación contra México, formado a lo largo de los años por la creencia de que México se opondría, casi dogmáticamente, a cooperar con Washington en torno a cuestiones de política exterior. Muchos ideólogos conservadores del gobierno de Reagan estaban furiosos ante la política de México en América Central y, frustrados porque Reagan se negó a presionar a López Portillo de manera más directa, esperaban que la crisis económica de México de 1982 ablandara su retórica. "Sin viento en sus velas, es probable que México sea menos aventurero en su política exterior y que critique menos la nuestra —comentaba un memorándum confidencial, escrito por la Oficina de Asuntos Interamericanos del departamento de Estado—. Sin embargo, sería poco realista esperar que México, incluso económicamente castigado, comprometa su espinosa independencia de alguna manera fundamental.''

En México, las actitudes también estaban bien atrincheradas, no sólo dentro de la secretaría de Relaciones Exteriores, sino también en la prensa y, lógicamente, entre los intelectuales de izquierda. Muchos funcionarios consideraban que el encanto personal de Reagan era un pésimo disfraz de la mala voluntad innata de Washington hacia México. Después de la primera de varias devaluaciones del peso mexicano en 1982, algunos funcionarios quedaron convencidos de que el departamento de Estado era el responsable de una serie de programas televisados y de artículos en la prensa donde se cuestionaba la estabilidad política de México. No era la primera vez que se pensaba que los medios de comunicación estadunidenses eran instrumento para una campaña antimexicana, y, en una época de caos económico, Estados Unidos, más que nunca, resultaba un chivo expiatorio conocido y cómodo. En conjunto, la cobertura de los medios, la actitud de círculos de empresarios mexicanos ligados a Estados Unidos, y algunas indiscreciones por parte de funcionarios estadunidenses, condujeron a que López Portillo pensara que se intentaba desestabilizar a su gobierno.

Gran parte de la complejidad de las relaciones entre México y Estados Unidos se deriva del hecho de que los gobiernos sólo manejan una pequeña parte de las relaciones entre un país y otro. Como estas relaciones generales son también más dinámicas, es frecuente que los gobiernos encuentren que reaccionan ante los problemas, en lugar de anticiparlos. En la frontera, los mexicanos y los estadunidenses han aprendido a vivir lado a lado, perciben los intereses locales como algo compatible en muchos sentidos y resienten, abiertamente, la interferencia de la ciudad de México o la de Washington en su interdependencia natural. De igual manera, los empresarios, banqueros, campesinos, perforadores de petróleo, agentes de turismo, contrabandistas, traficantes de drogas, artistas e intelectuales de ambos países tienen, rutinariamente, trato unos con otros. Las relaciones entre las sociedades trasnacionales estadunidenses y sus subsidiarias mexicanas, para definir políticas que afectan a ambos países, se dan sin que las dirija ninguno de los dos gobiernos.

Dentro de cada una de las dos burocracias, los diferentes aspectos de los nexos bilaterales son manejados por, literalmente, cientos de departamentos y organismos. Los nexos formales están a cargo de la secretaría de Relaciones Exteriores y el departamento de Estado, pero los gobernadores de los estados, de ambos lados de la frontera, con regularidad, discuten los problemas prácticos de su dominio. (Incluso en este caso, las diferencias entre los dos países son evidentes: mientras que los gobernadores de Estados Unidos pertenecen a diferentes partidos y, con frecuencia, no están de acuerdo entre sí, los mexicanos manifiestan una unanimidad extraordinaria, preparada cuidadosamente por el gobierno federal, sobre lo que pueden o deben decir.) Los funcionarios dedicados al comercio, las finanzas, el medio ambiente y la justicia, estadunidenses y mexicanos, con frecuencia tienen contacto directo. La secretaría de Gobernación de México, que está a cargo de todas las cuestiones de seguridad, trabaja con el FBI y la CIA intercambiando información sobre las actividades de las embajadas de la URSS, de Cuba y de otros países socialistas en la ciudad de México.

La naturaleza altamente centralizada del poder y la abrumadora importancia de sus relaciones con Estados Unidos le permiten a México interrelacionar y coordinar este sinnúmero de contactos. La relativa autonomía de las diferentes ramas de la burocracia estadunidense y la escasa sensibilidad hacia México, a menudo dan por resultado que emanen de Washington señales contradictorias. El día que Carter llegó a la ciudad de México, en febrero de 1979, con objeto de subrayar la importancia que México tenía para Estados Unidos, el Centro de Comercio de Estados Unidos en el país cerró sus puertas, de acuerdo con una decisión adoptada por el departamento de Comercio dos años antes. Los mexicanos, como ven el mundo a través del prisma de su propio sistema, consideraron inconcebible que ambos hechos no estuvieran relacionados.

Son pocos los temas sustanciales que manejan directamente los embajadores de México y Estados Unidos en sus respectivas capitales, pero la asimetría del poder vuelve a ser evidente: el embajador de México en Washington es una figura diplomática de poca importancia, que rara vez tiene acceso a la Casa Blanca; el enviado de Estados Unidos en la ciudad de México domina el escenario diplomático local y, con frecuencia, se reúne con el Presidente. (La costumbre de que los Presidentes mexicanos se reúnan en privado con los embajadores de Estados Unidos, a veces complica las relaciones: el embajador informa de su conversación a Washington, pero el Presidente quizá olvida informar a su secretario de Relaciones Exteriores. Washington puede presuponer que hay acuerdo sobre temas que el secretario de Relaciones Exteriores de México considera que aún son tema de negociación.) Y aunque por regla general Washington ha manifestado indiferencia a la elección del embajador mexicano, México siempre ha analizado cuidadosamente al representante de Estados Unidos, en busca de una significación política.

Desde el punto de vista de México, el embajador ideal es el designado políticamente con renombre suficiente para dar *status* a México y garra necesaria para llegar a la Casa Blanca en momentos de crisis. La designación de expertos diplomáticos de carrera —Robert H. McBride y Joseph J. Jova—, por parte del gobierno de Nixon y de Ford significó que las relaciones con México se manejaron por medio de canales diplomáticos y no políticos. En cambio, desde 1977, los embajadores han sido designados políticamente, aunque ninguno de talla suficiente para que México se sienta halagado.

El primer embajador de Carter en México, el ex gobernador de Wisconsin, Patrick J. Lucey, decía que el hecho de que no supiera hablar español quedaba ampliamente compensado por sus estrechos nexos con el Presidente. Pero este embajador se enemistó con la poderosa comunidad empresarial estadunidense en México cuando no pudo cabildear en su favor, y su situación política en Washington se erosionó cuando un ex congresista de Texas, sin experiencia regional alguna, Robert Krueger, fue nombrado Coordinardor de Asuntos con México. Julián Nava, sucesor de Lucey, era un profesor poco conocido de California, que salió incluso peor librado. Hablaba muy bien español, y fue nombrado durante la campaña electoral de 1980 tan sólo porque era mexicanoestadunidense, pero no tenía influencia en Washington y México le consideraba ineficiente. Cuando Reagan nombró embajador a John Gavin —ex actor que ya era conocido en el país debido a los anuncios televisados de ron Bacardí, México se sintió ofendido y hubo funcionarios que sugirieron, de chiste, que Cantinflas, el cómico mexicano, fuera enviado a Washington. como represalia.

El embajador de Estados Unidos, como personificación del poderío estadunidense y heredero de una tradición de intromisión diplomática en México, es, ex oficio, el blanco preferido y pronosticable de los sentimientos antiestadunidenses. Rutinariamente le atacan los comentaristas de izquierda y, en caso de que critique públicamente asuntos mexicanos, será sin duda alguna censurado con aspereza. En 1972, el embajador McBride sugirió, al parecer inocuamente, que la nueva ley de inversiones extranjeras de México podía desalentar la entrada de capital, pero la prensa le zahirió por haber ''amenazado'' a México con un boicot de inversiones. En marzo de 1976, en un simposio en Washington, el embajador Jova citó el comentario hecho por un autor mexicano que decía que el sistema político mexicano ''es una sucesión monárquica, no importa cuán democrática, pero monárquica''. Cuando en México se informó de lo que había dicho, sus palabras provocaron la indignación colectiva, e incluso una referencia del entonces candidato a la presidencia, López Portillo, a "los aparentes esfuerzos por desestabilizar a México por medio de críticas burlonas". El embajador Lucey, quizá porque no hablaba español, reconocía la virtud "de ser visto pero no escuchado". Pero el embajador Nava, que creía que su extracción mexicana le daba un conocimiento especial de México —"Algunos mexicanos no saben qué hacer con un embajador (estadunidense) que les entiende", comentó en cierta ocasión—, se ganó fama de ser, a un tiempo, procónsul de Estados Unidos y traidor a México.

Todo embajador de Estados Unidos, en un momento u otro, se ve tentado por la ilusión de cambiar la actitud de México hacia Estados Unidos, pero ninguno de ellos, de entre los que se puedan recordar, aceptó el desafío en forma más elaborada para alterar a México que John Gavin. En su primer año como embajador, manifestó su reprobación de las políticas mexicanas tan sólo en privado. Después de que la economía de México cayó en la crisis, a principios de 1982, fue menos cauteloso. En un programa de televisión de la ABC, llamado "México: tiempos de crisis", Gavin comentó que muchos mexicanos se preguntaban si las instituciones del país eran lo suficientemente resistentes para aguantar el derrumbamiento económico. López Portillo, que se sentía asediado por los problemas económicos, se enfureció ante el comentario e incluso amenazó con declarar a Gavin persona *non grata*. Irónicamente, el secretario de Relaciones Exteriores, Castañeda, a quien Gavin consideraba su principal enemigo dentro del gobierno, disuadió al presidente de tomar la medida, advirtiéndole que tendría graves consecuencias en las relaciones entre México y Estados Unidos.

Después del cambio de gobierno en México, Gavin reanudó sus intervenciones en público, adoptando un tono paternalista al regañar a México por las respuestas nacionalistas que daba a Estados Unidos. "Aquellos elementos de la sociedad mexicana que al no encontrar pretextos para las fallas o contratiempos, le echan la culpa a Estados Unidos, sólo denigran y demeritan a su magnífico país y a su noble pueblo con este proceso intimidante", dijo ante la Cámara Americana de Comercio de la ciudad de México en julio de 1983. "Antes, lo normal era que los ataques contra Estados Unidos parecieran perfectamente bien porque, después de todo, eran 'para consumo interno'. Es decir, las difamaciones, los libelos, las tonterías insolentes sólo se escucharían en México y, por ende, lógicamente, eran aceptables. Bien, me gustaría invitar a la gente que todavía piensa así a que entre al siglo XX." De hecho, estaba diciendo: "Mexicanos, ¿por qué no maduran y se parecen más a nosotros?" Su estilo condescendiente sólo sirvió para perpetuar el cliché de la imagen del "americano feo" que tenían muchos mexicanos.

Los sucesivos gobiernos de México han llegado a esperar las presiones diplomáticas, económicas o políticas como función natural de la relación bilateral, pero las torceduras de brazo se deben efectuar en silencio y con discreción para que resulten efectivas. La mera sugerencia de una presión pública libera todas las sospechas nacionalistas del país. Cuando setenta y seis congresistas de Estados Unidos denunciaron que Echeverría era "comunista", en una carta enviada al presidente Ford en 1976, México pensó que se trataba de un castigo por sus nuevos lazos con el Tercer Mundo y desató una oleada de retórica extremista. Después de los descubrimientos petroleros de México, a mediados de los años setenta, toda medida estadunidense era interpretada como un intento por controlar los nuevos recursos energéticos del país, y el gobierno limitó, a la larga, los envíos de petróleo a Estados Unidos al 50 por ciento del total de las exportaciones, como medida de autoprotección.

Años después, las diferencias en torno a la política de América Central eran aceptadas siempre y cuando México fuera tratado como un socio igual. Cuando en 1983 Jeane J. Kirkpatrick, embajadora de Washington ante la ONU, advirtió que la crisis económica de México lo hacía vulnerable al "efecto de dominó" de Centro América, el nuevo secretario de Relaciones Exteriores de Miguel de la Madrid, Bernardo Sepúlveda, respondió: "La señora Kirkpatrick, al parecer, piensa que todavía es profesora de "kindergarten." Al año siguiente, el general Paul F. Gorman, entonces jefe del Comando del Sur de Estados Unidos en Panamá, dijo ante un comité senatorial que en diez años México sería el "primer problema de seguridad" de Estados Unidos y añadió que "tenía el gobierno y la sociedad más corruptos de América Central" y que ya era un "centro de subversión". Los funcionarios mexicanos hicieron públicamente burla de su desconocimiento del país. Más dramáticamente aún, cuando Jack Anderson publicó un artículo donde "exponía" la supuesta corrupción de Miguel de la Madrid, el día que el presidente había de entrevistarse con Reagan en mayo de 1984, los funcionarios mexicanos vieron el hecho meramente como una represalia oficial disfrazada, en razón de la política independiente que sigue el país con respecto a América Central. La columna produjo un raudal de resentimientos nacionalistas contra Washington.

Sin embargo, aunque México ha exigido, en vano, que Estados Unidos le entienda, es bien poco lo que ha puesto de su parte por entender a su vecino. "Si hay un país que haya tenido, tenga y tendrá la necesidad de estudiar a Estados Unidos, ese país es México —escribió el historiador Daniel Cosío Villegas—. Sin embargo, uno de los rasgos más desconcertantes del mexicano es el olímpico desdén intelectual que siente por Estados Unidos, al cual envidia en secreto, al tiempo que le echa la culpa de todos sus males, y al que nunca ha tratado de entender.'' Concretamente, la mayoría de los mexicanos presupone que no sólo el poder ejecutivo sino el Congreso, el poder judicial, los gobiernos de los estados e incluso las autoridades municipales de Estados Unidos están todos sometidos al Presidente. Todo incidente ''antimexicano'' —desde una medida proteccionista para el comercio tomada en el Congreso hasta una golpiza propinada a un mexicano indocumentado por un policía de Houston— por ende, parece tener una motivación política y sirve para reforzar la opinión de que Estados Unidos siempre está conspirando.

Esta visión ayuda a alimentar el nacionalismo mexicano, pero no le hace mucho bien al país cuando hace tratos, en un nivel más práctico, con su vecino del norte. Muchos ejecutivos mexicanos de primera línea —inclusive aquellos que han estudiado en planteles de Estados Unidos— tienen un conocimiento mejor sentado de Estados Unidos, pero la burocracia mexicana, en general, no ha aprendido a distinguir las diferentes camarillas y grupos de interés que, con frecuencia, están tras políticas a las que México se opone. A diferencia de otros países de América Latina, México rara vez ha conratado a un cabildero estadunidense con experiencia, sosteniendo que ello sería indigno. La embajada de México en Washington tampoco se ha decidido a dejar oír su voz en el Capitolio. En unas cuantas ocasiones, grupos de empresarios mexicanos afectados por las leyes comerciales de Estados Unidos se han visto obligados a iniciar campañas publicitarias, por su propia cuenta, en Washington.

Algunos funcionarios sencillamente esperan que una camarilla hispánica, promexicana —parecida a las camarillas israelíes o irlandesas— algún día haga su aparición en el Congreso, aunque los esfuerzos de México por crear nexos políticos fuertes con la comunidad mexicanoestadunidense han estado llenos de problemas. El gobierno de Echeverría alentó a los líderes chicanos a que visitaran México y fortalecieran sus ligas con su ''madre patria'', pero las diferencias entre las muchas organizaciones estadunidenses impidieron que se diera una relación institucional. Asimismo, México se dio cuenta de que su ''interferencia'' en cuestiones políticas estadunidenses podría servir para justificar que Washington se entrometiera en México. López Portillo, en visita a Washington en septiembre de 1979, llegó a la Casa Blanca después de una reunión con líderes chicanos, donde le pidieron que llevara un mensaje al Presidente Carter. Antes de que pudiera dárselo, un Carter visiblemente fastidiado le interrumpió diciéndole: "La próxima vez, dígales que se pongan en contacto conmigo directamente."

Los Presidentes, los secretarios de Relaciones Exteriores y los embajadores quizá afecten momentáneamente el ambiente de las relaciones bilaterales, pero no pueden volver a escribir la historia ni pueden cambiar la falta de confianza. En 1983 y 1984, De la Madrid estaba ansioso de evitar disputas públicas con Washington que pudieran alterar sus esfuerzos por atraer a banqueros e inversionistas extranjeros nuevamente a México. Pero para México, cuanto más clara era su dependencia económica de Estados Unidos, tanto más necesitaba negarla. Aun las alabanzas que funcionarios estadunidenses adjudicaron a las políticas económicas de Miguel de la Madrid fueron, por tanto, contraproducentes en el país. Es más, al igual que tantos de sus antecesores que habían empezado también cortejando a Estados Unidos, De la Madrid ha ido hablando cada vez con más frustración —especialmente en torno a las políticas estadunidenses para América Central y los problemas de la deuda de América Latina— conforme ha ido avanzando su mandato.

Sin embargo, siendo la asimetría del poder una realidad aceptada, el tono de las relaciones lo establece más el pasado que el presente, y las actitudes más que los temas mismos. "Para llegar al nivel de madurez y respeto mutuo que hoy distingue a nuestras relaciones —dijo De la Madrid, sin poderse resistir a hacerle un recordatorio a Reagan, cuando se reunieron en agosto de 1983—, debimos pasar por experiencias amargas y sufrir de la hostilidad, de la incomprensión." En un tono todavía más filosófico, López Portillo le dijo a Carter en 1979: "No consideramos que nuestra historia nos ate inútilmente, como tantas columnas de sal, a una carga de resentimiento." Empero, "la carga de resentimiento" ha ido aumentando en años recientes y es poco probable que se elimine sino hasta que México note un cambio en la actitud de Estados Unidos. Washington, aunque dispuesto a ayudar en tiempo de crisis, ha dado poca prioridad a calmar los sentimientos de México. Quizá los vecinos sólo podrán ser amigos cuando reconozcan y respeten sus profundas diferencias culturales, religiosas y filosóficas. Aunque la misma diferencia de las fuerzas impide que así sea.

III

Cuando se reúnen los Presidentes de Estados Unidos y México, como ocurre la mayoría de los años sin importar la situación de las relaciones, siempre discuten una serie de asuntos bilaterales concretos. Algunos, como la migración y el comercio, son temas permanentes, demasiado complejos y dinámicos para ser resueltos y demasiado importantes para ser ignorados. Otros, como las crisis de la deuda, los intercambios de energéticos, los derechos de pesca y el tráfico de narcóticos son problemas más inmediatos y más susceptibles de encontrar respuesta. Desde mediados de los años setenta, los asuntos regionales —particularmente la violenta inestabilidad de América Central y las críticas de México contra la respuesta dada por Washington a la crisis— han figurado en un lugar prominente ya que México ha adoptado una política exterior más activa. Pero todos los temas están entrelazados, de alguna forma, por el hilo de la vecindad. En ocasiones, algunos funcionarios, en ambos países, han considerado la posibilidad de traducir esta interdependencia real a soluciones mancomunadas para diversos problemas. Aunque no ha sido posible, algunos problemas, al parecer no relacionados, influyen inevitablemente en otros y contribuyen al tono de las relaciones.

El problema más antiguo —el asunto secular de la migración ilegal— es el más insoluble, no sólo porque las opiniones están profundamente divididas en los dos lados de la frontera, sino también porque las "soluciones" exigirían que uno de los países, o ambos, corrieran enormes riesgos políticos. Desde el punto de vista de México es bochornoso que, a más de siete décadas de la Revolución, cientos de miles de personas deban abandonar el país todos los años para trabajar en Estados Unidos; pero los mexicanos calladamente celebran la "reconquista" informal de los territorios perdidos en el siglo XIX. México insiste en que la invasión silenciosa es menor de lo que sostiene Estados Unidos, pero teme las consecuencias sociales y políticas de una deportación masiva o el cierre de la frontera, aunque ninguna de las dos sea probable. Pese a que algunos funcionarios son partidiarios de elaborar con Estados Unidos un programa de trabajadores huéspedes, los gobiernos recientes han optado por un camino menos peligroso, protestando por el maltrato dado a los trabajadores mexicanos en Estados Unidos, sin aceptar la responsabilidad de controlar el éxodo de migrantes indocumentados.

En Estados Unidos, la ambivalencia es incluso mayor. Se piensa que Estados Unidos es invadido por los migrantes ilegales y que cualquier medida, sin importar su costo, vale la pena. En época de recesión, el movimiento obrero echa la culpa de las tasas elevadas de desempleo, automáticamente, a los migrantes. La población anglosajona teme también que los valores tradicionales, la cultura e incluso el idioma de Estados Unidos sean subvertidos por nuevas oleadas de migrantes, la mitad de los cuales son mexicanos. Pero las granjas del suroeste, muchas fábricas, los restaurantes y las obras de construcción de todas las ciudades grandes al occidente de Chicago dependen de la mano de obra barata de los mexicanos para conservar su rentabilidad, y los agricultores constituyen una poderosa camarilla en Washington. Los estadunidenses de origen mexicano sostienen también que, ante la falta de un documento nacional de identidad, idea a la cual se opuso decididamente el Congreso, las leyes nuevas que imponen sanciones a los contratantes de ilegales inevitablemente darán por resultado la discriminación laboral en su contra.

Desde hace mucho la cuestión migratoria, que implica tantos "estiras" y "aflojas" en ambos países, no ha podido tener una solución. En los territorios tomados por Estados Unidos en 1848 quedó una pequeña población mexicana y, después de 1880, la expansión de la agricultura en el oeste estimuló el primer influjo importante de migrantes procedentes del sur. Más adelante, el "estira" de los trabajos en el campo de la agricultura y el mantenimiento de los ferrocarriles durante la primera Guerra Mundial coincidió con el "afloja" de los problemas económicos y el caos político de la Revolución mexicana. Aunque la patrulla fronteriza de Estados Unidos se formó en 1924, esta migración continuó en forma constante hasta que el "estira" de los trabajos se evaporó con la Depresión. Alrededor de 500 000 a 800 000 mexicanos se fueron a Estados Unidos entre 1910 y 1930, y unos 400 000 volvieron al país entre 1930 y 1933. En 1940, la economía de guerra de Estados Unidos necesitó a los mexicanos otra vez y, desde 1942, el Programa Oficial de Braceros les permitió trabajar al norte de la frontera durante períodos específicos. No obstante, muchos mexicanos viajaron sin permiso y, después de la guerra, se inició la primera deportación masiva, que llegó a su cúspide con la Operación Espaldas Mojadas de 1954, durante la cual más de un millón de mexicanos fueron recogidos y enviados a su país. Cuando concluyó el Programa en 1964, no sólo se habían otorgado 4.6 millones de permisos temporales, sino que, en gran parte del México rural, se había reforzado la sólida tradición de trabajar al norte de la frontera.

Desde entonces, la cantidad de mexicanos que cruzan a Estados Unidos ha aumentado constantemente, aunque lo ha hecho a un ritmo que responde a las condiciones económicas de Estados Unidos y México. Las estadísticas al respecto han variado muchísimo y han demostrado que son objeto de manipulación política. Los estadunidenses, alarmados ante el fenómeno, han señalado el drástico aumento del número de extranjeros indocumentados que la patrulla fronteriza regresa a México —55 000 en el ejercicio fiscal de 1965, 277 000 en 1970, 680 000 en 1975, 950 000 en 1980 y 1.05 millones en 1983—, pero estas cifras no registran la cantidad de mexicanos detenidos en más de una ocasión. Aunque el 90 por ciento de los extranjeros indocumentados que aprehende el Servicio de Inmigración y Naturalización (INS) de Estados Unidos son ciudadanos mexicanos, la estadística refleja cómo el cumplimiento de la ley se concentra a lo largo de la frontera de México. A principios de los años setenta, el general Leonard Chapman, a la sazón director del INS, alentó este temor cuando declaró que en Estados Unidos vivían entre 4 y 12 millones de ilegales; pero el cálculo del general no tenía fundamentos estadísticos.

El gobierno de Carter, presionado por los obreros organizados y sin consultar a México, envió al Congreso un proyecto de ley migratoria en agosto de 1977, y pronto se dio cuenta de la complejidad del tema. En 1978, Carter, sin tener consenso en el Congreso ni en el país en general, optó por crear la Comisión Especial para la Inmigración, la cual tenía que presentar su informe en marzo de 1981, y convenientemente evitaba el problema durante la campaña electoral de 1980. México, confiando en que las diferencias internas seguirían impidiendo la aprobación del proyecto de ley, se sintió en libertad de reconocer el derecho legal que tenía Estados Unidos de controlar la inmigración, pero señaló que su Constitución prohibía impedir que los mexicanos abandonaran el país, y se negó a cooperar con la cumplimentación de la ley en la frontera. ''Nuestra responsabilidad es tomar decisiones en nuestro territorio —dijo López Portillo en cierta ocasión— y nuestras decisiones no pueden limitar, en forma alguna, la libertad de movimiento o asentamiento de los mexicanos''. En términos prácticos, es imposible esperar que un Presidente cierre voluntariamente una válvula de escape, como por regla general se reconoce esta cuestión, ni que renuncie a los 1 mil millones de dólares, según cálculo aproximado, que remiten anualmente los mexicanos indocumentados.

Mientras trabajaba la Comisión Especial para la Inmigración, México inició su propio estudio del fenómeno, esencialmente con objeto de separar los hechos de los mitos. Hasta entonces, la mayoría de los estudios al respecto los habían efectuado los medios académicos de Estados Unidos. La secretaría del Trabajo de México realizó una encuesta en 62 500 hogares de 115 comunidades y, por primera vez, obtuvos sus propios datos sobre los migrantes que residían en México. Muchos de los resultados eran de esperar: el 84 por ciento de los migrantes eran hombres; el 77 por ciento tenía entre quince y cuarenta años, sus 4.9 años de escolaridad estaban claramente por arriba de la media del país, el 90 por ciento procedía principalmente de los estados áridos al norte de la ciudad de México y el 75 por ciento se dirigía a California o a Texas.

Otros resultados tenían implicaciones políticas más importantes. Del casi 1 millón de migrantes identificados en diciembre de 1978, el 48 por ciento estaba en México, bien de vacaciones, bien entre cosechas, subrayando con ello la calidad temporal de gran parte de la migración. Las cifras que indicaron que sólo el 3.2 por ciento de los migrantes estaba desempleado antes de dirigirse al norte y que el 77 por ciento encontró un empleo dentro de las dos semanas siguientes a su llegada a Estados Unidos permitieron a México sostener que ni exportaba desempleo ni quitaba puestos de trabajo a los estadunidenses. Los asesores del gobierno llegaron a la conclusión de que no pasaban de 900 000 los trabajadores indocumentados cuya residencia normal estaba en México y que en un momento dado estaban presentes en Estados Unidos en 1978, cifra muy por abajo de los cálculos anteriores.

México, extrañamente, usó apenas estos estudios, quizá por temor a verse involucrado en la búsqueda de una solución. Cuando la Comisión Especial de Estados Unidos rindió su informe en 1981, presentó un cálculo —sin referirse a la encuesta mexicana— de entre 3 y 6 millones de migrantes ilegales, cifra que incluía a personas de otros países, además de México. El aspecto político fue tocado, otra vez, a raíz de la recesión económica en Estados Unidos y el gobierno de Reagan después de abandonar sus proposiciones migratorias, respaldó un proyecto de ley presentado por el senador Alan Simpson y el representante Romano Mazzoli, en marzo de 1982.

El proyecto de ley, que propone controlar la migración ilegal reforzando la patrulla fronteriza y la aplicación de sanciones a los contratantes de extranjeros indocumentados, reconoce también los obstáculos de orden humanitario y jurídico para las deportaciones en masa y habla de la creación de un programa que concedería amnistía a todos los ilegales que pudieran demostrar que residen, en forma permanente, en Estados Unidos. Nunca se consultó a México sobre la ley proyectada, pero los dos partidos estadunidenses aparentemente respaldaban la medida y, al no ser aprobada en 1982, se volvió a presentar una versión enmendada en 1983 que, de nueva cuenta, fue aprobada en el Senado. En octubre de 1983, temeroso de que los demócratas pudieran perder los votos de los hispanoparlantes en 1984, el vocero de la Cámara, Thomas P. O'Neill, Jr., abruptamente la retiró del foro, aunque en razón de las presiones aceptó que se volvería a considerar al verano siguiente. El 20 de junio de 1984, la Cámara finalmente aceptó su versión de la ley migratoria por 216 votos contra 211, margen mínimo que reflejó las pasiones que había despertado el punto.

Pero antes de enviar el proyecto de ley a la Casa Blanca, se requería una versión intermedia, donde las negociaciones reconciliaran los proyectos de ley de la Cámara y el Senado, situación que despertó en México la esperanza de que las pasiones electorales en Estados Unidos impedirían que la ley se llegara a aprobar en forma definitiva. El Senado contemplaba que se concediera la residencia permanente a aquellos extranjeros ilegales que hubieran entrado en Estados Unidos antes del primero de enero de 1977, y que se diera calidad de inmigrantes temporales a quienes hubieran llegado antes del primero de enero de 1979; la Cámara ofrecía dar permisos temporales, que podrían volverse permanentes después de dos años, a quienes hubieran vivido en Estados Unidos, sin interrupción, desde el primero de enero de 1982. Es más, para calmar a la camarilla de agricultores estadunidenses, la Cámara presentó un programa de trabajadores invitados, al tenor del cual los migrantes temporales podrían permanecer en Estados Unidos hasta once meses por vez, al tiempo que habría un período de transición durante el cual los agricultores tendrían tres años para cumplir con la nueva ley. Después del mismo, los contratantes de extranjeros indocumentados serían sujeto de multas y, según el proyecto de ley del Senado, posible encarcelamiento. Es más, mientras que la Cámara declaró que no aceptaría la versión del Senado, Reagan indicó que él no firmaría la versión de la Cámara. Y los partidiarios de *alguna* de las dos versiones temían que hubiera desaparecido la pequeña mayoría obtenida en junio de 1984.

No obstante, el espectro de la posibilidad de que la migración se cerrara se presentó en México en forma inesperada. Los expertos en migración le habían recordado al gobierno muchas veces que era inevitable una nueva ley, pero los funcionarios se la habían jugado a que ésta sería bloqueada, perennemente, por las diferencias internas existentes en el Congreso de Estados Unidos. Y México, que desde hacía mucho se negaba a discutir el tema de la migración con Washington, ahora no tenía fundamentos para quejarse. De hecho, durante el largo debate que hubo en el Capitolio, ni siquiera se tocó el tema del impacto que la ley podría tener en México. Los funcionarios mexicanos, ante la presión de los medios para que protestaran, meramente reiteraron que defenderían los "derechos" de los mexicanos en Estados Unidos, pero, en privado, expresaron la esperanza de que el programa de trabajadores invitados y el período de transición que incluiría cualquiera de las nuevas leyes, podría absorber a quienes estaban acostumbrados a viajar al norte cada año. Asimismo, sostuvieron que la ley no podría llevarse a efecto, y se contentaron con las proyecciones referentes a la mano de obra barata que necesitaría Estados Unidos a largo plazo y que México podría proporcionar. Pero, ante la imposibilidad de afectar el resultado, el gobierno entendió que la aplicación de una ley nueva podría tener graves repercusiones políticas y económicas para México.

En el pasado, México había tratado de ligar el tema de la migración al del comercio, sosteniendo que un menor proteccionismo por parte de Estados Unidos significaría una menor cantidad de migrantes ilegales procedentes de México. "Preferimos exportar productos que gente", dijo López Portillo en cierta ocasión. Pero sólo se trataba de una postura política útil. No sólo faltaba capacidad en las industrias de exportación de México para absorber a los cientos de miles de subempleados que trabajaban al norte de la frontera, sino que ni los obreros organizados ni las industrias protegidas de Estados Unidos tenían interés alguno en transferir a México empleos u oportunidades de mercado. Cualquier tratado comercial especial con México quedaba bloqueado por las leyes de Estados Unidos y por el Acuerdo General sobre Tarifas y Aranceles (GATT), que México se había negado a firmar por temor a que sus industrias protegidas quedaran expuestas a la competencia del exterior. La petición de que México tuviera mayor acceso al mercado de Estados Unidos pasó a ser punto eterno a tratar en las reuniones de los Presidentes y siempre se registró muy poco avance.

La ironía radica en el enorme aumento del comercio bilateral habido en años recientes. Tradicionalmente, dos terceras partes del total del comercio mexicano han sido con Estados Unidos y, en 1981, cuando el comercio bilateral superó la cifra de 26 millones de dólares, México pasó a ser el tercer socio comercial de Estados Unidos, como resultado del aumento de las exportaciones de petróleo y las inmensas importaciones de bienes de capital de Estados Unidos. Entre 1982 y 1984, en razón del control sobre importaciones que tuvo que imponer México por su crisis financiera, el comercio del país con Estados Unidos, de hecho, registró enormes superávits. Desde el punto de vista de México, el petróleo había disfrazado el desequilibrio de la relación comercial. En 1982, México se convirtió en el proveedor externo de crudo más importante de

Estados Unidos, pero las exportaciones no petroleras estaban estancadas. Se culpó al "nuevo proteccionismo" —a las barreras no arancelarias, como cuotas voluntarias, controles de calidad arbitrarios y medidas punitivas anti-dumping— que Estados Unidos aplicó contra pieles, textiles, cemento, acero y otros productos que podían exportar los países en desarrollo.

La batalla más larga ha sido la referente a las exportaciones de legumbres y frutos de invierno que compiten, directamente, con los agricultores de Florida. En 1978, éstos acusaron formalmente a México de efectuar un dumping de tomates, berenjenas, pepinos, pimientos y calabazas en el mercado de Estados Unidos y, cuando el gobierno de Carter rechazó la demanda dieciocho meses después, con claro interés en calmar a México, los agricultores mexicanos siguieron diciendo que todavía se aplicaban los controles de salubridad, calidad y empaque para limitar sus exportaciones. Asimismo, México protesta, rutinariamente, cuando Estados Unidos elimina cualquiera de sus productos del Sistema General Preferencial (SGP), aunque esto es sólo cuando produce 53 millones de dólares anuales por concepto de ventas y se le considera "plenamente competitivo". Es más, México continúa exportando alrededor de la mitad de los 3 000 productos que componen la lista del SGP, al tiempo que sólo cincuenta y cinco de los mismos están sujetos a impuestos sobre importación.

La mayor complicación se ha derivado de los subsidios otorgados a las exportaciones mexicanas, que llevan a que los productos sean gravados con impuestos compensatorios en Estados Unidos. El GATT permite la protección contra la "competencia desleal" y aplica el impuesto cuando el querellante estadunidense demuestra el daño. Pero tratándose de países como México, que no son miembros del GATT, se grava un impuesto provisional tan pronto como se registra la queja, y aunque éste se levanta cuando no se demuestra el daño, todo ello altera los programas de producción y mercadeo. Como las exportaciones mexicanas de ropa de cuero, azulejos, globos, hierro fundido y acero especializado llevan gravamen, algunos exportadores han rechazado el subsidio para evitar los impuestos. En 1984, cuando México decía que tenía que exportar para poder cumplir con el pago de los intereses sobre su deuda externa, Washington aceptó aplicar la "prueba de daños" del GATT a los productos mexicanos afectados por la acusación del dumping. Pero las diferencias en torno al nivel "permisible" del proteccionismo mexicano y las limitaciones impuestas por las leyes comerciales estadunidenses obstaculizaron los esfuerzos por elaborar un tratado comercial bilateral general.

En toda relación entre México y su vecino está la ambivalencia de una relación especial. En el orden comercial, México aceptaría un arreglo unilateral. Pero cuando a finales de los años setenta se habló de un Mercado Común Norteamericano, que incluiría a las economías de Estados Unidos, Canadá y México, de inmediato México echó marcha atrás, por temor a perder el control de su economía y recursos energéticos. En la práctica, la ambivalencia es evidente: México anhelaba evitar que Estados Unidos dependiera excesivamente de los energéticos mexicanos, pero desde que los precios mundiales del petróleo empezaron a bajar, en junio de 1981, se ha dirigido a Estados Unidos para que éste adquiera mayor cantidad de crudo. En agosto de 1981, Petróleos Mexicanos firmó un contrato por cinco años con el departamento de Energía, comprometiéndose a entregar 50 000 barriles diarios a la Reserva Estratégica de Estados Unidos y, un año después, en medio de la crisis financiera del país, firmó otro contrato, por doce meses, para entregar 110 000 barriles diarios a dicha reserva. Para 1983, la mitad del petróleo exportado por México, inclusive por concepto de ventas comerciales —750 000 barriles diarios— fluía a Estados Unidos.

En años recientes la dependencia económica de México con relación a Estados Unidos ha seguido aumentando, pero su auge petrolero y la subsecuente quiebra financiera revelaron una nueva vulnerabilidad de Estados Unidos ante el desarrollo económico de México. Estados Unidos había llegado a estar seguro del petróleo mexicano, pero también muchas compañías estadunidenses se habían enriquecido exportando a México: hubo compañías de bienes raíces que sacaron provecho del éxodo de capital mexicano y el comercio del suroeste de Estados Unidos contaba a los mexicanos entre sus mejores clientes. Cuando el peso mexicano se derrumbó y las reservas de divisas del país se evaporaron, en agosto de 1982, la actividad económica en los estados de la fontera bajó de inmediato, los exportadores de todo tipo de artículos, desde pozos petroleros hasta jets particulares perdieron sus mercados, y se informó a los estadunidenses —muchos de ellos evasores fiscales— que habían invertido en cuentas en dólares de interés fijo en México, que se les reembolsaría su dinero en pesos devaluados. Sólo quedó intacta la relación petrolera.

A la sazón, el flanco más débil de Estados Unidos era, de hecho, la deuda externa de 80 mil millones de dólares que tenía México, pero el gobierno de Reagan tardó mucho en reconocer dicha situación. Cuando Jesús Silva Herzog, secretario de Hacienda de México, voló a Washington el 13 de agosto de 1982, y se entrevistó con Donald Regan, secretario del Tesoro, hablándole de la inminente quiebra de México, se le dijo: "Ése es su problema." Pero Silva Herzog señaló el gran riesgo que corrían los bancos estadunidenses en México. En ese frenético fin de semana de negociaciones, en gran medida motivadas por la amenaza para el sistema bancario estadunidense y la estructura monetaria internacional, el gobierno de Reagan prometió un pago anticipado de mil millones de dólares por concepto de petróleo, mil millones de dólares por concepto de garantías de la Commodity Credit Corporation y 985 millones de dólares sobre un préstamo por 1.8 mil millones de dólares del Bank of International Settlements. Posteriormente, cuando México no pudo cumplir con el pago de la deuda contraída, Washigton presionó a los bancos comerciales y al Fondo Monetario Internacional para que le concedieran más créditos a largo plazo.

Empero, Washigton manejó las negociaciones de tal forma que impidió que México manifestara su agradecimiento. México resentía que su vecindad con Estados Unidos hubiera facilitado la fuga de capitales que había producido la crisis financiera. Se sentía humillado porque su sueño de alcanzar mayor independencia económica de Estados Unidos nuevamente había quedado desbaratado. Sobre todo, el gobierno de López Portillo pensaba que Estados Unidos había aprovechado la postración de México y había negociado un arreglo injustamente duro. En las pláticas Silva Herzog dijo, cuando menos una vez, que prefería volver a México que aceptar los términos estadunidenses. A la larga, el propio Reagan intervino para mejorar la oferta de Washigton y México, reaciamente, convino en vender mil millones de dólares de petróleo a sólo 25 dólares el barril, cifra por abajo del precio vigente a la sazón, y con interés del 20 por ciento, cifra por arriba del precio del mercado. "Regresamos a México sintiéndonos aliviados, pero poco agradecidos —recordaría después un funcionario mexicano—. Washigton nos había salvado del caos, pero lo hizo en una forma poco elegante." Incluso en un momento tan crítico, la forma y el contenido de la relación resultaban inseparables.

IV

México, sintiéndose preso, histórica y económicamente, de Estados Unidos, ha empleado una serie de temas políticos menores como altavoces de su nacionalismo. Su gran influencia en los medios de comunicación locales y la disciplina de su aparato político permiten al gobierno montar "espectáculos" nacionalistas a voluntad: temas que en un año dado son prueba de honor nacional quizá sean ignorados al siguiente. Por ende, muchos "triunfos" señalados se han referido a problemas de poca importancia para Estados Unidos y han tenido gran peso simbólico para México. Aun cuando las disputas se esfuman con la misma velocidad que aparecieron, sin dejar una huella permanente en las relaciones bilaterales, el tono altisonante con el cual los medios de comunicación invariablemente cubren estas crisis instantáneas ofrece una útil catarsis para las pasiones contenidas. Es como si los políticos y periodistas mexicanos necesitaran un tema relativamente sencillo en el cual centrar sus sentimientos, infinitamente más complejos, sobre Estados Unidos. De no existir tal problema, quizá, literalmente, llegaría a inventarse.

En los años sesenta, el asunto del Chamizal desempeñó este papel. El problema se había creado en 1864, cuando el río Bravo, que marca la frontera entre México y Estados Unidos desde el Golfo hasta El Paso, cambió su curso y pasó cerca de 177 hectáreas de territorio mexicano al lado estadunidense del río. México inició actividades para recuperar el llamado distrito de Chamizal, en las afueras de El Paso, pero a pesar de los dictámenes favorables de los arbitrajes, no se logró ningún avance. Tratándose de un país que había perdido la mitad de su territorio un siglo antes, la recuperación del Chamizal fue convirtiéndose, gradualmente, en cuestión de principio y, finalmente, los Presidentes Kennedy y López Mateos arreglaron el asunto en junio de 1962. Dos años después, en medio de grandes bombos en México, se devolvió el Chamizal. A finales de los años sesenta y principios de los setenta, otra cuestión fronteriza —la elevada salinidad del río Colorado en su entrada a los valles agrícolas del noroeste de México— pasó a ser símbolo de la falta de consideración de Estados Unidos, y también éste se resolvió parcialmente después de que la ardiente indignación mexicana llevó a Washigton a responder.

Los narcóticos se convirtieron en una cuestión política muy delicada en ambos lados de la frontera. El problema se inició, repentinamente, cuando en 1969 el gobierno de Nixon llevó a efecto la Operación Intercepción, que imponía la revisión exhaustiva de todos los vehículos que entraban en Estados Unidos procedentes de México y que paralizaba el tráfico en la frontera durante días. Aunque el gobierno mexicano se molestó porque no se le había dado aviso previo, implicándose con ello que no se le podía confiar el secreto, México pronto se convirtió en el chivo expiatorio de todo el problema de la droga de su vecino. Los funcionarios mexicanos sostenían que la solución era atacar la demanda y no la oferta, pero bajo presión de Washington, una campaña antinarcóticos realizada en

1975 dio por resultado que se erradicaran campos de mariguana y amapola y que se aprehendiera a varios cientos de traficantes estadunidenses. En lugar de que se le agradeciera, México fue blanco de una campaña de los medios de comunicación, orquestada por grupos partidarios de la mariguana, que presentaban a los traficantes como víctimas inocentes de las torturas y los malos tratos de los mexicanos. Como el problema dominaba las relaciones bilaterales y alentaba pasiones en ambos países, finalmente Washington propuso un intercambio de presos en 1976, lo cual México aceptó gustosamente. Pero, casi un decenio después, el problema de la droga amenazó con volver a ser una cuestión bilateral, cuando aparecieron laboratorio de cocaína en México, por primera vez.

A finales de los años setenta, cuando la confianza que tenía México en sí mismo estaba respaldada por su nueva riqueza petrolera, se presentaron infinidad de ocasiones para inflamar el nacionalismo mexicano, aunque muchas de ellas pasaron virtualmente inadvertidas para Washington. La decisión tomada por una oficina local del Servicio de Inmigración y Naturalización de levantar una alambrada de púas en El Paso fue presentada por la prensa mexicana como un plan maléfico para ocasionar lesiones corporales a los migrantes ilegales, aunque la "cortina de tortilla" como se llamó, pronto estuvo tan llena de agujeros como otras vallas de la frontera. En 1980, una sequía que perjudicó seriamente a la agricultura mexicana fue atribuida por algunos funcionarios a la siembra de huracanes por parte de la Administración Nacional Atmosférica y Oceánica de Estados Unidos. En esta ocasión, abochornados diplomáticos mexicanos concedieron, en privado, que el nacionalismo había ocupado un lugar equivocado y que el "espectáculo" de los medios de comunicación se había disparado solo. Al año siguiente, no se le dio crédito a Estados Unidos por una estupenda temporada de lluvias.

Cuando un pozo petrolero mexicano —el Ixtoc I— explotó en el mar, en junio de 1980, México recurrió al nacionalismo para ocultar su vergüenza. Mientras 30 000 barriles diarios se derramaban en el Golfo, la prensa mexicana subrayaba que Sedco, el contratista perforador responsable del accidente, era una empresa estadunidense, propiedad del hijo de William P. Clements, gobernador de Texas a la sazón. Cuando el petróleo flotante llegó a las playas de Texas, amenazando con sacar temporalmente al turismo de la Isla Padre, México rechazó los intentos estadunidenses por obtener compensación, sosteniendo que no había ley internacional que cubriera el caso, y recordando que México era víctima impotente de la contaminación tóxica del aire causada por las fábricas estadunidenses en las poblaciones de la frontera. Pero fue la buena suerte, y no el nacionalismo, la que evitó a México muchos años de litigios con Estados Unidos, incluso aunque el Ixtoc I no quedó sellado sino hasta nueve meses después, porque el daño permanente que produjo fue mínimo.

Después de que México renunció a todos los convenios pesqueros con Estados Unidos, en diciembre de 1980, y empezó a patrullar sus 200 millas de "zona patrimonial exclusiva", incluso pudo saborear algunos disparos diplomáticos contra Estados Unidos. El problema surgió porque Washington se negó a reconocer la nueva importancia que México concedió al desarrollo de su descuidada industria pesquera. Cuando la flota atunera de San Diego se negó a comprar permisos para operar en aguas mexicanas, la marina mexicana respondió "aprehendiendo" a una serie de barcos, tomando sus redes y pesca e imponiendo cuantiosas multas antes de liberarlos. Entonces, Estados Unidos suspendió todas las importaciones de atún procedentes de México. Pero para algunos mexicanos, las pérdidas registradas por la industria pesquera quedaron ampliamente compensadas con el mero deleite de ver a barcos estadunidenses detenidos en puertos mexicanos, el punto más próximo a una victoria naval que México jamás hubiera logrado sobre su vecino.

La única disputa que sí provocó la ira del gobierno de Carter no fue estrictamente bilateral, sino más bien el papel relativamente menor que México desempeñó en el drama entre Estados Unidos e Irán. Después de su derrocamiento en diciembre de 1978, el Sha de Irán empezó a buscar un punto de residencia permanente, y por medio de la intercesión del ex secretario de Estado, Henry A. Kissinger y el director del Chase Manhattan, David Rockefeller, se logró que López Portillo le concediera una visa de turista por seis meses. El Sha llegó en junio de 1979 y alquiló una enorme casa en Cuernavaca, pero cuatro meses desués viajó a Nueva York para recibir atención médica. Poco tiempo después, en la embajada de Estados Unidos en Teherán fueron tomados unos rehenes, y cuando el Sha estaba a punto de volver a México, López Portillo le negó la entrada. A continuación, la Casa Blanca convenció al brigadier general Omar Torrijos Herrera, gobernante de Panamá, de que lo recibiera. Pero Carter sintió que López Portillo le había traicionado personalmente en un momento crucial de su lucha por su supervivencia política. Funcionarios estadunidenses, diciendo que al Sha se le había prometido su reingreso a México, "dejaron correr" noticias donde se decía que López Portillo le había dado la espalda al Sha porque éste se había negado a invertir en México. En sus memorias, en la única referencia a México, Carter recuerda amargamente que López Portillo le demostró que era un hombre que no tenía palabra. México, sintiendo el calor de la ira de Washington, explicó que había decidido no renovar la visa de seis meses concedida al Sha una vez que ésta expirara el 9 de diciembre, es decir, una semana después del regreso que había proyectado. La verdadera razón fue otra. López Portillo sí estaba dispuesto a permitir el retorno del Sha, pero le disuadió de su idea el argumento del secretario de Relaciones Exteriores, Castañeda, según el cual las embajadas de México en todo el mundo serían blanco de los ataques de iraníes extremistas y México no tenía por qué involucrarse en los pleitos externos de Washington, asociándose a un dictador exiliado, poco popular, identificado plenamente con Estados Unidos.

El episodio evenenó aún más las relaciones personales entre López Portillo y Carter, pero no dejó una huella permanente en los nexos entre Estados Unidos y México. Simbólicamente, marcó un cambio importante: México, por medio de su mayor participación en las cuestiones del Tercer Mundo y América Latina, ahora tenía intereses propios que defender en el extranjero. Y su cambio de concepción del papel que desempeñaba en el mundo pronto sumó complicadas dimensiones a su relación con Washington. A principios de los años ochenta, aunque tanto México como Estados Unidos pretendían aislar las cuestiones comerciales y financieras bilaterales de los problemas políticos generales, su desacuerdo en torno a América Central se había convertido en el rasgo más importante de la relación. Produjo importantes ajustes en ambos bandos: México ya no usaba una cuestión política exterior simplemente para exhibir su independencia de Estados Unidos; y, por primera vez, Washington, reaciamente, tuvo que aceptar que México era un interlocutor válido en el caso de un problema que tenía importancia estratégica para Estados Unidos.

17. POLÍTICA EXTERIOR: FRENTE A AMÉRICA CENTRAL

I

Tradicionalmente, la política exterior de México ha mirado hacia adentro, se ha dirigido a proteger al país de las presiones externas, en lugar de ampliar su ámbito de influencia. Como estas presiones sólo han procedido de Estados Unidos, su política hacia el resto del mundo ha sido conformada por su relación con Washington. Por este motivo, las cuestiones entre oriente y occidente, e incluso los problemas del Tercer Mundo le parecían poco importantes: México veía al mundo como si fuera una defensa contra la intervención de Estados Unidos, y se aventuraba al mundo para exhibir su independencia de Washington. La política resultante, de palabras altisonantes y acciones cautelosas, le funcionaba bien a México. Era congruente con la historia del país, mantenía vivo el nacionalismo, desalentaba el militarismo, calmaba a los izquierdistas, tanto dentro del país como fuera de él, y permitía a México desafiar a Washington en los foros diplomáticos, sin amenazar los intereses fundamentales de Estados Unidos en México. También era constante por ser una política que reflejaba el interés nacional en lugar de los caprichos de un único gobierno.

Los principios, que suenan muy bien y guían la política exterior de México —respeto por la soberanía nacional, integridad territorial y autodeterminación, oposición a todo tipo de intervención y aplicación del imperio internacional de la ley—, por consiguiente, son algo más que abstracciones jurídicas. Representan la principal garantía que tiene México de que no se repetirá su historia y, cuando se aplican a otros países expuestos a intervención, se piensa que protegen a México. Pero incluso estos principios globales se aplican en forma selectiva, a la luz de la experiencia del país. México acepta su alineación con Washington en cualquier confrontación con Moscú, pero se niega a ver los problemas de América Latina en el contexto de Oriente-Occidente. Desde el punto de vista político, y emocional también, tiene asimismo problemas para equiparar las intervenciones de Washington y Moscú: los soldados estadunidenses han entrado en México en múltiples ocasiones; las tropas soviéticas no lo han hecho.

Los sucesivos gobiernos de Washington se han irritado y al mismo tiempo intrigado ante la política exterior de México. La han descrito de diferentes maneras: como producto de un antiamericanismo irreflexivo, como machismo inmaduro o ignorancia ingenua del verdadero peligro que la Unión Soviética y Cuba representan para la estabilidad de México. Ocasionalmente, han identificado una motivación expansionista y competitiva tras la política exterior de México. Con más frecuencia, convencidos de que en el fondo sólo han tenido en mente los mejores intereses de la zona, no han podido entender que los intereses nacionales de Estados Unidos no coinciden necesariamente con los de México.

El gobierno de Calles, en los años veinte, teniendo frescas en la memoria las diversas intervenciones políticas y militares estadunidenses en México durante la Revolución, envió armas para ayudar a los rebeldes bajo el mando del general Augusto César Sandino, que peleaban contra los *marines* de Estados Unidos en Nicaragua. Según documentos oficiales de la época, Washington titubeó entre echar la culpa a ''la influencia de Moscú'' o a la ambición de México de instalar gobiernos en América Central que ''no sólo fueran amigos, sino dependientes de México y estuvieran totalmente bajo su dominio''. Pero el principal objetivo de Calles era desalentar las intervenciones de Estados Unidos, elevando el costo de dichas aventuras. Después de que el presidente Roosevelt retiró a los *marines*, dejando que una serie de dictadores derechistas mantuviera el orden, México perdió interés por América Central.

La participación de México en la guerra civil española, su primera incursión en problemas fuera de la zona, estuvo inspirada por intereses nacionales. En principio, se oponía al apoyo que la Alemania nazi daba a las fuerzas fascistas del general Franco, pero también sentía fuertes nexos emocionales con una España republicana que luchaba por liberarse de una tradición autoritaria que México ligaba a su propio pasado colonial. El Presidente Cárdenas, que tomó la delantera al denunciar a los fascistas, en secreto compró armas y municiones para los republicanos y, sin éxito, trató de entregarles aviones hechos en Estados Unidos. Después de la derrota de los republicanos en 1940, México aceptó a más de 20 000 refugiados, permitió que se instalara un gobierno en el exilio en la ciudad de México y se negó a reanudar las relaciones diplomáticas con España hasta la muerte de Franco en 1977.

En los años treinta, la prioridad del gobierno era consolidar su control político y económico en el país y sus principales choques con Estados Unidos e Inglaterra se derivaron de la expropiación de las compañías ferrocarrileras y petroleras extranjeras. Después de unirse a los Aliados en la segunda Guerra Mundial, México empezó a reconocer las oportunidades, así como las amenazas, que presentaba el mundo exterior. A finales de los años cuarenta, su política exterior, por primera vez, fue usada para proyectar una imagen de crecimiento y estabilidad que atrajera a la inversión extranjera, el crédito y el turismo. Como éstos existían principalmente al norte de la frontera, México necesitaba sostener cálidas relaciones bilaterales con Washington, sin abandonar ninguno de los principios fundamentales de su política exterior.

Conforme la sociedad económica florecía, México reprobaba gran parte de la política exterior de Estados Unidos. Se negó a aceptar el papel político y militar que Washington asignó a América Latina en la guerra fría y, con sólo otros dos gobiernos de la zona, mantuvo relaciones diplomáticas con Moscú. México, deseoso de evitar una participación gratuita en los problemas entre Oriente y Occidente, rechazó múltiples oportunidades para volver al Consejo de Seguridad de la ONU después de ser miembro tan sólo durante un año, en 1946. Fue especialmente precavido con las ambiciones hegemónicas de Washington en América Latina. Firmó el Tratado Interamericano de Asistencia Recíproca de 1947, conocido como el Tratado de Río, donde se creó un sistema regional de seguridad colectiva, pero se opuso a todas las acciones por aplicar el pacto. Después de la creación de la Organización de Estados Americanos (OEA) en 1948, inició una solitaria cruzada por evitar que Estados Unidos la usara como instrumento de su propia política exterior. Así, con frecuencia, México se contaba entre una minoría que se oponía a Washington y, a la fecha, sigue siendo partidario de reformas fundamentales en la carta constitutiva de la OEA.

Incluso en su forma actual, la OEA le ha servido a México, pues le ha ofrecido un foro público donde puede defender sus principios, sin asumir la obligación de enfrentarse a Estados Unidos de manera más peligrosa. En los años cincuenta y sesenta, la independencia de su política exterior se fincaba casi totalmente en torno a una serie de votos. En 1954, sólo México y Argentina se opusieron a una resolución de la OEA que condenaba al gobierno izquierdista de Guatemala y preparaba una salida diplomática para la invasión, apoyada por Estados Unidos, que derrocó al Presidente Jacobo Árbenz. En 1965, sólo cuatro países se unieron a México para oponerse a la creación, por parte de la OEA, de la Fuerza Interamericana de Paz para legitimar, *post facto*, la invasión estadunidense de la

República Dominicana, y México respaldó, simultáneamente, una resolución en las Naciones Unidas donde se pedía el retiro de los *marines*. A su vez, Washington se acostumbró a esperar estas instancias, y las relaciones bilaterales no se vieron afectadas.

En el caso de Cuba, a la larga, México se encontró totalmente solo en el organismo regional. En cierta medida, el Presidente López Mateos reaccionó ante la simpatía que despertó la revolución cubana de 1959 entre los izquierdistas y nacionalistas mexicanos. Pero seguía también la tradición al desafiar la aplicación de la doctrina Monroe por parte de Washington para justificar esta nueva intervención en la zona. En abril de 1961, la abortada invasión de Cuba en bahía de Cochinos provocó airadas protestas de México (incluso el viejo ex Presidente Cárdenas se ofreció a ayudar a defender la isla). En 1962, México y otros cinco países se opusieron a una resolución de la OEA con la que se suspendía a Cuba de la organización por "exportar" la revolución a Venezuela. Dos años después, México fue el único país que ignoró la orden de una resolución de la OEA que dictaba que todos los miembros rompieran relaciones con el régimen de Castro. Entre 1964 y 1970, en que el nuevo gobierno de Allende, en Chile, reconoció al régimen de Castro, México era el único nexo formal que Cuba tenía con América Latina.

México no estaba movido por una afinidad ideológica con La Habana. Cuando había cuestiones globales interesadas, como en la crisis de los proyectiles de 1962, México tomó el lado de Washington. Los años en que México tuvo más importancia para Cuba coincidieron con el régimen de Gustavo Díaz Ordaz, el Presidente más anticomunista del país en muchas décadas. Cuando, en 1967, la conferencia de la Organización de Solidaridad Latinoamericana en Cuba adoptó resoluciones instando a la revolución en todo el continente, Antonio Carrillo Flores, secretario de Relaciones Exteriores de México, respondió con una severa advertencia al régimen de Castro. (Cuba nunca ha patrocinado movimientos guerrilleros en México y, a la fecha, existe el entendimiento explícito —no escrito— de que ninguno de los dos gobiernos intervendrá en los asuntos internos del otro.) Pero aunque las relaciones fueron frías y el comercio mínimo, la conservación de los nexos formales con el régimen de Castro sirvió de símbolo vital de la independencia de México: era una política diseñada para Washington y no para La Habana.

Cuba se vio obligada a soportar frecuentes humillaciones a manos de México con objeto de evitar su total aislamiento. La característica más importante de la relación fue el vuelo de Cubana de Aviación, dos veces por semana, a la ciudad de México, que facilitaba a los funcionarios cubanos viajar a las Naciones Unidas sin pasar por Europa y permitía a miles de estadunidenses y otros izquierdistas latinoamericanos visitar la isla. En la práctica, este gesto mexicano era poco generoso. Se permitía a la CIA supervisar el extremo mexicano del puente aéreo y los viajeros que iban o venían de Cuba eran fotografiados en el aeropuerto de la ciudad de México y sus viajes quedaban registrados con un inmenso sello en los pasaportes. Las autoridades mexicanas cooperaban también con la CIA interviniendo los teléfonos de la embajada cubana y los hogares de los diplomáticos cubanos, y fotografiaban a toda persona que entraba o salía de la embajada. (Así se obtuvieron pruebas de la visita que Lee Harvey Oswald hizo a la embajada de Cuba en la ciudad de México antes de que asesinara al presidente Kennedy, en 1963.) Hubo un momento en que un miembro de la embajada de México en La Habana fue expuesto como agente de la CIA y fue expulsado. México no hizo esfuerzo alguno por negar los cargos.

Algunos de los símbolos de la política exterior mexicana han rayado en el mito. A principios de los años sesenta, como sus arcas se habían llenado con divisas de turistas e inversionistas estadunidenses, así como con los envíos de los braceros que trabajaban en Estados Unidos, el país podía darse el lujo de ignorar la Alianza para el Progreso, e incluso burlarse del programa diciendo que se trataba de una forma nueva de intervencionismo. México se negó a firmar un tratado propuesto al tenor de la Alianza para el Progreso, mismo que aseguraba las inversiones privadas estadunidenses en México y, en 1966, la Agencia para el Desarrollo Internacional cerró sus oficinas en la ciudad de México. Entre 1962 y 1971, México sólo recibió 70 millones de dólares por concepto de ayuda directa de Estados Unidos —gran parte de ellos erogados en programas fronterizos bilaterales— en comparación con 1.4 mil millones de dólares enviados a Brasil y 744.7 millones a Colombia. México ha recibido menos ayuda, per cápita, que cualquier otra nación de América Latina. Asimismo, depende más de Estados Unidos, en términos económicos, que cualquier otro país.

En la época de la Alianza para el Progreso, el Presidente López Mateos trató de ampliar la visión de México más allá de la zona por medio de un ocupado calendario de viajes al extranjero que le llevaron a Europa Occidental y Asia. También esto fue simbólico en gran medida. Se reunió con Tito en Yugoslavia, Nehrú en India y Sukarno en Indonesia, quienes a la sazón estaban creando un rincón neutral para las colonias que acababan de hacerse independientes; pero México no se unió al Movimiento de los No Alineados ni elevó su voz en la campaña del Tercer Mundo a favor de una reforma económica en la Conferencia para el Comercio y Desarrollo de

408

las Naciones Unidas (UNCTAD). La política exterior de López Mateos sirvió para fomentar su prestigio personal en el país y para demostrar la independencia de México respecto a Washington, pero no creó un papel nuevo para México en el mundo.

La iniciativa internacional más importante de México en esa década fue el Tratado para la Desnuclearización de América Latina, de 1967, conocido como el Tratado de Tlatelolco y que incluyó la muy publicitada defensa de un principio, sin correr ningún riesgo político. El tratado, que incluía protocolos que firmarían las potencias nucleares y los países con colonias en la zona, pretendía evitar la entrada de armamento nuclear a América Latina. Nunca fue ratificado por Argentina y Brasil, los únicos países de la zona que, según se pensaba, tenían ambiciones nucleares. Pero permitió a México abrazar la causa del desarme y, años después, le ganó al arquitecto del tratado mexicano, Alfonso García Robles, una parte —la otra correspondió a una promotora del desarme, la sueca Alva Myrdal— del premio Nobel de la Paz de 1982, sumando así otro rosetón simbólico a la política exterior mexicana.

La estrategia de México era plantar estandartes, ocasionalmente, en el escenario diplomático internacional y regional y, después, retirarse al mundo real de su desarrollo interno y sus relaciones con Estados Unidos. Díaz Ordaz, que sucedió al peripatético López Mateos, se reunió varias veces con los Presidentes Johnson y Nixon, pero no viajó más allá de Washington. En todos los demás países de América Latina, el perfil económico y político de México estaba bajo y los gobiernos sudamericanos sentían poca identificación con México. En la medida en que México miraba al exterior, si acaso, lo hacían hacia el norte. A pesar de la importancia de una política exterior independiente como contrapunto para su dependencia económica, en términos generales, México —gobierno, sector privado y grupos políticos— ignoraba al resto del mundo, al igual que el mundo ignoraba a México.

II

La política exterior más activa adoptada por el Presidente Echeverría entre 1970 y 1976 fue debida, inicialmente, al cambio de las circunstancias internas. Una recesión expuso las debilidades de la estrategia económica posterior a la guerra y destacó la necesidad de diversificar los mercados de exportación y respaldar las reformas económicas internacionales. Después del movimiento estudiantil de 1968, una política exterior más nacionalista encajaba también dentro de la estrategia de ganarse a los izquierdistas e intelectuales desencantados. No fue sino más adelante en su sexenio cuando el interés personal de Echeverría por proyectar su imagen a todo el mundo sumó un ingrediente de vanidad que, a la larga, no podría distinguirse de la política exterior misma.

Al igual que muchos Presidentes que suben al cargo en un momento interno difícil, Echeverría prometió no salir del país "durante dos o tres años". Sólo diez meses después, voló a Nueva York a dirigirse a la Asamblea General de la ONU. En los cuatro años siguientes, visitó treinta y seis naciones, en trece viajes, y un sinnúmero de jefes de estado también visitaron México, inclusive la reina Isabel II y el Sha de Irán. Echeverría reconoció a China en febrero de 1972 y se convirtió en el primer Presidente mexicano que visitara Moscú y Pekín. Aunque México no tiene relaciones diplomáticas con el Vaticano, solicitó una audiencia con el papa Pablo VI en un viaje a Roma. (La ruptura con el Vaticano se dio con Juárez a mediados del siglo XIX, después el anticlericalismo fue reforzado por la Revolución y ningún gobierno se ha atrevido a reconocer a la Santa Sede como estado.) Pronto, Echeverría empezó a cortejar a países pequeños del Tercer Mundo en un esfuerzo por convertirse en líder.

En su Informe Presidencial de septiembre de 1972, explicó su objetivo: "Durante años, hemos actuado al mismo tiempo con firmeza y con cautela. En defensa de nuestros principios internacionales, hoy hemos añadido acciones más directas. En los próximos lustros México deberá asumir un papel más relevante en el orden internacional." Prueba de ello, al dirigirse a la tercera UNCTAD en Chile, en abril de 1972, Echeverría propuso la Carta de los Deberes y Derechos Económicos de los Estados como una especie de corolario económico para la carta constitutiva de la ONU. Esto no añadió mucho al debate existente entre los países industrializados y aquellos en desarrollo y cuando, a la larga, fue aprobada por la Asamblea General de la ONU en 1974, Estados Unidos y otros países industrializados importantes emitieron votos negativos. Pero la carta incluyó a México en el debate Norte-Sur y dio a Echeverría una causa que respaldar durante sus viajes.

Conforme los obstáculos para disminuir la dependencia económica de México respecto a Estados Unidos fueron adquiriendo claridad, las dimensiones políticas de la política exterior de Echeverría tuvieron más importancia y fueron más controvertidas. Su manejo de las relaciones con Chile, en particular, aceleraron la polarización que caracterizó la segunda mitad de su gobierno. Así como López

Mateos se había sentido opacado por Fidel Castro, Echeverría se sintió obligado a competir con Salvador Allende, pero lo hizo abrazando el experimento chileno como si fuera el sucesor natural de la Revolución Mexicana. Después de su viaje a Santiago, recibió a Allende en México en diciembre de 1972, despertando las primeras protestas de los conservadores por su política exterior. Pero ello quedó compensado con la utilidad de la asociación con Chile entre los izquierdistas domésticos: Echeverría podía resultar extremista y, al mismo tiempo, presentar el ejemplo democrático no violento, de Chile ante los jóvenes mexicanos más inclinados al modelo cubano.

Después de la muerte de Allende en el golpe militar de septiembre de 1973, Echeverría respondió casi emocionalmente, ordenando que la embajada de México en Santiago aceptara a todos los refugiados políticos que buscaran asilo y recibiendo personalmente a la viuda de Allende, Hortensia Bussi, así como a varios ministros derrocados cuando llegaron al exilio en México. Unos cuantos meses después, rompió relaciones con el régimen de Pinochet, y México se convirtió en el principal centro de actividades propagandísticas contra la dictadura. Varios miles de políticos, economistas y académicos chilenos encontraron trabajo en el gobierno y las universidades de México y, en dos años, las puertas del país se abrieron nuevamente a miles de argentinos y uruguayos, liberales e izquierdistas, que huían de las dictaduras militares de sus países. Echeverría se vio emulando al trato que el general Cárdenas había dado a los exiliados republicanos españoles, pero la prominencia dada a muchos extremistas sudamericanos despertó la irritación de la comunidad empresarial y las clases medias de México y, a la larga, desató una oleada de xenofobia anticomunista.

Después del golpe de Chile, Echeverría se fue obsesionando cada vez más con la política exterior, considerándose una solitaria voz en un continente dominado cada vez más por regímenes militares proestadunidenses. Conforme aumentaban las pruebas de la participación de la CIA en el derrocamiento de Allende, Echeverría empezó a criticar abiertamente a Estados Unidos, hablando rutinariamente del "imperialismo", lenguaje que, por regla general, sólo usaban los izquierdistas de la zona. También se hizo un esfuerzo especial por mejorar las relaciones con Cuba. Las operaciones de la CIA en el aeropuerto de la ciudad de México fueron suspendidas y se donó un valioso terreno para la construcción de un nuevo edificio de la embajada de Cuba. En agosto de 1975, al término de una visita a catorce países, Echeverría se convirtió en el primer Presidente mexicano que visitara La Habana desde la Revolución. Tuvo una impresionante acogida, ofrecida por un gobierno totalmente consciente del impacto que ello tendría en Washington. Echeverría, todavía incapaz de librarse de su anticomunismo innato, respondió efusivamente: "He visto el socialismo en algunos grandes estados socialistas. Los líderes de estos países deben venir a Cuba para aprender cómo se hace el socialismo con sensibilidad, con humanismo, con respeto a la dignidad humana."

Para 1975, Echeverría se consideraba un líder del Tercer Mundo que merecía mayor reconocimiento. Primero se hizo promover como posible Secretario General de la ONU, viajando nuevamente a Nueva York a finales de 1975 para dirigirse a la Asamblea General de la ONU y, más adelante, designó embajador en Noruega a un colaborador leal con instrucciones de llevar a efecto una campaña para obtener el Premio Nobel de la Paz, supuestamente por haber concebido la Carta Económica. Pero Echeverría no había podido lograr el apoyo de un grupo importante en el Tercer Mundo. La mayor parte de los gobiernos latinoamericanos compartían la misma opinión reprobatoria de su retórica extremista, mientras que los líderes políticos de África y Asia apuntaban que México seguía negándose a unirse al Movimiento de los No Alineados o a la Organización de Países Exportadores de Petróleo. Para ellos, era claramente evidente que México seguía dependiendo en términos económicos de Estados Unidos y que, por consiguiente, era políticamente vulnerable a dicho país.

Hubo dos incidentes que lesionaron irreparablemente la imagen internacional de Echeverría. En 1975, después de la ejecución de cinco terroristas vascos a manos del régimen de Franco, México pidió que se expulsara a España de las Naciones Unidas. El Consejo de Seguridad se negó siquiera a escuchar el caso y, al mismo tiempo, se convenció de la falta de idoneidad de Echeverría para ocupar el puesto de Secretario General. Poco tiempo después, en un equivocado intento por validar sus credenciales en el Tercer Mundo, México se unió a otros setenta y un países para apoyar una resolución de la ONU que condenaba al sionismo por ser una forma de racismo. La controversia resultante subrayó la vulnerabilidad de México. Organizaciones estadunidenses judías furiosas armaron un boicot turístico punitivo contra México, que le costó al país muchas divisas y obligó a un gobierno abochornado a retractarse de su posición. Cuando Emilio O. Rabasa, secretario de Relaciones Exteriores, pidió disculpas a Israel en un discurso improvisado en Tel Aviv, llegó demasiado lejos y fue despedido.

Desde el punto de vista de México, el balance de la aventura política exterior de Echeverría no fue totalmente negativo. No produjo ningún cambio importante en los patrones comerciales de la nación, dio a Echeverría una imagen de extremismo que ahuyentó a muchos inversionistas extranjeros potenciales y creó tensiones innecesarias con Estados Unidos. Pero ayudó a ganarle al régimen el apoyo de los izquierdistas del país y así contribuyó a la estabilidad política. Rompió el aislamiento político de México ante el mundo y acostumbró a los mexicanos a pensar más allá de Estados Unidos. Aunque el sucesor de Echeverría, José López Portillo, dio prioridad inmediata a componer las relaciones con Washington, a principios de 1977, también él llegó pronto a la conclusión de que el interés nacional de México exigía una política exterior pluralista y activa.

Paradójicamente, fue por el accidente de los enormes descubrimientos de petróleo por lo que López Portillo obtuvo el reconocimiento internacional que Echeverría había perseguido tan tozuda e inútilmente. A un año de subir a la presidencia, el nuevo gobierno era cortejado por estados de todo el orbe. Prácticamente no había ninguna nación occidental que no estuviera ansiosa de asegurar una relación especial con México. Para México bastaba con crecer rápidamente, mientras que la mayoría de las economías industriales se estaban estancando. Pero en un momento de gran incertidumbre en cuanto al futuro del mercado mundial del petróleo, México poseía también reservas de energéticos seguras, a gran distancia del problemático Oriente Medio. López Portillo, al poco tiempo, empezó a saborear el papel prominente que se le había asignado, viajó casi tanto como su antecesor, pero se le recibió con más atención. De la noche a la mañana México había adquirido importancia por lo que era, en lugar de por lo que decía.

Los descubrimientos de petróleo le dieron a México una nueva oportunidad para exhibir su independencia de Estados Unidos. López Portillo, decidido a que Washington no le considerara su reserva estratégica de energéticos, alentó a otras naciones industrializadas, entre ellas Francia, Alemania Occidental, Suecia, Canadá y Japón, a acelerar sus inversiones en México, a cambio de contratos de abastecimiento de petróleo a largo plazo. Asimismo, redescubrió muchas de las posiciones militantes del Tercer Mundo defendidas por Echeverría. México asumió un papel destacado en las discusiones internacionales en torno al desarrollo económico, los derechos humanos, el desarme y la legislación del mar. En 1980, México ocupó un asiento en el Consejo de Seguridad de la ONU por primera vez desde 1946, como si repentinamente estuviera listo para ofrecer opiniones y emitir votos sobre asuntos políticos tan diferentes como el Oriente Medio y Sudáfrica. Por primera vez, las relaciones entre México y Estados Unidos empezaron a incluir una dimensión multilateral así como una regional.

413

También seguía adelante el ajuste psicológico. "El país necesita cambiar su tradicional actitud puramente defensiva frente al mundo —explicaba Jorge Castañeda, secretario de Relaciones Exteriores, en marzo de 1980—. El exterior no es ya, inexorablemente, como pensábamos en el pasado, sólo fuente de males sin nombre que no podíamos remediar. . . Claro está que el salir de casa presenta riesgos. Pero encerrarnos pasivamente en ella, no sólo nos impediría defenderla adecuadamente, sino que además nos asfixiaríamos. El mundo moderno presenta peligros, pero también ofrece mejores instrumentos de defensa. . . En este nuevo contexto histórico-político, México puede actuar con confianza. Debe evaluar fríamente sus intereses, actuar con sentido de responsabilidad, midiendo sobriamente sus posibilidades y fuerzas, sin falsas ilusiones ni injustificados y paralizantes temores."

Al principio, López Portillo viajó con el pretexto de encontrar mercados nuevos para los productos mexicanos. Después de presentar el Plan Mundial de Energía ante las Naciones Unidas, en septiembre de 1979, pudo también promover su idea en diversas capitales. Por último, después del informe de la Comisión Brandt sobre la pobreza en el Tercer Mundo, López Portillo sugirió albergar una conferencia de alto nivel para reanudar el diálogo entre Norte y Sur iniciado años antes en París. Si bien el Presidente Reagan y los líderes de otras naciones occidentales industrializadas tenían poco interés en el tema, a la larga tomaron parte en la reunión de veintidós países de Norte y Sur que tuvo lugar en Cancún, en octubre de 1981. (La única condición impuesta por Reagan fue la exclusión de Fidel Castro, quien, como presidente del Movimiento de los No Alineados, tenía derecho especial a ser invitado. López Portillo, con titubeos, aceptó las condiciones de Reagan y, al hacerlo, contrajo una deuda política con Castro. Ésta quedó saldada dos meses después cuando México, en secreto, prestó 100 millones de dólares a Cuba, que tenía apuros financieros.) La reunión cumbre falló en cuanto al objetivo primordial de iniciar negociaciones globales sobre temas de desarrollo en las Naciones Unidas, pero demostró el nuevo poder de convocación de México y dio a López Portillo el tema de su discurso de despedida en el panorama internacional. Un año después, se presentó por última vez ante la Asamblea General de la ONU, pero para entonces su estatura se había derrumbado junto con la economía mexicana.

III

El cambio más importante registrado en la política exterior de México en muchas décadas no lo propició el petróleo, sino la inquietud política fuera de las fronteras del país, en América Central. En sus relaciones con el resto del mundo, México, a pesar de su elevado perfil, conservaba su cautela tradicional, negándose a unirse al Movimiento de los No Alineados o a la OPEP e interesado, principalmente, en impresionar a dos públicos conocidos: Estados Unidos y la opinión pública interna. Pero, en América Central, México se vio obligado a correr riesgos, así como a adoptar posiciones. Para no violar su sagrado principio de no intervención, se movió con cautela. Conforme los acontecimientos del sur empezaron a afectar a México directamente y el espectro de la intervención militar estadunidense en el istmo volvió a presentarse, tanto López Portillo como su sucesor, Miguel de la Madrid, afirmaron la influencia de México de manera más confiada e incluso egoísta.

A lo largo de todo el siglo, el único interés que México ha tenido en América Central ha sido la estabilidad política, porque la inestabilidad, inevitablemente, implicaba la presencia de Estados Unidos en la zona. Entre la retirada de los *marines* de Nicaragua en 1934 y la invasión de Guatemala por fuerzas respaldadas por Estados Unidos veinte años antes, México apenas si miraba al sur. Con la salvedad de una breve ruptura de relaciones diplomáticas con Guatemala en 1959, después de que unos barcos pesqueros mexicanos fueron atacados por aviones guatemaltecos, México parecía estar tranquilo viendo que la estabilidad la conservaban dictadores de derechas. Varios de ellos, inclusive el general nicaragüense Anastasio Somoza Debayle, visitaron México, oficialmente, durante el gobierno de Echeverría.

En términos económicos, México creó pocos intereses en la zona. En la segunda Guerra Mundial, la ausencia de productos estadunidenses condujo a un breve auge del comercio, pero el momento pasó, y no obstante la publicitada ofensiva económica hacia la zona durante el gobierno de Díaz Ordaz, para 1970 sólo el 1.8 por ciento de las exportaciones de México iban a América Central. Había cierta inversión mexicana en fábricas de fertilizantes y textiles, pero el total del capital mexicano en la zona nunca pasó de 100 millones de dólares.

En el orden cultural, la presencia de México se sentía más claramente en la zona. Muchos líderes empresariales, políticos, profesionales e incluso militares se preparaban en México. Más importante aún, la música popular, las películas, las telenovelas y la comida mexicana, con frecuencia, abrumaban a las tradiciones locales. En muchos sentidos, la relación de México con Estados Unidos se repetía en la relación de América Central con México. Guatemala, su vecino más cercano, resentía especialmente el dominio de este "Gigante del Norte", ocasionalmente prohibiendo programas de televisión mexicanos por considerarlos imperialismo cultural, e identificaba malicia en el curso del descuido rutinario de México. Los gobiernos guatemaltecos, molestos por el apoyo brindado por México a la independencia de Belice, que desde hacía mucho reclamaba Guatemala como parte de su territorio, dudaron de las ocasionales manifestaciones mexicanas de buena vecindad.

México no hizo gran esfuerzo por ser líder político de los países al sur. A principios de los años setenta, tanto Venezuela como Brasil lanzaron ofensivas diplomáticas en la zona, pero México ni siquiera las consideró desafíos. Pensaba que América Central "pertenecía" a Estados Unidos, y ni los medios de comunicación ni los círculos oficiales de México estaban bien informados de lo que ocurría al sur. Salvo por los mexicanos que vivían en Chiapas, pocos habían visitado Centroamérica jamás. Hasta 1977, ninguna aerolínea mexicana había volado a la zona.

El gobierno de López Portillo reconoció, lentamente, la importancia de los cambios que se daban en Nicaragua a mediados de los años setenta. Las guerrillas sandinistas habían estado activas ahí, intermitentemente, desde 1962, pero estaban divididas en tres facciones y parecían no presentar una amenaza a la dinastía somocista. Pero en octubre de 1977, después de numerosos retrocesos y disputas internas, una facción de rebeldes, llamados los terceristas, convenció al clero reformista, a los intelectuales liberales y a los empresarios desencantados por la corrupción del gobierno, de que sólo una insurrección armada podría restaurar la democracia. Con un grupo de nicaragüenses respetados —el Grupo de los 12— como voceros, la facción obtuvo el apoyo de tres líderes regionales medulares: el Presidente de Venezuela, Carlos Andrés Pérez, que les dio dinero y armas; el hombre fuerte de Panamá, brigadier general Omar Torrijos Herrera, que les proporcionó algunas armas y entrenamiento, y en Costa Rica, primero el Presidente Daniel Odúber Quiroz y después su sucesor, Rodrigo Carazo Odio, que permitieron que su país fuera usado como zona de lanzamiento para los ataques contra Nicaragua.

Después del asesinato del periodista de oposición Pedro Joaquín Chamorro en enero de 1978, México empezó a manifestar interés por Nicaragua, aunque dijo públicamente que la guerra era una cuestión interna que debían arreglar los nicaragüenses. Poco después, un comandante tercerista, Plutarco Hernández Sancho, estableció contacto con el secretario de Gobernación, Jesús Reyes Heroles, y pocos meses después, otra facción sandinista, llamada la "Guerra Popular Prolongada", encabezada por Tomás Borge Martínez, estableció una línea de comunicación paralela con el presidente del PRI de México, primero Carlos Sansores Pérez y después Gustavo Carvajal.

Se dio algo de dinero a los rebeldes —menos de un millón de dólares— para "gastos de viaje" y se les permitió que abrieran oficinas de propaganda en la ciudad de México; pero México prefirió subrayar su perfil diplomático. Se negó a tomar parte en un equipo de mediación, encabezado por Estados Unidos y formado por la OEA, después de la primera insurrección sandinista abortada de septiembre de 1978, porque parecía que pretendía perpetuar el régimen de Somoza. Sin embargo, recibió a cientos de jóvenes fugitivos combatientes urbanos en su embajada en Managua y, después de que el esfuerzo de mediación se descompuso a finales de 1978, dio asilo temporal a varios miembros del Grupo de los 12, medida que resultó diplomáticamente aceptable y le ganó a México el agradecimiento de varios hombres que, más adelante, ocuparían puestos clave en el gobierno revolucionario, entre ellos Sergio Ramírez Mercado, miembro de la Junta, y Miguel d'Escoto, ministro de Relaciones Exteriores.

A principios de 1979, estando las facciones sandinistas unidas y el régimen somocista, al parecer, cada vez más vulnerable, México buscó un gesto político espectacular que le identificara con una revolución triunfante y le permitiera recuperar el terreno político que había perdido a manos de Venezuela, Panamá y Costa Rica. Para entonces, la imaginación de López Portillo se había disparado con la lucha sandinista,* y en negociaciones secretas con los comandantes rebeldes ofreció romper relaciones con Somoza en el momento que más les conviniera. Los rebeldes esperaban que la medida coincidiera con el inicio de su ofensiva final, proyectada para finales de mayo. El 18 de mayo, López Portillo se reunió con Fidel Castro en Cozumel —la primera visita de Castro a México desde la revolución cubana— y dos días después se entrevistó con Carazo, el presidente de Costa Rica, en Cancún. López Portillo, inquieto por el relato que le hizo Carazo de lo que ocurría en Nicaragua, decidió romper con Somoza de inmediato. En el brindis de la comida del 20 de ma-

---

* México, reflejando su visión estrecha, no vio contradicción alguna al invitar, en febrero de 1979, al presidente de El Salvador, general Carlos Humberto Romero, a visitar el país, cuando había una represión masiva en El Salvador.

yo, sin avisar previamente a Jorge Castañeda, su nuevo secretario de Relaciones Exteriores, hizo el anuncio. Una semana después, empezó la ofensiva final de los sandinistas.

México, habiéndosela jugado, ansiaba que hubiera un desenlace triunfal. En cambio, el gobierno de Carter, repentinamente, empezó a temer el triunfo claro de los sandinistas. Cuando los ministros de Relaciones Exteriores de la OEA se reunieron en Washington el 17 de junio, Cyrus Vance, secretario de Estado de Estados Unidos, propuso que se enviara una Fuerza Interamericana de Paz a Nicaragua, con la orden formal de poner fin a los combates y con el objetivo real de excluir a los sandinistas del poder. Pero Castañeda bloqueó con éxito la iniciativa intervencionista. López Portillo, como México se identificaba cada vez más con los sandinistas, envió algunos rifles y muchas municiones a los rebeldes por medio de Costa Rica y designó un embajador ante el nuevo régimen, todavía en el exilio. Mientras tanto, Washington intentó negociar una transferencia del poder pacífica que pudiera evitar el desmoronamiento de la guardia nacional. Este escenario se deshizo también y el 19 de julio, dos días después de que Somoza huyó a Miami, la guardia se desplomó y los sandinistas tomaron el poder. Esa noche, el gabinete del nuevo régimen voló a Managua desde Costa Rica a bordo del Quetzalcóatl I, el Boeing 727 presidencial de López Portillo. A bordo del avión iba también el diplomático estadunidense William D. Bowdler, que había sido acusado de impedir que los sandinistas tomaran el poder.

En los meses siguientes, México, que había ganado un lugar entre los padrinos de la revolución, envió comida, medicinas, autobuses y otro tipo de ayuda a Nicaragua. Conforme Venezuela, Panamá y Costa Rica iban preocupándose por el extremismo de los sandinistas, México les ofrecía apoyo político incluso más fuerte. En una visita a Managua, en febrero de 1980, López Portillo declaró que la Revolución Mexicana había producido libertad, que la revolución cubana había producido justicia, pero que Nicaragua ofrecía la esperanza de que "libertad, justicia, igualdad y seguridad puedan ser conjugadas y ser expectativa abierta a nuestro porvenir". Los sandinistas gustosamente explotaron el entusiasmo paternalista de López Portillo y viajaron con frecuencia a la ciudad de México, con largas listas de peticiones. En algunas ocasiones, el presidente recibía a las delegaciones de comandantes diciendo: "Bueno, muchachos, ¿qué necesitan?". A continuación, giraba órdenes de que sus ministros les ayudaran.

Aunque hipnotizado por Nicaragua, México estaba también desarrollando, gradualmente, una política centroamericana más amplia.

En agosto de 1980 aceptó la sugerencia de Venezuela de que los dos países, mancomunadamente, abastecieran petróleo a los países de la "Cuenca del Caribe", con un crédito del 30 por ciento, medida que demostraba su disposición a invertir en estabilidad. En el verano de 1980, altos funcionarios mexicanos, inclusive Castañeda y Carvajal, sostuvieron sus primeras reuniones secretas con los líderes de la oposición salvadoreña, entre ellos varios comandantes del Frente Farabundo Martí de Liberación Nacional (FMLN). Más adelante, establecieron contactos similares con los líderes de las guerrillas guatemaltecas, no para ofrecerles apoyo, sino para establecer líneas de comunicación. México también optó por ignorar el impacto polarizante de la revolución nicaragüense en el resto de América Central y extendió un brazo protector sobre Cuba. Después de que se le diera bienvenida de héroe, en una visita realizada a La Habana, en agosto de 1980, un López Portillo visiblemente conmovido le dijo a Castro: "Nada soportaremos contra Cuba."

Cuando el gobierno de Reagan subió al poder, el 20 de enero de 1981, decidido a trazar la línea para evitar más expansionismo izquierdista en la zona, México se enfrentó a un desafío totalmente nuevo. Unos días antes, una ofensiva final frustrada de las guerrillas salvadoreñas había llevado al trastabillante gobierno de Carter, a punto de terminar su período, a reanudar la ayuda militar a la junta del país, pero, inmediatamente, Reagan fue más allá y, directamente, le echó la culpa del conflicto de El Salvador al bloque soviético. Poco después, documentos que supuestamente demostraban envíos de armas de Nicaragua, Cuba y Vietnam a los rebeldes salvadoreños fueron repartidos por el departamento de Estado entre los aliados de Washington. A mediados de febrero, el general Vernon Walters, embajador plenipotenciario, voló a la ciudad de México para enseñarle la prueba a López Portillo, quien respondió que la injusticia social y la represión política —y no la subversión importada— eran las culpables de la crisis en América Central. Unos cuantos días después, para demostrar que no estaba intimidado por el reciente anticomunismo de Washington, López Portillo dijo ante una delegación de visitantes cubanos: "Sin duda, el país latinoamericano más entrañable para nosotros, es nuestra Cuba. Le dan un abrazo a mi comandante [Castro]."

Desde ese momento, la política exterior de López Portillo estuvo dedicada, en gran parte, a enfrentarse a Estados Unidos en la zona. Los funcionarios de Washington estaban irritados y calificaban la posición de México de diferentes maneras: no creían que tratase de calmar a la izquierda del país, o que fuese una obsesión romántica con el concepto de revolución y, en muchas ocasiones, advirtieron que México no era inmune a que le infectara la fiebre marxista. Pero México se negó a contemplar la crisis en términos de Oriente y Occidente y explicó la inestabilidad de otra manera: los sistemas sociales neofeudales del pasado se estaban desintegrando y ya no podían garantizar la tranquilidad política; se debían forjar nuevas estructuras, por medio de la violencia o de la negociación, antes de que pudiera restaurarse la estabilidad. México llegó más allá: en la búsqueda de soluciones regionales para los problemas regionales, el obstáculo mayor era la intervención, directa o encubierta, de Estados Unidos y no la de La Habana o Moscú.

México tenía otros motivos para su política. López Portillo pensaba que la influencia mexicana en los sectores nacionalistas de izquierda de la zona le daban mayor influencia en Estados Unidos. Para ganar esa influencia, necesitaba tanto el apoyo de los sandinistas y el FMLN como enfrentarse a Estados Unidos. Para lograr que los revolucionarios de la zona creyeran en esta "tercera opción" —ni Washington ni Moscú— México también tenía que competir con Cuba. En el pasado, los izquierdistas de la zona, e incluso los liberales, se dirigían a La Habana porque no había otro régimen que les hiciera caso. Pero, si eran consentidos en la ciudad de México, quedarían expuestos a consejos más moderados. Concretamente, México pensaba que era más probable que el pluralismo político y las economías mixtas surgieran si los sandinistas y el FMLN de El Salvador, y sus aliados no marxistas del Frente Democrático Revolucionario (FDR) no quedaban a merced del bloque soviético.

Después de que el gobierno de Reagan suspendió la ayuda económica a los sandinistas como represalia por el envío de armas al FMLN, México aumentó su apoyo, inclusive con líneas de crédito, ayuda técnica, inversiones en empresas mancomunadas y donativos de alimentos y maquinaria por 200 millones de dólares, sólo en 1981. Cuando en 1982 Nicaragua ya no pudo cumplir con el pago de las importaciones de petróleo de Venezuela, México satisfizo todas sus necesidades, totalmente a crédito. En el caso de El Salvador, México optó por no romper relaciones con el gobierno, pero hizo poco esfuerzo por disfrazar su apoyo al FMLN y al FDR. Los líderes de la oposición usaban a México como base principal de propaganda y, con frecuencia, se reunían con Castañeda y otros funcionarios de primera línea para discutir su estrategia diplomática. Como trabajaban estrechamente con los rebeldes salvadoreños, en agosto de 1981, México y Francia reconocieron al FMLN y al FDR como "fuerzas políticas representativas" que deberían tomar parte en cualquier arreglo negociado para la guerra civil del país.

Parte del precio de esta política fue el mayor aislamiento de México dentro de América Latina. Diez gobiernos de la zona, alentados por Washington, denunciaron que la declaración francomexicana sobre El Salvador era "intervencionista". Los países que originalmente habían apoyado la revolución nicaragüense —Venezuela, Panamá y Costa Rica— criticaban abiertamente a los sandinistas porque la democracia se erosionaba. Por consiguiente, México se vio obligado a buscar aliados en otra parte. El PRI no es miembro de la Internacional Socialista, pero el llamado de México para negociaciones en la zona fue endosado por el movimiento socialdemócrata mundial. En 1979, el PRI había constituido la Conferencia Permanente de Partidos Políticos de América Latina (COPPPAL), donde los políticos izquierdistas y liberales —muchos de ellos exiliados— se podían reunir para denunciar a las dictaduras militares del continente. Este foro también contribuyó a promover la idea de una alternativa para la política de Estados Unidos en América Central. En Washington, los demócratas del congreso empezaron a insistir en que se escuchara la voz de México.

El gobierno de Reagan decidió que las diferencias en torno a América Central no deberían envenenar las relaciones bilaterales con México. Invitó a México a que tomara parte en la iniciativa de la Cuenca del Caribe, junto a Venezuela, Canadá y, más tarde, Colombia, aunque la cooperación no fructificó. Alexander M. Haig, Jr., secretario de Estado, aceptó la petición de México y se entrevistó en secreto en la ciudad de México, en noviembre de 1981, con Carlos Rafael Rodríguez, vicepresidente de Cuba. Los funcionarios del gobierno evitaron también dar respuesta pública a las críticas frecuentes que López Portillo hacía de la política de Estados Unidos, conscientes de que ello conduciría a nuevos intercambios de retórica.

Pero Washington, aunque dispuesto a calmar a México en formas simbólicas poco importantes, no tenía interés alguno en dialogar con los izquierdistas e inició una ofensiva de seguridad triple en la zona: la junta salvadoreña fue reforzada con muchísima ayuda militar; los contrarrevolucionarios nicaragüenses fueron organizados, financiados y entrenados por la CIA con objeto de derrocar a los sandinistas; y se envió ayuda militar destinada a convertir al ejército hondureño en un amortiguador contra los izquierdistas de Nicaragua y El Salvador. La justificación de ello estaba en que se describía a América Central como objetivo del expansionismo soviético.

Cuando López Portillo presentó su iniciativa diplomática más ambiciosa, en una visita a Managua el 21 de febrero de 1982, hizo un esfuerzo especial por ser equitativo, hablando insistentemente de sus "amigos" de Washington y sus "amigos" de La Habana. Ofreció los servicios de México como "comunicador" para una serie de negociaciones paralelas —entre Washington, Cuba y Nicaragua, así como entre los partidos combatientes de El Salvador—, para que en la zona disminuyeran las tensiones. Asimismo, habló de las preocupaciones de Estados Unidos, insistiendo en que "el viento que sopla por toda la zona no representa un peligro intolerable para los intereses fundamentales y la seguridad de los Estados Unidos" y criticando a sus anfitriones sandinistas por gastar sus "escasos recursos" en crear un arsenal que "preocupa a países vecinos y cercanos". Pero concluyó diciendo que "el gobierno de los Estados Unidos debe descartar toda amenaza o uso de la fuerza dirigida contra Nicaragua. Es peligrosa, indigna e innecesaria".

El gobierno de Reagan escuchó cortésmente la proposición de México, pero respondió sin entusiasmo: no tenía fe en López Portillo, ni dudas sobre la política que seguía. Haig envió al general Walters a La Habana para pláticas secretas con Castro, pero meramente llegaron a una redefinición de las posiciones conocidas. Después de dos largas reuniones con Castañeda, que también viajó a La Habana y Managua, Haig presentó una nueva posición para negociar con los sandinistas. Pero el destino de la iniciativa dependía del resultado de las elecciones de la asamblea constituyente en El Salvador, el mes siguiente. Si las elecciones se hubieran caracterizado por un abstencionismo masivo o el desorden, la utilidad de México para Washington, como camino para llegar al FMLN, quizá habría aumentado. Pero cuando los ingentes resultados de la votación permitieron a Reagan proclamar un "triunfo de la democracia", todo el plan de paz de López Portillo quedó olvidado y los contactos de Washington con La Habana y Managua fueron suspendidos.

Para mediados de 1982, Estados Unidos pensaba que había recuperado la iniciativa en América Central. En El Salvador, un gobierno interino fue designado por la asamblea constituyente; el Presidente entrante de Costa Rica, Luis Alberto Monge, criticaba mucho a los sandinistas; el nuevo gobierno civil de Honduras estaba dominado por el jefe del ejército, proestadunidense, general Gustavo Álvarez Martínez, y los "contras" antisandinistas estaban atacando regularmente a Nicaragua. El único inconveniente era que Venezuela se distanciaba de la posición de Washington, debido a que los demócrata cristianos quedaron excluidos del nuevo gobierno de El Salvador y al apoyo que Estados Unidos dio a Inglaterra en la guerra de las Malvinas. Esto condujo a López Portillo y a Luis Herrera Campíns, entonces Presidente de Venezuela, a su primera iniciativa mancomunada en septiembre de 1982, dirigida a Estados Unidos, Honduras y Nicaragua para que evitaran las hostilidades en la frontera entre Honduras y Nicaragua. Pero el gobierno de Reagan convenció a Costa Rica de convocar a una reunión de gobiernos de la zona —excluyendo a Nicaragua— que presentara su propio plan de paz y atacara, con éxito, la iniciativa mexicanovenezolana.

A finales de 1982, la capacidad de López Portillo en cuanto a dictar la política exterior de México se había erosionado seriamente, no sólo en razón de que estaba por terminar su sexenio, sino también por la grave crisis económica que había disminuido su popularidad en el país. Varios meses antes, grupos de empresarios mexicanos habían presentado una queja al Presidente por la aprehensión de tres líderes empresariales nicaragüenses, pero ahora había quienes incluso sugerían que la crisis económica del país era una represalia de Washington debida a la política exterior de México. En el PRI gobernante se manifestaba preocupación por el impacto que tendría a largo plazo el alentar a las fuerzas revolucionarias de América Central; y corrieron rumores de que el gobierno entrante de Miguel de la Madrid no seguiría la política exterior de López Portillo.

Las disensiones internas brotaron dramáticamente ante el problema de Guatemala. Desde hacía mucho que México aplicaba una norma doble en los tratos con su vecino inmediato y, a diferencia de su actitud hacia El Salvador, había optado por ignorar tanto la represión masiva como las actividades guerrilleras, que iban en aumento, en el país vecino. "No tomamos lados en este conflicto. Es un problema interno y vemos los asuntos internos en el contexto de la no intervención. No tenemos por qué tomar lados", dijo una vez López Portillo. Como el mismo argumento se podía aplicar al caso de El Salvador, la diferencia medular estaba en la ubicación de Guatemala. El apoyo franco a los rebeldes guatemaltecos crearía tensiones que podrían llevar a México a militarizar su frontera sur y correr el riesgo de desestabilizar su estado fronterizo de Chiapas. Es más, un régimen marxista-leninista en Guatemala polarizaría la opinión política en México e invitaría a la intervención militar directa de Estados Unidos en la frontera sur de México. Así, más que en ninguna otra parte de América Central, la estabilidad —incluso bajo un régimen militar de derecha— seguía siendo el objetivo principal de México en Guatemala.

La prueba vino cuando miles de refugiados indígenas empezaron a acudir a Chiapas en julio de 1981, huyendo de las redadas efectuadas por el ejército guatemalteco contra los insurgentes. Los primeros grupos fueron deportados a punta de pistola por agentes de migración que actuaban por órdenes de la secretaría de Gobernación. Después de que el Alto Comisionado para Refugiados de las Naciones Unidas (ACNUR) protestó, la secretaría de Relaciones Exteriores convenció a López Portillo de que aceptara el ingreso de refugiados guatemaltecos, con base en que la tradición de asilo de México, su derecho moral para quejarse del maltrato dado a los mexicanos indocumentados en Estados Unidos y la credibilidad de toda su política en América Central, se verían afectados en caso contrario.

El número de refugiados aumentó rápidamente en 1982, hasta llegar a unos 40 000, pero la secretaría de Gobernación seguía viéndoles con hostilidad, proporcionándoles alimentos y asistencia médica insuficientes y, con frecuencia, sacándoles de los campamentos improvisados en la frontera. (Alrededor de 100 000 salvadoreños "ilegales" estaban también en México, pero se hallaban desperdigados por todo el país y, por tanto, significaban un problema menos importante.) Miembros destacados del Ejército mexicano se reunieron con sus congéneres guatemaltecos asegurándoles que México no cobijaba a guerrilleros. Después de que varias incursiones guatemaltecas armadas en campos de refugiados produjeron una protesta formal por parte de la secretaría de Relaciones Exteriores de México, el secretario de la Defensa, general Félix Galván López, negó públicamente que estos ataques hubieran ocurrido. Como el gobierno mexicano consideraba que el problema guatemalteco era básicamente un asunto interno de ese país, la influencia de la secretaría de Relaciones Exteriores, más liberal, fue mínima en comparación con la de las secretarías de Gobernación y Defensa.

IV

Al subir a la presidencia, de inmediato, De la Madrid confirmó la continuidad de la política exterior de México. Al igual que su antecesor, creía que la posibilidad de una intervención militar de Estados Unidos era la amenaza más seria en América Central. Pero el papel que la política exterior desempeñaba en los asuntos internos, al parecer, estaba cambiando. De la Madrid tenía motivos económicos de peso para no querer provocar la ira de Washington, y no heredó ninguno de los nexos emocionales que López Portillo tuvo con la izquierda salvadoreña y nicaragüense. Es más, el consenso interno que desde hacía mucho tiempo había apoyado la política exterior se estaba desintegrando. En el pasado, la política exterior se había hecho tradicionalmente pensando en la izquierda, pero ahora los empresarios y políticos de derecha exigían también que se les escuchara, sobre todo tratándose de asuntos medulares de las relaciones con Estados Unidos y con América Central. Por primera vez, un gobierno tenía que conciliar puntos de vista diplomáticos, políticos y financieros nacionales sumamente diferentes antes de presentarse ante el mundo. El resultado inmediato fue una política exterior más intermedia que, aunque congruente con los intereses generales de México, no complacía ni a izquierdas ni a derechas.

Como muchos Presidentes entrantes, De la Madrid primero tomó medidas para corregir algunos de los errores de su antecesor. El enfoque de la confrontación retórica de López Portillo había aislado a México dentro de América Latina y no había hecho nada por templar los puntos de vista o los actos del gobierno de Reagan. De la Madrid llegó a la conclusión de que México, para ser efectivo, tendría que hablar en coro con otros países de América Latina y pretender convencer y no provocar a Washington. Es más, México podría presionar más fácilmente a Cuba y a Nicaragua para que adoptaran una posición más flexible si lo hacía unido a otros países de América Latina. El objetivo era que México fuera más efectivo y menos vulnerable en América Central.

A iniciativa de México, los ministros de Relaciones Exteriores de México, Venezuela, Colombia y Panamá se reunieron en la isla panameña de Contadora en enero de 1983 para buscar soluciones a la crisis de la zona. En las reuniones subsiguientes, los cuatro conferenciaron con los ministros de Relaciones Exteriores de los cinco países de América Central y, en julio, los Presidentes de los países del grupo de Contadora se reunieron en Cancún, el centro turístico mexicano. Pronto "Contadora" pasó a ser sinónimo de la búsqueda de paz en América Central y fue debidamente respaldada por la mayoría de los países de América Latina, por la Internacional Socialista e incluso, aunque sólo fuera en aras de las apariencias, por Cuba y Estados Unidos. En cuestión de meses, al parecer sin cambiar su política, México había dado fin a su aislamiento respecto del asunto de América Central y había iniciado un diálogo menos emocional con el gobierno de Reagan.

Contadora fue menos efectiva tratándose de arreglar los problemas de la zona. Como era un foro de gobiernos y el régimen salvadoreño se negaba a discutir sus asuntos internos con otros, una de las dos crisis más importantes fue ignorada en gran medida. Los cuatro de Contadora sí aceptaron el crédito de haber evitado una guerra entre Honduras y Nicaragua, pero ni pudieron convencer a Honduras de que admitiera que estaba albergando a rebeldes antisandinistas ni a Nicaragua de que aceptara que su extremismo había fortalecido la oposición a sus políticas. Honduras se negaba a negociar con Nicaragua y los sandinistas despreciaban la idea de hablar con sus contrarios. Estados Unidos también siguió armando al ejército hondureño y a la Fuerza Democrática Rebelde nicaragüense, mientras que la Unión Soviética y Cuba introducían armas en Nicaragua. Pronto, mientras los combates continuaban en El Salvador y dentro de las dos fronteras de Nicaragua, Contadora quedó empantanada en el intercambio de documentos y la discusión de los planes de paz. Los cuatro países, que no tenían el peso político y militar necesario para imponer alguna solución, tenían escasa credibilidad como mediadores.

En un sentido diplomático estrecho, México mantuvo posiciones familiares, aunque con un lenguaje más suave. Para calmar los sentimientos nacionalistas y no aparecer como dependiente de Washington, seguía siendo importante que México criticara la intervención extranjera en la zona y tratara a Cuba y a Nicaragua con un afecto especial. Cuando en abril de 1983 Alfonso Robelo, líder antisandinista, intentó dar una conferencia de prensa en la ciudad de México, la noche anterior a una visita de George Shultz, secretario de Estado de Estados Unidos, fue deportado de inmediato. Cuando De la Madrid se reunió con Reagan en agosto de 1983, habló de ''las demostraciones de fuerza que amenazan con desatar una conflagración''. Y cuando Estados Unidos invadió Granada en octubre de 1983, México no tuvo otra opción sino manifestar su ''profunda preocupación'' por —con López Portillo quizá la habría ''condenado''— la intervención, por ser una violación a la carta de la ONU y exigir la retirada de los *marines*.

No obstante, en 1984 De la Madrid manifestaba indicios de frustración por el enfoque militarista de Washington ante los problemas de la zona, y también él empezó a adoptar un lenguaje más fuerte, un lenguaje que recordaba cada vez más al de sus antecesores. ''América Latina requiere de una Centroamérica estable y plural —insistió—. El camino para conseguir este objetivo es, claramente, el del diálogo y la negociación. No lo es, desde luego, el del enfrentamiento y el conflicto, el de las acciones desestabilizadoras, el de la imposición de modelos diseñados afuera, por quienes creen conocer, mejor que los centroamericanos mismos, lo que los centroamericanos quieren y lo que a ellos concierne.'' De nueva cuenta se ensanchaba la brecha. Cuando el presidente Reagan firmó la Decisión Directriz de Seguridad Nacional 124, mandando al Departamento de Estado que presionara a México para que cooperara con Washington en América Central, Bernardo Sepúlveda, el secretario de Relaciones Exteriores, dijo que seguramente la había preparado un "funcionario menor" que "no tiene conocimiento de la política que históricamente el gobierno mexicano ha adoptado en asuntos internos e internacionales".

De la Madrid, presintiendo la falta de comprensión de Washington, se dirigió al sur en busca de aliados, no sólo en cuanto al problema de América Central sino también en cuanto a otros relacionados con la deuda, y viajó a Colombia, Brasil, Argentina y Venezuela a principios de 1984, con la esperanza de formar una camarilla con los gobiernos más importantes de América Latina. Pensaba que, por primera vez en veinticinco años, estos países compartían una crisis común y un punto de vista común y que, si actuaban unidos, reforzarían su posición de negociación tratándose de asuntos políticos y económicos. De la Madrid, que ya adoptaba el papel de líder de América Latina, después de sólo dieciocho meses en la presidencia, no sólo habló por México cuando visitó a Reagan en Washington en mayo de 1984. En sus discursos pronunciados en la Casa Blanca y en el Capitolio, no sólo denunció las "soluciones militares" en América Central, sino que habló de las crisis económicas, más graves, que se cocían en otros puntos del continente. Unos cuantos días después de su visita a Washington, México se unió a Brasil, Argentina y Colombia para protestar, mancomunadamente, por un nuevo aumento de las tasas de interés sobre los pagos de sus enormes deudas externas. Después de sus pláticas con Reagan, De la Madrid comentó que habían aprendido a "respetar la verdad del otro" y que incluso se podía llevar el crédito por haber alentado las primeras pláticas serias entre Estados Unidos y Nicaragua en dos años, así como de una breve visita realizada por Shultz, el secretario de Estado, a Managua. Empero, México pensaba que el país volvía a encaminarse a un período de difíciles relaciones con Estados Unidos. Lo raro era que esta situación se presentara tan al principio del sexenio de Miguel de la Madrid.

Aunque los grupos izquierdistas y nacionalistas del país pensaban que México estaba mostrando menos firmeza que en el pasado, los círculos de políticos y empresarios conservadores ya sostenían que el gobierno iba demasiado lejos. Aceptaban la afirmación de Washington en el sentido de que los acontecimientos de Cuba, Nicaragua, El Salvador y Granada formaban parte de una ofensiva soviética en la zona y creían que, tratándose de un asunto entre Oriente y Occidente, México haría mal en criticar a Estados Unidos. Dentro del gobierno se oyeron nuevas voces conservadoras. Quienes estaban a cargo de la economía insistían en que México ya no podía darse el lujo de un programa de ayuda exterior generoso y, con éxito, presionaron para que se hiciera una revisión completa de los términos de las entregas de petróleo mexicano-venezolano.

Como Nicaragua había sido el principal beneficiario de la generosidad pasada de México, era el blanco central de la nueva austeridad. De la Madrid le dijo a un preocupado comandante que México ayudaría "en la medida de sus posibilidades" pero que los tiempos, claramente, habían cambiado. Se suspendieron varios programas de asistencia que ya funcionaban y, en un momento dado, México detuvo los embarques de petróleo con objeto de presionar a los sandinistas a que renegociaran su deuda. En agosto de 1983 se calculó que era por 480 millones de dólares, y se llegó al acuerdo de que ésta sería reembolsada en ocho años, con tres años de gracia para el capital. Se esperaba que una Nicaragua quebrada pagara alrededor de 50 millones de dólares al año por concepto de intereses y se le obligaba a empezar a pagar en efectivo o en productos todo menos el 20 por ciento del total de sus importaciones de petróleo de México. Una cláusula indicaba que el incumplimiento de cualquier parte del convenio produciría la suspensión de todas las transacciones hasta que el problema quedara resuelto y, en varias ocasiones, los embarques de petróleo se demoraron, nuevamente, cuando los pagos de intereses de Nicaragua no fueron cumplidos puntualmente.

México nunca ligó, explícitamente, los asuntos políticos y los económicos, pero los sandinistas pronto llegaron a la conclusión de que se estaba usando el petróleo para presionarlos y para que moderaran sus posiciones políticas. Como no podían sobrevivir sin el petróleo mexicano, el calmar a México fue un motivo que llevó a los sandinistas a decidir aflojar el control político interno, convocar a elecciones y solicitar que docenas de líderes salvadoreños rebeldes y cientos de profesores y técnicos cubanos abandonaran Nicaragua a finales de 1983. Sin embargo, al emplear el arma del petróleo, México corría el riesgo de perder su influencia con los sandinistas: Nicaragua empezó a buscar fuentes de petróleo más seguras, principalmente la Unión Soviética.

La secretaría de Gobernación de México, tradicionalmente conservadora, influyó también en algunos renglones de la política exterior. Con objeto de restringir la entrada de centroamericanos, al principio ubicó a la Comisión de Refugiados en el Departamento de Migración, y empezó a sellar los campos de refugiados guatemaltecos en Chiapas, desalentando que nuevos migrantes entraran en México, y solicitando a los refugiados existentes que regresaran a su patria. (Así, los funcionarios encargados de permitir el ingreso de los refugiados estaban controlados por funcionarios dedicados a evitar que entraran los extranjeros.) La secretaría revocó la autoridad de las líneas aéreas para dar visas de turista a los nativos de catorce países de América Latina, la mayor parte de ellos en la Cuenca del Caribe, y ordenó a los consulados de México que no dieran visas a los viajeros "para quienes se sirvan de esta posibilidad como vía de solución a los problemas sociales que padecen dentro de sus propios países, como ha venido siendo el caso de guatemaltecos y salvadoreños". Manuel Bartlett Díaz, secretario de Gobernación, para justificar estas medidas, en un memorándum confidencial decía que los migrantes ilegales les quitaban empleos a los mexicanos y estaban produciendo "presiones sociales". Más adelante, la secretaría dijo que los extranjeros no podían ocupar plazas en el sector público y retiró permisos de trabajo a aquellos argentinos y chilenos exiliados considerados en condición de volver a su patria.

En cuestiones de importancia real, no simbólica, pareció que la secretaría de Relaciones Exteriores perdía influencia. En un discurso señero pronunciado a principios de 1983, Sepúlveda, el secretario de Relaciones Exteriores, pretendió crear un concepto más amplio de la "seguridad nacional" de México, pero las secretarías de Gobernación y Defensa rápidamente le recordaron que ese campo les competía exclusivamente a ellas. Asimismo, Sepúlveda reprobaba que se presionara a Nicaragua con el petróleo, aunque en ocasiones vio que la secretaría de Hacienda, el Banco de México y Petróleos Mexicanos actuaban en forma independiente. La secretaría de Relaciones Exteriores se oponía, particularmente, al enfoque, cada vez más xenofóbico, de la secretaría de Gobernación hacia los temas de los refugiados y la migración, señalando que los motivos esgrimidos para no permitir la entrada de centroamericanos eran idénticos a los que ofrecía Estados Unidos para no permitir el ingreso de mexicanos a su territorio, y las discusiones entre los funcionarios de migración y el ACNUR amenazaban con convertirse en un bochornoso escándalo internacional. La secretaría de Relaciones Exteriores estaba consciente de que la larga tradición de México de ofrecer un reducto seguro a los refugiados políticos había dado al país autoridad moral en los foros internacionales, misma que la secretaría de Gobernación erosionaba ahora en forma gratuita. Pero cuando, en abril de 1984, las tropas guatemaltecas volvieron a entrar en México y mataron a seis refugiados, incluso la secretaría de Gobernación tuvo que reaccionar, y mandó que se retiraran alrededor de 46 000 refugiados que acampaban cerca de la frontera y que fueran llevados a un valle del estado de Campeche.

Un incidente dramatizó la lucha ideológica que estaba empezando a afectar a la política exterior. Para mediados de 1983, México, que se sintió obligado a tener un gesto político con Cuba, proyectó

abrir una línea de crédito de 50 millones de dólares en una visita
que Silva Herzog, el secretario de Hacienda, efectuaría a La Habana el 5 de septiembre. Pero el primero de septiembre, en el primer
Informe Presidencial de Miguel de la Madrid, agentes de seguridad
mexicanos detuvieron a dos diplomáticos cubanos, supuestamente
por haber entregado una bomba a dos exiliados cubanos que
habían volado a la ciudad de México desde Miami. De la Madrid,
ante la evidencia presentada por la secretaría de Gobernación, se
vio presionado para cancelar el viaje de Silva Herzog. Cuba negó
que se tratara de una bomba —dijo que uno de los diplomáticos llevaba un dispositivo de autodestrucción en un maletín— y se consideró víctima de un complot de la CIA o de los elementos de derecha
de la secretaría de Gobernación. Se dio a Cuba otro motivo más para estar resentida con México: los dos exiliados cubanos fueron deportados de inmediato, pero los diplomáticos estuvieron incomunicados durante una semana y fueron torturados por agentes mexicanos durante los interrogatorios. No obstante una crisis en las relaciones no le servía a ningún país: De la Madrid ordenó que Silva
Herzog hiciera el viaje a La Habana, Castro apareció en la ceremonia de la firma de la línea de crédito, y jamás se habló en público del
incidente.

La interrogante sin respuesta era si la necesidad de satisfacer diferentes corrientes políticas internas socavaría la eficacia de la política
exterior de México en el país y en el extranjero. Una política exterior
más conservadora, en sí, no aplacaría a los conservadores del país,
pero sí alejaría a los liberales e izquierdistas que dan más importancia, relativamente, a los asuntos exteriores. De igual forma, México, al ser más "objetivo e imparcial", según palabras de Miguel de
la Madrid, corría el riesgo de perder la confianza de Cuba, Nicaragua, el FMLN y otros izquierdistas de la zona, sin lograr recuperar
su credibilidad e influencia en Washington. Claramente, México no
podía darse el lujo de retirarse de América Central para permitir
que la suerte de una zona estratégica fuera definida totalmente por
otros. Asimismo, no podía endosar una estrategia de Estados Unidos que parecía estar fomentando la inestabilidad. Por consiguiente, la única opción que le restaba era continuar alineado, en términos políticos, con las fuerzas revolucionarias de la zona. Al igual
que en el pasado, el nuevo gobierno buscaba alternativas, pero encontró que Washington —o la historia— no permitía ninguna. De
hecho, no era sino con continuidad como la política exterior de México podía seguir siendo un instrumento útil del sistema político y
reflejo fiel del interés nacional del país.

18. HACIA UN FUTURO INCIERTO

I

Muchos extranjeros, sorprendidos ante los extremos de riqueza y pobreza que hay en México, han sostenido, desde hace mucho, que una nueva revolución es inevitable. Muchos mexicanos, poco conocedores de los caminos misteriosos del gobierno, han puesto también en duda, con frecuencia, la resistencia de su sociedad. Pero nada ha sido más equivocado que el pronóstico del ocaso del sistema político mexicano. Desde su fundación en 1929, ha presidido la transformación de una sociedad rural en una nación en gran medida urbana y se ha ajustado a la cuadruplicación de la población del país. En fecha más reciente, aguantó un profundo movimiento antigubernamental en 1968, subsistió después de una grave crisis política en 1976 y desafió todos los pronósticos, conservando la estabilidad durante la atonía económica posterior a 1982. A pesar del descontento generalizado por la corrupción, las injusticias y la ineficacia que caracterizan al sistema, no ha surgido ninguna alternativa viable.

Sin embargo, hay poco espacio para la complacencia. Bajo la tranquilidad superficial, las repercusiones del cambio, el crecimiento y la urbanización están sometiendo a la sociedad a una presión sin precedentes. México hoy, como si todos los momentos de la historia del país se hubieran telescopiado, se está preparando para el siglo XXI sin haber resuelto el legado del siglo XVI. Los problemas del subdesarrollo se están mezclando con el superdesarrollo, la miseria irremediable coincide con el crecimiento excesivo, el peso del pasado se opone al imán del futuro. El dilema, más complejo que si se tratara de ricos contra pobres, urbano contra rural, derecha contra izquierda, llega a la cuestión fundamental del perfil de México como nación. Se ha trasplantado una cabeza nueva a un cuerpo viejo —una minoría occidentalizada, inquieta, individualista y materialista impuesta a una mayoría oriental, conformista, comunitaria y tradicional— y la relación es incómoda.

La mayoría de las personas —campesinos, pobres de las ciudades, habitantes de ciudades pequeñas en la provincia— que luchan por enfrentarse a sus problemas en un sentido mexicano, que viven el presente en consonancia con su propio pasado, nunca cuestionan su identidad de mexicanos. En cambio, las clases medias y ricas están atrapadas en un futuro sin raíces, adoptando ávidamente costumbres y valores que no son mexicanos y, en muchos casos, incluso pensando que tienen la opción de convertirse en estadunidenses. La interrogante inmediata es si el sistema puede crear una única estrategia que satisfaga a estos dos sectores contrarios. Es más, ¿pueden aprender a coexistir estos dos Méxicos contrastantes?

Hasta ahora, el sistema político ha reflejado meramente los cambios y las contradicciones que saltan a la vista en la sociedad en general. El control de los estratos superiores del gobierno ha pasado de las manos de políticos expertos que estaban en contacto con las bases de la sociedad, a las de tecnócratas más conocedores del funcionamiento de la economía mundial que de los intríngulis políticos de México. La nueva casta ha introducido un sistema político más abierto —más "democrático"—, pero depende todavía de que un partido anticuado y debilitado legitime su poder por medio de los votos de campesinos y obreros a los que no representa ni entiende. Las clases medias urbanas, cuya propia existencia es producto del crecimiento y la estabilidad producidos por el sistema, pueden votar, cada vez más, contra el PRI gobernante gracias a las reformas políticas de años recientes. Los nuevos tecnócratas, sin estar seguros de cómo manejar la democracia, recurren a la vieja técnica de arreglar los resultados de las elecciones: como son inexpertos lo hacen en forma torpe; como son altaneros se niegan a dirigirse a los políticos veteranos para que ellos lo hagan.

El consenso de intereses, cuidadosamente alimentado, que mantuvo unido al sistema durante mucho tiempo, ha sido también golpeado por el cambio. La fe que el sector privado siempre tuvo en el gobierno quedó seriamente erosionada por los gobiernos de Echeverría y López Portillo, dando por resultado que algunos empresarios de provincia respalden ahora, abiertamente, al conservador PAN en las elecciones locales. El movimiento obrero, el pilar más confiable del sistema, ha sido debilitado no sólo por la última crisis económica, sino también por la lucha por encontrar un sucesor de Fidel Velázquez, el vetusto dirigente. El Ejército ya ha contemplado cómo los viejos generales "revolucionarios" son reemplazados por oficiales más jóvenes, con más estudios y una clara mentalidad de clase media, que además no disimulan su reprobación de la forma en que el país ha sido gobernado desde 1970. Los medios de comunicación están dominados, cada vez más, por Televisa, el gigante de la televisión que, constantemente, refuerza valores conservadores, de clase media e incluso norteamericanizados. La Iglesia católica, que durante muchas décadas apoyó el *status quo*, manteniéndose alejada de la política, está alzando su voz ante los negocios públicos, en un esfuerzo por aumentar su parte de poder.

Muchos de estos problemas, generados por el crecimiento, salieron a la superficie debido a la contracción económica. Con la salvedad de la Iglesia, los componentes del sistema habían gozado siempre de una parte privilegiada de un pastel económico que se expandía, pero su alianza empezó a vacilar cuando las recompensas amenazaron con evaporarse. Durante las etapas de expansión, sobre todo en los años setenta, una constante mejoría del nivel de vida mantuvo a las clases medias en gran medida apolíticas, pero éstas se convirtieron en críticas activas del régimen cuando su futuro se nubló ante sus ojos. Durante muchas décadas, la creación de 500 000 o más empleos al año mantuvo la calma en el conjunto del país: si bien fueron insuficientes para eliminar el subempleo crónico, bastaron para alentar la esperanza de la movilidad económica. Al no haber crecimiento, los mexicanos jóvenes ingresaron a la fuerza de trabajo sin nada que defender.

La crisis económica legada al Presidente De la Madrid, en diciembre de 1982, era menos peligrosa que el sombrío futuro que heredó. Muchos de los síntomas inmediatos de un crecimiento excesivo y caótico respondieron rápidamente a la medicina tradicional de la austeridad monetarista, permitiendo que el gobierno proclamara orgullosamente que la crisis había sido controlada. Pero a diferencia de varios Presidentes entrantes anteriores, que se vieron obligados a reducir el gasto durante doce o dieciocho meses antes de iniciar sus propios períodos de expansión, De la Madrid enfrentaba la perspectiva de un estancamiento largo, que en México significaba tasas de crecimiento anual de menos del 4 por ciento. Desde la segunda Guerra Mundial, ningún Presidente ha tenido que gobernar a México sin un crecimiento constante, aunque cíclico.

El problema tenía dos aspectos. En primer término, ya no estaban disponibles los recursos necesarios para una nueva explosión de desarrollo. Las exportaciones de petróleo maximizadas y los nuevos créditos extranjeros apenas si cubrían las importaciones esenciales y los pagos de intereses sobre la deuda externa por 95 mil millones de dólares. El cuantioso capital que salió del país entre 1980 y 1982 no parecía dispuesto a retornar, mientras que las exportaciones no tradicionales, la inversión extranjera y el ahorro interno sumaban muy poco para el crecimiento. México cubrió los intereses pagaderos en 1983 y 1984 frenando el gasto, las importaciones y el crecimiento, pero estaba comprometido a pagar otros 12 mil millones de dólares por concepto de intereses en 1985, año en el que el gobierno esperaba reanimar la economía. La deuda en sí no será reembolsada —y la última reestructuración libera a De la Madrid de esta preocupación durante el resto de su sexenio—, pero durante toda la década de los ochenta escasearán los fondos nuevos para el desarrollo.

En segundo término, las implicaciones políticas que tiene el no haber podido recuperar las elevadas tasas de crecimiento tradicionales colocan al país en la encrucijada entre aceptar los riesgos de una mayor democracia, tratar de perpetuar el sistema existente al tenor de circunstancias más difíciles o recurrir a un autoritarismo más abierto. Las tres opciones implican peligros ocultos. Los actores medulares del sistema preferirían que se restaurara el *status quo* anterior a 1982, pero ello requeriría una cantidad importante de erogaciones del gobierno —para "pagar el servicio" de sus aliados—, situación que podría darse tan sólo si Estados Unidos, el Fondo Monetario Internacional y los bancos extranjeros sintieran la necesidad repentina de subsidiar la estabilidad de México. Sin tal subsidio, quizá se podría convencer a quienes sostienen el sistema de que se quedaran en su lugar con menos beneficios, pero ello exigiría un grado de liderazgo político que, al parecer, no existe dentro de la nueva élite tecnocrática. En realidad, el sistema se mantuvo unido a principios de los años ochenta porque no había una alternativa, pero sus beneficiarios tradicionales se inclinaban menos que antes a invertir en su supervivencia. Nadie quería que el barco se hundiera; nadie había tratado de atacarlo, pero pocos trabajaban para mantenerlo a flote.

Un desafío político más visible procedió de las resentidas clases medias, sin cuyo consentimiento ningún régimen ha tratado de gobernar desde la segunda Guerra Mundial. En teoría, el gobierno podía permitir más democracia, dando cabida a que las clases medias votaran por el opositor PAN, reconociendo sus triunfos y augurando el surgimiento de un sistema bipartidista. Pero toda la estabilidad de México se ha creado en torno a la premisa de una autoridad central, poderosa y prácticamente infalible y, paradójicamente, un mayor grado de democracia podría sugerir la desintegración del país, así como del sistema. En cambio, competir por el apoyo electoral de las clases medias implicaría que recursos destinados al bienestar social, el desarrollo rural e incluso la industrialización se transfirieran a la conservación de la estabilidad monetaria, el gasto de los consumidores y la mejoría urbana, política que en 1984 parecía tentar al gobierno. Pero esta estrategia, aunque produciría un alivio político a corto plazo, sembraría también la semilla de una nueva crisis financiera, que podría resultar en un desastre político incluso mayor.

El costo de aplacar a las clases medias sería el deterioro de las condiciones de vida de la gran mayoría de los mexicanos que, aunque menos capaces de articular y organizar su disensión, no permanecerían pasivos indefinidamente. Los nuevos tecnócratas en el poder, inexplicablemente, como si se les hubiera negado el acceso a las claves secretas necesarias para dirigir el sistema, abandonaron muchos de los instrumentos que han sido efectivos para controlar a las masas. Se culpó al populismo del pasado por muchos de los males económicos, pero no se encontró un sustituto para sostener la legitimidad política del régimen "revolucionario" o para mantener viva la esperanza de los necesitados. Como se pensaba que el liderazgo político era menos importante que la buena planificación y administración, las líneas de disciplina y autoridad del país empezaron a borrarse. Incluso el recurso eterno del nacionalismo fue tocado con timidez: el gobierno, temeroso de alejar a los conservadores del país y a los empresarios extranjeros con el uso de una retórica antiestadunidense establecida, encontró que el énfasis dado a símbolos patrióticos como el himno, la bandera y el escudo nacionales no despertaban un sentido de solidaridad dentro del régimen o dentro del país.

Cuando México se ha quedado sin los recursos políticos y económicos necesarios para conservar la paz mediante la manipulación, la negociación, el populismo y la corrupción, ha recurrido al autoritarismo. Y en 1984 empezaron a aumentar los indicios de que la frustración conducía hacia la intolerancia. Pero esta opción quizá no sea tan fácil como en 1968, última fecha en que se ejerció plenamente. Las clases medias se han acostumbrado a una dosis nueva de libertad individual y política, y el sistema en general podría llegarse a dividir bajo el peso de la represión. La duda más constante es si el Ejército estaría dispuesto a intervenir una vez más para "salvar" al gobierno civil. Los políticos conocen poquísimo la forma de pensar del Ejército, pero contemplan la posibilidad de que, ante el descontento político, la mala administración económica y el claro rechazo del gobierno por parte de las clases medias, los militares quizá preferirían tomar el poder a tener que sostener un régimen incompetente. Esto no ocurriría salvo que el golpe contara con el apoyo de sectores medulares de la sociedad y, si el gobierno conservara la iniciativa política, el ejército no representaría una amenaza inmediata. Pero tampoco era ya un servidor seguro de las autoridades civiles.

Conforme México caminaba irrevocablemente hacia un período de incertidumbre interna creciente, resultaba fundamental que Washington entendiera al país. Históricamente, la preocupación principal de Estados Unidos ha sido la estabilidad de México, misma que, por muchas décadas, pudo tomar como un hecho. Pero en años recientes, el nuevo temor ha sido que la fiebre revolucionaria de América Central pueda infectar a un México debilitado por los problemas económicos. No es la primera vez que Washington se equivoca en su interpretación del vecino. Estados Unidos ha llegado a asustarse ante la idea de un México marxista en su frontera sur y ha presionado al régimen para que se dirija a la derecha y fortalezca sus defensas. Pero la estabilidad inmediata de México corre menos peligro por una rebelión de masas encabezada por la izquierda que por un motín de las clases medias inspirado por la derecha. Sin embargo, si el gobierno se moviera marcadamente a la derecha para diluir esta amenaza y complacer a Estados Unidos, alteraría el equilibrio político y correría el riesgo de despertar el descontento de obreros, campesinos y estudiantes. La sabiduría política dictaría que no se virara hacia la derecha, y las realidades económicas impedirían al gobierno elegir la izquierda: si lo hiciera, la economía se desestabilizaría rápidamente por la fuga de capitales, el acaparamiento y la inflación, y el ánimo político del país quedaría incluso más polarizado.

El nuevo gobierno, al reconocer los grandes riesgos de un cambio de curso, trató de que el sistema continuara con lineamientos esencialmente tradicionales, esperanzado en calmar, de alguna manera, tanto a los grupos de interés medulares como a la población en general, sin ceder nada de su poder. El temor al cambio político ha sido una característica común de todos los gobiernos desde Cárdenas, e incluso durante los momentos críticos de mediados de los años ochenta, dicho instinto se mantuvo fuerte. De la Madrid, a semejanza de muchos de sus antecesores, hizo su campaña presidencial fundamentándose en la plataforma del cambio, prometiendo posiciones nuevas ante problemas tan viejos como la reforma agraria, la corrupción, la libertad electoral y el papel del estado en la economía. Pero conforme se enfrentó a las realidades del poder, gradualmente fue cambiando su perspectiva. Resultaba cínico presentar la esperanza de una mayor justicia social en un momento en que se derrumbaban los salarios reales. La lucha contra la corrupción siguió siendo necesaria, pero la supresión de su práctica ya no resultaba factible. Un mayor grado de democracia era un objetivo válido, pero implicaba repentinamente riesgos inesperados. La disminución del papel que desempeña el estado en la economía fue saboteado por intereses burocráticos y políticos atrincherados. En resumen, De la Madrid descubrió los límites del poder presidencial en México. Y, limitado por el ciclo de su sexenio, su preocupación mayor pasó a ser la conservación de la estabilidad; su mayor ambición la de entregar el poder pacíficamente en diciembre de 1988.

Como las perspectivas políticas, económicas y sociales del sistema estaban bloqueadas por los problemas a corto plazo, no se podía prestar mucha atención a las cuestiones del desarrollo a largo plazo. Cuando se contempla el siglo XXI, se hace con fatalismo. Ninguna ex colonia que tenga una población indígena importante ha logrado jamás salir del subdesarrollo. No existe ningún proyecto válido, ni, al parecer, ningún plan improvisado funciona. Incluso aunque el sistema político mexicano subsista en su forma actual, sus administradores albergan pocas esperanzas de que los agudos problemas sociales del país se puedan resolver antes del año 2000: optimistamente se podría parecer a Grecia; con pesimismo se parecerá más a la India.

El crecimiento económico beneficiará principalmente a las clases altas y medias, empeorando más la distribución de la riqueza. La pobreza rural y urbana será endémica, y estará acompañada de los consiguientes problemas de desnutrición, enfermedades prevenibles, viviendas inadecuadas y analfabetismo funcional. Cientos de miles de mexicanos seguirán buscando trabajo en Estados Unidos año con año. Los gobiernos se verán obligados a atacar estos problemas por medio de programas de ayuda social y diversos subsidios, pero seguirán considerando al crecimiento industrial como el único camino para sacar de la miseria a la mayoría de los mexicanos, incluso aunque dicha estrategia haya demostrado ser deficiente en el pasado.

Se han descuidado también los aspectos fundamentales del medio ambiente y los recursos. Aunque el país puede estar confiado en que sus necesidades de energía a largo plazo están satisfechas, enfrenta una escasez crónica de agua y tierra cultivable. Las fuentes de agua están padeciendo de explotación excesiva, contaminación y desperdicio, mientras que la calidad de la tierra se deteriora por deforestación, desertificación y erosión. En las grandes zonas urbanas, la contaminación del aire y el agua es otra prueba más de que los mexicanos siguen considerando al medio ambiente como un recurso gratuito y renovable, en lugar de ser uno que exige cuidadosa protección y conservación. La necesidad de rediseñar el perfil demográfico de México y prepararse para una población urbana incluso mayor sí se reconoce, pero ello requiere difíciles decisiones que producirían resultados hasta dentro de muchas décadas, y se posponen con gran facilidad. Lo anterior es totalmente evidente en la ciudad de México, ya muy difícil de administrar y habitar, y que está condenada a que su población se duplique para los primeros años del siglo entrante. Y el costo que significa alimentar, albergar, transportar y abastecer a los capitalinos le pesará mucho más a todo el país en general.

Los mexicanos, que luchan con tantos problemas del pasado y el presente, encaran el futuro con ambivalencia. El primer siglo de independencia del país sugiere que los largos períodos de estabilidad son alterados por convulsiones sangrientas, mientras que los antecedentes desde la Revolución implican cada vez mayor madurez política. Pero ninguno de esos precedentes basta para iluminar el futuro. Muchos mexicanos, sin saber si deben prepararse para un cambio violento repentino o para una continuidad relativamente tranquila, viven al día. Los mexicanos comunes siempre han contemplado el futuro con estoicismo y parecen menos inquietos: enfrentan los desafíos cuando éstos se presentan. Pero las clases medias están poseídas por dudas que socavan al mismo sistema que antes les producía seguridad. Incluso dentro del gobierno, los funcionarios moderan su confianza en la supervivencia del sistema con el reconocimiento discreto de la impredictibilidad del pueblo de México.

La variable medular no está en la forma en que la sociedad responderá al sistema, sino más bien en la forma en que el sistema se adaptará a un país a la vez cambiante y no cambiante. En el pasado, el sistema obtenía su fuerza de una sociedad tradicional creada en torno a valores políticos y culturales aceptados. Después, las clases medias y altas se separaron de esa sociedad y exigieron un sistema que diera prioridad a sus intereses. Los gobiernos recientes respondieron, apresurándose a modernizar al país en términos económicos por medio de enormes erogaciones y endeudamientos, y en términos políticos mediante la adopción de mayor cantidad de los atavíos de la democracia occidental. Pero en este fenómeno, México no se hizo ni más justo ni más estable. Por el contrario, tanto en terrenos económicos como políticos, se hizo más vulnerable a la desestabilización proveniente del exterior y, así, menos independiente.

La verdadera fuerza y estabilidad de México radica y permanece en su pueblo, en el mexicano que conserva las tradiciones familiares y comunitarias, cuyas expectativas materiales están por debajo de sus aspiraciones espirituales, cuyo nacionalismo es irrefutable porque no es manifiesto. Su futuro tiene poco que ver con gobiernos y sistemas políticos. Su vida tiene un ritmo propio. Incluso sus expectativas son limitadas. El auge reciente fue una "fiesta" y la vida volvió a la normalidad cuando terminó: no entendieron por qué empezó o por qué terminó, pero se adaptaron a ambas situaciones. Un sistema que dé la espalda a este México estará en equilibrio precario sobre el débil y poco confiable pilar de un sector de la sociedad cada vez más alienado. Correrá el riesgo de un contragolpe del pasado.

Los peligros de un crecimiento económico excesivo saltaron a la vista en 1982, pero los riesgos de un cambio cultural, social y político demasiado rápido son incluso mayores. Pocas sociedades tradicionales se han modernizado a gran velocidad, sin inestabilidad o represión. En espíritu, México no es —y quizá nunca será— una nación occidental. Pero al tratar de hacer que el país sea superficialmente más democrático, más occidental, más "presentable" en el extranjero, se han debilitado las raíces que tenía el sistema en la población. Se ha convertido en algo menos verdaderamente democrático porque no representa tanto a los mexicanos auténticos. Cuanto más responda el sistema a una minoría norteamericanizada, tanto más flagrantes serán las contradicciones dentro del país.

La interrogante no es si México debe desarrollarse —tiene que desarrollarse—, sino más bien si crece, cambia y se moderniza en consonancia con la mayoría de su población. Si el sistema se dirige hacia adentro, puede llegar todavía a la fuerza real del país. La historia, la religión y la cultura de México le han hecho una nación que, desde épocas precolombinas, ha existido a la escala de los dioses. La grandeza de México, oculta en ocasiones, espera ser descubierta, pero sólo puede progresar dentro de su propio contexto. Por consiguiente, los mexicanos se sentían cómodos con el sistema cuando era específicamente mexicano, con su mezcla de autoritarismo y paternalismo, de cinismo e idealismo, de conciliación y negociación. Pero si pierde su originalidad, si pierde su identidad nacional, pierde su camino. México produjo el sistema y, por consiguiente, lo puede reemplazar. Y un sistema que no sea mexicano no puede sobrevivir. Lo que sobrevivirá es México.

BIBLIOGRAFÍA SELECTA

Esta bibliografía representa —y es innecesario decirlo— sólo una pequeña muestra de la vasta literatura sobre México, tanto en inglés como en español. Su finalidad es presentar algunos libros, en su mayoría de interés general, que puedan brindar una visión más detallada y diversificada sobre México y los mexicanos que las ofrecidas en este trabajo. Se han omitido los documentos del gobierno mexicano, aunque el reporte anual del Banco de México y el informe presidencial de cada primero de septiembre son documentos fundamentales para quienes siguen de cerca el desarrollo de México.

Alba, Francisco, *The Population of Mexico: Trends, Issues and Policies*, Transaction Press, 1982.

Azuela, Mariano, *Los de abajo*, Fondo de Cultura Económica, 1960.

Benítez, Fernando, *La ciudad de México, 1325 a 1982*, 3 vols., Salvat, 1982.

_____, *Los indios de México*, 5 vols., Era, 1967-1972.

_____, *Lázaro Cárdenas y la revolución mexicana*, 3 vols., Fondo de Cultura Económica, 1977-1979.

_____, *Los primeros mexicanos*, Era, 1984.

Brandenburg, Frank, *The Making of Modern Mexico*, Prentice-Hall, 1964.

Brenner, Anita, *The Wind That Swept Mexico*, University of Texas Press, 1971.

Cornelius, Wayne A., *Politics and the Migrant Poor in Mexico City*, Stanford University Press, 1975.

Cosío Villegas, Daniel, *El estilo personal de gobernar*, Joaquín Mortiz, 1974.

_____, *Historia moderna de México*, El Colegio de México, 1977.

_____, *Memorias*, Joaquín Mortiz, 1973.

_____, *El sistema político mexicano*, Joaquín Mortiz, 1972.

_____, *La sucesión presidencial*, Joaquín Mortiz, 1975.

Díaz del Castillo, Bernal, *Verdadera historia de la Conquista de la Nueva España*, Porrúa, Sepan Cuántos núm. 5, 1968.

Domínguez, Jorge, ed., *Mexico's Political Economy: Challenges at Home and Abroad*, Sage Publications, 1982.

El Colegio de México, *Historia general de México*, 2 vols., El Colegio de México, 1977-1981.

Erb, Richard D., y Stanley R. Ross, eds., *United States Relations with Mexico: Concept and Content*, American Enterprise Institute, 1981.

Fagan, Richard R., y William S. Tuohy, *Politics and Privilege in a Mexican City*, Stanford University Press, 1972.

Fehrenbach, T. R., *Fire and Blood: A History of Mexico*, Macmillan, 1973.

Fuentes, Carlos, *La muerte de Artemio Cruz*, Fondo de Cultura Económica, 1967.

———, *La región más transparente*, Fondo de Cultura Económica, 1968.

———, *Tiempo mexicano*, Joaquín Mortiz, 1973.

Gamio, Manuel, *Forjando patria*, Porrúa, 1916.

González Casanova, Pablo, *La democracia en México*, Era, 1969

González González, José, *Lo negro del Negro Durazo*, Posada, 1983.

Grayson, George W., *The Politics of Mexican Oil*, University of Pittsburgh Press, 1980.

Greene, Graham, *The Lawless Roads*, Penguin Books, 1947 y 1971.

Gruening, Ernest, *Mexico and Its Heritage*, Greenwood Press, 1928 y 1968.

Guzmán, Martín Luis, *El águila y la serpiente*, Compañía General de Ediciones, S.A., 1956.

Hanson, Roger D., *The Politics of Mexican Development*, The Johns Hopkins University Press, 1971.

Johnson, Kenneth, *Mexican Democracy: A Critical View*, Allyn and Bacon, 1971.

Katz, Friederich, *The Secret War in Mexico*, University of Chicago Press, 1981.

Krauze, Enrique, *Caras de la historia*, Joaquín Mortiz, 1983.

Lawrence, D. H., *The Plumed Serpent*, Vintage, 1926/1951.

Levy, Daniel y Gabriel Szekely, *Mexico: Paradoxes of Stability and Change*, Westview Press, 1983.

Lewis, Oscar, *Los hijos de Sánchez*, Joaquín Mortiz, 1970.

McBride, Robert H., comp., *Mexico and the United States*, Prentice Hall, 1981.

Meyer, Jean, *Los cristeros*, El Colegio de México, 1977.

Meyer, Lorenzo, *Las empresas transnacionales en México*, El Colegio de México, 1974.

———, *México y los Estados Unidos en el conflicto petrolero, 1917-1942*, El Colegio de México, 1972.

———, *México-Estados Unidos, 1982*, El Colegio de México, 1982.

Montgomery, Tommie Sue, ed., *Mexico Today*, Institute for the Study of Human Studies, Philadelphia, 1982.

Morales, Patricia, *Indocumentados mexicanos*, Grijalbo, 1981.

Needler, Martin, *Politics and Society in Mexico*, University of New Mexico Press, 1971.

Ojeda, Mario, *Alcances y límites de la política exterior de México*, El Colegio de México, 1976.

———, *Administración del desarrollo de la frontera norte*, El Colegio de México, 1982.

Padgett, L. Vincent, *The Mexican Political System*, Houghton Mifflin, 1976.

Paz, Octavio, *El laberinto de la soledad*, Fondo de Cultura Económica, 1968.

———, *El ogro filantrópico*, Joaquín Mortiz, 1979.

———, *Posdata*, Siglo XXI, 1970.

_____, *Tiempo nublado*, Seix-Barral, 1983.

Poniatowska, Elena, *La noche de Tlatelolco*, Era, 1971.

Ramos, Samuel, *El perfil del hombre y la cultura en México*, Cultura, 1934.

Ross, Stanley, *Is the Mexican Revolution Dead?*, Knopf, 1966.

_____, comp., *Views Across the Border*, University of New Mexico Press, 1978.

Rulfo, Juan, *El llano en llamas y Pedro Páramo*, Planeta, 1985.

Scott, Robert E., *Mexican Government in Transition*, University of Illinois Press, 1959.

Segovia, Rafael, *La politización del niño mexicano*, El Colegio de México, 1975.

Simpson, Lesley B., *Many Mexicos*, University of California Press, 1966.

Smith, Peter, *Labyrinths of Power: Political Recruitment in Twentieth Century Mexico*, Princeton University Press, 1979.

Solís, Leopoldo, *La realidad económica mexicana*, Siglo XXI, 1970.

Suárez, Luis, *Echeverría en el sexenio de López Portillo*, Grijalbo, 1983.

Tannenbaum, Frank, *The Struggle for Peace and Bread*, Columbia University Press, 1950.

Tello, Carlos y Cordera, Rolando, *México: la disputa por la nación*, Siglo XXI, 1981.

_____, *La política económica mexicana, 1970-1976*, Siglo XXI, 1979.

Unikel, Luis, *La dinámica del crecimiento de la ciudad de México*, Fundación para Estudios de la Población A.C., 1972.

_____, *El desarrollo urbano en México*, El Colegio de México, 1976.

Vázquez, Carlos, y Manuel García y Griego, eds., *Mexican-U.S. Relations: Conflict and Convergence?*, UCLA Press, 1981.

Villarreal, René, *La contra-revolución monetarista*, Océano, 1982.

Womack, John, *Zapata and the Mexican Revolution*, Knopf, 1969.

ÍNDICE DE NOMBRES

223, 225-227, 244, 245, 248, 257, 266, 288, 330, 335, 354, 379, 405, 407, 411, 436

Cárdenas, Guty, 370

Cárdenas Lomelí, Rafael, 210

Carranza, Venustiano, 27, 59-64, 65, 67, 78, 90, 114, 193, 194, 221, 329, 379

Carrillo Flores, Antonio, 407

Carter, James, 82, 203, 204, 237, 381-383, 385, 386, 390, 393, 397, 402, 403, 418, 419

Carvajal, Gustavo, 317, 417, 419

Casas, Fray Bartolomé de las, 43

Caso, Alfonso, 251, 354

Castañeda, Jorge, 9, 382, 387, 403, 414, 418, 419, 420, 422

Castellanos, Absalón, 255

Castillo, Heberto, 123, 129, 130

Castro, Fidel, 358, 359, 407, 411, 414, 417, 419, 422, 430

Cazals, Felipe, 368, 369

Cedillo, Saturnino, 72, 120

Clements, William P., 401

Clouthier, Manuel, 138

Comonfort, Ignacio, 51

Conchello, José Ángel, 135

Cordera, Rolando, 130

Cordero de la Madrid, Paloma, 112, 113

Córdova, Arnaldo, 130

Corona del Rosal, Alfonso, 76, 89

Coronel, Pedro, 363

Corral, Ramón, 55

Cortés, Hernán, 13-14, 28-30, 39-42, 57, 141, 337

Cortés, Martín, 29

Cosío Villegas, Daniel, 354, 356, 389

Cruz, Apolinar de la, 247, 254

Cruz, Francisco de la, 317

Cruz, Sor Juana Inés de la, 364

Cuauhtémoc, 13, 17, 28-29, 41, 197

Cué de Duarte, Irma, 298

Cuevas, José Luis, 363

Chamorro, Pedro Joaquín, 416

Chapman, Leonard, 393

Chávez, Carlos, 354, 361

Chislett, William, 9

Chumacero, Alí, 365

Chumacero, Blas, 108

Danzós Palomino, 226

De Goyler, 201

Díaz del Castillo, Bernal, 40, 41; *La conquista de la Nueva España*, 40

Díaz, Félix, 59

Díaz, Porfirio, 28, 53-55, 58-60, 62, 66, 73, 90, 120, 166, 192-193, 328, 329, 339, 347, 348, 364, 379

Díaz Ordaz, Gustavo, 75-79, 81, 90, 92-94, 97, 99, 106, 115, 172, 210, 224, 289, 313, 330, 355, 356, 357, 380, 407, 409, 415

Díaz Serrano, Jorge, 84, 157, 161 162, 200-201, 203, 205-208, 212, 214, 215, 217

Diego, Juan, 43

Doctor Atl, v. Murillo Gerardo, 362

Doheny L., Edward, 193

Dovalí Jaime, Antonio, 200

Drake, Francis, 337

Durazo Moreno, Arturo, 146, 157, 162-163

Echeverría Álvarez, Luis, 26-27, 29, 76, 78-81, 90-101, 104, 106, 109-110, 113, 115, 121, 126-130, 132, 135, 141, 142, 156-157, 163, 173, 174-175, 176-177, 199-200, 210, 225-227, 230, 231, 245, 257, 266-267, 281, 310, 330, 336, 340, 341, 356-357, 358, 368, 371, 380, 388, 409-413, 415, 432

Echeverría Álvarez, Rodolfo, 368

Encinas, Dionisio, 126

Escobar, Gonzalo, 68

Escoto, Miguel D', 417

Espino, Everardo, 161

Espinosa Iglesias, Manuel, 170

Félix, María, 368

Fernández, Emilio, 368

ÍNDICE GENERAL

IMPRESO Y HECHO EN MÉXICO
PRINTED AND MADE IN MEXICO
IMPRESO EN LOS TALLERES DE
LITOGRÁFICA INGRAMEX, S.A.
CALLE DE CENTENO No. 162
COL GRANJAS ESMERALDA
MÉXICO 13, D.F.

EDICIÓN DE 10 000 EJEMPLARES
Y SOBRANTES PARA REPOSICIÓN

16-V-86